# 田青文集

第三卷

中国音乐史论

文化艺术出版社
Culture and Art Publishing House

# 目录

## 一、音乐学

## 二、《中国古代音乐史话》



## 三、《中国艺术通史·魏晋南北朝卷》

# 一、音乐学

# 我的反省与思考

## ——与青年学子谈学术之路

### 为什么要做学术

今天，大家第一次作为研究生坐在中国艺术研究院的课堂里，也是迈进学术研究大门的第一步。昨天，在我们音乐研究所的老师和新生的见面会上，有两位老师语重心长地对新生说了自己的心里话，但是这两位老师的观点却不尽一致。有位老师出于对学生的关心和近年来的经验，告诉学生：你们进了学校就要考虑下一步了，包括以后如何工作，所以你们不要把注意力光放在上课上，还要考虑将来的工作。另一位老师说：我们在学言学，学生进了学校就是要念书，别的什么都别想。两位老师谁的观点对呢？我认为都对，问题就是我们今天的青年来读研究生，和我们当年来读研究生情况有很大的不同，所以我想讲的第一个题目就是，我们为什么要做学问？为什么要走学术之路？

孔子说过："古之学者为己，今之学者为人。"他是对他当时的一些学者做学问摆样子给别人看有所不满。那么"古之学者为己"的"己"是什么意思？这个古之学者为的"己"不是"人不为己天诛地灭"的"为己"。孔子的意思是说，做学问的首要目的，应该是为了完善自己的人格，要使自己成为一个完人，成为一个君子。所以，儒家谈到治学的目的是三个词：第一个词是为了“通经”。就是弄懂先人给我们传下来的宝贵的经典。“通经”不容易，我们今天的学生们首先就有语言上、文字上的困难。但“通经”是为了什么？第二个词是“明道”。为了知晓人世间的基本的道理。道可道非常道，这个道的含义太广阔了。“明道”的目的又是什么？第三个词是“救世”，还是为了服务社会。

那么，我们今天考研究生为了什么？昨天我们音乐研究所的新生见面会，博士生绝大部分都是我们本所的硕士又考上的博士。我当时半开玩笑地说：你们考博士是不是想暂时缓解一下就业的问题？他们当时就笑了。我如此实用主义的理解这些同学们读博的志向，可能有点以己之腹度人之心了。但是毋庸讳言，我们很多同学考硕士、考博士的确仅仅是为了把自己就业的困难再向未来推迟两三年。所以今天我给大家讲，不管你是出于什么目的，是为己还是为人，是为了完善自己还是仅仅为了找工作，我还是想忠告所有的同学，这三年千万不要浪费。这三年并不长，转瞬即逝。你如果抓不住，三年之后，无论是为己还是为人，恐怕你都会失望，自己失望，老师失望，家长失望。

那么，除了实用主义的态度之外，我们今天做学问，尤其是艺术研究、人文学科的研究，对这个社会究竟有多少用处呢？很多人可能会考虑这个问题。我们现在的社会已经变成一个科学主义至上的社会，关于社会科学有用没用的问题，我觉得大家可以思考一下老子的一段话：“凿户牖以为室，当其无，有室之用”，就是在这个“无”的空间里，我们聚集一堂。所以，有无相生，千万不要鼠目寸光地看这个问题。很多基础学科，包括社会学科，表面上看起来没有用，但实际上这个社会需要它，人类进步也需要它。起码，我们自己的人格完善需要它。要完善自己就必须要“通经”，要“明道”。至于能不能“救世”，这个只能随缘。我们有这份热心和准备，社会有这份需要和可能，我们就能够为这个社会做出我们的贡献。我们自己没有那个能力，或者社会不需要我们，怎么办呢？也没有关系，我们自己可以自得其乐。季羡林先生曾经引用张元济先生的一句话，这句话非常朴素，可以说朴素到极点："天下第一等好事，还是读书。"过去讲读书无用论，即使读书无用论的所有论据都成立，但是我仍然要读书！为什么天下第一好事还是读书？即使我们读书读到最后，我们无法为社会做大贡献，我们无法光宗耀祖，但读书是我们读书人的最后一道港湾，是我们心灵的避风港，我们可以在读书中自己得到乐趣，自己得到满足。所谓"痛饮酒，熟读《离骚》"，也是一种人生享受。

讲到学术是推动人类进步的一个动力的时候，我们可能还要问：我们做学问的动力从何而来？儒家的说法，包括"修身、齐家、治国、平天下"，包括"为天地立心，为生民立命，为往圣继绝学，为万世开太平"。这都了不起，但太高了，一般做不到。记得我上中学时第一次读到爱因斯坦的一句话，大意是说在科学研究的过程中，爱好的力量比责任的力量更大。我以前所受的教育告诉我：爱好是个人的兴趣，怎么会比责任心、为国家、为人类这么大的责任力量还大呢？我当时甚至怀疑是翻译把爱因斯坦的话译错了。随着年事见长，我才慢慢理解爱因斯坦的这句话，爱好真的力量大得很，而没有爱好只有责任，在学术的路上能走多远呢？我想，如果没有爱好，没有对学术的爱，恐怕坚持不了多久，也走不了多远，尤其是我们搞艺术的。古今中外的艺术家，究其成功的原因，当然有努力、有责任、有勤奋，但是有两条不可或缺，一个是天才，一个就是爱好。大家都知道我们的治学也叫劳动，是脑力劳动。脑力劳动和体力劳动最大的区别是什么？不是脑力劳动比体力劳动高，最大的区别在于脑力劳动是无法强迫的，尤其是创造性的劳动，更是无法强迫的。日本兵可以逼老百姓修炮楼、挖战壕，但无法用刺刀强迫学者写出一篇优秀的论文。当然，劳动者对自己劳动成果的感觉，可能也有区别，一个手工艺人用他灵巧的双手创造了一件美丽的工艺品的时候，他看作品就像自己的孩子，这一点和我们脑力劳动的感情是一样的。但是在流水线旁边工作的工人，可能就很少有劳动的愉快。这种机械的、枯燥的、毫无创造力的劳动，甚至可以说是对人性的压迫，人们离开流水线时只有一种解放感。但是脑力劳动不同。第一次看到你的文字被印成铅字的时候，那份愉快，是不可言表的。而当我们的研究被社会所承认，或者在某种程度上对社会有一点贡献，我想那份欣喜是值得你付出，值得你青灯白卷，值得你在我们研究生院破旧的小楼上过三年清贫生活的。

我今天要讲的这个题目叫“反省与思考”。第一步是反省，为什么要反省？因为无论完善自我还是研究学术，都会有很多弯路存在。有的人比较聪明，可能少走弯路，但有的人，比如我本人，即使抛开自己性格的缺点不谈，在做学术的时候仍然摆脱不了社会对我的影响，摆脱不了基因对我的影响。我们不可能每天三省吾身，但是过一个阶段整理整理自己的学术思想，整理整理自己的心路历程，把自己犯过的错误明明白白地记下来，告诉后人，我觉得这是一个学者的责任。

### “维那”的神圣

先讲一个事情。我研究佛教音乐是从20世纪80年代左右开始的，1982年，我考入研究生院跟杨荫浏先生读研究生，因为我入学之前就在天津音乐学院教音乐史，和刚刚从大学校门出来的其他同学不一样，当时研究生院的书记是个思想非常开明的老太太，她说今年的课程主要讲音乐史，你又教过音乐史，那你就别听了，想考察就出去考察吧！当时我就拿着我们研究生300块钱人民币的考察费，从五台山到拉卜楞寺再到敦煌，走了大半个中国，跑了二十几个大大小小的寺院。当然，300 块钱只能晚上在硬座车厢的椅子下面睡觉。当时，百废待兴，有些寺院刚刚恢复，很多寺院还没有恢复。刚才介绍人说我对佛教音乐研究怎么怎么样，其实我对佛教音乐的研究有很多不足，但我当时就占了一个便宜，什么便宜呢？就是我对佛教音乐的研究开始得比较早。在 20 世纪 80 年代，宗教音乐还是一个禁区。大家可能不知道，对于传统宗教的负面的看法，实际上从“五四”前就开始了，发布第一个“废庙兴学令”的是清政府。那个时候，几乎所有的仁人志士都把传统文化尤其是宗教文化当成中国落后挨打的原因，把宗教当成一个腐朽的、反动的、没落的东西，“迷信”两个字就是宗教的定义。所以当时我选这个课题的时候还是有压力的，而且我没想到的是，我尊敬的导师杨荫浏先生也不同意我做佛教音乐研究。我曾写过一篇文章《杨荫浏与宗教音乐》，杨先生是中国宗教音乐研究的开拓者，他的研究很广泛，从道教音乐到佛教音乐，尤其是基督教音乐，现在中国基督徒唱的赞美诗《普天颂赞》就是杨先生主要负责编纂的。他不同意我这个选题的理由很简单，因为当时“文化大革命”刚刚结束不久，在“文化大革命”中很多寺庙遭到破坏，很多和尚还俗了。所以杨先生说：“你如果要研究佛教音乐，只有去台湾。”先生的这句话对我打击很大，因为在 1982 年，说去台湾研究就像今天说去月亮上研究的意思是一样的！后来，当 1998 年我在台湾佛光山佛学院做中国佛教音乐报告的时候，想起导师的这句话，心里百味杂陈。但是杨先生当时的顾虑也不是没有道理的，因为我们从小受的是唯物论的教育，对佛教文化知之甚少。一直到 1989 年，关于佛教音乐我也写了文章，写了书，应该说是有了一些了解，但我还是犯了一个错误。

大家看我手里拿的这四盒磁带，是我做主编、赵朴初先生做顾问的“中国音像大百科”出版的《中国佛乐宝典》中的《潮州佛乐》。这套音像出版物从 1988 年开始录制，一直到 1998 年才结束，整套宝典包括《五台山佛乐》《津沽梵音》等共 30 个小时的音乐。《潮州佛乐》有 4 个小时，是我 1989 年到潮州开元寺，在已圆寂的慧原法师的主持下录制的。那是老法师亲手培养的一个班子，唱、念、奏都有。但就是这次录音，我犯了一个终生难忘的错误。因为我之前所受的教育完全是西式的，在天津音乐学院作曲系学了四年，从“四大件”开始，学的都是贝多芬、莫扎特，因此，我当时的音乐思维，包括音乐的审美观，都是西方的、“正统”的，是西方的“耳朵”。因此，当我开始用当时刚刚出现的便携式数码录音机为他们录音的时候，出现了一个我过去从没有遇到过的问题。我们知道，佛教寺院的唱念，一般没有乐器，只有法器，所以总是先由“维那”（僧职）起音领唱，叫“举腔”，然后其他僧众根据“维那”的声音加入。潮州佛乐的特点是有乐队伴奏，这个很难的。但我没有想到的是，他们在有乐队的情况下还是这样：先由“维那”（慧原法师亲自担纲）举腔，然后笛子赶快根据他的音高找眼儿试那个调，二胡也先试着在弦上找那个音，找到了马上移动“千金”调音，扬琴也要先试着敲，找那个调高。前 5 分钟，一片嘈杂之声，直到找到调，再跟着伴奏。有时候甚至乐队与唱始终差那么一点，不搭调！这和我所受的西式教育完全不同。在现代社会，都是声乐要根据乐器定调，不管钢琴还是乐队，C 调就是 C 调，D 调就是 D 调，乐队先有前奏，歌者才能找到调。无伴奏合唱，也要有一个音叉或者音哨给一个标准音。我从来没有见过一个歌者开口就唱，然后乐队跟着他的音高找调的！

当时我跟慧原法师说这个不行啊，这套录音是要正式出版的，这个怎么可以？法师说：“我们自古如此啊，我们就是这样啊。”当时，由于我没有具备对佛教音乐更完整的知识，更缺乏对“文化多样性”的理解和对传统无条件的尊重，所以对慧原法师的话没有理解。为了“保证”录音正式出版的“质量”，也因为我曾看到慧原法师在他撰写的《开元寺志》里说过，潮州佛乐的伴奏乐器是明清以后才加入的，明清前没有。因此我说，我们能否依照古法，在唱诵时不用伴奏，唱诵就是唱诵，这些乐器我们单独录？慧原法师答应了，于是有了这四盒磁带现在的样子，头尾是单独录的潮州佛乐器乐曲牌，中间是僧众的清唱。

那年夏天，我得到了一个有充足的时间深入思考自己的机会。有一天在我胡思乱想的时候，我忽然意识到：我可能在这次录音中犯了一个错误！1992年，我又有可能继续做这个工作了，去南岳衡山录制《三湘佛乐》。那时候湖南佛教界的“四大金刚”唯正、博明等老法师还都在，现在南岳的住持大岳法师那时还是小和尚。录音时，我发现他们和潮州完全一样，南岳衡山的佛教音乐依然是“维那”先起腔，乐队跟着找调。我当时立刻明白：我当年在潮州的确是犯了一个大错误，原来在中国佛教音乐里还一直存在着这样一个传统。而为什么会这样呢？后来我写了一篇文章参加欧洲传统音乐年会，那个年会的主题就是“宗教音乐——为神？还是为人？”我就以潮州和南岳的佛教音乐说明，佛教音乐的目的，对僧人而言，第一是为佛、菩萨，第二才是为众生的。为什么“维那”的声音如此神圣，要让乐队的乐器根据他的肉嗓子唱出的音来定调呢？因为在佛教法事当中，金刚上师的所言所唱是无比神圣的。金刚上师在法事中先要根据仪轨戴上毗卢帽（我们在电视剧里看唐僧戴着毗卢帽五佛冠骑马，是不可以的），毗卢帽不是便服，不能随便戴。在法事中戴冠是仪式，有唱，有手印，很神圣，因为戴上这个帽子你就不是你了，你所唱的也不是你的声音了，当这个神圣的声音出来以后，就是独一无二的，是佛、法、僧“三宝”之音，所以乐队必须跟着他走。这和我们熟悉的现代的音乐方式完全不同！法师的“声乐”要高于“器乐”，法师声音的神圣性要高于音乐的和谐性，这就是潮州和南岳佛教音乐的传统！现在，我每次看到《潮州佛乐》时我心里就非常难过，因为我的无知，因为我的西式教育培养的“耳朵”，在慧原法师圆寂之后，我永远失去了一个把中国最有特色、最原汁原味的佛乐保留下来的机会，这是我今天要反省的第一个错误。

### “规范”统一与文化多样性

从1992年到1995年，由赵朴初担任名誉顾问、我做主编的《汉传佛教常用唱诵规范谱本——朝暮课诵》编辑完成，这个工作的起因是赵朴初在“中日韩黄金纽带”的国际佛教会议期间发现的，我们的僧人在开幕式上唱一个最基本的梵呗时也是南腔北调，远不如日本和韩国僧人唱诵整齐，赵朴初很难过。由于“文化大革命”的冲击，刚刚开始恢复的中国佛教还是千疮百孔。为了改变这种状况，赵朴初找我，希望我集合一批人编一个规范谱本。于是，我们建了一个编辑小组，集合了当时对佛教音乐有所研究的音乐学家，用三年时间跑了几十个寺院，请教了当时还健在的许多高僧大德，比如唱念非常好的茗山长老。通过录音、比较、研究，结果编辑出一本我自以为很完整、规范的谱本。谱本将汉传佛教早课和晚课的所有唱诵都配了四行谱，第一行是用五线谱记的旋律，第二行是用五线谱记的打击乐谱，再加一个中国佛教传统的法器谱，最下面还有一行是简谱。我自以为得计啊！有这四行谱还不行吗？同时，还配了一盒磁带，叫规范带，想以此统一中国所有寺院的唱念，起码可以做佛学院的教材。朴老亲自安排，亲自支持，中国佛教协会、佛教文化研究所出的经费，用三年时间做了大量艰苦细致的工作，比如早课的一首《香赞》，我们就收集了几十个版本比较。记谱也很细致，花了很大的工夫。结果呢？俩字——失败！

为了今天的课，我前天和昨天费了很大工夫在家里、办公室找这本谱子，因为我的书太多太乱，结果大喜过望还真找到了！我自己都不好找，你们更没见过，庙里也没有，也就是说，这本谱集从出版到现在，基本上是无人问津。音乐界不知，佛教界不用！这是我的一个大失败！现在总结，什么原因造成了这个失败？首先是我们的想法不切合今天中国佛教界的实际情况。现在，中国寺庙里的僧人绝大部分是偏远贫困地区来的没有文化的年轻人，我以为五线谱不认识，那就简谱吧，结果简谱也不认识！不认识谱子可以听着磁带学唱吧？但这盘“规范带”问题更大。为了录这个磁带我也费了很大的劲，汉传佛教唱诵最有名的天宁寺、天童寺、宝华山我都去录了音。但这三个寺庙的录音都没法用，天宁寺号称是“梵呗第一”，但到那儿一看，现在的僧人来自五湖四海，唱的也是南腔北调。过去你在天宁寺挂过单，去小庙就可以当“维那”了，但现在已今非昔比了。在这种情况下，我就犯了第二个错误，这个错误我从来没跟人说过，实在不好意思说。我最后怎么录的这盘磁带呢，我找了一批中国音乐学院作曲系的学生照我这个谱唱！我自以为得计，录音也很顺利，因为作曲系学生识谱能力很强，再练习练习，完全“规范”。但最大的问题是什么？没有一点宗教感，就像外国人唱京戏，每个音符都正确，但没味儿。这盘磁带拿到庙里一放，和尚听完了说不出什么表情，但是一听就知道不是和尚唱的。所以至今没有一个和尚按我的谱本“规范”！

现在反省，在这件事情上我最大的错误是什么？不是技术上的问题，最大的问题还是“规范”这两个字。为什么要“规范”？由谁来“规范”？怎么“规范”？我这几年到哪儿都谈文化多样性，谈非物质文化遗产保护，提倡“原生态”唱法，但大家不知道，我今天对文化多样性的理解和觉悟，我自己的“文化自觉”，包括我对民族民间唱法的提倡和对民间歌手的发现、推荐，是在经历过许许多多这样的错误之后才取得的。我之所以能够在我国非遗保护的开始阶段做一些具体工作，提出一些观点、方法，也跟我以前这几十年的思想准备、学术积累有关系。没有这些错误，我既认识不到保护文化多样性和非物质文化遗产的重要，也不会有自觉性和责任感。

当然，这就必须谈一个学以致用的问题。这一点我想跟大家讲讲我的业师杨荫浏先生，作为音乐史的大家，他始终强调学用结合且身体力行，强调我们的理论要为实践服务，要让我们的研究尽量靠近社会，能够被社会接受，能够对社会起点作用，哪怕是微薄的作用。杨先生研究律学这门“绝学”，不是光计算，而是亲自做律管、做实验。之后，跑到乐器作坊里教制作乐器的师父怎样给笛子钻这个孔音才准，怎样给琵琶贴这个品音才准。老一代学者的治学态度和理念，对我们每个人都有启示。我后来有将近七八年做非遗保护的工作，全身心地投入，把宗教音乐研究完全扔了，自己遗憾不遗憾呢？我也遗憾，但是我当时为什么能够把自己的专业暂时放在一边来做一件社会性的工作呢？我当时真的想过，假如杨先生在世，我问先生：老师，现在让我做这个事，我做还是不做？我想，杨先生一定会全力支持我的。

### 还是态度问题

最后，再谈谈态度问题，一是对学问的态度，一是对自己的态度。你们入学以后就得考虑你们的论文写作了，我常跟学生讲，学位论文不是学术论文，学位论文的目的就是拿到学位，但是一篇好的学位论文应该也是一篇好的学术论文。那么，两者最大的区别是什么？就是学位论文遇到一些敏感的前人没说过的问题时可能采取一种回避的态度：哎呀，我写了以后会不会导师不同意？会不会通不过论文答辩？于是，以通过答辩做最终追求。但做学术论文一定要有一个求知的精神，求真的精神。我们大家经常说真善美这三个字，“真”是学术所求，“善”是宗教所求，“美”是艺术所求。或者说科学、宗教、艺术是从三个不同角度，三个不同领域，用三种不同的方式来阐释世界与人生。所以我们第一还是要求真，在你的学术文章里假如能解决几个问题，不要几个，解决一个问题就很不错了。

有些同学讲不知道选什么题，或者选好题不知道该如何往下进行。我说不着急，首先是要熟悉你们的研究对象，就是收集资料。我们当年收集资料比你们难很多倍，现在你们太方便了，一上网就什么都有了。但我告诉你们，网上的东西很不可靠，常常是以讹传讹，一错百错，一定要找到原本再证实一下。我们当时在图书馆找资料，没有复印机，不许你复印，更没有"百度"和"搜狗"。怎么办呢？就是抄书，做卡片。借到一本有用的书就抄，比如《羯鼓录》，我抄过；慧皎的《高僧传》，我抄过。抄的结果是什么呢？抄的结果就是你记在脑子里了，有时候还有意想不到的好处。我 20 世纪 90 年代到密歇根大学讲佛教音乐，去之前李陀给我写信说你千万要注意，这里的汉学家很厉害，常常会提一些古怪刁钻的具体问题。我们原来请的几个中国学者讲的都是比较宏观的问题，外国学者对我们这种缺少详细考证的学风不太满意，有点瞧不起。我讲学时果然遇到一个外国汉学家提问，因为我讲到曹植"鱼山制梵"的故事，他就问我一个问题："曹植死在鱼山，请问曹植死的时候旁边有什么人？"李陀后来跟我说，当时听到这个问题时很为我捏了一把汗，曹植死的时候，谁知道旁边有什么人？他老婆？我当时也一愣，但我立刻想起来我当年抄过的一段书，曹植曾经给曹叡，就是当时的魏明帝写的一封信。当时魏明帝挤兑曹植，要从曹植的封地上抽兵，曹植于是写了这封信说：我这里"惟尚有小儿，七八岁已上，十六七已还，三十余人。今部曲皆年耆，卧在床席，非糜不食，眼不能视，气息裁属者，凡三十七人。疲瘵风靡、疣盲聋聩者，二十三人。惟正须此小儿，大者可备宿卫，虽不足以御寇，粗可以警小盗；小者未堪大使，为可使耘锄秽草，驱护乌雀"。我回答这个问题就引用曹植的话说，他死之前周围有什么人呢？就是一批聋子瞎子长大瘤子的有 23 人，部曲老兵 37 人，小孩子 30 多个，有史记载的就这些人，至于他死的时候还有几个，我不知道。没想到，这位学者很佩服！这些东西怎么来的？我抄书抄来的。同学可能说：你脑子真好！我诚恳地给你讲，我的记忆力是我太太的十分之一，是普通人的二分之一或三分之一，我昨天做的事今天就忘，我找这个谱本都找了两天，昨天晚上是偶然翻出来的。我记忆力真的太差了，不是客气和谦虚，我诚实地讲，我的领悟力比较好，但记忆力真的是差。但为什么我现在还能记住点东西呢？我们抄书啊！我们用的笨办法啊！我给大家讲个小故事：当年恢复天津佛乐团，先找到天津大悲院的一个曾经还俗的老先生叫历兰亭，他说你们赶快找我师弟能闻，我当初笨啊，师父教我们吹曲子，我学不会，师父拿着管子就往我脑袋上敲，小和尚都是光头，师父打一下一个包，脑袋上大包摞小包，我实在没法活了，听人说吃洋火头能死，我就买了一大包火柴吃洋火头，结果拉了两天稀死不了，又得继续去吹。我这个能闻师弟，7 岁就戴大帽（毗卢帽），领奏，专门做的小袈裟，站在凳子上吹，一吹大家都叫好，红遍四九城，太聪明了！但我们找到能闻之后，却发现他把佛教音乐全忘了，而这个笨得挨打的历兰亭，反而记得所有的曲目。我说这个什么意思呢？就是劝大家做学问宁可下一点苦功夫，你没有下功夫，你就得不到真的东西，有些笨法子，过后会起作用。

那么我还有一个想跟大家讲的就是在选题上要敢于突破禁区，敢于发现新问题。这个发现新问题的能力是怎么来的呢？是在你对大量资料熟悉的基础上自然得来的。昨天还有个学生问我：我收集了很多材料怎么处理它？我说：不着急，慢慢熟悉它，自然就会了。王国维在《人间词话》里提到的三种治学的境界大家都知道，第一种境界是“昨夜西风凋碧树，独上高楼，望尽天涯路”。一个人是孤独的，在学术领域里你更是孤独的，可以有同道，可以交流，但大部分时间你是孤独的，而正是这孤独提供了你与古人交流、与圣贤交流、与未知交流的可能性。你独在高楼上往下看，山海一片，天苍苍水茫茫，看不见路，不知道下一步是什么，怅寥廓。第二种境界是什么？“衣带渐宽终不悔，为伊消得人憔悴。”什么叫“衣带渐宽”？衣服号大了，女同学会发现学术还有减肥的功能呢，不应该产生对学术的兴趣吗？为谁“消得人憔悴”呢？就是你研究的对象，是学术。你写论文的这个过程会很苦。第三种境界是什么？“蓦然回首，那人却在灯火阑珊处。”“蓦然回首”是什么意思？有时候，你得到的这个惊喜是你事先没有想到的。

还有一点我想跟大家说：不要迷信权威。当然，不迷信权威和尊重先贤完全是两个概念，人非圣贤，孰能无过？大学者也可能有他的疏漏，所以我们在学习老一辈学者的著作的时候，第一要尊重，不要年少轻狂，还没读懂就轻言批判，但是也不要认为大师一定就没有错。我是在闹“非典”那年，2003 年，写了一篇完全是我专业以外的文章，就是在读陈寅恪先生的《金明馆丛稿》时，看到他的一篇音韵学文章《书〈魏书萧衍传〉后》。《萧衍传》记载侯景围攻台城的时候，隔城“戏侮”萧衍说：“城中非无菜，但无酱（将）耳！”意思其实很简单，就是用谐音字说你城中没有大将。但陈先生做了一番考证，他的结论是“菜”就是“卒”，他有一套推论的方法，但最后得出的结论犯了两个简单的错误，一个是汉语读音的对转是有条件的，决定一个字的读音，要考虑声、韵、调三部分。通俗地说，一个汉字有声母、有韵母、有声调，而陈先生只用“秦陇则去声为入”一句话，只谈了声调，没有涉及声母和韵母就断“菜”为“卒”，而且用“固所当然也”“当无疑义”这样斩钉截铁的态度定论，则不仅是粗疏，甚至有点霸道了！另外，因为他把这句俗语当成“雅语”，而又认为侯景是“粗人”说不了雅语，所以他把这句话的发明权送给了侯景手下一个叫王伟的文人。但这句话哪是雅语啊？这是最老百姓的一句话：你城里有“菜”吃，但没有“酱”吃，“酱”与“将”谐音，这种利用谐音的“俏皮话”在民间俗语中大量存在，诸如“裁缝不带尺——存心不量（良）”“苍蝇进花园——装蜂（疯）”“草帽当锣敲——响（想）不起来”，等等。正因为侯景是个粗人，所以他用“菜”和“酱”来比喻萧衍城中无将的尴尬，跟陈先生指“菜”为“卒”，可以用陈先生的语气说，是“断无关系”！

我于是写了一篇《书陈寅恪〈书魏书萧衍传后〉之后》的文章。但写完后心里没底，陈寅恪这样的大家怎么可能犯这个低级的错误呢？当时正值“非典”期间，无法与人交流，但我还是把文章寄给北大中文系一位搞音韵学的教授后跟他见了一面。我还记得当时约在北大西门口，因为“非典”，见面时我俩都戴着大口罩，和特务接头一样。这位北大音韵学的教授说：“你是对的，我也请其他几个音韵学的专家看过，都认为你是对的。”那我就问他：“为什么陈先生在这么重要的一篇文章中犯这样一个错误，你们搞音韵学的专家没有人提出来？”他就笑了：“我们谁也没认为陈寅恪会犯这样的错误。”这说明一个什么问题呢？我这篇文章在《中国文化》发表的时候在文末加了一个附记：

> 一、人无完人，金无足赤，大师亦然。对先贤，不可无敬师之心，不可有崇神之意。读圣贤书，仍需思考。
>
> 二、瑕不掩瑜。山有名来毕竟高。大师偶有疏漏，仍为大师。
>
> 三、大师尚可能有疏漏，况浅薄如吾辈乎？念此怵然而背有泠泠之汗矣！

我臭拽了一通，但说的都是真心话。对先贤大师不能盲目崇拜，那么，对自己呢？更不能自我崇拜！自信是每一个学者都应该有的，但过于自信甚至自恋，就接近自我崇拜了。作为学者，经过自己多年的努力、刻苦的钻研，有了一孔之见，甚至有了较大的发现，说出了一些前人没有说过的话，这都是学者追求的目标，也是可以三五好友“浮一大白”的高兴事。但千万不可以沉浸在自己的成就和专业之中，有意无意地把自己的一孔之见无限放大。讲到这里，我再反省一个我过去的错误。

从 20 世纪 90 年代开始，李希凡先生作为总主编，组织了一个班子编写《中华艺术通史》，我是其中魏晋南北朝卷的主编。这个时期，是中国艺术史中一个特殊的时期，佛教进入，道教兴起，宗教对中国艺术产生了很大的影响。大家知道，我的专业就是宗教艺术，对这个领域比较熟悉，对自己从事的专业也有很深的感情。因此，我在主编这卷著作的时候，就有意无意地夸大了宗教的影响和宗教艺术的重要性，从我的判断性的语言，到整卷书内容的比例安排，都有不够客观的地方。编委会初审的时候，很多编委对我的这种倾向提出了不同的意见，希望我能更好地把握“度”。我当时很不以为然，面对我把“艺术史”写成了“宗教艺术史”的批评，“据理力争”，拼命解释这一时期的特殊性，认为在这卷本里就应该如此突出宗教的影响和宗教艺术的地位。后来，李希凡先生对我说：这套书是集体项目，不是个人的学术著作，你可以在自己的个人著作中按自己的观点写作，但希望你能在这套集体编撰的书内尊重大多数编委的意见。后来，出于对总主编的尊重，我很不情愿地删掉了一些宗教艺术的内容，增加了一些世俗艺术的内容，对有些大家意见比较大的提法，也做了一定程度的修改。

多年之后，当我再研究这段艺术史的时候，我感觉我当年的妥协是正确的，在我最初的写作中，的确存在着某些非理性的因素，对自己喜爱和熟悉的研究对象有一种过度的感情投射。当然，在研究中感情的存在是必然和有一定意义的，有时也难以自觉，就像对自己的孩子，常常会有偏爱。但作为一个成熟的学者，还是应该站高望远，尽量摆脱“小我”的感情羁绊，避免“孩子是自己的好，老婆是别人的好”的狭隘性。学术上的“自恋”，会妨碍我们有更大的进步。

我今天拉里拉杂地说了一些，讲了我的三个错误，也吹了一点小牛，反省为主，吹牛为辅，主要还是希望把我曾经犯过的错误提供给青年朋友做一个反面教材，让大家在学术的道路上走得更好。

（原载《中国音乐学》2013 年第 1 期）

# 三类不同的音乐形象

在音乐美学中，人们总是喜欢把音乐放在其他艺术之中用比较的方法来探求音乐的规律。以往的“摹拟论”者常常强调音乐与其他艺术的共同性，而“感情论”者则常常强调音乐本身的特殊性。在这两种观点的影响下，立论于“表现说”的理论家把音乐形象分成“主观性的感情形象”和“客观性的感情形象”[①]，立论于“造型说”的理论家则把音乐形象分为“一个侧重于描绘内心世界，一个侧重于描绘客观世界”[②]。这两种分析都有其精辟之处。但把音乐的功能以二分之、非此即彼的传统观念却不足以充分解释音乐领域的一些特殊现象。比如确实存在着一种既不明显地表达某种感情，又不明显地描绘某种事物的音乐作品。如果我们把音乐形象分成三类，则有助于我们的探讨。

## 绘画性的音乐形象

首先应当指出，在音乐美学中“形象”这个词是借用的，是不够科学

① 伍雍谊:《形象思维和音乐创作》,《音乐论丛》第 2 辑，人民音乐出版社 1979 年版。

② 吴毓清:《论音乐的描写与音乐形象》,《音乐研究》1980 年第 1 期。

的。因为音乐是时间艺术、听觉艺术，它并不具备“形象”这个概念所应有的可见性、空间性、固定性。音乐形象的表现形式，仅仅是音乐家有目的、有规律地组织起来的一系列不同音高的乐音。同样“形象思维”这个词在音乐美学中也必须加以充分的说明和限定之后才能使用。这不仅因为音乐思维的结果不具有可见的形象，也因为在音乐创作、音乐思维的过程中，外界事物的各种表象常常没有，也并无必要伴随始终。那些不断活跃在文学家眼前、跳荡于美术家笔下的外界事物的表象，对音乐思维来讲常常仅是一个触因。音乐的目的主要不是描绘客观事物本身。我们之所以首先探讨这一类音乐形象，也仅仅因为正是音乐的这一“绘画性”因素才使音乐的思维较为符合“形象思维”的一般概念而已。

那么，应当怎样理解“形象思维”这个曾经引起轩然大波的概念呢?举一个例子：与人类生活密切相关的水，在现代自然科学家的思维中，水只是一种无色、透明、无味的液体。不管是池中水还是杯中水，是长江水还是黄河水，更不管是平静的柔波还是汹涌的巨浪，统统都是两个氢原子、一个氧原子，在温度为 0℃时凝成固态，在 100℃时沸腾。它的分子式 $H_2O$ 就是科学家思维成果的显示形式，是不带任何感情色彩的、准确明晰的抽象形式。

在某些哲学家的思维中，水也被抛去了本身的形态和意义，引申成抽象的东西。中国古代的哲人们认为水和其他四种物质金、木、火、土相生相克，无限循环，构成整个物质世界。广至万物的起源，小到个人的命运，都与此“五行”有关，这所谓的“五行”，也是一种抽象思维的显示。

但是，在艺术家的思维中，水却始终伴随着它各不相同、千变万化的颜色、声音、状态，以及能够决定它不同于其他“水”的一切特点而存在。画家们用不同的色调、构图来区分在他画面上流泻的是江南春水还是高崖悬瀑，音乐家们则选择不同的声音组合形式来表现清幽婉转的小溪或惊涛裂岸的大海。而且，他们还在这一切中特别含有了人的感情。对抽象思维的结果，人们应当判断说“对”或“不对”，而对形象思维的结果却只能欣赏，说“喜欢”或“不喜欢”，从理论上讲，抽象思维的最终结果和最佳显示形式只能是一个，而形象思维的成果显示形式却有无数种。世上所有的科学家都把水写成 $H_2O$，但是音乐中又有多少个“海”呢？里姆斯基－科萨科夫《天方夜谭》中的海、格里格《培尔·金特》第二组曲中的海、德彪西的《海》……真是千姿百态，形象迥异。但你能说他们谁写得更“正确”些呢？

那么作为听觉艺术的音乐，又是怎样用“形象思维”描绘客观事物的呢？

我们知道任何艺术都是在与它相应的感觉器官的基础上建立起来的，并只能为这一相应的感官所接受。但是某一感官的感受，有时却会引起与其他感官职能有关的联想。舒曼曾经说过：“在音乐的想象中……往往视觉对听觉起了配合的作用。视觉这个永远在积极活动的感官能把音响中产生的形象加以巩固和保持，随着音乐的进展，使它的轮廓变得愈来愈明确。”他并且断言：“音乐中产生的思想和形象，所包含其他艺术的因素愈多，音乐的结构愈是富有诗意的、灵活的表现力。”[①]

正是在“联想”的基础上，音乐才能通过“模仿”和“象征类比”的手段来“绘画”事物。

比如我国著名的古典琵琶曲《十面埋伏》，生动地描绘了一幅大规模的战争图画，把听众带到了一个戈矛纵横、人吼马嘶的古战场。在乐声中，人们仿佛能看到刀剑相击时迸飞的火星。在民间乐曲《百鸟朝凤》里，我国杰出的民间艺术家们令人信服地描绘了一幅色彩斑斓、生机勃勃的晨景。

---

① 《舒曼论音乐与音乐家》，人民音乐出版社 1978 年版，第 81 页。

随着乐声的起伏，人们似乎能看到一只只五颜六色的鸟儿，一会儿在洒满阳光的枝头跳跃、歌唱，一会儿振翼凌空、倏尔远逝。

实际上，人们在乐声中“看”到的这一切，全都是通过听觉得到的视觉联想。音乐只模仿了自然界存在的某些声音。《十面埋伏》宏大的战争场面是通过“金声、鼓声、剑弩声、人马辟易声”来体现的。而《百鸟朝凤》只是在一段欢快的民间曲调多次的反复中间，插进了唢呐对鸟鸣的口技式的模仿。

音乐在自然中可以直接模仿的对象并不多。自然界中，似乎只有某些禽鸟的叫声才是唯一具有相对固定音高的声音。某些鸟类学家认为，“对于许多歌鸟来说，艺术已成为它们生命中的一部分了”①。因此对鸟鸣的模仿，便成了古今中外许多绘画性音乐作品中最常听到的声音。我国古籍中所谓伶伦听凤凰之鸣以制十二律的传说，可能是历史上最早的有关人类从鸟鸣声中得到音乐启发的记载了。俄罗斯作曲家里姆斯基－科萨科夫说他的歌剧《雪女郎》：“春神的动机之一，乃是久居我家鸟笼里的一只山鹊所唱的歌调，不过我们的山鹊唱的是升 F 大调，我却为了小提琴泛音的便利把它降低了一个音。”② 至于现在仍存于日本的我国唐代古曲《春莺啭》和贝多芬《第六交响曲》中出现的杜鹃、鹌鹑的啼鸣，更是著名的例子。一些近现代作曲家，甚至专为鸟写了大型的作品。意大利作曲家莱斯庇基的管弦组曲《鸟》和法国作曲家梅西安创作的钢琴套曲《百鸟图》、管弦乐《鸟的苏醒》《异国的鸟》则是突出的例子。梅西安曾自称，“我是一个鸟类学家，我一生都记录鸟的歌声”“等我死后，等我的音乐、我对节奏的探究，这一切都被人遗忘以后，也许会有人说，我在发展把鸟语记谱的科学上起过一

---

① 《鸟之歌》，引自王沛纶编《音乐辞典》，台湾文艺书屋 1980 年版。

② ［俄］里姆斯基－科萨科夫：《我的音乐生活》，吴佩华译，上海音乐出版社 1988 年版，第 263 页。

点点作用”。[①]

当然，除鸟鸣之外，我们还在音乐作品中听到过不少“逼真”的模仿。诸如雷声（定音鼓从弱到强的滚奏，如贝多芬《第六交响曲》）、枪炮声（军鼓密集音符的快速敲击，如肖斯塔科维奇《第十一交响曲》）、伐木声（弦乐分部演奏的不协和音，如小山清茂《伐木歌》）以及各种动物的吼叫等（如圣－桑的《动物狂欢节》和格罗菲的《大峡谷》）。当然，这种模仿不是对自然界声音原型的照搬。即使美术作品中的形象也不是一成不变的大自然的复制品，而要有所增删、取舍、美化、变形。音乐的模仿，要有更多的加工、改造。要把音调、节奏的特点纳入乐音体系中去。模仿的运用也要恰到好处。大量对自然的单纯模仿甚至脱离音乐表现需要和常规表现手段去追求音响“细节的真实”，则可能滑到自然主义的歧路上去。

用象征类比的手法则可以描绘那些难以模仿的事物。比如用变换和声、调性及富有色彩的配器手法造成的层次感象征日出（格里格的《培尔·金特》第一组曲），用乐队全奏的气势和宽广起伏的节奏造成的动荡感象征大河（斯美塔那的《我的祖国》中的“沃尔塔瓦”）。再远一点，可以只用一种意境、情趣来象征被刻画的事物。如用大提琴雍容华贵的旋律表现在碧水蓝天间游弋的天鹅（圣－桑的《动物狂欢节》中的“天鹅”），用钢琴轻盈飘逸的音型表现在红花绿草间翩飞的蝴蝶（舒曼的《蝴蝶》）。德彪西更是一位用象征手法创作音画的大师，他烘《云》托《雾》镂刻《雪上足迹》，泼洒《水中倒影》，几乎尝试了用音乐表现一切绘画题材的可能。

一般来讲音乐的“绘画”更近于“渲染”而不是“勾勒”。音乐对某些客观事物、场面的描绘常常只是再现一种气氛。欣赏者的文化水平、音乐修养、想象力以及对作家、作品了解的程度，则决定了欣赏者在这气氛中

① 《梅西安论音乐创造》，载《国外音乐资料》第 12 辑，人民音乐出版社 1980 年版。

理解和联想的程度。因此，某段音乐对一些人来讲可能是“不知所云”，但对另一些人来讲，却逼真得近于自己的感受了。舒曼曾说过他亲历的一件事：“一天我和一位朋友弹奏舒伯特的进行曲。弹完后，我问他在这首乐曲中是否想象到一些非常明确的形象，他回答说‘的确我仿佛看见自己在一百多年以前的塞维尔城，置身于许多在大街上游逛的绅士淑女之间。他们穿着长衣裙、尖头鞋，佩着长剑……’值得提起的是我心中的幻想居然和他完全相同，连城市也是塞维尔城！谁也不能使我相信，这个小小的实例是无关重要的！”①

但是，即使是舒曼本人，也充分认识到更多的音乐形象是达不到如此逼真的程度的，而是模糊、不确定的。他在谈到柏辽兹的《幻想交响曲》的时候就曾承认，“我的确很难断定一个不知道作者意图的人听了音乐是否也会引起和柏辽兹心里相同的形象”②。的确如此，一个从未看过勃克林的油画《死之岛》的人，又怎能在欣赏拉赫玛尼诺夫的同名交响诗时想象出那陡峭的石崖、抑郁的森林和孤舟上白衣人阴冷的背影呢？

音乐形象的这种不确定性，在以往的音乐美学著作中已经谈得很多了。那么，音乐形象的明确程度又是如何确定的呢？音乐史上许多成功和失败的作品告诉人们：归根结底，音乐只能表现声音，只适宜表现能发声的、运动着的事物。就像无论什么样的大力士也无法拔着自己的头发离开地面一样，无论多么天才的音乐家，也无法只靠音乐本身的力量描绘无声的、静止的事物而被常人所理解。卢梭的名言：音乐家“可以表现听不见的东西，而画家却没有办法表现看不见的东西”，只说对了一半。比如穆索尔斯基在他的《图画展览会》中，曾生动地表现了一些有声音、有动作的事物。

① 《舒曼论音乐与音乐家》，人民音乐出版社 1978 年版，第 82 页。

② 同①，第 80 页。

他用尖锐、嘈杂、快速的音型描摹了一群啄破蛋壳的小鸡；用颤抖的、断断续续的、类似哭泣的音调勾画了一个向犹太富翁乞讨的犹太乞丐；用沉重的节奏与和弦表现出牛车的缓缓行进。但他却很难用同样的“绘画”水平来表现那座默默地矗立着的建筑物——凯旋门的形象。他只能绕一个弯子，去描写节日的气氛、欢腾的人流，求助于更复杂的联想来表现这些与凯旋门有关的另外的事物。再如，在家喻户晓的伯牙子期的故事里，伯牙本来弹奏了两首琴曲《高山》和《流水》。但是，长时间里，舞台实践却明显地冷落了那首描写静态的《高山》，而不无原因地偏爱着动荡的《流水》。

当然，这可以说是音乐的局限性。但每一种艺术形式，也都有自己的局限性。就像音乐无法真正表现某一物体的颜色、质感、空间状态一样，绘画和雕塑也无法真正表现时间的连续性和运动的全过程。在美术作品中出现的永远只是一瞬间、一刹那。不过，谁又能够说某一艺术形式的局限性，不恰好也正是这一艺术形式感染力之所在呢？徐悲鸿无法描绘一匹马奔驰的全过程，齐白石无法描绘几只虾动作的连续性，但他们却抓住了骏马昂首长嘶、四蹄腾空的一刹那和小虾扬须弓身、觅食欲纵的一瞬间的形态，把它们永远固定了下来，使不动的画面变成了生动的形象。人们不能要求希腊雕塑《掷铁饼者》把他手中的铁饼抛出去，也同样不能指望贝多芬能在《艾格蒙特》序曲中表现出这位英雄的体征相貌、服饰穿戴来。我们应当随时记住贝多芬对他的《第六交响曲》所说的话：“《田园交响曲》不是绘画，而是表达乡间的乐趣在人心里所引起的感受，因而是描写对农村生活的一些感觉。”①

描写“感受”与“感觉”，这才是音乐最为擅长的领域。

---

① 《贝多芬札记》，《音乐译丛》第 4 辑，人民音乐出版社 1963 年版，第 149 页。

## 文学性的音乐形象

可以说，自有音乐以来，绝大部分的音乐作品属于这一类，即表现人的思想、感情，表现人的社会生活。其中尤以从浪漫派音乐家开始盛行的“标题音乐”最为明显。这些音乐家爱用夸张的手法、瑰丽的想象、热情奔放的音乐语言来抒发理想。他们的许多标题性音乐作品是在文学作品的启发下写成的。

谈到文学，人们便想到语言。“语言是思想的直接现实。”① 没有语言，便无法思维，不掌握相应的艺术语言，再好的艺术构思也无从体现。

那么，什么是音乐语言呢？就狭义来讲，仅指旋律中的乐汇和乐句，广而言之，则泛指音乐的一切要素。那些反映在音乐家头脑中的现实生活中的表象，那些故事情节和以概念形式存在于音乐家头脑中的思想，还远不是音乐的语言和思维，它们必须转化为声音的表现形式才行。舒曼针对那些不懂得音乐思维的“哲学家”们说：“如果他们认为想要体现一定思想的音乐家是像星期六晚上的传教士那样坐在书桌前把自己的主题分为普通三个部分而适当地给以加工，那他就错了。……因为音乐家的创作完全是按另外的方式创作出来的；如果音乐家幻觉形象或思想，他只有当这些形象和思想终于表现为美妙的曲调时，才感到自己劳作的幸福……”②

假如我们做一个将文学语言转化为音乐语言的试验，把那首著名的元人小令“枯藤老树昏鸦，小桥流水人家。古道西风瘦马，夕阳西下，断肠人在天涯”转化为一首音诗的话，音乐家不必要也不可能像画家画诗意画那样，让那些蛇状虹形的枯藤、秃枝裸干的老树、黄昏归巢的乌鸦出现在

---

① 马克思：《德意志意识形态》，《马克思恩格斯全集》第 3 卷，人民出版社 1960 年版，第 525 页。

② 《李斯特论柏辽兹与舒曼》，张洪岛、张洪模、张宁译，人民音乐出版社 1979 年版，第 166 页。

画面上。这些具体的形象只是作为一种唤起旋律的诱因而起作用。当然，某一个音乐家也可以充分发挥音乐的绘画性或模仿乌鸦喑哑的叫声，或运用瘦马脚触的节奏。但最为常见和有效的写法，却是完全抛开这些而单独表现“断肠人”的凄凉心情，通过一首充满感情的、如泣如诉的旋律来感染听众，造成和小令给予读者的同样感受。梁山伯与祝英台的全部悲剧情节体现在《梁祝小提琴协奏曲》中，无论是美好欢快的“草桥结拜”、缠绵悱恻的“长亭惜别”，还是惊心动魄、充满浪漫色彩的“投坟化蝶”，也只是通过一些旋律组织成奏鸣曲式的抒情曲调来体现的。

让我们再看一个具体的例子：1868 年，里姆斯基－科萨科夫被大力士安泰的故事所吸引。他写道：“……沙漠、醒悟的安泰、瞪羚与小鸟的一段故事、派密拉的废墟、仙女的幻觉、人生三大乐事——复仇、权力、爱情以及安泰的死，这些对于一个作曲家都有极大的吸引力。”[①] 吸引了他的这一切，有美术性的画面，有文学性的情节，有音乐几乎无法表现的抽象概念：复仇、权力、爱情[②]。作曲家正确地使文学构思符合音乐思维的规律，用抒情来代替状物叙事，并先把抽象的概念转化为音乐可以表达的画面。他写道：“描写复仇、权力、爱情这三大乐事总是一件纯抒情的工作，它们只表达情绪和情绪的变化……”“我仿佛知道复仇和爱情的欢乐是可能用外表的手段来表达的：前者是一幅血腥的战争画面，而后者是一幅东方君主的豪华宫殿的画面。”[③] 这画面便容易转化为声音形式了。你可以用强烈快速的乐队全奏去表现战争，用一支美妙的阿拉伯旋律象征东方的宫殿。

---

① ［俄］里姆斯基－科萨科夫：《我的音乐生活》，吴佩华译，上海音乐出版社 1988 年版，第 95 页。

② 汉斯力克曾机智地指出，音乐所能表现的，并不是“爱情”这个名词本身，而是它前边的各种形容词，如“温柔的”“热烈的”等。

③ 同①，第 101、103 页。

我们似乎可以把音乐家的思维过程分成两个阶段，即认识现实、酝酿创作的阶段和具体完成写作的阶段。波兰音乐学家卓菲娅·丽莎把前者称为“非音乐思维”的阶段，而把后者称为“脱离具体化和语义化”、把构思“移到音结构上去”的阶段①（当然，这两个阶段在实际思维中是很难截然分开的）。在第一阶段中，音乐家的思维与其他艺术家的思维是大致相同的。现实生活中的某些事物引起了他们强烈的感情冲动和丰富的想象，这一切事物中最有特征的东西形成了他们头脑中的表象。它可能是一幅运动着的图画，可能是一系列生动的情节，也可能是某人的只言片语、一舞一笑。这时，所有的艺术家们都一样自觉或不自觉地在某种思想、观点、民族性、阶级性、宗教意识的支配下选定题材、酝酿创作。这也可谓“情动于中”的阶段。

但到了“故形于声”的阶段，也就是艺术家们把自己头脑中的表象与思想、感情、想象付诸艺术手段时，情况便不同了。诗人寻词觅句、铸韵炼字，画家捕光捉影、驱墨弄彩。他们头脑中客观事物的表象经过艺术加工直接从他们的笔下涌流出来。而此时，音乐家却凝聚着旋律，创造着与外界事物的表象完全不同的艺术形象。

里姆斯基－科萨科夫在写作《安泰》时的思维过程，可以写成这样一个公式：概念—画面—声音。但这个公式却不能保证在逆行时依然准确。所以，许多音乐家都颇有道理地反对用文字解释音乐内容。柴可夫斯基在“有生以来第一次把音乐的想法和形象改写成文字”以满足梅克夫人的愿望之后，又把自己的解说称为“胡说八道”并感到重读一遍都“很恐怖”。他似乎在问自己，“你怎么能够表现你在写一部器乐曲，它本身没有什么一定的主题时掠过脑际的一些漠然的感觉呢？这纯粹是一种抒情的过程，是灵

---

① ［波兰］卓菲娅·丽莎：《论音乐的特殊性》，于润洋译，上海文艺出版社 1980 年版，第 111 页。

魂在音乐上的一种自白……”他对梅克夫人说：“……亲爱的朋友，这就是关于那部交响乐我能告诉你的一些事物。当然，我所说过的既不清楚也不完全。这是按器乐的性质而作的，因为器乐曲不能作详细的分析。恰如海涅所说：‘话语停止的地方，就是音乐的开始。’”①

因此，对文学性的音乐作品，也不能要求它讲故事，而要用“音乐的耳朵”来欣赏。你如果仅仅想了解古波兰抵抗条顿人的历史，最好去读密茨凯维支的长诗《康拉德·瓦连罗德》，而不要去听肖邦在长诗的启发下所创作的《g小调叙事曲》。不然的话，你一定会失望，一定会感到“叙事曲”这样的体裁名称是多么地没有道理。

马克思说过：“对于非音乐的耳朵，最美的音乐也没有意义。”②但对一个音乐家来讲，音乐语言——这种甚至不能明确表示一个哪怕像“我”或“走”这样最简单概念的语言，却是无所不能、可以蕴含深刻思想和丰富感情的“无可比拟地更巧妙更有力的语言”③。舒曼说：“舒伯特能够把最微妙的情感和思想，甚至把社会事件和生活情况用声音表达出来。例如在舒伯特的几首《音乐的瞬间》里，我简直可以听出由于付不出裁缝店的欠账的懊丧心情。”④当然，舒曼的这种“音乐耳朵”不是每个人都能有的，而且，也并不是每个音乐家都能像他那样对文字和音乐这两种语言的写作同样得心应手。门德尔松就曾抱怨文学语言的乏力。他说：“这些演说、字句是这样含混不清、模糊并易于误解，而音乐则用胜过文字的千百种美好事物来充实我们的心灵。”⑤

---

① C. 波文、B. 冯·梅克编：《我的音乐生活——柴科夫斯基与梅克夫人通讯录》，陈原译，人民音乐出版社 1982 年版，第 137 页。

② 《马克思恩格斯论艺术》第 1 卷，中国社会科学出版社 1982 年版，第 204 页。

③ 同②。

④ 《舒曼论音乐与音乐家》，人民音乐出版社 1978 年版，第 19、159 页。

⑤ [英]戴里克·柯克：《音乐语言》，茅于润译，人民音乐出版社 1981 年版，第 20 页。

目前许多人都承认，在感情领域里音乐不仅胜过文字，而且比其他任何艺术都更直接、更有力。绘画是可以强烈、醒目、充满感情的。比如毕加索的《格尔尼卡》，画家力图用强烈的黑白对比和大胆的变形直接影响观众的感情。但是，因为观众不经过较长时间的理性分析便无法理解，所以就更难谈到共鸣。文学的感情容量虽然很大，但它要颇费周折地通过第二信号系统的文字才能引起联想，也不能直接作用于人的感情。但音乐由于和人的心理活动、感情活动具有形态上的一致性，都是运动着的、不可见的、有节奏的、微妙的、随现随逝的，所以音乐能非常迅速、强烈地直接摇撼听者的心灵，例子不胜枚举。难道催人泪下或令人热血沸腾的乐曲还少吗？只要想一想“悲歌”“谐谑曲”等体裁名称和《思乡曲》《欢乐歌》等乐曲标题就够了。懂得了这一点，也就不难理解为什么许多理论家竟然不顾一切艺术形式都是感情形式这样一个事实，而单单把音乐称为“感情艺术”了。

### 建筑式的音乐形象

从有了最初的音乐美学开始，许多人就曾指出音乐与建筑的相似之处。施莱格尔把音乐称为“流动的建筑”。黑格尔认为音乐与建筑一样都“不是来自现成事物而是来自精神创造的”。音乐“一方面遵照一定的比例关系为准而与情感表现无关的和声规律，另一方面在拍子和节奏的回旋上以及在对声音的进一步发展上，也要大量运用整齐对称的形式”[①]。法国文艺批评家丹纳也认为“音乐与建筑一样，也建立在艺术家能自由组织和变化的数

---

① ［德］黑格尔：《美学》第 3 卷，朱光潜译，商务印书馆 1979 年版，第 335 页。

学关系之上”[①]。

我们承认音乐与建筑的相似，并不是同意这种认为音乐和建筑与自然界毫无联系、纯属精神创造的观点（一些唯物主义的理论家指出：兽洞、蜂巢及鸟鸣，都可能为建筑、音乐提供模仿的对象），也不是同意那种把音乐与建筑仅看成数学思维的结果的观点，而是因为我们承认这样一个事实，即某些音乐的确和建筑一样，具有一种不附加任何条件，也不显示什么确切精神内涵的纯形式美。许多被称为“无标题音乐的作品”，例如海顿的一些交响曲，巴赫的一些赋格曲就是如此。

当然，其他艺术形式中也或多或少地存在着类似的现象，中国的山水花鸟画即是一例。但是，“米氏云山”、赵佶的《锦鸡》，虽无深刻的精神内涵，毕竟本身即是具体的内容，音乐则不同。比如我们共同欣赏巴赫的一首《托卡塔与赋格》。一个对巴赫及古典音乐知之甚少的普通听者，可能会仅仅感到“好听”而已。他所能把握的，也仅仅是些速度与力度的对比。而一个音乐专门家则又可能把全部注意力放在追踪那些参差交错、逶迤不绝的主题、答题、对题上。这两类欣赏者都不会从这类作品中感受到音乐之外的什么“内容”“思想”。

音乐之所以大量存在这种现象，一方面由于音乐反映客观事物与主观世界的特殊方法，另一方面也因为不论创作还是表演，比起其他艺术来，它的技术性要占更大的比重。正如戈登·雅各所说的那样，“对于音乐工作者来讲，音乐不仅是一种艺术，它同时还是一种技术，一种繁复而艰难的技术”[②]。于是，在愈是需要繁复技术的创作中，就会愈是相对地缺少感情因素而更多地倾向于“建筑式”的形式美了。

---

① ［法］丹纳：《艺术哲学》，傅雷译，人民文学出版社 1963 年版，第 30 页。

② ［英］戈登·雅各：《管弦乐法》，丰陈宝译，中央音乐学院华东分院研究室编译组编辑，万叶书店 1953 年版，第 2 页。

当然，我们这里的所谓“不表现什么”，仅指不表现一般观念中艺术作品的“主题”“内容”。在巴赫及其他作曲家的类似作品中，即使是纯技巧性的作品，也会蕴含着某种情绪、气氛，诸如宁静、激动等。这一切都是比较而言的。

实际上，对作曲家本人来讲，当他克服了某个技术上的难关，甚至仅因为发现了一个旁人还没有如此使用的和弦时所引起的快乐，也不亚于他用音乐倾述了一个伟大思想后所感到的快乐。里姆斯基－科萨科夫这个自学成才的作曲家在写完他的《F 大调四重奏》之后，曾以一种不加掩饰的自得写道：“……在最后乐章里，我还要了一点对位的手法，居然很成功。在复式卡农中构成第一主题的几对旋律，后来在‘紧凑部分’不加任何改变而插了进来，又形成了一个复式的卡农。这一类把戏不是每个人都能玩得成功的，我却处置得相当不错。”①

“形式是为内容服务的”，这一论断固然有道理，但也非全部如此。假如你有过音乐创作的经历，你可能就会有这样的体会，有时你偶然得到一个乐思、一句旋律，它并不表现什么，只是新鲜、有个性。于是，你便考虑如何把它发展、组织在一个适当的曲式之中，为此，你还要寻觅另一个对比主题并考虑它的体裁。而当你动手写作的时候，和声进行、转调等技术思维便会自然而然地成了你思维的主要内容。在这里，并没有艺术思维的第一个阶段而仅有第二个阶段。作曲家和建筑师一样，考虑的只是“建筑物”的结构、对称或对比的原则以及砖石的运用。

音乐创作的“砖石”——旋律、节奏、和声、复调等，与文学家的“砖石”——文字是不同的。诗人们写作时也要遣词造句，考虑如何用最准确生动简洁的语言来表达自己的思想。在这里语言从属于思想，而在音乐创

① ［俄］里姆斯基－科萨科夫：《我的音乐生活》，吴佩华译，上海音乐出版社 1988 年版，第 165 页。

作中，语言即是思想。用汉斯力克的话讲，就是“语言的音响只是一个符号，或一个手段，它被用来表达跟这个手段完全无关的东西，至于音乐的音响它本身是一个对象，即它本身作为目的出现着”①。汉斯力克的这段话无疑是正确的，他的错误在于以木为林，以一种功能否定另一种功能。

在“建筑式”作品的创作中，抽象思维的因素相对来讲占有相当大的比重。不要说与数学法则存在着密切关系的和声、复调等技术手段了，就连音乐中最感性化的旋律，也是在与现实生活中的音响截然不同的、本身已经抽象化了的调式、调性的基础上产生的。当然，已经严格固定的音阶关系与调式体系，与和声、复调这些抽象化、逻辑化、规律化的因素一样，都是在长期的音乐实践中久已形成的，它不需要每个作曲家在创作时再从头“抽象”一番。但音乐“砖石”本身的这种抽象性，却是造成这类音乐作品与现实生活距离较远，而以单纯形式美存在的内部原因。

勋伯格的“十二音体系”“序列音乐”以及用电子合成器作曲的“电子音乐”的出现，是使音乐创作彻底“抽象化”、彻底脱离艺术思维一般规律的最“胆大妄为”的尝试。无须赘言，这类尝试无论在中国还是外国，迄今为止都还没有得到大多数人的认可与赞同。在美学观念里，使美的永恒性成为可能的传统力量与“新即美”的观点永远在争斗。我们虽然不同意这些“离经叛道”的实验，但也应看到事物的另外一面，那就是这些艺术流派的产生不是偶然的、无道理的，而有着深刻的社会原因、历史原因。我们也应充分认识到，随着科学技术的进步和生产力的发展，科学不但在以巨大的力量改变着人的生活方式和社会结构，也在影响着艺术创作方式和人们的审美观念。耐人寻味的是，20 世纪的各个艺术领域中，不约而同

① ［奥地利］爱德华·汉斯力克：《论音乐的美：音乐美学的修改刍议》，杨业治译，人民音乐出版社 1982 年版，第 57 页。

地出现了许多新的流派，他们都在把抽象思维的原则愈来愈多地运用到艺术创作中去。就连典型的形象艺术——绘画领域中，也出现了以毕加索为代表的“立体派”绘画，他们把具体的形象变形为几何化的图案，使一切视觉因素只作为色彩和形式在画面空间存在，而不再作为知觉形象的再现而存在。这种绘画原则，毕加索曾概括为一句话：“我不模仿自然，而是面临自然。”对于我国民歌、戏曲、说唱、歌舞、器乐等丰富的民族民间音乐来说，恐怕未必是一个合适的规范。

音乐形象问题是一个十分复杂的美学理论问题，又是一个十分现实的艺术实践问题，有必要进行深入的研究和探索。音乐艺术本身是在不断地发展的，美学理论的观点与方法也不能一成不变。现代科学技术日新月异，哲学正面临一些新的问题，音乐美学在根据哲学原理来阐述音乐艺术本质时，也不能不和哲学一样正视这些新问题。用科学的观点来看待音乐的审美过程，不能不涉及物理学、生理学、心理学，然而，我们的音乐美学所利用的科学成果还基本上只是 20 世纪以前的产物。物理学、生理学、心理学在 20 世纪有了很大的发展，我们甚至还来不及利用这些新成果。就新兴的信息科学来说，不管音乐艺术是否关心到它，它实际上已经主动地来关心音乐艺术了。如果说由于电子科学的发展而出现的许多新音响还只是对音乐所使用的物质材料和表现手段的补充和丰富的话，那么用电子计算机来作曲、演奏的试验就可能是传统美学理论将发生革命的预示了。在本文结束时提及这个超出题目的问题，正是期望美学在音乐形象问题以及在其他问题上开阔思路，有个比较大的飞跃。

（原载《音乐研究》1983 年第 4 期）

# 中国音乐的线性思维

音乐是一种思维。由于地理环境、社会背景、经济发展的差异，每一个民族都历史地形成了自己固有的思维性格和方式。与以复音音乐为代表的西方音乐不同，主要是单音音乐的中国传统音乐，体现着一种独特的线性思维。有一种意见认为中国音乐的“单音性”，是中国音乐“落后”的标志，而西方音乐之所以“先进”，主要是由于西方音乐多声的传统。也许，在生物学领域里，复杂意味着进化过程中较为领先的地位，而简单则不免总带些“落后”的嫌疑。但是，在美学的领域里，这样的理论却不是总能讲通的。

那么，应当怎样看待东、西方音乐在美学层次上的异同呢？在得出结论之前，应当首先回顾一下中国传统音乐与西方音乐各自走过的不同道路。

## 一、宗教与音乐的二重“赋格”

恩格斯在《反杜林论》中指出：人的思维与意识“是在他们的环境中并和这环境一起发展起来的”。他在《自然辩证法》中进一步指出：思维，“是一种历史的产物”。

音乐思维是各民族不同环境、不同历史的产物。中国传统的音乐思维——线性思维，以及对音乐的本质与功能的认识、审美标准、审美习惯、创作规律等，是华夏民族特定环境与历史的产物。

复音音乐在欧洲产生并发展壮大，不是偶然的，它是欧洲诸民族特定环境与历史的相应产物。

我们先把目光转向西方，在天主教发展初期，教堂内的歌唱只限人声。歌唱，也仅有单声部。一直到 9 世纪“奥伽农”出现，欧洲才步入复音音乐时期。13 世纪，欧洲复音音乐脱离试验性阶段，而进入了“古艺术时期”。对这一时期复音音乐贡献最大的，当推法国的天主教修士们。13 世纪末，对位法的名称“punctus contra punctum”正式出现。当时，对位艺术的中心由里摩日的圣玛夏尔修道院转到巴黎圣母院。巴黎圣母院的司乐雷翁南（Leonin）及他的继承人裴劳定（Perotin）等人，都是对复音音乐做出过贡献的著名宗教音乐家。14 世纪，欧洲音乐进入所谓“新艺术时期”。提出“新艺术”这一概念和口号的是法国主教维特利（Philippe de Vitry，1291—1361），他的主张，曾得到巴黎苏邦尼修道院院长约翰·迪·姆利斯的拥护。而“新艺术”在法国的代表，则是马肖（Guillaume de Machaut），他所作的四声部“弥撒”是最早的复音音乐的弥撒。马肖逝世时的职务是莱姆教区的神父。法国音乐艺术的复调手法更为自由，同时意大利的新艺术音乐亦蓬勃发展，意大利新艺术的代表人物是佛罗伦萨圣劳伦佐教堂的琴师兰狄尼（Fvancesco Landini），他所使用的将导音下行到六度音然后再解决到主音的终止式，被称为“兰狄尼终止”。

15 世纪，尼德兰乐派的作曲家们把对位艺术发展到了一个高峰，当时对音乐的发展起了最大作用的组织，是教堂唱诗班的训练所。罗马教皇的唱诗班就是最著名的，其中包括许多法国和尼德兰的宗教音乐家。除了教会，各个公国的王侯们也拥有自己的唱诗班，因为王侯们的宫廷内都设有教堂。16 世纪，被当时的人们称为“音乐之王”的宗教音乐大师帕莱斯特里那（Giovanni Pierluigi da Palestrina）开始了他伟大的工作，他继承了以往宗教音乐家们所遗留的复音音乐的全部财产，把宗教音乐推向了一个辉煌的时代，他的大量优秀的复音音乐作品，至今仍令人赞叹。

宗教改革家马丁·路德（Martin Luther）本人便是宗教音乐的改革家。新教的音乐继承了天主教的大部分弥撒曲和经文歌，用德文赞美诗代替了拉丁文歌词。新教的众赞歌（Chorale）在与罗马天主教格里高利圣咏对抗的同时，继续发展了复音音乐。从此之后，音乐艺术在全欧洲蓬勃发展，文艺复兴的浪潮，为西方复音音乐的攀峰凌顶廓清了道路，注进了巨大的活力。

17 世纪，德国人沃克梅斯在西方首先提出“十二平均律”的理论，与早他一百年的中国的伟大律学家朱载堉提出“新法密律”(即十二平均律)而被束之高阁的结果不同，被誉为西方“音乐之父”的巴赫把这一理论完美地应用到音乐实践中，呈献给人类一部辉煌的复音音乐的杰作——《平均律钢琴曲集》。在这部钢琴曲集的 48 首套曲中，巴赫竖起了西方复调音乐的丰碑。巴赫之后，“复调音乐”开始衰落，然后，继之而起的“主调音乐”，正是复调音乐高度发展的结果。

笔者极简略地列举上述事实的目的，主要在于提醒读者注意到这样一个事实，即西方复音音乐的产生和发展，在很大程度上是宗教影响下的结果。另外，我们也并不否认欧洲音乐中“俗乐”的地位，诸如民歌、游吟歌曲，乃至非宗教题材的歌剧音乐等。但是，我们必须承认，假如没有天主教与基督新教，欧洲音乐将绝不会是现在这个样子。

从 9 世纪欧洲复音音乐初萌直到古典主义式微、浪漫主义兴起，伟大的贝多芬第一个开始“自由职业者”的创作生活，这漫长的几百年中（这几百年，正是欧洲复音音乐从诞生到发展的时间），是教会养育了几乎所有的欧洲音乐家。教堂，像是音乐家的摇篮，许许多多大音乐家，都是从

“唱诗班”起步而踏上音乐之途的。

宗教的思想与宗教活动的需要、限定，造成了欧洲音乐的内容与形式。复音音乐（比如弥撒曲）造成的复杂、崇高、神圣、庄严的效果，便是天主教的要求与需要。一方面，宗教提出要求，音乐来适应它；另一方面，音乐与美术一样，又是宗教得力的宣传工具。在把人们吸引进教堂这件事上，很难说是《圣经》的作用更大，还是西斯廷教堂的天顶壁画与管风琴辉煌音响的作用更大。从弥撒曲到赞美诗、到安魂曲、到追思曲、到清唱剧、到康塔塔，这就是欧洲复音音乐在声乐领域内所走过的路。宗教与音乐，好像是一首“赋格”里的“主题”与“对题”，亦步亦趋，交错纠缠，密不可分。

当然，宗教的影响虽然巨大，却远不是全部。在欧洲产生复音音乐并使之发展成熟，还有着其他方面的重要原因。地理环境、社会背景及特定的思维方式、思维习惯、民族性格乃至生产方式，种种因素交织在一起，才结成复音音乐背后的整块幕布。

地理环境的影响无疑不容忽视。

欧洲文明的滥觞地是希腊。贫瘠的大地把贫穷作为礼物奉送给刚出世的希腊，使希腊人不得不把眼光投向大海。在征服海洋，向东方索取物质财富与精神财富的同时，希腊人发展了扩张性的性格，锻炼了冒险精神，推动了商品经济的发展。在这样一种环境下，“个体性自由的原则进入了希腊人心中”[①]也就不奇怪了。这种“个体性自由的原则”成了欧洲文明和欧洲精神的支柱。甚至在黑暗的中世纪，在严酷的天主教审判“异教徒”的法庭上，这种精神也没有屈服。古希腊奴隶制国家的“民主政治”虽然仅仅是奴隶主和自由人的“民主”，但是，与中国独裁政治的“天子”“皇帝”

① ［德］黑格尔：《哲学史讲演录》第 1 卷，贺麟等译，商务印书馆 1959 年版，第 115 页。

不同，“在雅典没有总揽执行权力的最高官员”[①]。当欧洲各国先后进入封建制之后，也与中国封建社会的“大一统”的中央集权封建制不同，大大小小的公国星罗棋布，使得欧洲在上千年的历史中，除了罗马教廷的权威一度在精神上“统一”了欧洲以外，欧洲始终处在一个“多中心即无中心”的政治环境下。

因此，这种“个体性自由的原则”加上政治上的多中心，不能不说是产生并发展复音音乐的深层背景。假如我们可以用音乐术语来比拟政治的话，那么，我们可以把欧洲的各个国家看成一个个独立的声部，把基督宗教看成使这些声部构成“织体”的“对位法”，把欧洲的整个文明，看成一部异音并作、繁复错综的复调音乐。

现在，该谈到复音音乐的最高形式——交响音乐的诞生与发展了。交响曲（Symphony）的名称源出于希腊语，原意是“一齐响”。规范化了的交响曲体裁，是由 17 世纪末意大利歌剧序曲演变而成的。18 世纪中后期，交响曲逐渐脱离歌剧而独立并陆续出现许多开拓性的作曲家，如施塔密茨父子等。18、19 世纪之交，维也纳古典乐派的作曲家们，像一个巨大的星座，粲然出现在欧洲音乐的天穹之上，海顿、莫扎特、贝多芬等人，在交响曲这一体裁中，淋漓尽致、完美充分地表达了他们宏伟瑰丽的乐思，使交响曲这一形式，成为人类艺术思维的杰作。

交响曲的产生、发展，以及与之相适应的物质表现手段——管弦乐队的形成、发展，是与欧洲资本主义的产生、发展同步的。资本主义初期那种狂飙式的、横扫腐朽的封建专制制度的政治运动，不仅使欧洲统治者们的一顶顶王冠落地，而且进一步使“个体性自由原则”充分发挥，在“自

---

① 《马克斯恩格斯选集》第 4 卷，中共中央马克思恩格斯列宁斯大林著作编译局译，人民出版社 1972 年版，第 114 页。

由、平等、博爱”的大旗下，为复音音乐的充分发展，为音乐思维的解放与高度成熟，提供了精神上的巨大动力。同时，大工业的建立、科学技术的飞速前进，一句话，解放了的生产力与新的生产方式，又为这空前的音乐思维的成果，提供了物质上再现的可能。正是在资本主义大工业的前提下，才出现了现代的管弦乐队。

综上所述，我们可以明白复音音乐在欧洲产生与发展的主要原因，那就是：（1）自然环境的开放性性格与“个体性自由原则”在精神上的确立。（2）天主教（基督教）所提出的美学要求。（3）与多声部的复音音乐相对应的多中心的政权体制。（4）资本主义大工业的发展。其中最重要、最直接的因素，是宗教的影响与要求。那么，中国呢？

## 二、在中国传统音乐之上——线性思维的哲学背景与政治背景

中国的情况与欧洲很不一样。首先，中国自进入阶级社会，便从来没有过古希腊式的“民主政治”。从周代开始，“普天之下，莫非王土；率土之滨，莫非王臣”的思想便正式提出，成为中国古代政治思想的始终不变的核心。从秦统一六国，建立起中国历史上第一个中央集权的封建制帝国之后，近两千年间，无论是内部的战乱还是外族的入侵，也无论是改朝换代，还是江山易手，“合久必分，分久必合”，统一的政权，毕竟是中国古代史上最主要的、有连续性的政权形式。这和欧洲因长期存在许多中小国家而产生的观念绝不会一样。从面积上看，中国仅略小于欧洲，但从公元前221年以来，中国便基本上是一个国家，这不能说不是中国传统文化，包括传统音乐的重要背景。当然，这种政治上一贯的、长期的“主统一，反分裂”的倾向在多大程度上渗入了音乐领域，以至成为一种强有力的观念，最终限制了中国多声音乐的发展，还不好肯定地回答。但是，假如我

们把中国这种“大一统”的国家体制和君主至上的思想结合起来看，便不难发现这种影响的实例。比如，中国儒家便把五声音阶中的每一个音名与政治人事联系起来，认为“宫为君，商为臣，角为民，徵为事，羽为物”，五音有尊卑，不能相叠相混，这种违反音乐本身规律的思想一直到宋代仍被某些正统儒家视为真理。宋代大儒朱熹认为“琴家最取《广陵散》操，以某观之，其声最不和平，有臣凌君之意”[①]。他之所以认为《广陵散》“有臣凌君之意”，除了乐曲本身“纷披灿烂，戈矛纵横”“怫郁慷慨”的气势以及传说此曲的内容与聂政刺韩的故事有关外，还在于此曲的定弦法是慢二弦，使宫弦与商弦同度，这便是朱熹所谓的“臣凌君”，在他看来，这是万万不可以的。似乎音乐上某两个音音程的升高大二度或降低大二度，便可以影响到政治，影响到至高无上的君权。在这样的背景下，使音在几个声部中重叠、穿插、交错，那简直是有“叛逆”之嫌了。

中国，虽然没有欧洲基督宗教那样曾凌驾在王权之上的统一宗教，但中国的儒家、道家以及中国佛教，却也像欧洲的基督宗教对欧洲音乐一样，强烈地影响了中国音乐的进程。

先看儒家，因为自汉代“罢黜百家，独尊儒术”之后，儒家思想始终是中国占统治地位的正统思想。首先，儒家提出“礼乐”的口号，把音乐与政治、伦理道德、氏族宗法制度的礼仪紧密地结合起来，使艺术服从于政治，等同于政治。孔子虽然本身便是音乐家，有着弹琴、唱歌、击筑、作曲等多方面的音乐实践，但可惜的是，他眼中的音乐，却不是单纯的艺术，而是个人修身立世的根本，齐家治国平天下的要策。他说：“移风易俗，莫善于乐；安上治民，莫善于礼。”[②] 他曾经诘问：“礼云礼云，玉

① （宋）朱熹：《紫阳琴书》，载（明）蒋克谦《琴书大全》，中国艺术研究院藏明刊本。

② 《孝经 · 广要道章》，载《十三经注疏》，中华书局 1980 年版，第 2556 页。

帛云乎哉？乐云乐云，钟鼓云乎哉？”[①]那么，音乐不是“钟鼓”，应该是什么呢？孔子说：“歌乐者，仁之和也。”[②]音乐的任务与功能，应该是教化人民、安定社会秩序的工具，是社会伦理道德的一部分。他还说：“……名不正，则言不顺；言不顺，则事不成；事不成，则礼乐不兴；礼乐不兴，则刑罚不中；刑罚不中，则民无所措手足。”[③]他虽然认为音乐是完善人格的最高修养：“兴于诗，立于礼，成于乐”[④]，但是，这修养的目的，却不是为了能够欣赏艺术，而只是为了“君子学道则爱人，小人学道则易使也”[⑤]。因此，他虽然也曾赞叹《关雎》之乱是“洋洋乎盈耳哉”，但是更主要、更一贯的核心思想，却是主张音乐不要复杂，所谓“大乐必易，大礼必简”。他之所以喜欢《诗经》中的歌曲，也主要是因为“诗三百，一言以蔽之，曰：思无邪”[⑥]。他之所以欣赏《关雎》，恐怕也更多的是因为其内容的“乐而不淫，哀而不伤”。一般说来，他不喜欢气氛热烈的乐舞，因此认为中和之致的《韶乐》才是“尽美矣，又尽善也”；而认为“发扬蹈厉”的《武》“尽美矣，未尽善也”[⑦]。孔子的音乐思想，被他之后的儒者们发挥、阐释、继承，逐渐形成了一个体系。这个体系的思想，被详尽地阐述在荀子的《乐论》和据传是公孙尼子著，但极可能是汉代人编纂的《乐记》中。表面上看，儒家似乎非常重视音乐的作用，但是，他们却不让音乐沿着自身发展的道路向前迈进，而只是把音乐作为“礼”的附庸。儒家所提倡的“礼乐”，实际上是把“礼”与“乐”当成统治方法的两个侧面；用荀子的话

① 杨伯峻译注:《论语译注 · 阳货篇》，中华书局 1980 年版，第 209 页。
② 《礼记 · 儒行》，载《十三经注疏》，中华书局 1980 年版，第 1671 页。
③ 杨伯峻译注:《论语译注 · 子路篇》，中华书局 1980 年版，第 150 页。
④ 杨伯峻译注:《论语译注 · 泰伯篇》，中华书局 1980 年版，第 93 页。
⑤ 同①，第 205 页。
⑥ 杨伯峻译注:《论语译注 · 为政篇》，中华书局 1980 年版，第 12 页。
⑦ 杨伯峻译注:《论语译注 · 八佾篇》，中华书局 1980 年版，第 36 页。

说，便是“乐合同，礼别异，礼乐之统，管乎人心矣”[①]。

那么，这种作为政治附庸的音乐，应该是什么样的呢？换句话说，儒家对音乐所提出的美学要求是什么呢？

荀子在《乐论》中答道：“乐中平，则民和而不流；乐肃庄，则民齐而不乱。”他特别强调了音乐要“中平”“肃庄”。这种“中正和平”的音乐美学观在整个中国封建社会中成为最标准的音乐风格的准则。音乐要使人“血气和平”，要保持“中平”，又怎么能异音并作，异音同出呢？因此，受儒家影响极深的中国传统音乐，便不知不觉地丢掉了在孔子时还“洋洋乎盈耳哉”的艺术手法，沿着一条直线发展，不敢在多声上下功夫，只是四平八稳地追求“单纯”与“中正”去了。中国历代的统治阶级与士大夫们，除了极少数具有叛逆思想同时又真懂音乐的人以外，都把“中和之乐”当成音乐所唯一应当追求的目标。

这里，有必要探讨一下在先秦诸子的著作中，尤其是在儒家的著作中，当谈到音乐时屡屡提到的“和”字究竟是什么意思？它与现代音乐中的“和声”的“和”字是否一个概念？

本来，“和”字是指不同事物的调和、化合。《春秋左传》中载晏婴与齐侯论“和与同”的一段话，相当清楚地表明了这种观点。这段记载如下：

公曰：“和与同异乎？”对曰：“异。和如羹焉，水、火、醯、醢、盐、梅以烹鱼肉，燀之以薪。宰夫和之，齐之以味。济其不及，以泄其过，君子食之，以平其心……声亦如味……君子听之，以平其心。心平德和……若以水济水，谁能食之？若琴瑟之专一，谁能听之？同

① 《荀子·乐论》，载（唐）杨倞注、（清）王先谦集解《荀子集解》，世界书局 1970 年版。

之不可也如是。”[①]

很显然，晏子认为“和”不是“同”，这正如羹，是水、火、鱼、肉、盐、梅、醯、醢等各种因素加在一起，再“燀之以薪”，才调和、化合而成的，不能“以水济水”，他并且将此道理引申到政治上，认为臣子不能“君曰可亦曰可，君曰否亦曰否”，那是同，不是和。君主与臣子应当像音乐那样“相济”才好。用《国语·郑语》中史伯的话来概括，便是“以它平谓之和”。必须是不同的东西放在一起才叫“和”。而“声一无听，物一无文，味一无果”。假如按照这种理论发展下去，那么，便很接近现代和声中“和”字的概念了。

但是，古人很快便限制了这个“和”的发展，把它放在了“平”的制约之下。《国语·周语》记载伶州鸠答王问的一段话，便严格限定了“和”的概念。他说：“夫政象乐，乐从和，和从平。”你看，他说得多清楚：乐要服从于“和”，但“和”要服从于“平”。而什么是“和”与“平”呢？他明确说：“声应相保曰和，细大不逾曰平。”高音与低音要遵守秩序，不能“逾”，不能过，这样，又怎么能使音乐超出线性思维的轨道呢？

到了荀子的时代，“和”的概念已被完全引申为一个政治术语了。他说：“故乐者，审一以定和也。”“故乐者，天下之大齐也，中和之纪也。”等等。“和”作为儒家最高的政治理想，越来越被强调其化异为同的一面，而忽视它原有的不同质的事物并存的一面了。[②]

儒家是这样，作为中国知识分子的另一个精神支柱的道家的思想，会

① 《左传·昭公二十年》，载《十三经注疏》，中华书局 1980 年版。

② 近世某些学者如张世彬，引用田边尚雄及霍华纳斯等人的著述，认为在中国古代的音乐中，曾有过多声音乐的段落，即所谓“乱声”。假如在孔子时代，这种“洋洋乎盈耳哉”的艺术手段确实存在过的话，那么，探讨一下中国音乐中“乱”的丢失，则是一件颇有意义的工作。

不会使中国产生多声的音乐思维呢?

当儒家提倡“礼乐”的时侯，道家别树一帜，与“礼乐”抗争。道家认为“夫礼者忠信之薄，而乱之首”[①]。儒家所说的礼乐，不过是“乐之末”[②]，实际上是“屈折礼乐”[③]。假如真的按儒家的方式去改造世界，那么，“礼乐遍行，则天下乱矣”[④]。对儒家所提倡的礼乐而言，他们虽然和墨家认为音乐活动将“厚措敛乎万民”“亏夺民衣食之财”而“非乐”持同样的态度。但道家却没有完全否定音乐，而是从崇尚自然的哲学观、美学观出发，反对人为的、物质性的音乐，提倡一种形而上的、超越物质手段的、纯主观的艺术。老子认为“五色令人目盲，五音令人耳聋”，人们在长期的艺术实践中抽象出来的与自在的自然物不同的原色、音阶等概念，都只能使人失去辨别自然美的能力。正如在政治上和处世态度上道家提倡“无为”一样，老子认为“大方无隅，大器晚成，大音希声，大象无形”[⑤]。照他看来，空间是无限的，艺术上，最好、最高级的音乐是人们听不到的音乐，“听之不闻名曰希”[⑥]；而最好、最高级的绘画，是打破了绘画对客观世界的再现原则，非具象的绘画。有趣的是，他的这些诞生在古老中国的理论，在两千多年之后，被西方现代派艺术家们充分地实行了。从毕加索的抽象派绘画，到约翰·凯奇的无声音乐《四分三十三秒》，虽不可视为这种理论的直接承继者，但现代西方艺术家们对东方哲学不约而同的推崇，却是充分说明问题的。

这种完全超脱了物质羁绊的，既带有神秘主义、虚无主义的色彩，又

① （魏）王弼注，楼宇烈校释:《老子道德经注校释》第 38 章，中华书局 1982 年版，第 93 页。
② （清）郭庆藩撰，王孝鱼点校:《庄子集释 · 天道篇》，中华书局 1961 年版，第 468 页。
③ （清）郭庆藩撰，王孝鱼点校:《庄子集释 · 骈拇篇》，中华书局 1961 年版，第 321 页。
④ （清）郭庆藩撰，王孝鱼点校:《庄子集释 · 缮性篇》，中华书局 1961 年版，第 548 页。
⑤ （魏）王弼注，楼宇烈校释:《老子道德经注校释》第 41 章，中华书局 1982 年版，第 112—113 页。
⑥ （魏）王弼注，楼宇烈校释:《老子道德经注校释》第 14 章，中华书局 1982 年版，第 31 页。

包含丰富、睿智的辩证法因素的美学观，被庄子发挥得更为淋漓尽致。庄子认为："擢乱六律，铄绝竽瑟，塞瞽旷之耳，而天下人始含其聪矣。"[①]只有抛掉音律、调式、调性观念的束缚，粉碎人类创造的各种乐器，塞住音乐家们的耳朵，天下人才能真的听懂音乐，摆脱他认为在艺术中的愚昧状态。他进一步把音乐分为"人籁""地籁""天籁"三种。所谓"人籁"，指的是丝竹之声，这是人工的声音，是丑恶的，是距庄子所谓的"至乐"相离最远的音乐。只有完全不借助外力的"天籁"，才是众窍自鸣、完全自然、完全自发、完全自由的至乐。这种音乐的外部形态是不能用感官来接收的，是"听之不闻其声，视之不闻其形"，却"充满天地，包裹无极"的。这"无"，不是什么都没有的"无"，而是无所不在，无所不包的"无"。这音乐，你虽然听不到，但却可以靠微妙的精神共鸣与它融为一体，达到"无言而心悦"的境地。但是，对中国的传统音乐来说，这种根本没有给音乐技术乃至音乐本身留下一点地位的理论，怎么能使中国人产生多声的、繁复的、立体的音乐思维呢？

还有外来的，但被中国化了的佛教。佛教自东汉永平年间传入中国，至南朝萧梁时大盛，以至形成"南朝四百八十寺，多少楼台烟雨中"的盛况，对中国人的思想影响，是非常之大的。尤其是中国禅宗兴起之后，一段时间内，中国的文人士大夫，几乎没有不谈禅的。中国佛教对中国音乐的巨大影响，在此无暇细说。但称其为理论的佛教音乐思想，佛教音乐美学，却是基本上承袭了儒家"中正""平和""淡雅""肃庄"的原则。儒家的"乐"要为"礼"服务，音乐要服从政治。在佛家看来，佛教音乐仅是弘扬佛法的舟楫，是宣传教义的工具。梁会稽嘉祥寺沙门慧皎在中国第一部僧传《高僧传》的"唱导篇"中论道："唱导者，盖以宣唱法理，开导

---

① （清）郭庆藩撰，王孝鱼点校：《庄子集释 · 胠箧篇》，中华书局 1961 年版，第 353 页。

众心也。”这是佛教音乐的唯一目的。因此，佛教的唱导师所要努力做好的，是如何“广明三世因果，却辩一斋大意”，这和天主教的乐师们，把全部精力、才华都用来渲染上帝的伟大，创造教堂中神秘、庄严的天国气氛，因而采用多声部的声乐形式有着根本的不同。要造成伟大、庄严的气氛，单声部便显得单薄，非复音音乐不可；但要“宣唱法理”，则非单音音乐不佳，声部多了，便听不清所唱为何。因此，慧皎对佛教音乐家们所提出的要求，便是“声、辩、才、博”四个字。他说：“非声则无以警众；非辩则无以适时；非才则无言可采；非博则语无依据。至若响韵钟鼓，则四众警心，声之为用也；辞吐俊发，适会无差，辩之为用也；绮制雕华，文藻横逸，才之为用也；商榷经纶，采撮书史，博之为用也。”[①] 因此，中国佛教的音乐家们，便把大部分精力放在音乐所负载的内容上，而多少忽略了音乐本身。这一点，在佛教音乐中，成了根深蒂固的传统。到了唐代道宣《续高僧传》时，道宣则明确提出反对“未晓闻者悟迷，且贵一时倾耳”的做法。他说：“至如梵（指‘梵音’，即佛教赞呗）之为用，则集众行香，取其静摄专仰也。考其名实：梵者，净也，实唯天音。”他反对“掩清音而希激楚”，反对受到大众欢迎的通俗、动听的音乐，把这些称为“淫音婉娈，娇弄颇繁”，主张佛教音乐要尽量符合教义的要求，以简单朴素的形式宣唱法理。我们从天主教与佛教对音乐的不同的美学观和不同的要求中，不难找出中国传统音乐中“线性思维”的原因。

总之，无论是儒，是道，是佛，所有曾控制中国人的精神，塑造了中国人的思维方式、美学观念，并对中国音乐提出理想，提出要求的哲学、宗教，统统要求中国的音乐要“中和”“淡雅”“静”，于是，中国历代的音

① （南朝梁）慧皎:《高僧传 · 唱导篇》，载（清）杨文会辑《高僧传初集》，南京金陵刻经处光绪十年版。

乐家们，便不约而同地在旋律的转折飞弄上下功夫了。这种哲学背景再加上政治上“大一统”的正统封建观念，加上“宫为君，商为臣，角为民，徵为事，羽为物”，不能颠倒僭越的迷信，加上连续两千年封建社会所造成的保守思想，加上生产力的长期停滞不前，于是，中国传统音乐中可能出现和曾经存在过的多声现象，便完全让位于线性思维了。但是，中国音乐家们的聪明才智却也没有白费，“能量守恒”，那些下在单音音乐上的功夫，终于使中国音乐中的旋律美在广度、深度、质量、数量上彪炳于世，赢得了许多世界性音乐家的尊重。于是，问题的核心便成了：既然中国音乐的单音性是历史事实，那么，应该如何从美学角度来看待中国音乐的线性思维呢?

## 三、“美”有先进与落后吗?

认为“复音音乐表现体制”比“单音音乐表现体制”有着“丰富得多的表现力”，无疑是正确的。[①] 但是，“表现力”并不是衡量艺术品的唯一尺度，也不是“美”的实质性内容。尤其当我们把“表现力”与科学连在一起，把“表现力”的概念与“技术手段”的概念等同起来的时候，问题便更加复杂了。我们很难认为一幅用喷枪把丙烯颜料喷涂在合成纤维画布上的画便一定比用古老的毛笔画在宣纸上的画要“进步”些，我们也不一定同意每一部具体的复音音乐作品就一定比一部单音音乐作品更美。在美学领域里，在艺术的领域里，似乎不好用“先进”“落后”这样的概念。一个民族由于长期的历史、政治、地理等因素造成的独特的审美观念，似乎也难以完全用“先进”与“落后”去判断。假如科学手段、技术手段可以决定艺术种类与艺术品的兴衰的话，那么，在今天这样一个崇尚科学的时代，

---

① 蒋一民:《关于我国音乐文化落后原因的探讨》,《音乐研究》1980 年第 4 期。

一切手工制造的工艺品和工艺美术这个五花八门的艺术种类，简直可以寿终正寝了。但恰恰相反，在愈是工业发达的国家里，人们便愈是重视手工制作的工艺品。

有趣的是，当中国人在痛苦地寻找中国音乐“落后”的原因时，“先进”的外国人却得出了这样一个结论：“人类与动物的不同之处是：人类与自然有更多的非直接关系，他们的适应能力更多是文化性而不是生物性的。人类与环境之间的联系一般都有其特有的文化体系媒介。由习惯、信仰、技术、社会组织和交流系统（指语言、文字、对话、演讲、歌唱、演戏、奏乐、舞蹈、绘画等交流思想与情绪的一切方式）等组成的各种文化类型使人类得以在地球的每个地带与各个角落里生存繁衍。人类最伟大的成就就是创作性地使这个地球成为一个协调而有刺激性的人类栖息地。为此，公正地对待人种的多种文化是理所当然、迫不及待的。”①

得出这一结论的人是许多改变了“欧洲中心论”的欧美社会学、人种学、音乐学家中的一个叫艾伦·洛马克斯（Alan Lomax）的，自 20 世纪 60 年代初开始，他提出一个“歌唱测定体系”，对人种音乐学做出了贡献，在国际上有一定的影响。他利用计算机，测定了非洲文化的各种社会结构与音乐风格的相互关系，他发现歌唱随着生产力程度的变化而变化。他的研究结果是：虽然乐队组织的复杂性与生产规模及社会政体的复杂性成正比，即社会生产力越发达，政体越复杂，所使用乐器的种类、品种也就越多。但是，多声部的合唱，却只在生产程度比较低下的种族里存在，随着生产水平与社会结构的提高，多声部的合唱越来越少，到了他所谓的“高度文明区”，如中国的汉族地区，多声部的合唱已经不见了。事实也正是这样，现在我国存在着多声部合唱的民族，几乎全集中在西南生产力落后的

---

① ［美］艾伦·洛马克斯:《歌唱测定体系》，章珍芳编译，中国艺术研究院音乐研究所 1986 年油印本。

山区。

当然，洛马克斯所研究的物件，是欧洲以外的不发达国家和地区，他的研究既说明不了欧洲多声音乐的发展情况，他所研究的原始合唱艺术也不是有体系、有理论的现代意义上的复音音乐。但是，他的结论至少可以证明艺术形式的发展水平与生产力的发展并不是简单同步的，单音音乐与复音音乐的“先进”与“落后”，也并非完全决定于生产力的“先进”与“落后”。一个民族的艺术思维方式、审美习惯、审美趣味不但是多种因素造成的，同时，这种思维方式、审美习惯与审美趣味，又有着惊人的延续性。虽然生产力的发展与社会结构的空前变革常常带来艺术趣味的改变，促使新的艺术流派出现，但是，却永远也没有人能够回答，作为人类整体的艺术思维、审美观念中，究竟是继承的多，还是改变的多。我认为，至少有一点是肯定的：无论审美观念的变化有多么巨大，却有一些永恒的东西永远不会变。对现代人及未来的人来讲，原始艺术永远有其魅力。当人们把历史割裂开来看的时候，似乎某一个时期的艺术趣味有了根本性的变化，似乎完全否定了前人。但是，当你纵观历史，站在一个更高的角度观察时，就会发现，一切审美观念的改变都是渐进的。对某一时期内出现的惊世骇俗的走向极端的艺术观念，时间和历史会修正它，使它在不知不觉中向自己的反面靠近。一部艺术史，实际上是一部旧艺术与新艺术的无尽无休的妥协史。否定之否定，在艺术上也是一个永恒的规律。当前世界艺坛上多元化的众多流派并荣的局面，是发人深省的。因此，仅仅站在技术的观点上来否定中国音乐传统美的巨大魅力，以至断定中国音乐的落后，是片面的。

最后，我们再看一下我国其他传统艺术。说也奇怪，在中国传统艺术的各个门类中，都不约而同地表现出“线性思维”的原则。在中国画里，显现在画面空间的线条，早已不仅仅是一种限定时空的“界”，不仅仅是区分画家心目中的幻想世界与现实世界的围栏，它本身便是美，它本身便是审美的物件。在线条上凝聚着的“气韵”“趣味”，在线条中闪现出的生命的律动、运动的美，远远脱离了它所构造的内容的辖属，而成为一种纯形式的美。中国古代绘画史上类似“曹衣出水”“吴带当风”之类的赞誉，实际上是反映了中国古代画家们线性思维的杰出成果。正如没有旋律，便没有了中国音乐那样，没有了线，也便没有了中国绘画。从石器时代的彩陶纹样到八大山人的水墨花鸟，无论是抽象的各种曲线、直线组成的几何纹、水纹、旋涡纹、锯齿纹，还是充满个人情感的，极度夸张变形了的具象的枯枝、衰草、呆鸟，无不是线的世界。

在中国传统的建筑思想中，线性思维的原则也很突出。和讲究团块结构的外国建筑相比，中国的建筑美学特别讲究“线”的明快简洁。高高翘起的飞檐，在天空的衬底上画着优美的弧线；“四梁八柱”用坚实的、并列的直线肯定了中国“中正”的美学原则与“四平八稳”的处世哲学。蜿蜒于江南庭院中的幽径、粉墙，盘旋在群山峻岭中的万里长城，不都是线性思维在中国建筑史上创造的伟大奇迹吗?

作为时间艺术的中国舞蹈，用形体的彩笔在时空中勾勒出运动着的轨迹。“剑舞若游电，随风萦且回”，那善舞的广袖，在空间画出过多少转瞬即逝却又美妙无比的曲线啊！线性思维的原则甚至渗透到中国人的一切思维领域，成为中国人思维习惯乃至意识观念中最重要的内容。中国人做文章，讲究“起、承、转、合”，讲事物、逻辑，要看“前因后果”，无不体现一种线的形态。更不用说作为纯粹的“线的艺术”的中国书法了。龟甲兽骨之上，瓦釜金鼎之中，镂刻熔铸的，无一不是给人以无穷美感的长线短线。在中国书法的狂草中，线的艺术达到了一个极致。韩愈称“草圣”张旭：“往时张旭善草书，不治他技。喜怒、窘穷、忧悲、愉佚、怨恨、思慕、酣醉、无聊、不平，有动于心，必于草书焉发之。观于物，见山水崖谷，鸟兽虫鱼，草木之花实，日月列星，风雨水火，雷霆霹雳，歌舞战斗，天地万物之变，可喜可愕，一寓于书。故旭之书，变动犹鬼神，不可端倪。”[①] 张旭等人的草书，把数字连成一线，笔走龙蛇，连绵不断，奇险万状，浑圆遒劲，如天马行空，无拘无碍，在急风骤雨式的节奏中，宣泄着感情，展现出线的无穷尽的美。

中国人的这种线性思维的根源与形成的原因，我们在分析中国音乐的单音性时已经探讨过了。这种心理因素及思维方式的形成，源于古代中国的政治体制、中央集权，以及儒、道、释等各种哲学思想的影响。那么，再往上推，是不是可以追溯到远古，追溯到华夏氏族的古老的图腾崇拜呢？也许，正是我们祖先那种对龙蛇的崇拜，一代代地、顽固地沉积在华夏子孙的集体潜意识之中了。这不但使我们民族在千百年的历史中，把龙当成神物，当成民族的标志，而且，不知不觉地左右并逐渐形成了我们祖先的审美观，即在各种艺术门类中，用不同的艺术手段，不同的表现方式，追求一种共同的东西——那曲折、盘旋、扭结、活跃、如虬痕龙迹的线的韵律。

线性思维是我们祖先的遗产，不管我们愿意不愿意，我们只好在这个基础上发展我们的艺术事业。我们承认这种思维方式有它的局限性，我们也愿意抬起头来，朝向世界，虚心学习别人的长处。但是，我认为艺术思维毕竟与科学思维、逻辑思维不同。科学思维的结果有“对”与“错”的区别，一部新出版的科学书籍或新提出的学说，总是对以往的旧学说的否定，例如哥白尼的“日心说”，是对“地心说”的否定。但是，在艺术领域中，没有一部新出现的艺术品是对以往的艺术品的否定，即使后来的艺术品再伟大也不行。李白的诗否定不了陶渊明的诗，《红楼梦》否定不了《水

---

① （唐）韩愈：《送高闲上人序》，载《韩昌黎文集校注》，上海古籍出版社 1986 年版。

浒传》，海明威也否定不了托尔斯泰。就连在与科学技术手段关系最密切的电影艺术中，也并不是像有的同志所认为的那样，把彩色片看成对黑白片的否定。彩色摄影所拥有的技术手段，并不能保证电影艺术家在艺术上超过那些作为电影典范而永远具有高度价值的黑白片。

闻一多在比较中西绘画时曾说过："西方人认为目的既在创作有体积的形，画便不能，也不应摆脱它与雕刻的关系（他的理由很干脆），于是他用种种手段在画布上'塑'他的形。中国人说，不管你如何努力，你所得到的永远不过是形的幻觉。你既不能想象一个没有轮廓的形体，而轮廓的观念是必须寄于线条的，那么，你不如老老实实利用线条来影射形体的存在。他说，你那形的幻觉无论怎样奇，离这真实的形，毕竟远得很。但是我这影射的形，不受污损，不牵就，才是真实的形。……这两种追求的手段，前者可以说是正面的，后者是侧面的。换言之，西方人对问题是取接受的态度，中国人是取回避的态度。接受是勇气，回避是智慧。"①

闻一多先生的这段话，启发我们去思考中国音乐的前途。在一个多元化的现代社会中，要振兴我国的音乐事业，似乎也不应该只走一条路。我们一方面应该"拿过"西洋已发展到顶峰的"复音音乐体制"来创作我们自己的复音音乐；另一方面也不必以为我国传统的线性思维是"落后"的。复音有复音的美，单旋律有单旋律的美。复音音乐讲究不同声音纵向的结合，单音音乐讲究的是旋律横向的舒展。潮州的音乐家们，称他们的传统音乐是"一音三韵"，这几乎是一种中国式的"横向多声"的线性思维了。

中国画的画家们，没有因为油画的存在而放弃创作，放弃他们的"线性思维"。相反，他们用极简练的线条和水墨所造成的黑白两色的世界，使

---

① 闻一多：《论形体——介绍唐仲明先生的画》，《社会科学战线》1984 年第 2 期。

许许多多的西方人倾倒。中国的传统音乐，也不是没有这种可能。中国传统音乐中古老的“线性思维”，应该像一条巨龙，腾飞在更广阔、更深邃的空间里。中国画家们做到的事，中国的音乐家们，也应该做到。

（原载《中国音乐学》1986 年第 4 期）

# 音乐史中的唐明皇

盛唐，是我国封建文化发展的巅峰时期。百花盛开的唐文苑，群英荟萃，华光璀璨，涌现了一大批杰出的艺术家和一大批至今仍难匹及的代表作品。李白、杜甫的诗歌，颜真卿、张旭的书法，吴道子的绘画，公孙大娘的舞蹈，给后人留下了不可胜数的典范和神奇的传说。音乐艺术也像其他文化领域一样，在唐玄宗开元天宝年间达到了一个空前的高度。以燕乐为代表的唐乐之花，承袭先朝、融汇各族、博大精深、远播域外。无数出身贫贱的乐工、乐奴，用自己全部的生命和才华浇灌了这朵奇葩。像歌唱家许永新、李龟年，琵琶演奏家贺怀智，笛子演奏家李謩等人，都是开元天宝年间出类拔萃的音乐家。只是由于音乐作为时间艺术的特殊性，才使他们的艺术湮没于流逝的岁月，使我们不能像欣赏研究李杜的诗歌那样欣赏研究他们的艺术了。但他们的名字在历史之中，却不会磨灭。

谈到开元天宝间音乐艺术的高度发达，不能不提到当时在位达四十余年之久的皇帝唐玄宗，更何况这位著名的“风流天子”，本人还是一位杰出的音乐家呢。

## 一、作为音乐家的唐玄宗

唐玄宗李隆基是一位什么样的帝王呢?《旧唐书·本纪》卷8说他“性英断多艺，尤知音律”。《新唐书·本纪·第五》说他“性英武，善骑射，通音律、历象之学”。玄宗世称“明皇”，作为政治家的唐玄宗，实在是一个半明半昏的皇帝，但作为音乐家，却是专心致志，用心良苦，甚至完全“专业化”了。唐人杨巨源所撰《吹笛记》中，有这样一段有趣的记载：“上尝坐朝，以手指上下按其腹。朝退，高力士进曰：‘陛下向来数以手指按其腹。岂非圣体小不安耶?’上曰：‘非也。吾昨夜梦游月宫，诸仙娱余以上清之乐，寥亮清越，殆非人间所闻也。酣醉久之，合奏诸乐以送吾归。其曲凄楚动人，杳杳在耳。吾回，以玉笛寻之，尽得之矣。坐朝之际，虑忽遗忘，故怀玉笛，时以手指上下寻之，非不安也。’”古时坐朝听奏，殿理万机，是封建帝王最重要的政治活动，但唐玄宗竟然在朝臣奏议军国大事的时候，身居庙堂而魂游天外，一心用手指摸着藏在龙袍内的笛孔寻求乐思!

作为一个音乐家，唐玄宗首先在于作曲。中国古书上虽然常有所谓“王者功成作乐”的记载，实际上却大都是“王者功成”，命乐工“作乐”。但李隆基作曲，却是可以相信的。唐人南卓所撰《羯鼓录》云：“上洞晓音律，由之天纵，凡是丝管，必造其妙。若制作曲调，随音即成，不立章度，取适短长，应指散声，皆中点拍。至于清浊变转、律吕呼召，君臣事物，迭相制使。虽古之夔、旷，不能过也。”① 如果南卓的记载并非过誉的话，那么玄宗的确是一位杰出的作曲家了。

玄宗不但会作曲，而且相当多产。《旧唐书》卷28说：“玄宗又制新

---

① （唐）南卓：《羯鼓录》，上海古籍出版社1986年版。

曲四十余，又新制乐谱。”《羯鼓录》甚至把九十二首羯鼓曲的创作权，都归之玄宗所有。但古人向来不重视作曲者，而谈到音乐时的一个“作”字，又可有多种理解，所以，玄宗所作曲目，很难详考，仅据笔者所见的材料，分析以下这十几首乐曲中极可能就有玄宗的佳构：

**1.《霓裳羽衣曲》**

这是最著名的一首，记载颇多。其经过玄宗润色或再创作，基本可信。因下文还将专谈此曲，此从略。

**2.《紫云迴》**

《吹笛记》中载玄宗在朝按腹寻笛作曲，下朝后，“上试奏，其声寥寥然，不可名言也。力士又再拜，且请其名。上笑言曰：‘此曲名紫云迴。’”

《杨太真外传》：“……上又宴诸王于木兰殿，时木兰花发，皇情不悦。妃醉中舞《霓裳羽衣》一曲，天颜大悦，方知迴雪流风，可以迴天转地。上尝梦十仙子，乃制《紫云迴》。（注曰：玄宗尝梦仙子十余辈，御卿云而下，各执乐器悬奏之。曲度清越，真仙府之音。有一仙人曰：‘此《神仙紫云迴》。今传授陛下，为正始之音。’上喜而传授。寤后余响犹在，且命玉笛习之，尽得其节奏也。）”《吹笛记》与《杨太真外传》在细节上虽有出入，但重要的相同点有二：一是都提到以笛度曲的事，看来笛子很可能在此曲中占重要地位。二是都表明此曲的内容是游仙，反映了玄宗的道教思想。

**3.《夜半乐》及《还京乐》**

《乐府杂录》：“明皇自潞州入平内难，正夜半，斩长乐门关，领兵入宫剪逆人。后撰此曲名《还京乐》。”

《新唐书 · 礼乐志》：“是时民间以帝自潞州还京师，举兵夜半，诛韦皇后，制《夜半乐》《还京乐》二曲。”从《乐府杂录》看，此二曲乃一曲。从《唐书》看，此二曲是民间先创，有可能经过玄宗改编。有以为《还京乐》为张野狐所制者，近人任半塘《教坊记笺订》已否此说。

4.《龙池乐》

《旧唐书》卷29：“《龙池乐》，玄宗所作也。玄宗龙潜之时，宅在隆庆坊。宅南坊人所居变为池，望气者亦异焉。故中宗季年，泛舟池中。玄宗正位，以坊为宫池，水逾大，弥漫数里，为此乐以歌其祥也。”

5.《小破阵乐》

《新唐书·礼乐志》：“玄宗……又作《小破阵乐》，舞者披甲胄。”

《旧唐书》卷29：“《破阵乐》，玄宗所造也。生于立部伎《破阵乐》，舞四人，金甲胄。”按《破阵乐》原为太宗时民间乐曲。贞观元年（627），太宗命魏征、虞世南、诸亮、李百药改制歌辞，命吕才协律，更名为《七德舞》，舞者百二十人。此云《小破阵乐》，并言明生于立部伎《破阵乐》，舞者仅四人，有可能是玄宗根据原曲加工改编的。《小破阵乐》在演奏水平上当高于原立部伎《破阵乐》，因其为坐部也。

6.《光圣乐》

《新唐书·礼乐志》：“玄宗……又作《光圣乐》，舞者鸟冠、画衣，以歌王迹所兴。”

《旧唐书》卷29：“《光圣乐》，玄宗所造也。舞者八十人，鸟冠，五彩画衣，兼以《上元》《圣寿》之容，以歌王迹所兴。”

7.《文成曲》

《新唐书·礼乐志》：“帝又作《文成曲》，与《小破阵曲》更奏之。”

8.《得宝子》

《乐府杂录》：“明皇纳太真妃，喜谓后宫曰：‘予得杨家女，如得至宝也。’遂制曲名《得宝子》。”

《杨太真外传》：“……上喜甚，谓后宫人曰：‘朕得杨贵妃，如得至宝也。’乃制曲子曰《得宝子》。”

9.《凌波曲》

《杨太真外传》:"……并梦龙女，制《凌波曲》。(注曰：玄宗在东都，昼梦一女，容貌艳异，梳交心髻，大袖宽衣，拜于床前。上问：'汝何人?'曰：'妾是陛下凌波池中龙女，卫宫护驾，妾实有功。今陛下洞晓钧天之音，乞赐一曲，以光族类。'上于梦中为鼓胡琴，拾新旧之曲，声为《凌波曲》。龙女再拜而去。及觉，尽记之。会禁乐，自御琵琶，习而翻之……)。"

10.《春光好》

《羯鼓录》:"……时当宿雨初晴，景物明丽，小殿内庭，柳杏将吐。睹而叹曰：'对此景物，岂得不与他判断之乎?'左右相目，将命备酒。独高力士遣取羯鼓，上旋命之临轩纵击一曲，曲名《春光好》(注：自制者也)。"《稗史汇编》亦有此说。

11.《秋风高》

接上文："又制《秋风高》。每至秋空迥彻，纤翳不起，即奏之。必远风徐来，庭叶随下。其曲绝妙入神，例皆如此。"

12.《圣寿乐》

武则天时初创此曲。《旧唐书》载其舞"舞者百四十人，金铜冠，五色画衣，舞之行列必成字，十六变而毕。有'圣超千古，道泰百王，皇帝万年，宝祚弥昌'字"①。玄宗时亦有此舞，归立部伎，舞者为太常乐工，男性。但玄宗作《圣寿乐》与此有别。《教坊记》云："开元十一年初，制《圣寿乐》，令诸女衣五方色衣以歌舞之。"《新唐书·礼乐志》亦云："玄宗……又作《圣寿乐》，以女子五色绣襟而舞之。"显而易见，是由男性扮演改为女性扮演，由太常演出改为教坊演出。《旧唐书》中说，玄宗一次于

---

① （后晋）刘昫等撰:《旧唐书·音乐志二》，中华书局 1975 年标点本。

勤政楼酺会，召太常坐、立部伎及散乐、杂伎演出，“又令女宫数百人自帷出，击雷鼓为《破阵乐》《太平乐》《上元乐》。虽太常积习，皆不如其妙也。若《圣寿乐》，则回身换衣，作字如画”①。看来，宫女们演出的这些乐舞，在技艺上甚至超过了“积习”多年的太常。玄宗之《圣寿乐》除了改由女性扮演外，舞字似乎也与武则天时不同。武则天时舞字“十六变而毕”，变“圣超千古……”十六字。而玄宗之后则只变“太平万岁”四字。大历年中过进士的王建有诗云“罗衫叶叶绣重重，金凤银鹅各一丛，每遇舞头分两向，太平万岁字当中”可见之。玄宗时人，也有人认为此舞字“肇”自开元的。《全唐文》载平冽《开元字舞赋》云“……字以形言，舞以象德，肇开元兮是则。是知圣人之合舞也，既所以诞敷文教，亦所以拟象周旋，自我作古，示不相沿”是矣。而在这种开元舞字流行的同时，始自武曌，舞由太常的《圣寿乐》也在同时流传。一直到五代时，仍有人看过太常《圣寿乐》的演出。五代时人徐元鼎曾有《太常寺观舞圣寿乐》诗可为证。这说明可能同时有两个《圣寿乐》。但玄宗的“又作圣寿乐”，是改编还是创作，是仅仅改了舞字，改由女性扮演，还是同时也改编了曲调呢？史无明言，不敢妄断。

13.《雨霖铃》

此曲因史料上有矛盾，所以认识上亦有出入。《乐府杂录》云：“明皇自西蜀返，乐人张野狐所制。”但《明皇杂录》《杨太真外传》《碧鸡漫志》等均云为玄宗所作。《明皇杂录》云：“明皇既幸蜀，西南行，初入斜谷，属霖雨涉旬，于栈道雨中闻铃音，隔山相应。上既悼念贵妃，采其声为《雨霖铃》曲以寄恨焉。”《杨太真外传》的记载，与此只有几字之差，并在后边一段记明张野狐只不过是奉旨演奏过此曲：“……又至斜谷口，属霖雨

---

① （后晋）刘昫等撰：《旧唐书·音乐志一》，中华书局 1975 年标点本。

涉旬，于栈道雨中闻铃声，隔山相应，上既悼念贵妃，因采其声为《雨霖铃》曲以寄恨焉。”“……至德中复幸华清宫，从官嫔御多非旧人。上于望京楼下，命张野狐奏《雨霖铃》曲。”《稗史汇编》也说玄宗作此曲，“时梨园弟子惟张野狐一人，善筚篥，因吹之，遂传于世”。言明此曲所以和张野狐的名字连在了一起，只是因为当时梨园弟子星散，玄宗身旁只有他一人而已。再考《碧鸡漫志》，亦云此曲为玄宗雨中闻铃所作，却根本未提到张野狐而提到另一名优黄幡绰，可见此曲的创作并不一定与张有关：“世传明皇宿上亭，雨中闻牛铎声，怅然而起，问黄幡绰：‘铃作何语？’曰：‘谓陛下特郎当。’特郎当，俗称不整治也。明皇一笑，遂作此曲（指《雨霖铃》）。”

张野狐，即张徽，玄宗时著名乐工，善觱篥、箜篌，弄参军等，是梨园弟子中佼佼者。唐人张祜《雨霖铃》诗云：“雨霖铃夜却归秦，犹是张徽一曲新，长说上皇和泪教，月明南内更无人。”此诗明咏张徽而暗咏玄宗。“张徽一曲”，明明是玄宗“和泪教”成的。而“月明南内更无人”的感慨，也符合“时梨园弟子惟张野狐一人”的记载。其时李龟年流落江南，雷海青拼死全节，数年之后，能够和张徽一样常常沉浸在“开元旧事”中的，恐怕只有那么几位“闲坐说玄宗”的“白头宫女”了。

另外，《全唐诗》中又有崔道融《羯鼓》诗云“华清宫里打撩声，供奉丝簧束手听。寂寞銮舆斜谷里，是谁翻得《雨霖铃》”也是暗咏玄宗。史载玄宗善羯鼓，他在寂寞之中，打撩羯鼓，奏《雨霖铃》曲，连供奉的乐工也放下乐器，束手静听，是完全可能的。综上所云，认为玄宗雨中闻铃，悼念贵妃，作曲以抒胸臆，寄哀思，而张徽则是奏此曲的好手，还是较为合理的。近人任半塘所著《唐戏弄》中，也持此观点。

以上十三曲，除羯鼓曲二部（《春光好》《秋风高》）、小曲一部（《得宝子》）外，均系大曲、法曲。从内容上看，其中反映游仙及道家思想者三曲

(《霓裳羽衣曲》《紫云迴》《凌波曲》),歌文功武治者七曲(《夜半乐》《还京乐》《龙池乐》《圣寿乐》《小破阵乐》《光圣乐》《文成曲》),写景咏物者二曲(《春光好》《秋风高》),咏人事、抒心迹者二曲(《得宝子》《雨霖铃》)。从创作手法上看,其中有的可能是通过改编旧曲来加以提高的(如《小破阵乐》《圣寿乐》),有的可能是根据某一音乐素材创作或利用其一部分、自己创作一部分的(如《霓裳羽衣曲》),有的大概是即兴之作(如《得宝子》)。再从记载看他的创作过程,似常常要借助于定音的管乐器或有品位乐器琵琶来"寻""翻"乐思,极可能是固调作曲,而且基本上是器乐曲或歌舞曲。在这些乐曲中,玄宗很注意发挥独奏乐器或主奏乐器的作用,使音乐各具特色。(如《紫云迴》中的笛子、《龙池乐》中的琵琶、《雨霖铃》中的羯鼓和筚篥等)在创作当中,他似乎很像一位专门的器乐作曲家,只搞音乐创作而不涉及文学领域,和曹孟德的"登高必赋,及造新诗,被之管弦,皆成乐章"恰恰相反。这从蔡孚献《龙池乐》歌词一事可以看出。他所作的曲子,全都经过实践演出的考验,大概效果是好的。这和唐宣宗以芦管吹自制曲《倾杯乐》,而乐工辛骨䶥无法给他打拍子的情况迥然不同。①

唐玄宗不但作曲,而且长于演奏,所谓"凡是丝管,必造其妙"(但似乎不包括七弦琴。《羯鼓录》曾载他叱退琴人、唤花奴以羯鼓"解秽"的事)。在乐器中,他最爱羯鼓与玉笛。他认为打击乐器在乐队中非常重要,称羯鼓为"八音之领袖,不可无也"②。他的羯鼓奏得最好,开府宋璟曾赞之为:"头如青山峰,手如白雨点。"他有时兴来而独奏,有时与诸王、贵妃,几个著名的乐工搞小合奏③。另外,他还在梨园亲自教授法曲。乐队在

① (唐)段安节:《乐府杂录》,载《羯鼓录·乐府杂录·碧鸡漫志》,中华书局 1958 年版,第 41 页。

② (唐)南卓:《羯鼓录》,载《羯鼓录·乐府杂录·碧鸡漫志》,中华书局 1958 年版,第 3、4 页。

③ (宋)乐史:《杨太真外传》,上海古籍出版社 1985 年版。

排练中，“声有误者，帝必觉而正之”[①]。是一个听觉聪敏、合格的乐队指挥。这些丰富的艺术实践使他不同于一般空谈乐律而不辨宫商的腐儒，更不同于用自己手指的长度去定律的这样一些帝王。《唐会要》卷32说玄宗曾在“开元十三年，诏燕国公张说，改定乐章，上自定声度”。《册府元龟》也载有他因为太常雅乐“历代因循，莫之改革”而亲自定律的事。他自己说是“得之于自然，推之于律度”。纵观历史，古代帝王中所有曾插手乐律之事而真正知乐者，恐唯李隆基一人耳。

## 二、唐玄宗对盛唐音乐发展的贡献

促使唐乐在开元天宝年间发展到顶峰的主要力量，是无数命运悲惨的乐工、乐户、音声人、散乐艺人。是这些“卑贱者”的生命，融汇进了音乐历史的长河。但是，我们也应当看到：一个兼为音乐家的帝王，或兼为帝王的音乐家，所给予当时音乐生活的影响，由于他所处的特殊地位，作用便比一个普通艺人不知要大多少倍。从某种意义上讲，封建社会里最高统治者的个人爱好，常常对其时的文化生活起着支配性质的作用。马克思、恩格斯在《德意志意识形态》中说：构成统治阶级的各个个人，还“作为思想的生产者而进行统治，他们调节着自己时代的思想的生产和分配”。马克思主义要求我们用阶级的观点看待历史，但这不等同要求我们抹杀统治阶级中的某个个人对文化发展的有益影响。在中国古代音乐史的研究里，我们也应当客观地评价像唐玄宗这样的一位特殊人物，评价他作为一个音乐家的所作所为，而不能只把他看成一个封建统治阶级的最高代表。从另一种意义上说，音乐艺术几乎不能由个人完成，它特别需要组织与合作，

① （宋）欧阳修、宋祁:《新唐书》卷22《礼乐志》，中华书局1975年版，第476页。

因此，它也就比其他艺术形式更依赖于行政的力量。在这种情况下，一个懂得、爱好，并努力进行音乐活动的帝王，对于音乐艺术来讲，如果不能说是幸事的话，至少也不能说是坏事。至于唐玄宗在音乐生活中暴露出的残暴的阶级本性和剥削阶级的腐朽思想，我们将在后面单章评述。

唐玄宗所给以当代音乐发展的影响，首先在于创造了一个适合音乐艺术发展的社会环境和社会风气。他酷爱音乐，加上当时经济上的殷富，使开元天宝年间的音乐空气空前浓厚，竟出现了"《六幺》《水调》家家唱，《白雪》《梅花》处处吹"的盛况。其时，文人以新诗入乐为荣，豪门以携妓宴乐夸富。甚至如《新唐书·礼乐志》中所说，由于"帝又好羯鼓，而宁王善吹横笛，达官大臣慕之者，皆喜言音律"，一时间，仿佛谈几句音乐，成了上流社会中最时髦的事情。翻开一部《全唐诗》，一代诗杰都在用他们全部的热情和才华竞相讴歌那些使他们激动不已，使他们终生难忘的音乐演出，讴歌乐坛上如群星一样朗照天宇的音乐家们。古人《城中谣》唱得好："城中好高髻，四方高一丈。城中好广眉，四方且半额；城中好大袖，四方全匹帛。"上行而下效，开元天宝年间音乐之风的盛行，当归于玄宗的影响。

唐玄宗在位期间，还做了具体的几件事：改九部乐、十部乐为坐、立部伎；设梨园、传法曲；扩充教坊，并使之不隶太常；改定乐名，颁示中外。这几件事，总的来说适应了开元天宝年间国威强盛的社会局面，对各民族音乐文化的互相吸收及整个音乐艺术的长足进步和繁荣，做出了突出的贡献。下面分而述之：

**1. 改九部乐、十部乐为坐、立部伎**

欲明了玄宗改九部乐、十部乐为坐、立部伎的意义，必先明了隋唐燕乐的由来和发展。

所谓燕乐，就是宫廷的宴飨乐。它和雅乐同属太常所管，但二者的根本区别在于：从主观上讲，雅乐是奏给神祇祖先听的，是死人的音乐；而燕乐是奏给当朝权贵们听的，是活人的音乐。奏给死人听的，当然要肃穆，要合古制，越单调越合适；而活着的权贵们，只要享受，所以不管何处的曲调，哪方的乐器，越好听越惬意，都拿过来享用。这也就是燕乐之所以如此丰富，包括了这么多外族音乐的原因了。

燕乐的分部虽始于隋，但外族音乐流入中原，却早已开始了。汉武帝时，张骞通西域，第一次带回西域乐曲。当时著名的音乐家李延年则根据张骞带回的《摩诃兜勒》一曲为素材，创造了二十八首军乐，可以说是第一次成功地在创作中运用外来音调的素材。东汉之后，北方各族连年混战，由此而引起的民族迁徙，进一步促进了各民族间音乐文化的交流。隋初，文帝始定燕乐为七部，其后炀帝改为九部（即清乐、西凉、龟兹、天竺、康国、疏勒、安国、高丽、礼毕）。唐初，未暇改作，每宴飨，因隋旧制，仍奏九部乐。至贞观中，唐始有十部乐（即燕乐、清商、西凉、高昌、龟兹、疏勒、康国、安国、扶南、高丽），贞观中定了十部伎之后，凡大宴会必奏，[①] 一直用了七十余年。

从贞观中到开元初这七十余年，是唐帝国向顶峰发展的上升阶段。处在强国稳定时期，在政治上有自信心奉行“中国既安，四夷自服”的方针。在文化上也有自信心，并蓄兼收，群花同放。此时外域音乐在长安、洛阳流行的情况，可以从元稹《法曲》诗知之：“自从胡骑起烟尘，毛毳腥膻满咸洛。女为胡妇学胡装，伎进胡音务胡乐……”甚至如王建《凉州行》所云，到了“城头山鸡鸣角角，洛阳家家学胡乐”的地步。但是，这种大规模地学习、借鉴、吸收、融合外域文化的热潮，非但没有消融唐文化，反

① （唐）李林甫等撰，陈仲夫点校：《唐六典》：“凡大燕会则设十部之伎于庭以备华夷。”中华书局 1992 年版，第 404 页。

而使唐乐因吸收了多种养料而越发繁荣。这其中的原因，是因为当时的汉族音乐，已经发展到了成熟的阶段，不但不会被外来文化消融，反而具有强大的融合外族文化的能力。另外，唐玄宗所采取的一系列有力措施，也起了一定的作用。

从隋初至唐开元前，燕乐均以民族、地域为分乐的依据，至玄宗时，才改以技艺的高下分乐为坐、立二部伎。《新唐书》卷 22 云：玄宗“又分乐为二部，堂下立奏谓之立部伎，堂上坐奏谓之坐部伎。太常阅坐部，不可教者隶立部，又不可教者，乃习雅乐”。《文献通考》也言明：“元宗时分乐为二部，堂下立奏，谓之立部伎；堂上坐奏，谓之坐部伎。”至此，沿袭七十余年的十部乐便正式被二部伎所取代，而传统的以民族、地域为分乐依据的方法也被用技艺的高下为依据的方法取代了。

燕乐以民族、地域为分乐的方法由来已久，自隋即始。但燕乐在演奏时让歌人与音量较小的弦乐器在堂上，让音量较大的管乐器与打击乐器居堂下的方法，恐怕历史更久。香港学人张世彬认为坐、立二部伎是袭用雅乐“堂上乐”“堂下乐”的形式，是有道理的。但正因为这种形式由来已久，习以为常，所以玄宗之前一直没有把它作为分部的依据，仅仅当作一种乐队排列法。

近年发现唐李寿墓的图画，只能说明贞观时乐队的排列形式如此，而不能否定玄宗改十部乐为二部伎的，更不能以此否定其时“少数民族音乐和汉族音乐进一步融合的联想”。至于《旧唐书》上把分坐、立部伎与“武后称制”联系在一起，则很有可能是误记。理由就是它所列坐部伎六曲与玄宗时坐部伎六曲完全相同，而其中的《龙池乐》乃玄宗所作，“武后称制”时，怎么会有玄宗的乐曲?！总之，燕乐的分部方式与乐队的排列形式是两回事。说玄宗之前燕乐就存在着把乐队分列堂上、堂下的方法是对的，但以此否认玄宗废十部乐的分乐方法而代之以二部伎的分乐方法就不对了。

认为坐、立部伎的演出形式源于雅乐的“堂上乐”“堂下乐”是对的，但据此而认为二部伎“是在十部伎以外另设的”，就令人难以苟同了。理由也很清楚，那就是玄宗之后，提及燕乐便只谈坐、立部伎而鲜有再称以“九部乐”“十部乐”者。

那么，此时“少数民族音乐与汉族音乐进一步融合”的分析是否仅是一种“联想”呢？杨荫浏先生在他的《中国古代音乐史稿》中曾举例说明了融合的种种方式：“表现在所用乐器方面，如在隋、唐的九部、十部乐中用于演奏各民族音乐和各外国音乐的乐器，已不限于各民族和国家所用的乐器；原来汉族所已用惯的乐器，往往用于演奏其他民族的曲调……表现在歌词内容已逐渐与中原人民的生活相结合，如《凉州》等曲，很多是反映中原人民的边地所过的征戍生活的。表现在乐曲在运用中间逐渐改变或经过加工改编，如鲜卑族的《北歌》，到了隋朝的时候，曲调与原来的不同。表现在同曲的移调演奏……”以至《霓裳羽衣曲》的形成等，都说明这一时期少数民族音乐与汉族音乐的进一步融合是存在的。

那么，在这种情况下，再坚持以原来的民族或地域来分乐，则不但失去了原有的意义，也阻碍了在汉族音乐的基础上，通过吸收、融合外族音乐而产生一种新的、更高级的，属于“大唐”而不仅仅属于某一个民族的音乐。

玄宗二部伎中的十四曲，基本上即属于这种以汉族传统音乐为基础、融合吸收了外族音乐中的有益部分而成的新型唐乐。以立部伎八曲而言，虽然其中还有外族音乐的成分，有六曲“杂以龟兹乐”。但实在已不能称其为“龟兹乐”了。一个“杂”字，说明龟兹乐在其中只不过处于陪衬的地位，或者已经没有了原龟兹乐的主要特征，而仅保留着某些个别特征罢了。张世彬认为“这里所谓杂用龟兹乐，相信主要是表示龟兹乐器的大量运用”，还是颇有见地的。二部伎的确立，反映了新唐乐的诞生，标志着唐文化已经成熟的程度。

改变分乐方式的另一个重要意义，在于强调专业技能，鼓励乐工上进，实际上起到了一种赏罚、升降的考试作用。白居易《立部伎》诗中说：“立部贱，坐部贵，坐部退为立部伎，击鼓吹笙和杂戏。立部又退何所任，始就乐悬操雅音……”这种以技艺高下为唯一尺度的考核——淘汰制度的建立，无疑会调动乐工钻研业务的积极性，促进音乐艺术的发展。

最后一方面，是玄宗在改变分乐方法的同时，还使太常得到了空前的发展。唐初，太常简陋到了极点。据《唐会要》载，武德元年，为了在元武门扮演散乐，太常曾向民间借妇女裙襦五百多套作为演出服[①]，可见其窘况。但到玄宗朝，太常却发展到了如《新唐书》所讲“凡乐人、音声人，太常杂户子弟隶太常及鼓吹署，皆番上，总号音声人至数万人”的地步！而且每当宴会演出，则饰金缀玉，豪华至极。太常有如此规模，今非昔比，虽是盛唐经济发展的必然，但也有玄宗提倡、促进的功劳。

**2. 设梨园，传法曲**

梨园的设立，是唐玄宗对音乐事业的一大贡献。自此之后，中国的戏剧界称剧坛为“梨园”，恭奉玄宗为戏剧界的祖师，虽属牵强（因梨园之业，纯属器乐，本与戏剧无涉），但也反映了后人对玄宗此举的尊敬。

《新唐书》卷 22 载：“玄宗既知音律，又酷爱法曲，选坐部子弟三百教于梨园，声有误者，帝必觉而正之，号‘皇帝梨园弟子’。宫女数百，亦为梨园弟子，居宜春北院。梨园法部更置小部音声三十余人……”从坐部入选的三百人，应该说是全国音乐界的精华。梨园的作用，仿佛是“皇家音乐学院”兼“皇家乐团”。而李隆基，既是院长、团长，又亲任教师，是一

① （宋）王溥撰：《唐会要》卷 34：“武德元年六月十四号，万年县法曹孙伏伽上书曰：‘……近者太常官司于人间借妇女裙襦五百具，以充散乐之服。’”

个很内行、很得力的音乐教育家。梨园的设立，给这些经过挑选的、第一流的音乐人才创造了一种既可以专心钻研技能，又利于互相切磋观摩的好条件。另外，梨园的专习法曲，专搞器乐，与教坊的专习歌舞等，也一起促进了音乐艺术专门化的发展。

法曲可能源于梁武帝的“法乐”，《新唐书·礼乐志》说它“其音清而近雅”，乐器中外混用，而且在演奏上很有特点，相当细腻：“其声金石丝竹以次作”“曲终复加解音”，似乎不但有各种乐器的清雅的独奏，也有曲终快速活跃的合奏。《旧唐书·音乐志》又说：“自开元以来，歌者杂用胡夷里巷之曲……相传为法曲。”似乎更增加了来自民间的新鲜血液。这种基本上属于汉族的清乐系统，在本民族的基础上吸收外族音乐的法曲，就是当时大唐新乐的典范。元稹《华原磬》诗云：“玄宗爱乐爱新乐，梨园弟子承恩横。”结合前文所述，在当时汉民族大量学习、吸收、融合外来音乐的时候，强调法曲的重要，自制法曲，大力提倡法曲，就不仅是玄宗个人的嗜好，也起到了保证这种融合是在汉民族固有音乐基础上融合并推动新乐发展的作用。

另外，还有一个值得注意的做法，是玄宗在梨园法部专设了一个“少年班”——小部音声。《杨太真外传》云：“小部者，梨园法部所置，凡三十人，皆十五已下。”这种类似少儿早期音乐教育的做法，确实大有成效。李龟年所作新曲《荔枝香》，就是由这些不到十五岁的孩子们首次试奏的。

**3. 扩充教坊，并使之不隶太常，直属宫廷**

教坊的设立，并不始于玄宗，但教坊的空前兴盛，却当推玄宗朝。据《新唐书》载，自武德初年，已有内教坊。当时的教坊，属于太常所管，是太常寺内培养训练乐工的场所。玄宗时，将教坊扩大为五处。除蓬莱宫侧的内教坊外，还在上都长安、东都洛阳，各置左右教坊两处。《新唐书》卷38载：“开元二年，又置内教坊羽蓬莱宫侧……京都置左右教坊，掌俳优、杂伎，以中宫为教坊使。”又陈旸《乐书》载：“开元中，始别置左右教坊，上都在延政里，东都在明义里，以内官掌之。”唐玄宗扩充教坊的结果，是使乐人的队伍空前壮大，仅长安教坊就达到一万一千四百零九人之多[①]。充分体现了盛唐极其发达的文化水平。玄宗扩大教坊并将其从太常分离出来的目的，实际上是让俗乐脱离雅乐之司，为俗乐的发展创造好的条件。《通鉴》明云：“开元二年正月，旧制雅俗之乐，皆隶太常。上精晓音律，以太常礼乐之司，不应典杂伎，更置左、右教坊以教俗乐。”说太常不应典杂伎，恐有污太常是假，恐怕竭力扩大玄宗喜爱的俗乐，倒是他的本意。

教坊从太常分出后，直属宫廷，由玄宗派去的内官掌管，在随时为宫廷服务上方便了许多。进一步专业化的分工，使教坊专掌歌舞、杂伎，培养出一大批技艺高超的音乐家。歌唱家如任智方的四个女儿、许和子，舞蹈家如庞三娘，杂伎艺人如王大娘、裴承恩，以及无所不能的黄幡绰，都是教坊所出，[②]而内外教坊完备后的太常寺，则只限男性乐工，虽亦掌燕乐、仪仗鼓吹等，但主要是掌雅乐。比起长于歌舞、散乐，“掌俳优、杂伎”“居新声、散乐、倡优之伎”的教坊来，恐怕是逊色多了。《宋史·乐志》讲，开元后，“凡祭祀大朝会则用太常雅乐，岁时宴飨则用教坊诸部乐”。祭祀有时，朝会有节，唯宴飨之事，不绝于盛唐。总之，使教坊从太常独立出来并竭力扩大，是唐玄宗为了更好地满足自己的声色享乐。但是，不为礼而乐，仅为乐（快乐之“乐”）而乐的做法，却在客观上有利于民间音乐的提高、集中、发展，反映了盛唐文化艺术的高度兴盛。

**4. 改定乐名，颁示中外**

分乐为坐、立二部伎，设梨园、传法曲，是玄宗为外族音乐华化所做

---

① （宋）欧阳修、宋祁：《新唐书》卷 38：“注：散乐三百八十二人，仗内鼓乐一千人，音声人一万零二十七人。”

② （唐）崔令钦撰，任半塘笺订：《教坊记笺订》，中华书局 1962 年版，第 42 页。

的努力。天宝末年，也就是玄宗在位四十年之后，玄宗采取了一项重大的行政措施，来最后完成汉族音乐对外域音乐吸收、改造的过程。《唐会要》卷33载：“天宝十三载七月十日，太乐署供奉曲名及改诸乐名。”在这次公布的二百一十五个曲名中，更改了五十八个曲名。如将《龟兹佛曲》改为《金华洞真》,《捺利梵》改为《布阳春》,《老寿》改为《天长宝寿》等。大致是佛改道，胡改华，俗改雅。玄宗还命“将新曲名一本，立石刊于太常寺”。我们知道，古代帝王的刻石勒功，多为封禅拜祖，记功扬威之举。将曲名刊布石上，颁示中外，永垂久远，这在历史上是仅见的罕事。

细察这二百多首曲名，包罗万象，蔚为丰富。有的原是佛曲，有的来自外域，既有民间佳作，亦有前朝遗音。但至刊石之年，很可能都已经过中原艺人无数次的加工、改编、润色、提高，可以认为是已经成熟、具有很高水平，足以代表唐乐精粹的乐曲。致力于乐多年的唐玄宗，恐怕是想通过这项具有法律效力的行政手段，来最终完成华乐对外族音乐的吸收过程，彻底抛掉那些已名不副实的输入者的印记，并光布中外，公之于众，以助其流传，祝其久远。若果能如此，不但唐乐的精粹得以保存，而且作为音乐家的唐玄宗也了却了一桩心事。对中华文化的发展，也是杰出的贡献。但不幸的是，他同时还是一个帝王，一个蹩脚的政治家。就在他下令更改曲名、刻石太常之后仅一年，便有安史之乱。“渔阳鼙鼓动地来，惊破霓裳羽衣曲。”一代风流的李隆基，仓皇辞庙，忍痛缢妃，他所酷爱的音乐，也被他所贻误的政治送了终。安史之乱后，不但乐工星散，这二百多首欲“永垂久远”的乐曲，恐怕也大半葬于战火了吧？盛唐的文化高潮，从此汐落，在此后中国整个封建社会的千余年里，再无有堪匹者。作为政治家的李隆基给国家、百姓带来的是灾难。作为音乐家的李隆基为中华文化所做的种种努力，竟也同他的政治之舟一起沉没了。

## 三、唐玄宗的思想本质和阶级意识

### 1. 从对“散乐”的两面派态度看唐玄宗“爱乐”的本质

唐玄宗对唐代音乐文化的发展，确实有着重大影响，起着客观上的推动作用。但是，细究他的主观目的，却无不出于对声色享乐的追求。他的爱美女、爱音乐、爱排场、爱挥霍，在历史上是有名的，但他自己却总要打扮成一个“圣明天子”的样子。从他对待散乐的态度上，可以清楚地看出他的思想本质。

先天元年（712），当他还是皇太子的时候，因为爱好女乐，太子舍人贾曾谏诅他说：“余闻宴私，后庭伎乐，古亦有之。犹当隐秘，不以示人。”[①] 教他一方面自己偷偷享受，一方面对外禁断散乐。玄宗即位后的第二年，便下诏说：“自有隋颓靡，庶政凋敝，徵声遍于郑卫，炫色矜于燕赵。广场角抵，长袖从风，聚而观之，浸以成俗。此所以戎王夺志，夫子遂行也。朕方大变浇讹，用除灾蠹，眷兹伎乐，事切骄淫，伤风害政，莫斯为甚。既违令式，尤宜禁断。”[②] 把民间散乐当作“伤风害政”的罪魁来讨伐严禁。他的诏文读起来堂堂皇皇，“义正词严”。但他禁散乐的方法怎样？真相如何呢？《唐会要》又载：“玄宗以其非正声，置教坊于禁中以处之。若寻常宴会……先奏坐部伎，次奏立部伎，次奏蹀马，又奏散乐。”原来是禁外不禁内，“禁”到宫廷里来，自己享用！他禁的是“散乐巡村”，是不让普通百姓欣赏散乐。而他自己，却欲搜尽天下散乐而自娱。史载玄宗在洛阳时，为了一次宴会，竟命令洛阳周围三百里内的地方官“率其声乐，来赴阙者”[③]，搞成了一次名副其实的“全国调演”。“时河南郡守命乐

---

① （宋）王溥撰：《唐会要》卷 34，中华书局 1955 年版，第 626、627 页。

② 同①。

③ （唐）郑处诲撰：《明皇杂录》，中华书局 1985 年版，第 8 页。

工数百人于车上，皆衣以锦绣，伏厢之牛蒙以虎皮，及为犀象形状，观者骇目。”可见其“禁散乐的真相”。

玄宗的“寻常”宴会，实际上都是规模宏大的音乐、歌舞、杂技的会演。众多的演员，锦衣绣服，饰金缀玉，华丽之至，金如水流。这些宴会的规模之大和气氛的热烈，恐怕只有古罗马的竞技场可以与之媲美：“…… 赐酺于勤政楼，观者数千万众，喧哗聚语，莫得闻鱼龙百戏之声。”[①] 连最适合露天演出的杂技伴奏都听不到了！而“每赐宴设酺会，则上御勤政楼，金吾及四军兵士，未明陈仗，盛列旗帜，皆被黄金甲，衣短后绣袍。太常陈乐，卫尉张幕后。诸蕃酋长就食。府县教坊大陈山车旱船、寻橦走索，丸剑角抵戏马斗鸡。又令宫女数百，饰以珠翠，衣以锦绣，自帷中出，击雷鼓，为《破阵乐》《太平乐》《上元乐》。又引大象、犀牛入场，或拜舞，动中音律……”[②] 甚至训练一百匹舞马“衣以文绣，络以金银，饰其鬃鬣，间杂珠玉”，随着《倾杯乐》曲“奋首鼓尾，纵横应节”[③]。

如此令人炫目的挥霍浪费，即使在大唐盛世，也不可能不对国家财政有所影响，亦不可能不加重人民的负担，以致引起广大群众甚至统治阶级内部某些人的不满。为此，虚伪的唐玄宗一方面在统治阶级内部尽量扩大这种宴会参加者的人数，搞点“利益均沾”，另一方面涂脂抹粉，对外下诏表示“崇俭”“不奢”，做做样子，欺骗人民。开元十二年正月，玄宗诏曰：“……自立云韶内府，百有余年，都不出于九重。今欲陈于万姓，冀与群公同乐，岂独娱于一身？且珠翠绮罗，孰非珍玩？尝念百金之费，每惜十家之产。是以所服之服俱非绮罗，所冠之冠亦非珠翠。若至弋绨之制，大

---

① （唐）段安节：《乐府杂录》，载《中国古典戏曲论著集成》，中国戏剧出版社 1959 年版，第 46 页。

② 同①。

③ 同①，第 18 页。

帛之衣，德虽谢于古人，俭不忘于曩哲。”[①] 实在是谎话连篇，令人作呕！他的乐出九重，陈于万姓，绝不是普遍的劳动人民；而他的“尝念百金之费，每惜十家之产”更是虚伪之至。为了满足自己的声色享乐，他实际上是“不计千金之费，何惜万家之产”的！

2.“乐从于教，教从于政”——音乐中的政治

当玄宗沉湎于音乐、享乐的时候，他常常把国家大事扔到脖子后头，似乎忘掉了政治。但在某些时候，他也会把音乐作为一种政治手段来为他的统治服务。这一点在天宝之前尤为明显。他的这另外一面，表现在他用音乐创作调合三教上，也表现在他对诸王习乐的态度上。

我们知道，玄宗所创乐曲中，尤以表现游仙访道之思想者为著名。像《霓裳羽衣曲》《凌波曲》《紫云迴》等。而其中影响最大，且有代表性的乐曲是《霓裳羽衣曲》。分析一下此曲的创作过程，是不难看出唐玄宗在清醒的时候，是如何坚持“乐从于教，教从于政”的原则，如何用音乐来为这一原则服务的。此曲是玄宗在开元年间编创的作品。关于此曲的创作过程，历史上记载很多。《杨太真外传》注曰：“《霓裳羽衣曲》者，是玄宗登三乡驿望女儿山所作也。故刘禹锡有诗《伏睹元宗皇帝望女儿山诗，小臣斐然有感》云：开元天子万事足，惟惜当时光景促，三乡驿上望仙山，归作《霓裳羽衣曲》……”另外，此注后引逸史及《全唐诗·霓裳辞十首》注，还提到道士罗公远与玄宗游月宫的传说：“……罗公远多秘术，尝与明皇至月宫，仙女数百，皆素练霓裳，舞于广庭。问其曲，曰《霓裳羽衣》。帝晓音律，因默记其音调。及归，但记其半。会西凉府节度使杨敬述进《婆罗门》曲，声调相符，遂以月中所闻为散序，敬述所进为曲，而名《霓裳羽衣》。”

---

① （宋）宋敏求编：《唐大诏令集》卷 81，商务印书馆 1959 年版，第 466 页。

游月宫的事，纯属妄说。王灼在《碧鸡漫志》中即说："《霓裳羽衣曲》，说者多异。予断之曰，西凉创作，明皇润色，又为易美名，其他饰以神怪者，皆不足信"，是中的之作。但是，再进一步分析，便能够看到，这著名乐曲和其他几首曲（如《凌波曲》《紫云迴》）的创作每每和游月宫、梦仙女的神话连接起来，也反映了两个问题。其一，是说明曲作得好，古人常常把好的曲子比作"仙曲"，犹如"此曲只应天上有，人间能得几回闻"的赞誉。其二，即充分反映了玄宗的道教思想。我们应当想到，虽然在今天看来，游月宫、梦仙女之类的话不足信，但在当时，不但是道士所宣传，玄宗所向往，也是许多迷信道教的人所深信的。所以，郭老在谈到此曲时，称之为"求仙访道思想的音乐化或舞蹈化"[①]。也就是说，曲中所反映的思想，或有关此曲的这些传说，虽不可信，但却是玄宗或时人思想的真实反映。

问题在于此曲看来多少是与佛曲《婆罗门》有些关系的。《新唐书・礼乐志》说："河西节度使杨敬（忠）述献《霓裳羽衣曲》十二遍。"《唐会要》所载更改的曲名中，也有"改《婆罗门》为《霓裳羽衣》"的记录。近世的一些学者甚至进一步考证，认为《霓裳羽衣曲》即《婆罗门》，而《婆罗门》则是天竺古佛曲《迦陵频伽》[②]。若果真如此，那么，为什么"求仙访道"的思想，会用佛教的音乐来表现呢？为什么在唐时激烈斗争，都想得到统治者的支持而独尊本教的道、佛二教，会如此相安地融在同一部乐曲中呢？为什么推崇道教、迷信道教的李隆基，会把一首佛曲作为他创作的素材或加工的毛坯呢？

从音乐上讲，这是玄宗使外族音乐华化的成功尝试，是唐汉乐与外族

---

① 郭沫若：《李白与杜甫》，人民文学出版社 1971 年版，第 185 页。

② 阎文儒：《就斯坦因在我国新疆丹丹乌里克、磨朗遗址所发现几块壁画问题的新评述》，《当代科学》1962 年第 5 期。

音乐融合发展的最高成就。从政治上说，则是玄宗乐从于教、教从于政的良苦用心和政治手段。

对人民加强意识形态的统治，用宗教来麻醉、欺骗人民，甚至进行政治斗争，几乎是封建统治者的本能。唐朝的统治者姓李，把道教的祖师爷老子李耳尊为李姓的祖先，这是为了巩固李姓统治的一种政治行动，也是对东汉时传入，至隋唐时已大肆泛滥的佛教的抵制和对前朝崇佛的一种反动。唐时凡是异性的帝位觊觎者，如武则天、韦皇后自然而然地要推崇佛教，借助佛教的势力。

唐玄宗即位之后，他大兴道教，企图借此巩固李姓政权，遏制佛教的无限发展，但同时他也给佛、儒以一定地位。在政治上采取调合三教的做法。李隆基在音乐创作中化佛为道、改佛为道，不是“借花献佛”，而是“借佛献花”，也就可以理解了。从这个意义上讲，《霓裳羽衣曲》应该说是调合三教思想的“音乐化或舞蹈化”。也可以这样认为，《霓裳羽衣曲》等乐曲的改编、创作，是玄宗宗教思想的反映，但乐从于教、教从于政，归根结底是为巩固李姓王朝的地位服务的。

在对待诸王的态度上，也表现出唐玄宗至少在即位初期，是把政治放在音乐之上的。我们知道，玄宗本人是以诸王的资格发动宫廷政变，以军事力量灭韦氏而取得天子地位的。所以，他即位之后，很不放心诸王，便命高力士为右监门将军，命一些亲信宦官为三品将军，掌握禁卫军权。并严令诸王不准与群臣往来，甚至令皇家宗室、外戚、驸马，非至亲不得相见。又命宦官管理诸王宅，严加监视。他自己也曾突然去诸王宅伺察，《酉阳杂俎》载：“玄宗尝伺察诸王，宁王常夏中挥汗挽鼓，所读书乃龟兹乐谱也。上知之，喜曰：‘天子兄弟当极醉乐耳。’”看到宁王每日里读乐谱，玩乐器，他非常高兴，也消除了戒心。这说明他自己是知道乐非治国之道，乃玩物丧志的道理的。当然，他在此时把音乐视为消磨诸王政治野心的工具，而若干年后，他自己却耽于淫乐而终于酿出战祸，也是剥削阶级腐朽没落的必然结果。

3. 从对乐工的态度看玄宗的阶级意识

玄宗对乐工的态度，更是彻底暴露了他残暴的阶级本性和封建寡头的本质。

玄宗朝，乐工中出了不少杰出的人才，许多艺术家也因为玄宗的酷爱音乐而得以施展身手，提高技艺，誉满天下。这所谓的“知遇之恩”，加上传统的忠君报国思想，使雷海青这样的乐工，能够在被安禄山的贼兵绑架之后，面对兵刃的胁迫，“投乐器于地，西向恸哭”，宁可被肢解而死，不为叛贼奏乐。但是，玄宗对于乐工，却视如草芥，虽然他也能暂时放下帝王的身份和乐工一起合奏，但一旦“龙颜不悦”，他便会露出“帝王之尊”，甚至像捻死一只蚂蚁一样杀死无辜的乐工。《国史补》中曾记载着这样一件事：一个玄宗很喜欢的“梨园弟子”胡雏，因为得罪了洛阳令崔隐甫，而崔又以玄宗“轻臣而重乐人”为由要求“休官”辞职。玄宗便把胡雏“遂令曳出，至门外，立杖杀之”。为了表现自己并非“重乐人而轻臣”，便立刻让人乱棒打死自己喜爱的乐工，真可谓草菅人命，凶残至极。也充分暴露出乐工之于玄宗，只不过是一件玩物而已，爱虽爱矣，但倘有需要，便会弃之而不屑一顾的。

还有一件事，不但更暴露出玄宗的奸险凶残，而且直接说出了玄宗是如何看待乐工的。《唐语林》载：有一个“音声人”叫唐崇，在一次招待蕃客的宴会上演唱，得到玄宗的赏识。过后，唐崇托另一个经常出入禁中的乐工许小客在玄宗前为他求情说项，想得到一个“教坊判官”的职务。一天，“上凭小客肩，行永巷中”，小客便把唐崇想得到“教坊判官”职务的事告诉了玄宗，玄宗曰：“前宴蕃客日，崇辞气分明，我固赏之，判官何虑不得！汝出报，令明日玄武门来。”小客回去后告诉唐崇，唐崇高兴极了。

谁知道，玄宗却“密敕北军曰：‘唐崇来，可驰马践杀之’”。第二天，虽然唐崇没有被马践踏而死，也被“决杖，递出五百里外”，遭到棒打和流放，许小客也从此再也不能在宫中服务了。唐崇有什么罪呢？玄宗说：“唐崇何等！敢于请小客奏事?!”原来只因为在玄宗眼里，乐工是卑贱小人，不能托人奏事的。玄宗为了巩固建立在等级观念上的封建制度，为了警告每一个胆敢僭越的“小人”，不惜用杖决、流放，甚至马踏的处罚来杀一儆百。而且当面说好话，背后下毒手，帝王之于乐工，本不必如此搞两面派，从中也可看出玄宗的为人，何其卑劣乃尔！

此类事，史载甚多，不能一一而足。像何满子临刑进曲以求赦免而遭拒绝，黄幡绰因偶然外出而险遭鞭打，等等，都说明玄宗的阶级本质和阶级意识，是丝毫也不会因为他的酷爱音乐而有一丝一毫的改变的。

唐玄宗在位四十余年，恰值唐乐由繁盛发展到顶峰的辉煌时期。他个人的巨大努力，在唐乐的发展中起了不容忽视的作用。作为一个杰出的音乐家，他理应在中国古代音乐史中占有他应得的地位。但是，从“家家尽唱升平曲，帝幸梨园亲制词”到连年战祸，也不得不归咎于他。当然，本文仅仅试图从音乐史的角度看一看唐玄宗的所作所为。至于这位多才多艺的“风流才子”，为什么从开元时的圣明君主，变成后期那个宠贵妃、纵宦官、远贤士、重佞臣的糊涂透顶的暴君，我们该从他误国害己的事上总结出哪些历史教训，是应该另外探讨的，已非此拙文所能及也。

（原载田青、何苍伶等编著《燕乐二十八调之谜》，人民音乐出版社 1987 年版）

# 艺术不是科学

## ——从“第九届全国青年电视歌手大奖赛”评委们对歌手李琼的分歧谈起

衡量艺术的最高标准是“科学”与“正确”吗？

在刚刚结束不久的“第九届全国青年电视歌手大奖赛”中，对歌手李琼的评价便存在着两种不同的看法。

少部分非歌唱专业的评委认为李琼的歌唱有鲜明的个性和较强的感染力，给她打了较高的分。而占评委大多数的歌唱专业出身的评委却不约而同地给她打了较低的分。一些歌唱家评委在回答大奖赛监审组转达的观众提问时和在非正式谈话中对李琼最终未能进入决赛作了解释，其中最重要的理由，便是认为李琼的唱法“不科学”，是“大本嗓”。有的人还断言她“唱不过30岁”，并强调“人的生理构造（声带）是相同的，所以，只能有一种正确的唱法、科学的唱法，这就好比这间屋子，只有一个门，什么人都只能从这一个门中出去”。

李琼是一个年轻的歌手，她今后的艺术之路还很长，谁都不能断定她今后的前途如何，她能否进入决赛对她个人之外的人来说也不是什么大不了的事。但是，在她身上所产生的分歧，却引发了人们对艺术的本质、艺术与科学的关系、什么是“科学唱法”、中国声乐的发展道路与方向、如何繁荣民族艺术等一系列重要理论问题重新思考的愿望。

在人类发展与进步的整个历程中，艺术与科学就像两个互相独立又互相辉映的巨大星群，横亘在人类文明的穹顶之上。虽然艺术家与科学家分工不同，专业各异，思维方式有着巨大的差别，但他们的智慧、才华、创造，却都是人类的骄傲和最可宝贵的财富。

奇怪的是，现代人在实际生活中，却常常不知不觉地或将艺术混同于科学，或将"科学"置于艺术之上，把"科学"与"科学性"视为神圣的、至高无上的、统领一切的"君王"甚至"上帝"，而把艺术当成从属于"科学"的奴婢。现在，所谓"科学的唱法"成了中国整个声乐界最高的追求，一些声乐教师对一位首次登门的年轻歌手最常说的一句话是："你的唱法不科学，要改方法！"而当一位歌者批评另一位歌者的唱法"不科学"时，实际上等于在说："你现在的歌唱方法是错误的！"

那么，人们不禁要问：在"歌唱"——这种人类最本质、最古老的感情表达方式与艺术形式中，"正确"与"错误"究竟是什么意思？衡量艺术的最高标准是"科学"与"正确"吗？而人们又是从什么时候开始把"科学"置于艺术之上的？人们为什么要如此夸大艺术中"科学性"的地位，甚至不惜用"科学性"来阉割艺术的灵魂与本质——创造性和个性呢？

英国哲学家汤因比在谈到面对传统宗教衰落的现代西方人时说："在因此造成的精神空虚里，他们以一位女神代替了上帝的崇拜。那摧毁西方基督教世界的对于旧神灵的不信任感和厌恶感使这位女神交了好运。这位女神不是圣母，而是技术；人们对新神灵崇拜得五体投地——技术被神话，不是西方人有意的选择，而是因为宗教与自然一样厌恶空虚。技术与技术专家因而成了晚近西方世界的罗马女神和恺撒。"①

---

① ［英］汤因比：《一个历史学家的宗教观》，四川人民出版社 1990 年版，第 251 页。

不同的是，当西方人已经率先把技术与技术专家视为“罗马女神和恺撒”时，我国的先进知识分子们却还在为争取“德先生”与“赛先生”在中国社会的一席之地而奋争。由于整个中国近代史中的屈辱都与国势的衰败分不开，而“中央之国”的雄风不再又都与政治腐败和科技落后、经济落后有关，因此，在现代大部分中国人尤其是进步知识分子的眼里，走科学与民主的路是拯救古老国家的唯一途径。“五四”的进步意义，很大程度上表现为科学思想的民族启蒙。应该说，整个20世纪是科学观念在中国生根、成长的世纪。

于是，在正在享受科学进步所造成的“初步繁荣”的中国人的语境里——“科学”这个似乎具有无限威力与魔力的名词，也便逐渐成了“正确”“进步”“至高无上”的同义词。而科学的否定式，比如“不科学”“不够科学”，也自然成了代替“错误”“落后”，甚至“反动”等概念的贬义词。在科学成功的巨大光环里，人们忽略了这样一个事实：科学所取得的成功，绝大部分都是在物质世界里。迄今为止，科学对人类精神领域的影响和探索，还根本无法和其在物质世界所取得的成就相比。但是，对科学的进步充满自豪与憧憬的人们还是不知不觉地把科学的胜利扩大了，扩大到了几乎一切领域。

## “科学唱法”与千人一声

艺术领域当然也不例外，对科学的崇敬在很大程度上改变着人们对艺术本质的认识。在科学主义的号召、近代民族屈辱史的鞭策及振兴祖国的伟大理想的激励下，用科学来改造“落后”的中国民族乐器，用西洋大乐队的形式来组建中国新的“民族乐队”和创建“科学的民族唱法”成为50年来中国音乐界共同奋斗的目标。

经过长达半个世纪的不懈努力，除了乐器改革由于种种原因而陷入一个尴尬境地外，后两个目标可以说是基本上达到了。在声乐领域，经过“科学化”了的“民族唱法”不但与西洋歌剧唱法（所谓美声唱法）和“通俗唱法”三足鼎立，成为当前中国音乐生活中重要的艺术品种，而且基本形成了自己独特的、相对成熟的教学体系并在艺术实践、艺术教育等方面取得了有目共睹的成绩。

但是，正是在成功之后，人们才发现问题另外的一面。这就是我在“第九届全国青年电视歌手大奖赛”上所指出的民族唱法存在着“千人一声”的问题。大家都还记得，在“科学”还不发达的 20 世纪五六十年代，王昆、郭兰英、马玉涛等歌唱家的声音都有自己鲜明的特点。即使只有广播没有电视，人们也能很轻松地将她们区别开。个性化与地方特点的鲜明，是农业社会的必然，也是那个时代共同的审美要求。从 20 世纪六七十年代开始，我们的社会开始进入工业化社会，应时代的要求，在科学主义的无声的影响下，声乐界开始探索所谓“科学唱法”并大量培养适应群众共同审美需求的歌唱家。在一些杰出的声乐教育家的努力下，一种借鉴西洋歌剧唱法并在某种程度上保留了民族风格的唱法与音色逐渐形成了。由于用这种方法培养出来的歌手受到一个时代的肯定和欢迎，也由于这种“科学唱法”的教学的确具有可操作性和可重复性，所以，这种唱法和用这种方法培养出来的歌手便逐渐取代了 20 世纪五六十年代那些来自民间的、具有鲜明的地方风格与个性色彩的唱法和被称为“大本嗓”的民间歌手，建立了在民族声乐教学领域与实践领域的绝对统治地位。

本来，找到一条具有普适性的声乐教学法是一件好事，受到群众的欢迎也是一件好事，但任何艺术流派一旦成为“显学”，一旦“一统天下”，便也脱不掉“物极必反”的规律，开始让人们感到了厌倦。于是，面对“大奖赛”上许多音色几乎一模一样的歌手，李琼因为唱法“不科学”而被淘汰便自然引起了争议和深层的思考。

只有那些不想从一个门出去，并想得出方法敢于从窗户、烟囱、地道甚至掀了屋顶出去的人，才可能成为大艺术家。

我在回答“大奖赛”监审组的提问时曾试图解释产生这种现象的原因，我把个性歌手的沉寂与“罐头歌手”的批量生产归结于一个时代的共同审美需求和生产方式的改变：“王昆的时代，中国处在农业社会，农业社会的审美特点就是个性化、地域化，与民间有着深厚的联系。现在这些歌手，是工业社会的产物，是音乐学院的产品。工业社会所推崇的，是科学化、规范化。而科学化、规范化的结果，就是我们具备了批量生产大量歌手的能力，但却抹杀了个性。”的确，群众的审美需求是随着经济的发展、社会的发展而变化的，今天，当我们国家的工业化还没有完全完成的时候，我们已经提前进入追求个性、崇尚自然、讲究多元化的信息化社会了。那么，“第三次浪潮”后的时代除了与“第二次浪潮”的工业化社会以大为美、追求“科学性”和“规范化”不同，要求多元化和个性化之外，还有什么特点呢？对科学的反省应该说是重要的内容。

现在，越来越多的人认识到艺术与科学是不一样的，科学不能代替艺术。科学是建立在理性之上的，而艺术，始终是感性的产物。科学讲求唯一正确，100 个科学家做一道数学题只能有一个答案；但艺术没有标准答案，对同一主题，100 个艺术家会创作出 100 个不同的艺术作品。一个新的科学试验的成果被承认，必须有可重复性，即必须所有人能够在同样条件下得出同样结果。在科技指导下的大工业生产，也一定要求标准化与统一规格。但艺术不能标准化，艺术必须有个性。在科学领域中强调的可重复性恰恰是艺术的天敌。艺术追求的就是创造性，就是个性、就是与众不同。贝多芬之所以是贝多芬，就在于他与莫扎特不同；同理，莫扎特之所以是莫扎特，也在于他与贝多芬不同。所谓“科学”唱法“就好比这间屋子，只有一个门，什么人都只能从这一个门中出去”的话，完全违背了艺术的本质。在艺术领域，只有那些不想从一个门出去，只有那些想得出方法并敢于从窗户、烟囱、地道甚至掀了屋顶出去的人，才可能成为大艺术家。

人们在清楚了这个问题之后，才能进一步探讨艺术与科学是什么关系，科学性在艺术实践中究竟应该占有什么地位，在艺术中什么更重要？是“创造性”，还是“科学性”等一系列问题。首先，说艺术与科学不同绝不意味着否定科学的伟大意义与价值，这就好比说骆驼与马不同不意味着否定马一样。其次，主张在艺术中创造性与个性更重要也绝不意味着排斥在艺术领域里应有的科学性。我想强调的只是在艺术领域里不能把“科学性”置于艺术本质之上，不能以“科学性”作为衡量艺术水平、艺术价值的最高标准，更不能用“规范化”“标准化”的大工业生产方式制造艺术家和艺术品。对于现代人而言，科学绝不仅仅是一种“结果”，它更是一种精神，一种态度。我百分之百地推崇并服膺科学精神，即推崇并服膺一种理性的、不以任何“权威”的论定为结论的、实事求是的探求精神；但我却不会对任何科技成果本身顶礼膜拜。人们应该认识到，科学的本质是活的、不断发展的，是反权威的，任何将“科学”本身权威化、固定化、神圣化的做法，本身便是反科学的。

## 艺术院校培养的应该是艺术家，而不是“技术员”

应该承认，我们目前的艺术理论、艺术教学、艺术实践已经落后于时代的发展和公众审美观念的改变，一部分听众对当前声乐领域里“千人一声”现象的不满及对李琼未能进入决赛的质疑，就反映了大众审美观念的提高和进步。那么，在艺术实践中，科学究竟应该站在什么位置才更合适呢？我个人认为，科学在艺术实践中的地位应该和科学在竞技体育中的地位一样。众所周知，在当代竞技体育中，现代科技起着非常大的作用。比如在刚刚结束的奥运会上，应用了高新科技的游泳衣便因为提高了运动成绩而大出风头。但是，创造运动成绩的最根本的条件，归根结底还是运动员，还是运动员的体能、技巧、训练等。科技对体育事业的促进，永远只是辅助性的、次要的。而且，在不同的体育项目里，科技影响成绩的能力有很大不同，在某些项目——比如最具吸引力和普及的足球、篮球中，科技影响成绩的成分就更微乎其微。最重要的是，在体育界，即使是在最能表现出科技影响的项目里，人们比的也是运动员的综合素质和他达到的结果，而不是“科学性”。没有一个裁判会解释他为什么给一位运动员打低分的原因时说：“他的方法不科学。”

在声乐领域，要不要讲“科学性”呢？要不要提倡更多地采用先进的科技手段呢？当然要。我希望我们的声乐教育家能更多、更深入地研究人的生理结构、心理机制，找到更有普适性的教学方法和更好的发声方法；我希望每一个学习声乐的人将来都能在练习歌唱时在某种先进的仪器上看到自己声带的振动频谱和共鸣区的位置图。但我更相信，即使你今天就使用了 22 世纪的科技手段，你的歌声也不一定能感动我。艺术最终是人与人的交流，是感情的交流，是主观的感受，有时候甚至还是“没有道理”的。没有情、没有创造、没有个性的艺术，即使全部用科学包装起来，仍然是三流的艺术。而且，我相信，科学不是万能的，尤其在涉及人类自身，涉及人的情感、精神、信仰、美感时就更显得尴尬。声带毕竟不是普通的乐器。而人们所说的共鸣位置（不管是什么“颅腔共鸣”还是什么“胸腔共鸣”），就像中医的“穴位”“经络”至今无法用科学证明一样，你明明感觉到了它的存在，但在解剖刀下恐怕也只是一个挤满了神经、血管、脑髓、肌肉、肠胃等非共鸣体的腔体，而科学不是早就告诉我们只有气体的震动才能引起共鸣吗？对所有建立在人类“感觉”上的东西——从气功的“气”感到歌唱时的“位置”感，都只能靠练习者在教师的指导下自己去体会，你永远无法靠什么“科学”的手段或别人的体会来代替自己的体会，也不能把自己的“感觉”像导电一样传递给他者，这就叫“如人饮水，冷暖自知”。重要的是，歌唱艺术是一个包括歌唱技巧（发声方法只是其中一项）、歌曲内容的理解与表现、舞台表演、情感控制等许多因素的综合性艺术，只注重发声方法的训练而忽视其他艺术因素的学习与表现是我们当前声乐教学中普遍存在的问题。艺术不是科学，更不仅仅是技术，我们的艺术院校培养的应该是艺术家，而不是“技术员”。

（原载《文艺报》2000 年 11 月 25 日）

# 为新疆音乐考察准备的几个问题

## ——中国传统音乐学会 2000 年年会交流论文

众所周知，新疆在中国音乐史上的重要地位是无与伦比的。从远古音乐传说中的真实成分，到中古音乐史实中的神话色彩，瑰丽神奇，如幻如真。对我个人而言，此次新疆考察不但是一次圆梦之旅，也是一次“寻钥”之行，我希冀通过这次短暂的考察，找到开启一些在我心中盘桓已久的问题的钥匙，至少，希望这次考察的感性之风，能帮我梳理纷乱无序的理性之丝。带着问题下去，带着答案回来，当然是最好的结果。如果一次考察不能解决问题，我也愿意借此机会把为自己准备的几个问题提出来，以求教于大方之家。

中国目前的佛教乐队，大体分为两类。如果我们在中国地图上的北纬 33 度左右横画一条线的话，那么，这条线以南的佛教乐队除了不排斥弦索和各有其强烈的地域性这两点共同之处外，可以说是“各具特色”，没有一定之规。但是，这条线以北——从西北汉藏杂居的青海、甘肃经整个黄河流域一直到东三省，却都通行一种佛教乐队——即被冠以“僧道乐”“鼓乐”“音乐会”等许多不同称谓的笙管乐。这种乐队在编制及音乐内涵上存在的一致性、固定性及其流行地域的广阔性，内在联系的紧密性，均超出我们以往的认识。这种音乐的影响超越了僧俗之分（如五台山佛乐与山西民间鼓房的“八大套”)、佛道之争(如五台山佛乐与山西雁北道乐)、宗派之见(如五台山的青庙与黄庙),也超越了民族之别(如青海的塔尔寺与甘肃的拉卜楞寺)。假如说在近古是五台山的音乐由东向西传到拉卜楞寺,再到塔尔寺,再传到新疆的汉族集居区的话(这两寺乐队的口头传承均持此说,拉卜楞寺的藏文乐谱为工尺谱的译音。敦煌的五台山壁画也可作为这种东—西向影响的佐证),那么,五台山的佛乐又是从哪里传来的呢?是不是佛乐先从西向东传到五台山,在那里获得充分发展,然后,再反向传入甘肃、青海、新疆呢?

笙管乐队的主奏乐器是管子(筚篥),目前绝大部分音乐史家都认为筚篥是从龟兹传入内地的。那么,为什么这件从西域传入的乐器会成为目前流布中国几乎整个北方的汉传佛教乐队的主奏乐器呢?为什么同是随佛教东传进入中原的乐器——比如琵琶——最后变成了世俗乐器,而只有筚篥最终成为典型的佛教乐器呢?筚篥唐时便被称为“头管”,但汉族人却称“笙管乐”而非“管笙乐”,是仅仅因为管要跟笙定调,还是因为像某些民间艺人所说“笙管”音谐“升官”?还是有着更深层的原因,比如民族意识与文化交融中的诸多心理因素等原因呢?

在中国土地上最早流行佛曲的地方应该是新疆了。《隋书》卷15《音乐志》说:“西凉者,起于苻氏之末,吕光、沮渠蒙逊等据有凉州,变龟兹声为之,号秦汉伎……其歌曲有《永世乐》、解曲有《万世丰》、舞曲有《于阗佛曲》。”这大概是中文典籍中最早出现的“佛曲”字样了。这个以地域命名的《于阗佛曲》究竟是什么内容?它的“后代”如今还在吗?在早已伊斯兰化的于阗,如今还能在其音乐中找到佛教文化的影子吗?由于儒家思想的巨大影响力和它具备的准宗教性,汉民族成了世界上最没有宗教感的民族,在中国数千年的历史上,既没有过真正的宗教战争,也没有过真正的“国教”。但是,在新疆这片土地上,却盛行或曾经盛行过世界上几乎所有的宗教。从袄教、景教，到佛教、道教、伊斯兰教，都曾经在这片神奇的土地上有过惊人的创造与毁灭。当一种文化代替另一种文化时，不管它采取的是春雨润物的方式，还是金戈铁马的方式，总应该留下斑斑的水痕和或深或浅的足迹。从新疆残存的佛教雕塑看，造型元素中包含有犍陀罗、印度、波斯、希腊、罗马、中原以及西域本地的各种风格流派。那么，在音乐中是不是也是这样呢？在这次考察中，我们有缘面对历史的足音吗？我们能在现存的新疆音乐中感受到曾在这片土地上蓄养生息过的所有生命的温热呼吸吗？

在唐宋人的眼里，龟兹乐似乎与佛曲就是一个东西。赞宁《高僧传·读诵篇》载唐惟恭、灵归二僧事时说："（灵）归偶去寺一里，所逢六七人，少年鲜都，衣服鲜洁，各执乐器，如龟兹部。……所见者，乃天乐耳。"其篇末之论，亦有称天乐佛曲"或乐象龟兹，或开口菡萏"句。可见在他看来，佛曲的特点就是"如龟兹部"，这恐怕不仅仅指其所用乐器如龟兹部，也包括音调。前者可有敦煌壁画为证，后者可有敦煌卷子为凭。敦煌曲（伯三〇六五）"太子入山修道赞"中有"共奏天仙乐，龟兹韵宫商"句；许国霖《敦煌杂录》"维摩诘所说经变文"中，亦有"胡部莫能相比并，龟兹不易对量他"之句；向达先生在《论唐代佛曲》中，也曾断言："佛曲者源出于龟兹部。"但是，为什么在现存的佛曲中，除了乐器，竟再难寻觅新疆音乐的蛛丝马迹呢？

所谓"昭武九姓国"的音乐家在内地的走红从东汉绵延到唐宋，"异军突起"，长盛不衰。从封王开府到"城头山鸡鸣角角，洛阳家家学胡乐"，似乎既是西域音乐对汉族文化的一次全面的、辉煌的胜利，同时也是汉族文化海纳百川的包容性的胜利。但是，这个"双赢"的文化现象是不是被历史和历史学家们夸大了呢？如果真是那样，为什么在现在的汉族音乐中找不到任何一点西域音乐的影子呢？是新疆的伊斯兰化使现在的新疆音乐已完全不同于西域音乐了呢？还是汉族的音乐起了巨大的变化，以至在这条“传统河流”的现阶段再也找不到一滴唐代的水了呢？

斯坦因当年在丹丹乌里克、磨朗遗址壁画中看到的有翼童子像究竟是希腊的影响还是印度的影响？是爱罗神像还是迦陵频伽？日本《信西古乐图》中那个半人半鸟的舞者，究竟是谁的化身呢？这个图像真的是盛唐乐舞的描绘并与著名的《霓裳羽衣舞》有关吗？

此外，曾引起学者们很大兴趣的一些与语言有关的问题，也极希望能得到新疆学者尤其是民族语言学家的指教，比如张骞从西域带回并似乎与李延年创造的“二十八解”武乐有缘的《摩诃兜勒》究竟是什么意思？“摩诃兜勒”究竟是古梵文还是其他西域曾流行过的语言？“摩诃兜勒”是对“伟大的兜勒”即《佛说义足经》中所说的那个最终皈依了佛教的“外道”兜勒的歌颂，还是对“美丽草原”的礼赞？《疏勒盐》《突厥盐》的“盐”字与《一捻盐》《一斗盐》中的“盐”字究竟是不是一个意思？而这个“盐”字的音乐解释究竟是什么？

…………

在中国音乐史中，有数不清的问题与新疆有关。长安西望是阳关，而阳关再往西，便是那片产生了无数神话、上演过无数历史活剧的土地了。1995 年秋，在新疆塔克拉玛干沙漠的尼雅遗址出土了近两千年前的一方五彩锦袋，上面织着两排相同的汉字，是“五星出东方利中国”。我曾在《老歌》中写道：

不是冥冥天意，
便是千年巧合，
美丽的锦袋上织着：
“五星出东方利中国”，

两千年前的尼雅人，
在绿洲中迎送着骆驼。
他们怎么会知道，
五星红旗将象征中国？

五十年前的共产党人，
建立了一个崭新的中国，
他们又怎么会相信，
古代天文学家的推测？①
…………

渺渺苍天，浩浩后土，青青子衿，悠悠我心。我期待着踏上这片土地，进入历史，进入久已逝去的祖先的灵魂。

① （东汉）班固：《汉书·天文志》："五星分天之中，积于东方，中国大利。"

# 中国音乐学：一个悲观主义者的呓语

面对中国音乐学在21世纪如何发展的问题，一个像我这样不可救药的悲观主义者的标准答案应该是“不知道”。但是，出于对《黄钟》朋友们约稿热情的尊重，我只好把自己对这个问题的看法忠实地写在下面。有不同意见的朋友，尽可以将此当成我的呓语而付之一笑。

总的背景是：由于物质主义不可遏止地泛滥，学术的地位将进一步下降。少数学者使中国音乐学逐步深化和“与国际接轨”的努力根本无法暂缓其迅速边缘化的进程。20世纪后半叶制约中国音乐学发展的诸多难题不但没有丝毫改善的可能，而且会进一步加剧。来自政府的财政支持锐减并最终完全结束，由于社会多元化和学科边缘化所造成的人才危机及其对现有研究人员的经济压力和心理打击将加重加深。

## 在今后3至5年内

在终将来临的巨大社会变革中，中国音乐学的研究机构和人员将面临有史以来最大的一次重组。中国艺术研究院音乐研究所将解体，绝大部分非研究人员下岗，极少数研究人员被教学单位收编。该所的有形资产一部分被其衍生体“中国音乐博物馆”所继承，一部分私有化，转移到数个以新技术和社会服务为招牌的小型民营机构中。

北京大学等一流综合大学将陆续成立艺术系并设立音乐学专业（其学生中的 99% 将是女性）。与此同时，目前全国 9 所音乐学院的音乐学系或在进一步技术化的过程中被取消，或改称“音乐传媒”专业或“音乐与音响编辑”专业（男女生比例大致平衡）。音乐学的基本阵地将完成从音乐院校到综合大学的转移。

出于对邪教斗争的需要，政府将扶持文明宗教并有限度地发展宗教文化。中国第一所民办的宗教音乐研究机构将在北京成立，宗教音乐学将成为显学。

目前出版的大部分音乐学术刊物将陆续停刊，取而代之的是大量私人网站，www.com 或 net 将逐渐取代纸质印刷品。在积压了多年的几大“集成”被送进造纸厂打浆的同时，由于一种可大规模对旧录音磁带降噪设备的投入使用，利用“集成”留下的大量原始录音建立的“中华音乐集成网”将成为年轻的音乐学家下载民族民间音乐的首选网站。

**在 10 年或 15 年之后**

由于新环保法的颁布和环境恶化所造成的纸价猛涨，将结束最后一家以传统方式发行的音乐学术刊物的寿命。

大多数以“中国音乐学”为职业的研究人员已完成业内转轨或已完全改行。能浏览本专业全部学术新文本并了解本专业以外其他分支学科发展一般状况的音乐学者在全国范围内不超过 10 人，能经常发表文章并使同行记住名字的音乐学家在 50 人左右。绝大多数学术论文的读者连编辑加在一起也达不到 3 位数。因为发表学术论文再也没有稿费，80% 的学术论文都是为得到学位和评职称而写作的。

在综合性大学里，“音乐学”中的大部分专业将从艺术系转到哲学系和民族民俗系。音乐史则转到历史系，律学转到数学系，宗教音乐转到宗教系，有关音乐技术的研究将回归到音乐院校的作曲系。

所有第一代有关音乐学的网站都早已关闭，新出现的有关音乐学的网站的平均寿命是3个月。

### 在20年之后

由于中国的最终统一，对蒙古民族音乐全貌的考察和对台湾省民族民间音乐与内陆音乐联系的研究将成为中国音乐学界的焦点。这应该是中国音乐学最后一次辉煌的机会。而中国统一对世界格局造成的强烈震撼，也将使一部分国际资金和国际文化组织加强对中国文化的投资和与中国音乐学界的合作。此时，一部分已经改行或“下海”的界内人士将重操旧业。

### 在30年之后

不仅在音乐学界，在整个中国学术界也没有再出现像20世纪那样的学术大师。越来越细的专业化、技术至上思潮和功利主义所造成的人文精神的丧失、视界狭隘、品位下降和学术腐败，使中国音乐学面临真正的危机。目前大家所熟知的所谓“著名音乐学家”的名字，已经被历史和飞速发展的现实生活遗忘、湮没。

意识形态对中国音乐学的影响将接近于零，但中国音乐学边缘化的进程不但没有因此停止，反而进一步加速，最终成为少数人的业余爱好。这些人对音乐的热爱和对学术的虔诚，是使“业余化”的中国音乐学仍然存在的唯一原因。

全世界将只有一个巨大的音乐网站，它囊括了自有人类以来有关音乐（当然也包括“中国音乐学”）的全部信息。该网站设在中国西部最大的城市阿拉木罕，由分散在世界各地的一群年轻的“爱乐人”用业余时间义务经营。

**在 40 年之后**

一个来自津巴布韦的历史系留学生将找到这期《黄钟》的文本，为他用中文写作的博士论文《中国音乐学的辉煌与衰落》增加一条注释。他这一章的标题是：“本世纪初中国音乐学家对中国音乐学的展望”。

…………

[原载《黄钟》（武汉音乐学院学报）2001 年第 1 期）]

# 杨荫浏的遗产
## ——中国艺术研究院“杨荫浏讲坛”第一期

因为要讲杨荫浏，我昨晚又翻看音研所当年出版的《杨荫浏纪念文集》，这本纪念文集有多厚就有多重的分量，我越看越不知道要如何讲。面对杨荫浏，我觉得当年司马迁讲孔子的那句话“高山仰止，景行行止”是唯一可以表达我们心情的一句话。面对杨荫浏这样一位巍峨的人物，我有两个个人的感觉，第一个是“沮丧”，为什么会“沮丧”？我本想今天把厚厚的13大卷《杨荫浏全集》带过来摆在这儿，光是它的体量，就让我们做音乐学的人感到“沮丧”。除杨荫浏外，音乐学界迄今为止没有第二个人到达过他研究的这个高度与深度，也没有第二个人有他如此丰厚、彪炳世界的成果，我们音乐学界好像也没有第二个人出过全集，就是出《全集》，也出不了13卷。

第二个是“自豪”，为什么“自豪”？自豪我们音乐学界有这样一位大师，自豪我们音研所有这样一个开创者，自豪我们是他的学生。我是杨先生正式招收的最后一个研究生，我1982年入学，报考的导师就是杨荫浏先生，我们这一届也只有我是杨荫浏名下的学生。1984年先生去世，我便是关门弟子了。但是我的学生们，包括音研所其他的学生，你们都算是杨荫浏先生的再传弟子。虽然你们没有亲炙导师，没有跟杨先生学过，甚至没见过他的面，但是我想杨先生开创的音研所的传统至今仍在，而且我也相信，会在我们音乐研究所一代一代传承下去。

今天，我们把坚持了很多年、已经 80 多期的“惠新讲坛”改了一个名字，叫“杨荫浏讲坛”，今天我来讲第一期，我想给大家讲一讲杨先生给我们留下的这些遗产。

在座的除了我，恐怕真的没有见过杨先生的，他去世时，好像有些在座的同学还没出生，他是我们中国艺术研究院最著名的学者之一。虽然我们中国艺术研究院当年还有些人是那个时期的公众人物，比如说梅兰芳。但杨先生是我们音研所、音乐学界能够被音乐学界之外的人知道的第一人，当然主要是通过瞎子阿炳。

这些年无论是哪一个领导人到我们中国艺术研究院，院领导都会跟他们介绍到杨荫浏，说：“没有他，人们就不会知道瞎子阿炳，也不会知道《二泉映月》。”《二泉映月》已经成为我们民族音乐的代表性作品，前几年还拍了阿炳的电影、戏剧和舞台剧，里面都有杨先生出现。

今天我们讲杨先生的遗产，第一，当然是他 13 卷本的学术著作，包罗万象，几乎涉及音乐学领域的全部内容，而且其中有很多具有开创性，或者绝大部分是开创性的。在这些著作里，《中国古代音乐史稿》是他的最后一部大作，两卷本，也是他最主要的著作。除此之外，还有乐学、律学，包括现在民族音乐学的方方面面，他都涉及了。

讲到《中国古代音乐史稿》，可以说，它不但是杨先生自己学术奠基的一块最大的基石，同时也是中国古代音乐史学界至今无人能够企及的高峰，以后的音乐史家恐怕也难以达到这个高峰。为什么？一个原因就是，没有人能够越过杨先生的著作重起炉灶。从史料、典籍到他自己的研究，应该说他把中国古代音乐史的一个基本脉络都勾画清楚了，而且内容丰厚、面面俱到。以后的人可以在某一点上深入挖掘，比如新音乐文物的出土，那是因为杨先生已经去世，他没有见到。所以后人如果想超越杨荫浏靠才华与学养是不可能的，只有靠运气，靠新文物的出土、新方法的出现，否则，杨先生是无法超越的。

这么说是不是过了？我觉得不过，这是符合马克思主义基本原理的。马克思曾经说过，人类文化的发展和经济的发展不同步，同时他也说过，人类文化的历史有很多高峰是不可超越的。他举了荷马、古希腊的一些例子，也就是说，有些顶峰是无法超越的，就像我们中国的唐诗宋词也是无法超越一样。谁现在说写诗能超过李白，说这话的人只有一个可能，就是疯子，一个思维正常的人不可能这么看问题。所以杨先生的成就，尤其在中国古代音乐史的成就，应该是不可超越的。

说到这点，我想起了郭沫若去世之后，《光明日报》发了几篇文章，其中有一篇是王力先生写的。他这篇文章我至今还记得，他开始概述了郭沫若在史学、考古学、古文字学、诗学，包括他的戏剧创作、诗歌创作等方面的主要成果之后，接着说了一句话，给我留下深刻印象，他说："将来会有某一个人在郭沫若所涉及的某个领域上超过他，但是不会再有一个人在他所涉及的所有领域中都超过他。"我觉得这句话也可以用在杨先生身上。以后的学者可以在他涉及的这些领域中有所发现，有所前进，这是必然的，不然人类的历史就停滞了。但是像杨先生这样全面，在他所涉及的每个领域都超过他，不太可能。我们设想在未来会出现这么一个人：6 岁就会吹箫，12 岁学昆曲，20 多岁用英文写了第一本中国音乐史的概要，然后一辈子写 13 卷书，涉及中国音乐的几乎所有领域，恐怕是不可能了。

也许只有那个时代才是产生文化巨人的时代。文化巨人和文化大师的产生，是天时地利人和的结果，不是人为的。我前几天到地方考察，当地的宣传部长陪着我，跟我聊天，结果我们俩是话不投机半句多，这个年轻的宣传部长张口就说："我们要打造……"我说你别说"打造"，文化是能

“打造”的吗？好，不说“打造”，又说：“我们要推出……”我说：“你要推出谁呀？你怎么能推出呢？”他说一句，我批评他一句，弄得他很尴尬，后来我也觉得很尴尬。人家热情招待你，希望你帮助他们，你这么说话的确不近人情。但是没有办法不跟他说，他这个思想不改掉，我也帮不了他。他们想“打造”，“打造”什么？“打造”文化大师？你自己不是大师，怎么打造别人？以其昏昏，使人昭昭！

为什么我们现在不可能“推出大师”“打造大师”，而杨荫浏所处的时代为什么可以？杨荫浏是 1899 年出生，那是个什么样的时代？ 1901 年宣统发布“废庙兴学令”，到了 20 世纪 20 年代，随着五四运动的兴起，整个中国要打倒传统文化。为什么要把传统文化打倒，这是那个时代有识之士的一个基本共识，百分之九十的人都认为过去我们挨打，被西方列强欺辱，不但没有还手之力，连如何生存都有问题的情况下，我们就得从自己身上开刀。在那样一个新旧交替的时代，传统文化尚在，新文化已兴，杨荫浏生活在一个书香门第的世家，家学渊源，加上他的天赋，对音乐的爱好，即便在那个时代也是突出的，并且他终身保持着对音乐的热爱。

他的表妹曹安和先生说过，杨先生小时候吹箫，小孩的手指按不住箫孔，他就把箫的一头抵在板凳上，另一边用嘴顶着，在手不起支撑作用的情况下来摸这些音孔。同时，杨先生从小就接受传统的教育，再比他晚几十年的人，包括我们这一代人，跟他最大的差别在哪儿呢？我们从小没有受到传统文化的系统教育，现在是在恶补，以至于到处出笑话。他是从小就受传统四书五经、唐诗宋词的教育，这对他来说是基本功，他是在还没太懂事的时候就已经把传统文化种到脑子里去了。

第二，他正好又赶上了西学在中国的普及和勃兴，这就是天时地利人和。我曾在《杨荫浏与宗教音乐》的文章中写过这样的一段话：“在中国老一代的音乐家中，我不知道还有谁有他这样的福气，在对音乐最感兴趣、最敏感的少年时期，不但衣食无忧，且同时遇到两个老师——一个是东方的道士，老子的弟子；一个是西方的传教士，基督的门徒。一个将老祖宗一代一代传下来的、将东方的伟大思想和民间文化糅为一体的道乐精华传之以薪；一个远涉重洋，将人类有史以来最成功的文明成果遗之于堂！历史的神秘之链让阿炳与杨荫浏环接在一起，而上帝则派来了郝路义。也许，在阿炳教杨家这位小少爷弹琵琶、三弦的背后，并没有什么别的动机，但郝路义发现这个聪颖的中国少年的时候，却的确怀着巨大的期望。'上帝遴选了你'，这很可能是郝路义不止一次对杨荫浏说过的话。"杨荫浏跟瞎子阿炳学琵琶和苏南道教音乐，郝路义则教他英文、和声、钢琴。12岁正是像海绵吸水一样的年龄，更何况他天资聪颖。我们学英文的时候多大了？我从中学开始学俄文，后来学过一点英文，然后为了考研究生，"临阵磨枪，不快也光"，又学日语，勉强及格过关，有幸成了杨先生的学生。杨先生学贯中西，他曾经自豪地用他的无锡话跟我说："我的那个《中国古代音乐史稿》是用英文写的。"这真是让我觉得"高山仰止"！中外文化在他身上的交融都浸到他的血液里，而且终身伴随着他。

除了他的学术著作留给我们的遗产之外，其他留给我们最重要的遗产是什么呢？我总结了几条，其中一条，就是理论与实践的结合，也是我们做不到的。没有一个音乐学家有他那么广博的知识，有他那么多的实践，而且这个音乐实践是他几十年当中没有停止过的。我们很多的音乐学家是长期脱离音乐实践的，不听音乐，不听音乐会，不了解音乐在现实生活中的存在，甚至不爱音乐，这样的音乐学家仅仅是把它当作一个学问，或者更甚，仅仅把它当成一个职业，或者再甚，仅仅把它当作一个为了考硕士、考博士的敲门砖。

昨天我在中国音乐学院讲课，一个音乐学专业的志愿者接待我，我就跟他开玩笑说："你考音乐学是因为喜欢，还是其他原因？"因为现在的孩子从四五岁就开始学钢琴，学到一定年龄考音乐学院时，先考钢琴系，现在钢琴系不是万里挑一，是十万里挑一。钢琴考不上，改考指挥；指挥考不上，改作曲；作曲又没考上，就改音乐学或音乐教育。很多学音乐学的人，是退而求其次，不是他自己喜欢，他也不具备学音乐学的条件。学音乐学需要学贯中西，从小弹钢琴怎么能学好？所以现在很多学音乐学的硕士也好，博士也好，教起来很困难。我已经决定从今年开始不招收硕士了，带起来太费劲！写的文章我还得从错别字开始改起，小学就没学好，中学更没学好！

当然，我刚才讲到喜爱音乐这一点也是音乐研究所的优良传统。杨荫浏先生是我们第一任所长，第二任所长是黄翔鹏先生。黄先生的夫人周沉，也在我们音研所工作，一生经历很坎坷，被打过“右派”。黄先生去世之后，我去看她，老太太八十多岁了，还每天抽一点时间弹琴，而且一直保留着欣赏音乐的习惯，每天听音乐，听专业的音乐作品，交响乐之类。我觉得这一点也很了不起。我们音研所的诸位同人谁还在把听音乐作为生活方式和生活习惯？包括我，也听得很少了，就是有音乐会也没有时间去听。

讲到杨先生的理论联系实际，例子非常多，大家知道，乐律学号称“绝学”，它成为“绝学”有两个原因，一个原因是中国古代的典籍上每朝每代都有人在谈乐律，但到目前为止最好的中华书局出版的《二十四史》点校本中出问题最多的就是乐律和天文，因为点校的学者没有这方面的知识，很多内容在历史上就是以讹传讹。当然包括京房、荀勖在内的很多实践家也做律管，做各种实验，但更多的是以讹传讹。杨先生不同，他每研究一个问题，首先要把理论搞清楚，然后再计算。他为了研究律学，专门去学了高等数学，在重庆青木关的时候，利用手摇计算机做乐律的计算。更重要的是，他亲自做律管实验，包括京房、荀勖的黄钟律，他还做了十四根不同的律管实验十四律等。因为这些实践，他写出了像《三律考》这样的著作，这本书到今天还是乐律学的必读书。他不仅算出来就完事，还把它应用于实践。比如他好像做过“弦乐计”，就是一个尺子，用它作琵琶贴品、保证音准的工具，还做过帮助工人在管乐器钻孔的尺子，按照他的方法给笛子钻孔，笛子的音就是准的，他把律学的研究和实践结合在了一起，到现在为止恐怕也没有一个人这样做过。缪天瑞先生写过《律学》，但我问过缪先生是否亲自做过这些实验，他笑着说，杨先生都做过了。在杨先生眼里，“绝学”成了和音乐实践相联系的、促进音乐发展的一门学问。据说他做了两个这种尺子，其中一个给了一个乐器行的老板，让他拿着这个工具回去开乐器行，后来这个人发了财。

他对民间音乐的这种全身心浸染与他向艺人学习、与民间艺人保持密切关系是一致的。我刚才讲，他 12 岁就和瞎子阿炳学习，阿炳对杨先生的音乐实践也产生了非常重要的影响。杨先生后来去了无锡的天韵社，跟吴畹卿学昆曲、琵琶、三弦将近 20 年，也就是说，他青年的成长期都在学习传统音乐。再后来，从天津中央音乐学院到北京十间房，他都是利用一切机会向民间学习。他不仅研究十番锣鼓、牌子曲、子位村的管乐、智化寺的京音乐、西安鼓乐、五台山周围的山西八大套，还根据山西八大套和西安鼓乐的工尺谱破译了姜夔的十七首古谱，把真正可以视为宋代音乐的“白石道人歌曲”推广到社会上，成为珍贵的中华音乐遗产，这所有的研究都和音乐实践有密切联系。

他学单弦，给唱单弦的艺人伴奏，咱们这个《杨荫浏文集》里就有这张照片，单弦是北方曲艺，他原来并不熟悉，是到了天津以后才学的，但他学到能给人家伴奏的水平。1952 年，他给瞎子阿炳录了六首曲子，最为大家熟悉的就是《二泉映月》。因为当时钢丝录音机非常贵重，咱们音研所可能那时只有两台，而且钢丝录音带非常少，都是重复使用的，这种物质的匮乏对我们音乐学研究造成的损失是不可估量的，那是一个时代的遗憾。

这个现象一直延续到 20 世纪 80 年代末 90 年代初，当时我们做“中国十大民族民间文艺集成志书”的《中国民间歌曲集成》《中国民族民间器乐曲集成》需要录音时，各地文化馆只有少量的日本索尼磁带，怎么办呢？只能录完了记谱，记完谱再下去录，抹去老的录新的。现在想起来都心里难过呀！我们当年做“十大集成”是全中国上千人参与的事件，从 20 世纪 90 年代一直到 21 世纪才全部做完，跨越了一个世纪。如果这些东西都留下来，那将是多么大的一个宝库！其中，我们估计损失了百分之九十的录音内容，因为大部分磁带是翻录的，不断重复使用。当时杨先生也是这么用的，给阿炳录了六首。据曹安和先生当年讲，阿炳当时见到杨先生很高兴，因为几十年没见了。杨先生跟他学习的时候，他还没有失明，但是阿炳非常有个性，包括他的生活习惯，可以说他是个放荡不羁、在民间又是最接地气的艺术家。杨先生家是穿长衫的世家，阿炳是穿短衣的，就跟拉车的一样，杨先生虽然不在乎，但杨先生的父亲不让他跟阿炳学，怕跟阿炳学不好，看阿炳不像一个正经人似的。

阿炳失明后也曾和杨先生见过面，当时道士乐团受上海大同乐社的邀请去上海演出。这些道士请杨先生来排练，阿炳也来听，道士们虽然排斥阿炳，但还是给了杨先生面子，同意他来。阿炳又跟杨先生学了一些大套，后来给他录音时，竟有几百首之多，其中并没有像吴畹卿天韵社那些知识分子们演奏的大套内容。因为他失明，杨先生还抓着他的手在琵琶上摸指法。那次杨先生给他录音的时候，二位老朋友还“玩”了一把，杨先生弹琵琶，阿炳拉二胡，两个人都用的是民间即兴演奏的传统，你追我赶，你加个花，我变个奏，两人演奏得忘我、尽兴，以至于放下乐器一起感叹“过瘾”。这种场面叫什么？叫“棋逢对手，将遇良才”呀！叫“一时千载，千载一时”呀！你想想，假如我们今天把这盘录音带保留下来，那将是多么珍贵的遗产！

无论如何，杨先生的这个贡献是划时代的，而且一直到今天，还在为我们中国音乐的发展，为我们中国的非遗保护起着示范和引领的作用。

2000 年，我们在国家博物馆做的第一届非物质文化遗产保护成果展里，就把我们音研所的“功勋”录音机展示了出来。我们在军事博物馆看到那些坦克都被称为“功勋坦克”，所以我们的录音机也可以被称为“功勋录音机”。当我们把这个钢丝录音机展出时，在旁边专门准备了六副耳机挂在那儿，想听的人就可以用那个耳机听到录音机里播放的瞎子阿炳亲自演奏的《二泉映月》，但那个《二泉映月》和现在的演奏家们，尤其是青年演奏家们演奏的的确不一样。

首先一个不一样，阿炳拉的二胡是丝弦，而且不是后来的两根弦，一个子弦，一个中弦。他拉的是老弦，一个老弦，一个中弦，不用子弦。他里面的这根弦是最粗的那根弦，除了声音低沉浑厚以外，它给演奏者带来的最大问题是它不好掌握，有噪音，有狼音，只有技巧高超的人才能用这样的弦，所以他整个声音比我们现在用钢丝弦定调的音要低很多。另外这个乐曲后来被做了许多演绎，包括艺术家们的阐发，刻意强调“一个穷苦的劳动人民对旧社会的血泪控诉”这种时代造就的话语。

现在伴舞的厉害了，不止是六十四个人，已经没有章法了。我去参加一个民歌大赛，一个人唱歌，后面三百人伴舞，这么多人，没有章法。《东方红》第二场叫《星火燎原》，有一段管子曲，后来又被改编成二胡曲、板胡曲，就是《江河水》。现在翻开过去出的音乐辞典也好，教科书也好，说《江河水》是辽东的民间乐曲，反映了旧社会阶级压迫贫苦人民，在封建统治下，最后卖儿卖女如何如何。其实这首曲子源自佛教，我专门写文章说过这个。

就是说当时有这么一种气氛，强调阶级斗争、阶级压迫。所以《二泉映月》让现在这些浪漫主义的演奏家已经强调、发挥到了一个极点，二胡拉得恨不得你们不哭他（她）先哭。你听杨荫浏拉二胡就不是这样，杨先生拉得很平和，很舒服，所以说我们现在听《二泉映月》的演奏跟阿炳完全不同。

但是从另一方面也的确如此，刚才讲到咱们艺术研究院如果有上级领导来看，我们院领导一定要领着领导去看录音机，而且要跟他讲如果没有杨荫浏就没有《二泉映月》，这现在成了我们院的一个招牌。而且《二泉映月》仅仅是杨先生采集、整理的这些音乐当中的一个，当然是最著名的一个。就像刚才说的子位村的管乐、智化寺的京音乐、西安鼓乐等，太多了，但这个最著名。好处是什么呢？好处就在于对我们后来做非遗保护提供了一个巨大的榜样，而且成为我们的一个类似 LOGO 的符号。就是只要一提到《二泉映月》，就会提到杨荫浏，如果没有杨荫浏的采录、保存，这个音乐就消失了。

的确如此，像阿炳这样的民间艺术家绝不是一个，下去采风的时候，你总会遇到一些有着杰出技艺的民间艺术家，这些人就是草根，他们默默无闻。而阿炳不同，他出生、他存在、他生活，然后他消失，因为杨荫浏，他变成了一个永恒、一个传说、一个传奇，所以杨荫浏在这点上，他自己也成了音乐学家的传奇。

那么除了我刚才讲的杨先生最大的值得我们学习的理论与实践相结合之外，还有一点，就是杨荫浏没有迷信，在这点上，他受了西方科学主义的熏陶。他所做的一切都是从实验出发，他相信事实，而不仅仅从理论到理论，从这一点上讲，他有一个科学的态度。同时，他对古人所言，都要亲自去计算、去验证，所以到最后，在《中国古代音乐史稿》的后记里他自己也对这部著作是不满意的。

他不但批评自己，也批评以前的音乐史，这正是一个学者最了不起的地方，这点我们也做不到，但是你仔细想想，别人说的都对呀！比如他之前就有音乐史，第一本郑觐文的《中国音乐史》，1929年出版的，那是我们第一本开山作呀！杨先生怎么评价呢？杨先生说他“不问真伪，杂凑成书”，就是说他不问真假，捡了一些古人之言。当然我们这些人今天来看郑觐文的这本书，的确是第一本这个领域的大作，他能把古代的这些文献资料找出来就已经是个功劳了。但是在杨先生看来，他最大的问题是“不问真伪”，自己没有去考证，没有像杨先生那样，你说“京房六十律”，怎么算出来的？十四律怎么回事？荀勖做的律管，这套理论是什么？他自己要计算，他还要做实验。包括后来许之衡的《中国音乐小史》，杨先生说他从理论到理论比郑觐文要进了一步，但是，他也觉得里面的内容是没有经过认真研究的，而且其中的一些观点，比如雅乐是在俗乐之前之类的观点，杨先生认为这都是错的。包括王光祈，王光祈的那本书实际上是他的博士论文，杨先生也是很不屑地说，王光祈的这个《中国音乐史》用一大半篇幅讲律学，同时，他对德国人做的一个普普通通的实验就大章篇幅地写，而且最让杨先生不满意的是，王光祈有贬低中国民间音乐，包括曲艺、戏曲音乐的一种倾向，这是杨先生所不能忍受的！

杨先生在《中国古代音乐史稿》里评价他人的作品是以传统中国文人一般的道德观为标准的，犀利、不留情面地批评前人的工作。但是大家请注意，杨先生写这段话的时候已经是风烛残年，已经是晚年了。人活到这个岁数，超过70岁以后，就是“从心所欲，不逾矩”了，他想说什么就说什么，已经不在乎了。所以他把前面的工作都一针见血地指出毛病来，然后对自己，他也不满意。因此，他不光骂别人，对自己也是这样。

我们刚才把他最大的优点说了，就是理论联系实践。但是他对自己不满意的也是这一点，他认为大量的中国民间音乐自己没有机会去接触，包括西秦腔，杨先生非常英明地指出来，北方流行的绝大部分的梆子腔系统起源于此，包括南方的剧种都是高腔等。他想深入地研究可没机会了，晚年身体也不好，就住在各位今天住的新源里西一号楼。你们知道杨先生住在哪儿吗？你们住的楼是音研所的原址，出了门之后右手边那栋毫不起眼的红砖小楼，杨先生、曹先生都是在那里度过了他们生命的最后时刻。

我们在音研所学习和工作的时候，还经常能看到杨先生，但是他后来散步要推着车了，包括曹先生。你们旁边那个楼有过大师，你们现在应该沾沾大师的仙气，当然我刚才说了，除了杨先生，别人叫“大师”都是骂人的话。

那么除了我刚才说的这个最重要的一点以外，我还想说一个，也是杨先生给我印象比较深的一件事，就是很多人觉得杨先生就是一个学者，而没有看到他内心世界里的家国情怀，这一点很少有人能看到。

杨先生不但是一位杰出的学者，一位伟大的学者，而且他还是一位爱国主义者，这一点估计很少有人了解。我刚才讲他第一本《中国古代音乐史稿》是用英文写的，那他为什么写这本书？是因为“五卅惨案”之后，他当时在圣约翰大学，大学的校方禁止学生参与“五卅运动”，不许这个，不许那个，因此杨荫浏和其他的爱国学者就离开了圣约翰大学，自己组织了一个所谓的大学，但没持续多长时间。

当时杨先生在圣约翰大学听一个外国老师讲世界史，这个世界史当然是希腊罗马史这些，但是他什么都讲，只是对中国的文化草草带过，这一点让杨先生非常不满。他就暗下决心，自己努力把中国的音乐研究出来，要让中国的文化发扬光大。这是他的一颗种子，所以不理解这一点，也就不能理解杨先生在后来的《中国古代音乐史稿》里被有些境外的学者所诟病的一些东西，也就不能理解一个生于乱世，后来在中华人民共和国成立之后，国家给他提供了这么好的研究条件之后，他内心深处的那种对新生活的向往和对政府的感激。

杨先生的《中国古代音乐史稿》出来之后，大家对他的学术成果没有任何异议，当然学术上有不同的意见，至今也有，这些都没问题，很正常。牛顿伟大不伟大，牛顿在现代物理学出来以后，他说的很多东西都被否定了，但你还得承认他伟大。杨荫浏也是，他有些观点，有些地方是错误的，但这无损于他的伟大。

在音研所曾经召开过一个会议，一位香港的学者叫刘靖之，他的发言惹恼了我们的居其宏，其宏兄与他激烈辩论。刘靖之是什么态度呢？很简单，刘靖之生活在香港，完全是在西方教育下长大，而且有西方人对中国的偏见，尤其是对“文化大革命”的看法，这个大家是一致的。那么他看到杨先生书里的一些东西，包括所谓的历史唯物主义这样一种观念，包括每个历史阶段研究音乐都要把“民间音乐”放到第一节，就是每章的第一节一定都是“劳动人民创造的”这个观念让西方的学者不太能够接受，以及书里流露出的一些对封建统治阶级的批判，对儒家思想的批判等，这些所谓政治性的东西，用刘靖之的原话来讲就是“极大地影响了杨先生《中国古代音乐史稿》的学术价值”。

我后来写文章（包括我的文集里也有），写到杨先生与宗教音乐的时候，我在那里面也提到了这样一个观点就是，杨先生在这本著作里所表现出来的推崇劳动人民，贬低封建统治阶级，比如提倡民间音乐，反对雅乐的这个思想的产生有一个特殊的历史背景，同时这也是那一代知识分子所共有的一个心路历程。

我曾经在台湾做客座教授，那时候必须讲三门课才给薪水，我讲了一门“佛教音乐”，讲了一门“中国古典音乐美学”，都要认真备课，我觉得忒累了，我就找了一个不用备课的叫《大陆五十年来的音乐》。我带了一书包廉价的塑料唱片，我给他们从聂耳、冼星海一直播到《阿佤人民唱新歌》这类歌，总之是各族人民喜爱毛主席的这些歌。我播放了以后，台湾的学生说怎么这么好听呀？大陆的作曲家怎么作的曲那么好听？说“你们的

'文化大革命'不都是受压迫，没有自由吗？怎么歌唱毛主席还这么发自内心呀？”我说你们根本不理解大陆的情况，告诉他们说这些作曲家歌颂毛主席的时候是真情真意的，不是假的。“太阳最红毛主席最亲”，你以为是假的？不是假的，包括杨先生自己写文章进行思想改造，包括他的《中国古代音乐史稿》里写出来的对劳动人民的尊重，对统治阶级的反感，是从那个世纪开始中国知识分子的一种共同的心路历程。包括有一种在一个民族危难时刻自己束手无力，然后共产党靠着工农打下了天下的这种信念，他是由衷地佩服，也由衷地认为自己思想有问题。他真的认为是劳动人民创造了音乐，就应该把劳动人民摆在这个位置上，而且就是统治阶级从劳动人民当中攫取了音乐资源。

但这一切对刘靖之这种在香港长大的，接受西方音乐教育的知识分子来讲是不可理喻的。他们理解不了，他们简单地看待了中国的近代史，更简单地，甚至自以为是地去理解了这一代中国知识分子的心路历程。所以当时居其宏就和刘靖之激烈辩论。像刘靖之对杨荫浏学术著作的意见，当然也不是他一个人。但是我想理解一位历史人物，尤其是为我们的民族文化做出如此巨大贡献的一位大师，我们一定要走进他的内心深处。

还有一点给我印象最深的是，我刚才讲到他不迷信权威，他有自己独立的判断，这些独立的判断，是基于他深厚的文化背景和他对我们中国音乐广博的、深刻的知识而产生的。我举一个例子，我是 1982 年入学，是杨先生最后一个学生了，但是我跟杨先生只上过三次课，三次课除了有一次我问他“燕乐”的问题之外，其他两次基本上是听杨先生骂人。杨先生留给我一个背影，到现在我都记得，是什么？细节有时候会留在人的印象里特别深，是杨先生稀疏的头发和蓝布西式的袄罩，还有肩膀上的头屑，像雪一样的头屑。就是这个细节，它印在我的脑子里了。有一次我去找他上课时，他在听一个录音，听什么录音呢？他就告诉我，赵沨在政协做了一个报告，讲邓丽君。那个时候是1982年，邓丽君的歌声对中国的改革开放起了巨大的作用，现在想起来，每一个中国人买的第一盒磁带一定是邓丽君，就像中国人穿西装，买的第一条领带一定是红色的一样，那是最基本款，没有人是例外的。

所以当时邓丽君一下子像洪水猛兽一样，传遍神州大地，“洪水猛兽”是赵沨的原话。政协请赵沨作报告讲邓丽君，赵沨就大批邓丽君是资产阶级的一员。那个时候，你们猜杨先生怎么说？杨先生就用他骂人最厉害的一句话说，“不懂音乐！”不懂音乐呀！这是杨先生批判人时说的最重的一句话。赵沨说邓丽君是属于资产阶级的，而杨先生说资产阶级听什么？资产阶级都是听巴赫、亨德尔、莫扎特、贝多芬，听邓丽君的都是贩夫走卒，都是劳动人民哪。我们共产党是劳动人民的党，所以我们就应该听邓丽君啊。

这一个大弯你们绕过来了吗？我当时都晕了，我没想到杨先生觉悟这么高，怎么能说邓丽君是资产阶级呢？怎么能说她的音乐是资产阶级的呢？她的音乐是普罗大众的，是最老百姓的。共产党不是代表老百姓，代表人民吗？人民最喜欢的东西，为什么不让听呢？这是杨先生1982年的观点，如果不是亲耳听他讲，而是别人告诉我，我可能还有疑问，会觉得杨先生怎么能这么想，他一个老先生！但他就是这么想的，他的观念之超前，他的态度之决绝，他的眼光之犀利，是我们远远达不到的，也只能“高山仰止”了。

当然，除了我刚才讲的这些，大家对杨先生应该都有一个基本的印象，虽然大家都没有见过杨先生。杨先生对年轻人真的是特别好，他对音研所的这些东西是他学术上的贡献，包括他的治学方法、他跟音乐的关系。所以这两天我重新翻阅《杨荫浏纪念文集》的时候，我觉得很多老先生对他的评价都非常好。当然，每个人心中都有一个哈姆雷特，每个人心中也都有一个杨荫浏。大家第一点都是讲他是一位音乐家，这个我刚才也讲到了。还有一点没有讲，就是他对音研所建设所做出的贡献，这一点也不能忽略，指出了他的学术成就之外，他的精神、力量，他对学问的态度、治学方法之外，还要指出他给我们留下了一个音乐研究所！

音乐研究所，杨先生是第一任所长，也就是说没有杨先生也就没有音乐研究所。当然提到杨先生也必须提到另外一个人，那就是李元庆。我们音研所前几年也专门为李元庆出过纪念文集。李元庆也是音乐家，但他是党派来的，是书记，本来是让李元庆做所长，李元庆说要让杨先生做所长，他来做助手。这个人也了不起，他能够把所长让给杨先生，而且他能够把党务工作、行政工作都担起来，让杨先生专门致力于学问，甘当杨先生的助手（他自己讲的），这是很了不起的！

他们二位创建了音研所，在最鼎盛的时期，音研所不仅仅是音乐学界的龙头老大，而且在整个音乐界是有影响力的，包括当年音研所所参与的这些活动，几次大的全国音乐会演、出国演出等，音研所都做出了很大贡献。尤其产生很大影响的就是音研所多次努力建设中国音乐博物馆的雏形，从天津到当时老中央音乐学院做的第一个中国音乐的陈列室，那时每一个卡片上的说明都是杨先生亲自撰写的。从当时面积很小的音乐陈列室，到北京的十间房，再到新源里西一号楼，在四楼有一个中国乐器的陈列室，然后一直到我刚才讲的2006年，我们艺术研究院做全国第一届非物质文化遗产保护大展的时候，这个展览，实际上是杨荫浏奠定的。

当年有一个政治需要，苏联的红军歌舞团要来参观，给他们参观什么呢？当时就想到把我们音研所的这些乐器给陈列出来，但当时的陈列室做得简陋，于是半夜里去绸缎庄，去了前门最有名的绸缎庄谦祥益，临时现做了铺桌子的布料。当时所有参观的人看了之后都留下了深刻的印象，所以用展示的方法把我们中国音乐史所做出的成果展现出来，这是杨先生开创的。

从音像资料的搜集整理到乐器的收藏，这是杨先生做所长的时候大力提倡和鼓励的。我们音研所还有一个传统就是采风，当时所有的这些都是杨先生亲自带领、带队。不单是到子位村、西安，还有湖南的音乐普查，而且在普查之前，杨先生专门讲课，讲了十几堂课，就是后来汇编成了那本《业务参考资料 12 本》。怎么记谱、怎么测量乐器、怎么采访等，事无巨细。这个《业务参考资料 12 本》就是我们后来做《十大集成》给各地发的《音乐普查手册》的基础，也是后来我们做非物质文化遗产保护时，给全中国所有的文化工作者发的《非物质文化遗产普查手册》里关于音乐部分的内容，这都是杨先生做的。没有杨先生哪有今天的非物质文化遗产保护啊?！那是根，只不过以前没有用“非物质文化遗产”这个名字。

杨先生亲自带队到湖南进行普查，以及其他人包括毛继增、简其华等一批我们音研所的老一代学者，没有一个不是花大量时间去做民间调查的。还有一个传统就是这些调查的成果全都交给了音乐研究所。当然，当时条件有限，现在每个人都拿着一个录音机，自己就可以录音了。我听毛继增讲让他到西藏去时，录音机交给他之前，领导专门找他谈话，就像交给一位战士一杆枪一样，有你在这杆枪就得在。所以当时毛继增坐车的时候，就把录音机抱着，到一个地方就把它锁起来。当时所有的录音资料回来都汇总到音乐研究所。

杨先生开始整理资料时自己做卡片，还教我们的工作人员做卡片。我们当时有一批（现在已经退休）学者到了惠新里以后，音研所的资料馆里还有剩余的几个工作人员，现在都没有了。当时杨先生非常重视资料，教他们做卡片，包括这些录音怎么整理等，都是杨先生亲手教的。包括李文如，音乐研究所上有杨荫浏、黄翔鹏这样的大家、大学问家，还有这种一辈子给你修整书，把地方搜集来的这些乐谱给保存起来，怎么修书、怎么买书、怎么存书的人，他是一个普通的工人，是工人编制，连干部都不是，也在音研所干了一辈子！这些人共同撑起了音研所的这个大厦。

李　玫：我插一句，他不仅修书还写了一些题记，他那个题记特别重要，今天对我们的帮助特别大，所以说这个文献修补的工作也很重要。

他就是这样的工人，而且他还会买书，他到了旧书店，知道哪些书对工作人员有用，哪些书对音乐研究人员有用，买得还很内行，虽然是个工人。

田　青：十年前他还骑车到这里来修书。

这么一批人就以音研所为家，这个家长就是杨荫浏、李元庆。那时和谐也是难得的。当然也有矛盾，哪里没有矛盾？两口子还打架呢，但整体是和谐的，学者就做学问，你需要采风，领导就支持，你下去会有人陪你搜集资料。

我记得 2016 年还是 2015 年，雒树刚部长第一次到我们院来视察，时任院长王文章就请我领路看我们院音研所藏的乐器，我们学音乐的同学都没有看过，还有以前学者下去采风的录音，当时学者们把录音拿回来就都交给音研所了。所以音研所有 7000 个小时的录音，全国 56 个民族的都有，这是什么时候做的呢？就是从 20 世纪一直到 21 世纪初。

奥地利的舒勒到我们这儿看完这些以后连连惊叹，觉得中国人做了那么多默默无闻的工作。印度的音乐丰富吧？但没人做这个工作。当然印度也没有“文化大革命”，所以现在做也还来得及。我们不行啊，“文化大革命”前，我们音研所基本上把这 7000 个小时的录音都抢救下来了。这 7000 个小时的录音，为我们争取到了联合国教科文组织“世界记忆遗产”的项目证书。这是联合国教科文组织除了世界遗产、人类非物质文化遗产之外的又一个重大项目。只不过我们过去不重视，也不知道我们曾经获得过这个荣誉，一直到两年前南京大屠杀的资料获得了“世界记忆遗产”的称号之后，人们才开始讲“人类记忆”。所以说起“世界记忆遗产”，我们音乐研究所是第一个，也是中国的第一个。

在各部长召开的座谈会上，我说艺术研究院今天的成就是历代学者、艺术家们共同努力的结果，比如我刚才带领各位看的这些乐器是当年音乐研究所用 1800 块钱买来的 185 件国宝，是经过王世襄鉴定的：黄花梨的大胡雷、小胡雷，清代的瑟，青铜乐器包括东汉的铜鼓。我最近到广西看了那么多铜鼓，没有一个比我们音研所的好，也没有一个比它大的，我们这个有一米五，精美至极，是东汉的大面铜鼓。也包括古代的战争乐器古錞于、编钟、编磬。它们都是从哪里来的？是我们音乐研究所的工作人员孔德墉、王世襄跑到上海，从文物局找到废品收购站，把马上要进炼铁炉、炼钢炉（当时 1958 年要大炼钢铁）的快要熔化了的废铜烂铁，用两毛三分钱一斤买来，一共三千斤！这就是我们现在的这些乐器。

我当时就跟雒树刚说，今天我再下去采风，看到一张古琴，一个乐谱、手抄谱，我自己花钱买了，自己留着，我不会给艺术研究院。这些馆藏的包括 90 余件古琴，上千件乐器是音乐研究所的这些工作人员一心为了国家而搜集来的。我当时就说，我现在没有这个觉悟了。他们起码比我们强，都捐给国家了。

所以讲杨先生讲了那么多年，没有人讲他的家国情怀。他第一个写音乐史是因为五四运动，他跟外国人较劲用英文写的《中国音乐史》，想让世界知道中国文化的辉煌。包括音研所这些一代又一代的知识分子，每个人都是把音研所当成自己的家。这185件乐器也有个故事，张振涛专门采访孔德墉后写了一篇文章，讲音研所的乐器收藏，他这个文章写得好。他讲当时上海一个女同志给吕骥写了一封信，说她的父亲是北大教授，叫郑颖荪。这位女同志的舅舅是做生意的，有钱。郑颖荪就从他的妻弟（也就是这位女同志的舅舅）手中借了钱，在北京买了一批古代乐器，在此之前这些乐器是如何从宫廷流入民间的不清楚，但每一件乐器的精美程度都令人叹为观止。郑颖荪把它们买来之后都是用大木头箱子装起来的，一直存在北京。后来郑颖荪跟着蒋介石到了台湾，就死在了台湾。这位女同志给吕骥写信是想把这批乐器卖了，把钱还给她舅舅，当时吕骥就派孔德墉去谈这个事。孔德墉也是我们音研所的一位老人了。后来这位女同志说她根本不想要钱，她也不跟孔德墉他们谈价钱，说她白送了，就捐给国家了。当时吕骥说一定要以买卖的关系接收这批乐器，不能让台湾以这个事来攻击我们共产党，把人家的这些好东西都给没收了。所以最后谈成的价钱就是1800元人民币，1800元人民币在那个时代合现在多少钱不知道，但是这些乐器放在现在可就值多少个亿。

这些乐器后来让王世襄一看，件件是国宝，这些乐器大家都没见过，也没机会见，这是音研所的家底，所以你要是不理解历史，就不理解很多事情。包括当年音研所在新源里，要把音研所归到艺术研究院，需要都搬过来。这件事从领导的角度看，一点儿没问题，所有的所都在艺术研究院，为什么你们在外面呢？归到一处好管理，这儿有一个大资料馆，给你一层楼还不够吗？这些都没有问题，但是他们没有想到，音研所的这些人和这些乐器，和这 7000 个小时的录音有着深厚的感情。

所以那个时候居然我们音研所有人反映，现在看这些反映有些很奇怪，比如给北大写信，要求音研所整个归到北大去，这都是莫名其妙的。这个国家的机构是你说了算？说带走就带走了？这不可能。为什么会出此下策？为什么如此愚蠢的想法还付诸实施？现在想起来都是笑话，但这里面的历史太复杂，里面有许许多多人的生命体验和真切的感情在这里。

所以杨先生留给我们的不仅仅是 13 本皇皇巨著，也不仅仅是他的精神，他的治学方法，还有他和李元庆以及后来的这些，包括李纯一先生、郭乃安先生、黄翔鹏先生、乔东君先生等音研所的老一代学者共同用心血浇灌而成的音研所，这就是音研所的前世今生。讲到杨荫浏的遗产，不可能不讲音研所，也不可能不讲音研所的精神。在某种程度上，杨荫浏是音研所的创始人，也是音研所的精神领袖。

总结一下，我们讲的杨荫浏的遗产，包括他的家国情怀、他的理论联系实践的态度、他认真科学的态度，还有他孜孜不倦的工作精神。

我看《杨荫浏纪念文集》里头一篇是吕骥写的，他对杨荫浏最大的印象就是杨荫浏起得比谁都早，睡得比谁都晚。这是吕骥的评价，吕骥是老革命啊，他经历过这么多的革命战争，对杨荫浏佩服得五体投地。他只跟杨荫浏在一起待过一个多月，是因为在西山开会。在一起时他就发现杨荫浏每天工作到很晚才休息，还让他吃惊的是，做报告讲共产党的这些理论时，他以为杨先生不那么认真，结果他发现杨先生记的笔记比他还详细，这说明杨先生对待所有的学问都是认真刻苦的，一直到他的晚年。

讲到这里，我最后要说一点，作为他最后一个学生，我有点愧对杨先生。首先有一件事我是有违师命的，过去也跟你们讲过。杨先生问我选题时，因为当时我已开始研究佛教音乐，我就跟杨先生讲，我要研究佛教音乐。杨先生对佛教音乐、道教音乐、基督教音乐，尤其是基督教音乐很有研究，后来我带了一个博士叫林苗，我给她定的论文题目就是《杨荫浏与普天颂赞》。杨先生编的这本书现在在每个教堂里都还有，他是第一个宗教音乐家。当时杨先生不同意我研究佛教音乐，他说，你研究佛教音乐只能到香港和台湾去。为什么他说这句话？就是因为他经历了"文化大革命"，他知道"文化大革命"当中佛教被破坏殆尽。中国的寺庙在改革开放之后才开始恢复，这都是赵朴老的伟大贡献，中国90%的寺庙都是通过他一点点地收回来的。在"文化大革命"当中，所有的寺庙不是兵营、军队，就是社办工厂、校办工厂、街道办工厂，要不然就是生产队的仓库，也有办成学校的，还有大杂院，都住了几百户人家。这些都是在"文化大革命"中发生的，而且还逼迫许多出家人还俗，说娶了媳妇就是革命的，不娶媳妇就是反革命的。所以杨先生认为这些东西都没了，只有去香港或是台湾。

我当时不同意，没敢说，但是心里有点别扭，这一点被黄翔鹏先生看出来了，我记得很清楚，我们当时在恭王府，黄先生专门坐无轨电车到恭王府，还跟我说："田青呀，你来陪我散散步，好吗？"黄先生领着我在院里散步，他专门找我来讲这件事。这是我们音研所的传统，就是对老师的尊敬，黄先生对杨先生的尊敬，那是了不起的！他知道我心里有点想不通，他怕我忤逆杨先生，他觉得我这个人有点……反正不是好孩子吧，所以专门来找我谈。他说：“你要听杨先生的，不要研究佛教音乐了，我知道你也做了工作了。”因为那时候我已跑了半个中国了，做了很多田野工作，又做了很多课题。黄先生就说：“不要，你一定要听杨先生的，我和郭乃安先生一起给你商量了一个好题目，你一定能做好，叫《魏晋玄学与琴曲》。”我一听这个题目也好，也符合我的兴趣，我就说好好好，很高兴就答应了，然后就开始收集魏晋玄学方面的资料。

后来 1984 年 2 月，我写了《雨霖铃》悼念杨先生辞世，“春归巷陌，又闻仙逝”，就是说“春天的时候刚刚要来，杨先生走了”。后来杨先生走了以后，我就算是黄先生的学生了，所以我是得天独厚。大家看我们音乐研究所曾经出过历届研究生的名单，只有我，田青的导师是杨荫浏、黄翔鹏，两位大家。哎哟，阿弥陀佛，我太幸运了！我太幸福了！

我跟黄先生说，要把那个佛教论文再捡起来，黄先生说也可以，你就做吧，所以我毕业的硕士论文还是《论佛教音乐的华化》。但是没有按照杨先生生前的愿望做这件事在我心里始终是一个使我感到惭愧和愧对先生的心结。

但后来有件事让我觉得杨先生九天有灵也会心安。杨先生把阿炳的音乐录下来留在世界上，我是稀里糊涂跑到左权，碰到了左权的盲人宣传队，他们也是盲人，我听他们的音乐真是感人！当时我就掉眼泪了，我就说一定要把他们带到北京来，让更多的人听到。我当时没有想到杨先生和阿炳的关系，回来做了这事以后，我想，冥冥之中杨先生把阿炳的音乐推向社会，我又冥冥之中遇到左权盲人宣传队，把他们带到北京，推介到社会上去。现在盲人宣传队也很火呀，亚妮在那里拍电影，拍了十年，房子都卖了，最近网上都在炒，亚妮也是我领她去的。那么这样的一种继承，是不是冥冥之中的一种定数呢？师生之间也有一种特别的关系。

当然，我们这一代人共同继承了杨先生、黄先生对民间音乐的这份尊重和热爱，包括我们在座的很多人都把自己的生命融入民族民间音乐和音乐学里面去，其实这都是杨荫浏的精神在我们这一代人身上的继承，包括后来我们做了十几年的非物质文化遗产保护工作。

为什么做这个工作呢？这个工作也是稀里糊涂落到我头上的，当时我做非遗中心副主任，主任就是王文章院长，我做具体的事情。假如我不是在音研所这样的一个气氛当中成长起来，假如我不是杨先生、黄先生的学生，假如我没有音研所老一辈学者田野工作带给我的这些影响的话，谁知道这个非遗保护工作怎么做呀?！真的不知道，原来非遗中心也不是没有主任，不是没有副主任，但是干了半年不知道如何下手。那么，事情落到我头上，我就自然而然地按照音研所的方式去做，包括后来的那个展览，音研所就是做陈列室起家的呀。因为要做陈列室，所以要搜集乐器，所以把这些成果用展览的方式展现出来，一下子改变了非遗在全国的影响。

展览之前，一说起非物质文化遗产，谁都不知道，我们请记者，记者都不来，提前写好通稿，给车马费，可记者还是不来。在这个展览上就有音研所的乐器，马头琴、琵琶、录制阿炳音乐的录音机和那一盒钢丝带，就是这些东西呀。但是展览之后形势大变，记者追着我们，大家一下子通过实物的展览认识到了我们祖先这么多宝贵的创造，我们的文化这么了不起！而这一切，溯源到了音研所，溯源到了杨荫浏，所以讲到杨荫浏就有讲不完的话，而且从每个角度都能分开来细讲，都能讲上几节课。

还是回到我刚才说的，对于杨荫浏先生我们是“高山仰止，景行行止”，对他的成就、对他的精神我们不但崇敬，而且还要继承。真的希望一代一代能够薪火相传，我们不能“黄鼠狼下耗子”一代不如一代，反正我们这一代就比前一代人差了很多，你们这一代怎么样不知道，但是好在你们还有青春。我们这一代不如上一代，我们对杨先生只能“高山仰止”，只能“沮丧”，但你们不一样，你们还有希望，起码有希望。有希望就有未来吧，我也觉得这是杨先生的希望，杨先生也希望你们能够继承他，不说超过他，起码继承他吧，好吧，我们就讲到这儿。

**提问环节：**

听众一：怎样看待重读经典，重读杨荫浏先生？

田　青：杨先生的著作是一个富矿，我们很多人没有仔细去找，事实上，随便挖一锄头，就能出一块金子。我带了一个博士生已经毕业了，她研究杨先生编的一个《普天颂赞》，就写出了一本博士论文。杨先生所有的这些东西，如果我们深入进去，起码能找到想要研究的一个方向，而且是可以深入下去进行研究的。

听众二：想请您谈一下杨先生去世以后，杨先生的后学，他学术的“流”与“派”，有一个怎样的分化趋势与现实呢？

田　青：我觉得是这样，杨先生是集大成者，就像孔子去世以后，他的弟子们每个人都会找一个方向继续发展一样。我觉得杨先生的继承人大家现在比较公认的就是黄先生，黄翔鹏先生应该说是他的一个继承人。然后很多人在每一个方面，就是说在他所涉及的各个方面都有人在继续做，具体分成了多少个“派”不好说，但是我相信后世的学者可以按照他所开创的道路继续往前走。

这个学派的问题很复杂，咱们音研所有没有学派，这也是一个问题。所有流派名字的产生都晚于这个流派的形成，都是先有了这个流派实际的东西才有这个流派的命名。比如说“印象派”，是先有了“印象派”的这些画家和音乐家，也就是说先有了这些人和他们的作品，才有了“印象派”这个名称。而且这个名称与这些人都没有直接的关系，被认为是“印象派”的画家都不承认这个词，不满意、不同意，但是没用，再过了 50 年、100 年，一提到你，你就是“印象派”，不承认都不行。

不是一个人想创一个流派就能创成，包括“梅派”“程派”，都是先有了梅兰芳、程砚秋，先有了他们的弟子，才有这个流派。那么仔细一想，一个流派的形成起码要有两个必备的条件：第一，成为一个“派”，一定是要有一个集体，这个集体可以是松散的，可以是互相不认识的，但是是一拨人，一个人不行。一个人，梅兰芳可以，但梅兰芳一定有传承，有学生。一定要有一批人，他们是相同的，他们都按照这个标准做。第二，这批人一定要和以前的人有所不同，一个“同”，一个“不同”，决定了一个新流派的产生，包括杨荫浏，包括音乐研究所能不能成为一个派，将来这个派怎么分，我想这是后世的事，我们现在不好说。

杨先生的影响是继续的，这是毫无疑问的，将来怎么分这不好说了。但是黄先生对杨先生的尊重，包括他们慎重地为我改题目，专门跑到研究生部来找我，说陪他散步，其实是跟我说这件事。他的用心之良苦，他对杨先生的尊重，是一种只有古人们，只有古代才会留存的师生关系的感情。包括现在黄先生的一些理论存在争议，崔宪极力反驳，他不允许任何人说黄先生，这一点本质上也是中国文人的师生关系。

但是这里面我主张两个观点，第一，对老师的名誉、成就当然应该拥护，应该维护；第二，科学的探讨也是应该的，不应该受这个限制。理论总是在不断发展，新的事物不断涌现，新的方法不断出现，我想应该把这两者的关系处理好。但是音研所的这个传统其实是一个“非物质的”，是精神的，如何传承，还是要靠大家的努力。

谢谢。

2017 年 5 月 14 日于中国艺术研究院

录音整理：张黎黎

# “一带一路”与中国传统音乐

## ——2017 年 6 月 13 日在“非遗薪传——浙江传统音乐理论研讨会”演讲

今天我讲的这个题目是“一带一路”，一看这个题目，可能有的同学就在想，田老师真会赶形势，什么时髦说什么。我先解释一下，我可不是赶时髦的人，虽然我也紧跟形势，但是我做学问从来不是赶时髦，而是引领时髦，我总比时髦早那么几年。我这个题目是原来就有过的思考，那时候叫“丝绸之路”，只是现在都叫“一带一路”而已；不过我想这也是对的，所以就成了现在这个演讲题目。的确，现在“一带一路”是我们国家的一个倡议，我们每个中国人可能对“一带一路”，对于这个倡议的理解还没有那么深，或者没有那么强烈，但是你要看看外国人的反应你就会知道，原来“一带一路”这么有名；不管是反对的还是赞许的，你听着外国人的这些话，才感觉到我们中国真的要做到中华民族的伟大复兴，必须通过“一带一路”，这的确是一个光明大道。

前些时候，一个记者采访我，让我谈“一带一路”，我就讲过这样一个观点，这个“一带一路”，陆地上的就是丝绸之路，还有一个就是海上，古代的“一带一路”的确促进了整个人类的交通贸易。古代丝绸之路，包括海上丝绸之路，即“海丝”，讲到的是我们中国的茶叶、丝绸、瓷器输出；当然，从丝绸之路上我们也引进了不少的东西，从葡萄到苜蓿、良种马、香料等。这些物资的交流互换固然重要，但更重要的是，通过丝绸之路，我们中国人得到的最宝贵的东西不是葡萄，不是苜蓿，也不是香料，最宝贵的东西有两个：一个是佛教，一个是音乐。佛教是什么？习总书记三年前在联合国教科文组织总部——巴黎，第一次正式讲到佛教是中华传统文化的重要组成部分，佛教传入中国之后，和儒家思想、道家思想共同塑造中华传统文化。这个话我们很多人注意得不够，也没有理解习总书记讲这段话的历史意义。为什么呢？比如我们现在讲弘扬中华传统文化，讲“一带一路”是我们对外交流的国策，弘扬传统文化我们才能真正实现中华民族伟大复兴。但是在弘扬中华传统文化之前，我们应该首先明白什么是中国传统文化，不能够以其昏昏使人昭昭。而习总书记讲的佛教是传统文化，其指向性意义就十分巨大。因为在一百年来，从中国的统治者到精英分子到普通大众，都把佛教、儒家思想、道家思想当成封建的、腐朽的、没落的东西。大家都知道，“五四”时候，“新文化先驱”提出砸烂孔家店，虽然现在孔子仍然是至圣先师，是我们中华民族、中华文化走出去的一个非常重要的宣传员，“孔子学院”遍布世界。但是当年提出砸烂孔家店的不是日本人，不是八国联军，是我们自己。而佛教更是这样，最早打击佛教的既不是共产党也不是国民党，而是共产党和国民党都要推翻的封建政府。清宣统皇帝第一个颁布《废庙兴学令》，要把所有庙都废了，办成新式的学堂，学习日本的明治维新，全面向西方学习，而向西方学习的第一步是先把自己的文化砸烂。这就是当年，一百多年前中国的精英知识分子的想法，而要办新学、办学校，哪来的校舍？我今天看到我们浙江音乐学院的校舍叹为观止，这的确是世界上最美丽的校园之一。但是当年，中国要办新式的学校，没有校舍，也没有钱，怎么办呢？于是人们就想把庙里的和尚都撵出去，就在庙里办学校，这就是当年宣统皇帝和他的一批“智囊们”的所思所想，并付诸实际的行动。而我们的习总书记讲佛教是中华传统文化的重要组成部分，这是一百多年来中国的最高领袖，在一个世界的、国际的舞台上第一次正面的肯定佛教。

所以我们说，“丝绸之路”输入中原最宝贵的财富就是佛教，其次就是音乐。那么很多人可能不知道，“一带一路”在中外音乐的交流上起了多么大的作用，玄奘写了一本重要的书《大唐西域记》，是用汉字写的，但是印度人研究印度历史的时候必须引用它。那么，玄奘在经过“一带一路”沿线的时候，他怎么描写那个时候的西域，就是我们现在的新疆；“一带一路”从出了玉门关一直往西，当时统称“西域”，现在在新疆吐鲁番盆地的北边，有一个县叫库车，库车古称“龟兹”。

说到“龟兹”，我突然想到我们弘扬中华传统文化不那么容易的一个例证，就是发生在我们大家都很熟悉、崇拜的一位国际知名青年钢琴家身上的事。他前些时候要出一本书，是他的讲话集，这个编辑就把他说的一段话发给我，问田老师这句话我给他改不改？就是他在国外讲中国音乐时跟外国人讲，他弹的这个《龟兹舞曲》是乌龟的舞蹈，我说这个怎么能印出来；这个编辑就说他这个都不懂，在外面丢人，应该让他丢丢脸。我说人要有慈悲心，以慈悲为怀，你给他改了删掉；编辑说那他要不同意呢，我说那你告诉他要不同意就闹笑话了。而我也奇怪，他弹这个曲子为什么不知道《龟兹舞曲》是新疆风格呢？怎么会说到乌龟？乌龟是新疆产的吗？

“龟兹”——当年西域上这个只有七万兵丁的很小的国家，但是它的寺庙却有一千多座，而且它的音乐发达，玄奘在走了这么多国家之后，说了八个字：“管弦伎乐，特善诸国”，就是龟兹的音乐比西域的所有国家的都好。这是当年玄奘在西域写下的，那个时候已经到了唐代，但龟兹和龟兹的音乐对我们中原音乐的影响却不是从唐代开始，而是更早；

再往远说，不单是龟兹，就是整个西域，打通丝绸之路是在公元前。大家都知道，打通西域之路的第一个人是张骞，在中国的《史记》里面把张骞出使西域，打通东西要道这件事情专门发明了一个词，叫作“凿空”，司马迁把张骞出使西域这件事情比喻成在祖国东西的大墙上凿了一个洞，这叫“凿空”。大家有学音乐学的，学音乐学读过音乐史，有好多必读的书，其中《晋书·乐志》非常重要。《晋书·乐志》里面专门记载张博望——就是张骞回来以后因为功劳太大，封他为博望侯——说“张博望入西域，传其法于西京，惟得《摩诃兜勒》一曲。李延年因胡曲更造新声二十八解，乘舆以为武乐”。这段话翻译过来就是说张骞从西域回来的时候，没有空手回来，他带来一首乐曲，叫《摩诃兜勒》；乐府乐官李延年据此写成二十八首新曲调，被朝廷采用为军乐。

大家知道张骞出使西域有两次，第一次是公元前 138 年，回来是公元前 126 年，也就是公元前 2 世纪，出使的时候带着 100 多人，浩浩荡荡，要去联系大月氏一起对抗匈奴，但是走一半就被匈奴抓起来了；在西域 13 年，各种艰难困苦就不讲了，跑回来的时候只有两个人，那么他回来的时候，后有追兵前有堵截，很狼狈，怎么带着《摩诃兜勒》回来呢？第二次是几年之后又出去一次，这次没有那么长时间，几年就回来了，而且回来带着很多的乌孙国送给他的礼物，那么这个礼物里有没有音乐，这些都是我们想考证但无从考证的，我们只能听从张骞这个伟人的。我们有些人称他为旅行家，我觉得这个不好，他是外交家，那时没有乐谱，音乐怎么带？他很可能像很多杰出的人物一样，都有音乐才能，那么他十几年在西域很有可能学会了这首乐曲，这是他放在心里带回来的音乐。

李延年大家知道，当时汉代宫廷里最重要的音乐家，也是官职很高，协律都尉，大概相当于现在的文化部长，他根据《摩诃兜勒》这首曲子创作了 28 首军乐，就是我们汉代最早的军乐。那么这到底是一首什么乐曲？摩诃，梵文里就是伟大的意思；兜勒，有的人说是蒙古语，现在包括中亚很多语言里都把音乐里乐曲的“曲”叫作兜勒，我们现在会写成“道”，当年写汉字时就写成“兜勒”，那么另外一种说法呢就是在佛经里，有个《佛说义足经》讲了一个故事，就是有一个迷信外道的人叫“兜勒”，后来经过佛的教化，皈依佛教，最后成为一个伟大的兜勒。《摩诃兜勒》是不是就是讲这个人的故事的乐曲呢？也无从考证，也没有办法确证，但是非常幸运的是我们在今天现存的传统音乐里，在我们的非物质文化遗产里找到了这首乐曲的后世或者今生，而且是在中国最可靠的古代音乐里或者中原音乐里。大家学音乐学的应该知道，一提古乐，你们千万不要想“纳西古乐”，那是假的，真正可靠的、音乐学家们公认的就是泉州南音。泉州南音的古老不仅仅是它有着自己特殊的乐谱，有其传下来的多少大曲，在中国目前所有的乐种里，它在乐器的使用从形制到执琴的方式都是最古老的，比如琵琶，至今只有南音琵琶还是横抱用拨，和我们在敦煌壁画里看到的一样，从北魏到唐代壁画里的琵琶，都是这样的。大家都知道琵琶就是通过丝绸之路，通过龟兹传到中原来的。为什么要横抱着琵琶呢，因为它是“马上之乐”，左手除了按弦还有一个重要的任务就是托着它，骑在马上，一只手要起支撑作用。

通过丝绸之路，当时传来的这些乐器除了琵琶、五弦，还有筚篥。这个乐器很了不起，学民乐学管乐的好好找来听听，吹笛、吹唢呐的一定要学筚篥。不单是古老，而且这件乐器是我们现存的民族乐器里可以表现深刻思想内容的乐器。筚篥又叫管子，因为它的音色非常深沉、悲凉，所以唐代有一首诗：“回乐峰前沙似雪，受降城外月如霜。不知何处吹芦管，一夜征人尽望乡。”当然有的乐器，比如笛子可以很欢快，欢快当然好，但是在人类的文化上天平的倾斜是有道理的。比如，西方也是这样，悲剧往往高于喜剧，相声和小品在整个艺术总类里它是比较接地气的，比较草根的，因为它给人们带来欢乐，但是一段相声和一组交响乐，怎么都不是在一个层次上。所以筚篥这个乐器，在座有学管乐的回去找来听听。这也是从丝绸之路传过来的，琵琶也是，还有箜篌，箜篌跟竖琴没有太大区别，其实就是竖琴的一种，还有阮咸，曾经失传了，到宋朝再出现的时候，都不认识这个乐器了。后来看到汉墓出土的壁画上竹林七贤的图，有这个乐器，因为是阮咸在弹，所以就叫阮咸了。可是你到敦煌去看，它的所有壁画里都有这个乐器，当然，当时从西域通过丝绸之路传到中原的乐器里，现在发展最成熟的乐器还是琵琶。

从北朝开始，陆陆续续有一些西域的音乐家来到中原，比如北周时的苏祗婆、曹妙达等人。隋唐以后，胡乐、胡曲、西域音乐家大量入唐，当然胡乐也不仅仅是龟兹乐，还有安国乐、康国乐、疏勒乐、高昌乐等，这是后来隋代七部伎、九部伎，包括唐代九部伎、十部伎燕乐的主体，大量是胡乐。整个西域，除了龟兹，就是现在的库车，吐鲁番盆地南边还有于阗，就是现在的和田，包括康国、安国这些地方，都有大量胡人来到中原。这些胡人不但带来了乐器，带来了乐曲，带来了音乐舞蹈，而且定居中原，有的因为乐器演奏得好还当了大官，比如北齐的曹妙达就封王开府，成了显贵。

唐代的时候，王建有一首诗《凉州词》，其中最后两句就是："城头山鸡鸣角角，洛阳家家学胡乐。"由此看来，当时的胡乐，也就是现在的流行音乐，其流行的程度甚至超过今天，因为今天的流行音乐不管是来自西方的，还是来自港台的，不管是民谣也好，摇滚也好，还是其他的，都只能影响年轻人，影响不了我，或者比较难影响我。我有时候也听，不是不听，其中有些东西我也会赞叹，但它不会让我痴迷。可是在唐代，胡乐是上上下下都痴迷，你翻开一部全唐诗，里面赞美胡乐的，包括根据胡乐改编的，比如《霓裳羽衣曲》，这是唐玄宗根据天竺来的《婆罗门曲》改编的，这都是丝绸之路传来的胡乐。唐代，有多少诗人，像李白、白居易这些诗人，都用他们无尽的才华讴歌着那个时候的流行音乐。

唐代的寺院很有趣，不是像现在那样只是烧香拜佛，保佑考试成功，保佑升官发财，唐代的寺院是当时民间唯一存在的剧场，演戏、音乐会都在寺庙，而且很多的音乐家甚至就是和尚。比如当时龟兹的一位琵琶演奏家，号称宫中第一手，叫康昆仑，大家知道姓康的、姓安的等可能祖先都是西域的。史料记载，有一次长安大旱，宫廷和老百姓就一起组织起来求雨，现在我们在电影里看见的都是插着柳枝光着膀子跪在太阳底下哭，唐代不是哭，谁都不愿意听哭，老天爷也不愿意，老天爷愿意听音乐，愿意看戏。所以长安东西两市搭了两个台，同时开音乐会，叫斗台，看谁演得好。两边的人就跟着起哄，两边对着来，一边一个接着唱，中国人一贯如此，不是从现在开始的，那个时候就开始起哄了。东市就请了宫中第一手康昆仑，自谓街西无已敌。他上来演奏新翻羽调《绿腰》,《绿腰》就是《六幺》，是当时非常流行的曲子，“《六幺》《水调》家家唱,《白雪》《梅花》处处吹”。但是他把《六幺》这首大家都熟悉的曲子转了羽调，大家没听过，就感到非常新奇，另一边就起哄。这时候西边台上出来一个女孩，人长得漂亮，弹之前说一句：“我也弹这首曲子，但是我再移一个调，到枫香调上来弹，比羽调还难弹。”段安节的《乐府杂录》中说他是“及下拨，声如雷，其妙入神”，宏大的音响把大家都震住了！弹完之后，康昆仑从东边的台走到西边的台，要拜女郎为师，女郎说：“你少安毋躁，我进去换件衣服。”出来一看，此乃一僧也，原来是个和尚，名叫段善本，是长安庄严寺的出家和尚，出家人在庙里，不能到外面弹琴，所以他化了装。

康昆仑是龟兹人，而且当时从西域传来的这一批音乐家基本上包揽了中原的天下，还有一些通过丝绸之路从西域来的那些人，比如苏祇婆。苏祇婆也了不起，他是从现在的新疆再往西处而来。当年玄奘也好，张骞也好，走丝绸之路通过新疆，一共两条路，一个北路一个南路，中间是吐鲁番盆地，从吐鲁番盆地的北边，出了阳关往西，过莎车，越过葱岭再往西到大月氏；南边从和田走，越过葱岭再往西走。当时北齐皇帝娶的一个皇后，叫阿史那氏，苏祇婆就是随着她嫁到北齐的，随行的有一个庞大的乐队，而苏祇婆就是乐队的指挥、作曲兼管弦乐团团长。

苏祇婆到了中原之后，给中原宫廷解决了一个大问题，就是隋朝建立之后，皇上要正乐，在中国历史上，每一个新朝代的建立都要做一件大事，现在有了新的国家要制定国歌、国徽、国旗，那个时候类似，叫正乐。其实就是整理文化，战争结束后要复兴文化，结果发现音乐是千疮百孔、乱七八糟，皇上大怒，这时候有一个大臣说我们国家的音乐全乱了，全是五音不全的，而且宫调什么的都没有，乐工也不会，那怎么办呢？据《隋书·乐志》记载，568 年，苏祇婆随皇后阿史那氏进宫，他世代为乐工，不仅擅弹琵琶而且精通音律，就把家传的西域所用的“五旦七调”的宫调理论带到中原，郑译在此基础上创立了八十四调理论。所以说，苏氏乐调理论奠定了唐代燕乐理论体系，于是中国的音乐在中断之后，又一次靠着西域的人，从丝绸之路，从“一带一路”上来的苏祇婆有了又一次再生的机会，成为我国古代音乐史发展上一个重要转折点。

那个时候通过丝绸之路传到中原来的，我刚才讲的有音乐家、乐器，也有乐曲，到唐代以后一大半都是西域传来的，包括我们讲的龟兹乐、安国乐、天竺乐等。这些音乐又通过中国传到韩国、日本。今天下午我去参观你们浙江音乐学院图书馆，学院正在准备建一个乐器博物馆，其中我看到一套韩国来的雅乐的乐器，韩国雅乐的一套完全是从中国传过去的。当年我参与非遗申报的时候，我还是比较保守，有些东西比如说孔子的音乐，因为我知道它是怎么来的，原来早没了，袁世凯要恢复帝制的时候就派人去曲阜找祭孔的音乐，想在大典上做礼乐，但曲阜已经没有了，有消息说湖南浏阳还有，因为清代道光年间浏阳有个监生叫邱之稑，喜欢礼乐，是他经过研究复兴的。据说一直到中华人民共和国成立，他研制出来的那套古乐器还在浏阳县城的城门楼上存着呢。后来曲阜派人到浏阳学了回来。中华人民共和国成立后，中国艺术研究院舞蹈研究所的吴晓邦在20世纪50年代初拍了一个祭孔乐舞的纪录片。改革开放之后，人们又根据这个纪录片重新恢复了所谓的祭孔乐舞，现在的这些都是复原的。但非遗有一条是讲传承的，你传承已经断了怎么办呢？现在重新恢复的到底有多少可信度呢？我当时就说这类东西先不要报，但后来发现韩国、越南都把从中国传过去的雅乐向联合国申报了。我们中国都断了，你能没断吗？朝鲜战争、越南战争打得多厉害，你哪里还可能留下这些音乐呢？他们也是复原的，但是不管他们复原的在多大程度上接近原来的东西，起码有一点，无论是韩国人还是日本人，都对这些东西恭恭敬敬，引以为荣，并且承认这些东西是从我们唐代学过来的。所以，我现在逐渐改变了观点，与其让韩国、日本申报“流”，不如我们申报“源”！

大家都知道日本正仓院的唐代的乐器，琵琶、五弦琵琶，除了古琴，我们今天全国找不到一面唐代的琵琶了。为什么在中国只能保留下古琴，保留不下琵琶呢？这里面跟中国文化和中国文化领域里的雅俗之辩、华夷之争有关系。像白居易这种文人代表一直有一个根深蒂固的概念，就是他们瞧不起当时的流行音乐。这是知识分子的通病，但这里不包括我，我虽不是那么喜欢，但我不因为它仅仅是流行音乐而不是专业音乐就鄙夷它。但是中国历代的知识分子从骨子里有两种情结，除了有雅俗之别，崇雅抑俗，还有一个就是大中华，分华夷，以我——汉人为主，你是胡，你是夷。但是现在看来这个观点应该有所检讨，因为包括我今天讲的丝绸之路上的中国传统文化，就包括大量胡乐。而且，雅俗也有变化，前朝的俗乐到了后朝，经过了时间的淘洗，也许就成了雅乐。起码，我们年轻时的邓丽君，现在就已经成了“古典”。

还有一个问题，就是现在一讲到中华传统文化，很多人就将其等同于儒学。错！习总书记都说得清清楚楚，儒释道三家共同构建了中华传统文化。所以，只讲儒学，不讲佛学，不讲道学是错的。有人说什么是传统文化，就是国学，也不对。什么叫国学？汉学是国学，那藏学是不是呢？所以，我认为用传统文化的概念来分析国学的话，起码包括儒释道三家，也应该包括五十六个民族的传统文化。

我曾经讲过，中华传统文化是“三根柱子两层楼”。三根柱子就是儒释道，两层楼中间上层是靠文字记载的精英文化，包括经史子集、唐诗宋词，古典文学，这些都是，这叫精英文化，载体是文字。当然我再扩大，不仅仅是汉字，也包括各种少数民族的语言文字，甚至一些死亡的文字，就是它不再用，但是还记载着古代的思想；而另一层就是我们今天说的非物质文化遗产，它和文字作为载体不同，它主要靠口头传播，所以最早联合国公布的非物质文化遗产的名录就叫作“人类口头及非物质文化遗产代表作”，后来才把“口头”去掉了。只有这样看待我们中华的传统文化，它才是完整的而且是符合历史事实的。

我们今天只是简单勾勒一下历史，通过“一带一路”传到中国，给中国的文化、给中国的传统音乐所提供的，从音乐家到乐曲到乐队到音乐思想等概况。那么“一带一路”上的音乐，在我们今天的中国，是一个什么地位？应该起什么作用？我们中国进入联合国人类非物质文化遗产名录的现在有 34 个，都是了不起的，是我们应该引以为豪的。大家也都清楚，2001 年第一批我们的昆曲入选，现在叫昆曲为“百戏之祖”“百戏之师”，也跟我们浙江有关系。两年之后的 2003 年，古琴入选，也是我们汉族的，也是现存的唯一在这么多民族音乐中可以称为“文人音乐”的。我们把中国民族音乐分为四大类：民间音乐、宫廷音乐、宗教音乐、文人音乐，而古琴音乐是唯一的文人音乐。

第三批，就是 2005 年入选联合国非物质文化遗产的有两个项目，一个是新疆维吾尔族木卡姆艺术，一个是内蒙古长调艺术，木卡姆就是西域音乐在今天的遗存。木卡姆是整个西域，包括中亚、西亚甚至北非都有的一个乐种，是歌舞类，而且很有文学性，木卡姆的词经过翻译都很美，不仅美而且热，我们汉族人比不了！在我们申报新疆木卡姆艺术之前，已经有三个同样的项目入选了联合国教科文组织，其中有阿塞拜疆木卡姆、伊拉克木卡姆、沙士木卡姆。那么为什么我们的木卡姆申报还会非常顺利得到批准呢？的确是因为在新疆保留的木卡姆艺术非常丰富，一个是品种多，有吐鲁番木卡姆，有北疆木卡姆，最重要的是十二木卡姆，这十二木卡姆是木卡姆里边的经过文人整理润色过的。说到这里，我们必须提到一个美丽的名字：阿曼尼莎汗，她是叶尔羌汗国的一个公主，她集中了当时最好的音乐家、最好的诗人对木卡姆进行整理，一直流传到今天。那么，从我们非物质文化保护者来看，我们新疆的木卡姆，以及新疆除了木卡姆艺术之外其他很多非常了不起，独具特色，而且保留了古代原汁原味的东西统统保护起来，用我们全部的力量来弘扬，因为这是中国政府代表我们整个中华民族向联合国申报的世界遗产。

但是我们在弘扬木卡姆艺术或新疆其他民族艺术的时候，还是面临很多困难。比如 2007 年温家宝同志访问日本要带一台国事演出的节目，那是划时代的开天辟地，第一次作为国事演出全部是非物质文化遗产节目，当时我们已经有四个项目入选：昆曲、古琴、木卡姆、长调，除了这些我们还增加了一些别的项目，比如侗族大歌、泉州木偶、少林功夫等。我当时是艺术总监，我到新疆转了一圈，最欣赏的是吐鲁番木卡姆，一批民间艺人表演非常精彩，当时就计划请这些民间艺人，可新疆文化厅不同意；理由是民间艺人不能代表自治区水平，说他们有乌鲁木齐木卡姆艺术团，几十个人的专业团体，舞蹈演员都是舞蹈学院毕业，器乐演员有好多在上海音乐学院进修过，都是专业的演员，跳舞的小伙子上台一转就是34个圈！但我认为专业演员最大的毛病，就是要表现我能转34个圈，要表现技术，完全没艺术，更没文化。

后来文化厅给外联局一个传真：经新疆维吾尔自治区党委决定，要派这个团。当时我说：我决定，这个节目不上了！我是艺术总监，当然有权力决定要哪个节目，我们中国这么多的非遗为什么非得上你？后来，为了演出成功，双方都做了妥协，我要的莎车的民间艺人来了，但舞蹈的女演员是专业的。没想到我们这个妥协变成了一种创造，从那次演出的成功我才知道，原来舞台上最好的搭配是老汉和美女！美女一出来高高的个儿，有一种贵族范儿，俩大胡子老汉是农民，他也不知道台下边坐了什么人，他也无所谓，音乐一响，就疯了，就跟在家里一样，一边跳，一边嗷嗷叫！全场被他俩带动得一起鼓掌。第二天总理接见日本侨领、留学生代表和大使馆人员，临时决定全体演员参加。总理一进来就指着那个维吾尔族老汉说：你都67岁了，还跳得这么好！俩老汉一看总理手指着他们，也听不懂汉话，冲着总理就过去了，保卫也来不及阻拦，总理向前迎了两步，俩老头抱着总理就哭了，场面感人！这么多年过去了，那场演出的精彩至今难忘，也无法再复制了。

木卡姆艺术的感人力量真值得让我们学音乐的人好好思考，你们可以上网找一段视频，就是那年在央视青歌赛木卡姆得了金奖之后我那段点评，已经成了经典，上网搜“田青点评木卡姆”就出来了。我后来看视频才发现我点评完了韩红擦眼泪。我当时先回答观众的问题，问原生态组好多少数民族歌手，唱的是少数民族语言，评委你们懂吗？你们懂维吾尔语吗？凭什么打那么高分？我当时就说：听到这种声音不感动的不是艺术家！他们那种声音是从心窝出来的，声音有些嘶哑，但在舞台上是一种忘我的状态，直抒胸臆，掏心窝子地唱。那种真实，那种不加掩饰，那种不讨好观众的态度，是最本真的艺术。艺术最怕讨好，上台之前不要想怎样讨好别人，这样的艺术它才真实、感人。

我们要认真思考，怎么能够让这些曾经在“一带一路”上创造过那个时代的音乐辉煌和文化辉煌的艺术，在今天再创辉煌。另外，在建设“一带一路”的道路上，也应该考虑到一些可能发生的负面事情，做好心理准备。现在铁路线一直通到欧洲，比集装箱的远洋运输要近得多，方便很多；但是很多的方便都有另外的不方便，在“一带一路”的交流线上，更多的应该是心的交流、文化的交流。同时，也要警惕比如宗教极端势力怎样利用“一带一路”的方便对我们进行渗透。怎么做好用文化来沟通各个民族的心，是我一贯的思路。我刚才提到的我在央视青歌赛上的那个点评里，就专门提到我的一个朋友周吉，他是汉族人，但一辈子研究木卡姆，我们中国政府向联合国递交的木卡姆申报书，他是第一执笔者。在他的墓碑上就刻着一句话：“如果我死了，请用木卡姆为我送行。”我当时讲：如果我们在新疆工作的每个人都像他一样热爱、熟悉少数民族文化就好了。但是我认识的很多官员，没有文化，不懂文化。南疆大家都知道，有一些宗教极端势力拼命推行宗教极端思想，说古兰经不许唱歌跳舞，因此反对群众唱歌跳舞，包括在人生最喜庆的婚礼上也不能唱歌跳舞，脸都要蒙起来。我们要和这种东西做斗争。但我们有什么办法呢？当地不知道哪个人，组织维吾尔群众跳内地城市的广场舞，跳《小苹果》，《小苹果》当年风靡一时，但它不但庸俗鄙陋，而且不是我们的民族文化。我们为什么不能够在过去的西域，今天的新疆，在我们努力建设的“一带一路”上，让木卡姆这些代表我们中华民族得到世界肯定和重视的非物质文化遗产起到和谐社会的伟大作用呢？所以我想，我今天主要讲的是“一带一路”上古代的文化交流，但在“一带一路”建设上如何保护好我们的非物质文化遗产，如何善用我们的文化遗产，为我们中华民族的伟大复兴贡献力量，这才是我要说的话。

2017 年 6 月 13 日

由浙江师范大学音乐学院 2016 级硕士研究生虞梦记录整理

# 文化与沟通：音乐的民族性与世界性

——在 2016 年中国民族民间音乐周的特邀主旨演讲

大家好！

主办方让我讲 15 分钟，还要“精彩”，15 分钟只能“精”，“彩”有点难，直奔主题吧。给我的题目是“音乐的民族性与世界性”，刚才白庚胜主席也提到了“越是民族的，越是世界的”这样一句话，这句话不知是谁说的，好像有二十多年了，应该说在当时起到了很好的作用，在我们全盘西化的过程中提出来这样一个口号，让人重新想到我们的民族文化。但是仔细琢磨这句话，在理论上还是有问题的，而且是不通的。

首先它把民族和世界对立起来，如果按照常识，我们当年，即改革开放之后所提出的一些口号，今天来看都有一些常识问题。比如当时有一个口号是“走向世界”，很多县城都在县政府门前弄一个广场，做一个金属雕塑，拧一个大麻花儿，莫名其妙的，一定是抽象的，下面写着“走向世界——某某县……”我第一次看到这个口号时就在想：你要走向世界，那你在哪儿呢？你不在这个世界里吗？包括“越是民族的，越是世界的”这样的口号都存在这样的问题，所以我就想为什么有这么多口号？而且这个口号在当时能起到好的作用？

那么就必须联想到我们这一百多年来的历史。这一百多年，我们中国人的政治、文化、价值观、世界观发生了多少变化！烙饼翻个儿，翻了多少个个儿？为什么我们提出来“走向世界”这样莫名其妙的口号，仿佛我们不在世界里呢？的确，“世界”这个词进入中国不足两千年的历史，因为它不是中国汉字原来就有的词汇，“世界”这个词是从佛经中来的，《长阿含经》中说：“当于尔时，地为震动，放大光明，普照世界。”这才有“世界”的概念。那么，在佛经传入中国之前，在中国人眼里用什么来代替类似“世界”这个概念呢？是“天下”，“天下”是什么意思？“普天之下，莫非王土；率土之滨，莫非王臣”，是一个政治概念，一个土地的概念，我们是一个农业民族，我们所有的文化思想与文化思维都跟它分不开。

佛教进入中国，中国人才知道原来有“世界”，大，可以大到三千大千世界，而且无数个三千大千世界。小，可以小到一微尘一芥子，里头还有三千大千世界，这超出中国人原来的想象。中国人知的是天下，走得到的地方，对皇帝来讲，就是管得了的地方，能收税的地方。这样一种思维方式使我们直到今天才明白过来，要“走向世界”，才出现“越是民族的，越是世界的”这样的话，就是把民族和世界，把我们自己和世界区分开，有时候是对立起来。为什么要走向世界？因为不能总把自己关在自己的“天下”，关在自己的房子里。而且对世界文化多样性的理解，恐怕也不是原来我们想得那么简单——只要有民族特色的，就必然得到世界的承认。

今天我们讲文化多样性和过去我们讲“越是民族的，越是世界的”不同，认识到人类要保护文化多样性是从 20 世纪末到 21 世纪初才滥觞的一种思想。也就是最近几十年，联合国教科文组织做了两件影响到人类历史的大事。一件是反思人类和地球、其他生物、大自然的关系。过去，尤其西方文明认为人类是万物之灵，是这个地球的统治者，我们可以无限制地向地球攫取，地球上除了人之外的所有万物都是为我们人服务的。

中央电视台有一个广告非常好，是一个表，每个时间刻度上是一只我不认识的动物，时针在走，表“嗒嗒嗒”的声音在响，底下一行字出来：每一分钟，这个世界上就有一个物种消失了。我不知道各位可能正在吃着饭、正在聊天的时候，你无意之中看到这个广告时，有没有像一根鞭子一样抽你一下？联合国教科文组织做过一个统计——原谅我对数字是超低能的，永远记不住任何数字——大致意思是说最近这几十年，陆地上的生物消失了三分之二，海洋里的生物消失了三分之一。我这短短的一生当中亲眼见到的生物物种的消失，是我小时候拿着一竹竿满大街去粘蜻蜓，当然我应该自我谴责，我也是消灭这个物种的罪人，但那个时候小，无知儿童嘛，最近这几年，我再没有见过一只蜻蜓！我们到今天才发现生物多样性和人类生活的密切联系。

第二件人类的反思，就是反思今天的文明、今天的文化和过去人类在整个历史当中创造的文明的关系。现在的人都崇尚科学，科学是什么？科学是最“无情”的，所有新出现的科技手段都是对已有的、过去的、过时的科技手段的全面否定和覆盖。简单讲，现在人都拿手机拍照，只有专业人士才拿照相机；有了彩电后黑白电视没人要了；有了数码相机后，世界上最大的感光照片厂，如日本的柯达、中国的乐凯就关门大吉了，不管你有几千职工，也不管这几千职工上有八十高堂，下有三岁孩子。如果我们用科学这种无情的态度对待人类过去的文化，那是一种什么样的结果呢？

今天我不敢说我们有多少非物质文化遗产没有了，举一个小小的例子，20 世纪五六十年代统计的时候，中国还有 380 多个剧种，什么叫一个剧种？每一个剧种都有它几十年甚至几百年积累下来的独特唱腔和独特的表现手段，一大批代表性剧目，还要有自己的角儿以及与角儿一样要多年才能培养出来的观众群。但今天，其中的三分之一到一半已经没有了，这个剧种消失了，只留下一个名词。什么叫消失？没有一个人会唱了，没有一出戏能演了，没有一个剧团还在了！而且我们其他剩下来的将近二百个剧种面临着同样的情况：不但角儿没了，唱腔不会了，独特的乐队没有了，连观众都没有了。

比如我原来听北路梆子，现在听北路梆子的人都到北京打工去了，都去看中央电视台歌舞晚会了，我们知道的“农民工歌手”旭日阳刚，是抱着吉他唱摇滚。所以联合国教科文组织才做了这么一件大事，制定了《保护人类非物质文化遗产公约》，同时通过“人类非物质文化遗产代表作”项目的评选，促进了全世界许多国家对自己传统文化的一种反思和保护行动。包括刚才鲍元恺老师讲他写的“炎黄风情”二十四首民歌的管弦乐作品，写了二十多年，以前谁听啊？没想到，似乎今天突然出现了一个作曲家，用几十年的时间，原原本本地用西方的交响乐来写中国的歌曲，就是用交响乐的形式来表现中国民歌，而且民歌的每一个音符他都没有去改。正是由于有这样的一种思想的进步，才可能有今天的“中国民族民间音乐周”，才可能请来自民间的艺术家们到中国最高的音乐殿堂来表演。

所以我曾说《保护人类非物质文化遗产公约》的第一个作用就叫接续历史，“接”是“连接”的“接”，“续”是“继续”的“续”。什么意思？因为你必须承认，我们的历史尤其是文化史已经出现了断裂，需要接续历史。很多中国人，包括我二十几年前写文章也写过，我们中华民族文化是世界四大古老文明当中唯一一个没有中断的文明。大家看我最近十几年的文章，再也没有这句话了。为什么？第一，我看到了我们文化的断裂现象，第二，我看到了人家没有断裂的现实。我到印度去，发现人家的民族文化保存得很好，印度的音乐学校教的是印度的音乐，是西塔尔，是“拉格”。我问他们，你们想学小提琴、钢琴，学西方音乐怎么办？他们说找私人学或者到英国去学。我在印度十多天，居然没见过几个印度妇女穿西式裙装，都是穿沙丽。今天，连民族服装都没有了的我们，怎么还好意思在这儿说只有我们的文明没有断裂？我们有多少东西没有了啊?!

最后再用五分钟谈一点什么呢，也是我今天忽然想到的，就是现在社会上都又重新重视我们的民间音乐，重新认识我们的祖先留下来的音乐遗产，这是非常好的，但这里面也有个态度问题。最近网上有个小小的争论，我估计大家用微信的都知道，一个年轻的女孩子在一个流行歌手和非遗传承人同台演出的时候用法语唱非遗，李谷一当时批评了她，但遭到了各种各样的反对，有一篇文章就是反驳李谷一的。认为这个孩子用法语唱非遗没什么不好。首先，对李谷一在这样一个场合所谈的一番话，我看了以后立刻给她发了条信息，我说："大姐，我给你点一个赞。"我为什么给她点赞？因为她十多年前有一句话我到现在还记得，她当时说："唱歌就像我们今天走这个门一样，只有一个门，不管什么唱法，只能从这一个门出去。"意思就是只有一个所谓"科学的唱法"必须遵从。我当时就是反对这种观点的，从窗户不能走吗？你要真是个天才，能把房顶掀了出去，为什么非得从一个门出去呢？但是今天她的观点变了，也就在十几年间我们对传统文化的重新重视，对非物质文化遗产保护的提倡，使这些老艺术家在不断跟着社会前进，不断地修正自己的思想，所以我说李谷一大姐，我得给你点赞。

这篇文章批评李谷一，说我用外语唱中国歌不行吗？我说错了，你用什么外语唱中国歌都行，都好，但这个场合不行！李谷一大姐和这个年轻歌手产生分歧的语境是什么呢？这个节目是一档什么节目呢？是一个宣称流行歌手向非遗传承人"学习"的节目！立意很好，但拍出来一看，是拿"非物质文化遗产"说事儿，请一个传承人来给流行歌手当陪衬，这个流行歌手可以任意地理解这项非物质文化遗产，但主要是要表现自己。这个节目我看了两集，一集是这个姑娘，用法语唱所谓的"渔鼓"，但跟"渔鼓"毫无关系，跟给她做陪衬的这个非物质文化遗产项目也看不出丝毫关系，她唱的根本不是"渔鼓"。另一集是我认识的一个昆曲著名的生角儿，也是与一个流行歌手同台唱昆曲，我只看到这位昆剧名角给这个流行歌手“跑龙套”，听不到一点点昆曲的典雅和固有的精神、气质。也就是说，这个节目就是拿非物质文化遗产说事儿。而我们国家有《中华人民共和国非物质文化遗产法》，其中就有一条：不能够任意地改变、篡改非物质文化遗产。这个导演编导懂法吗？不懂法没有关系，但是对非物质文化遗产你要有个理解，有个起码的敬畏之心！我们国家保护非遗的政策应该知道吧？第一条就是“保护为主，抢救第一”，你拿非遗来配合你的流行音乐，拿非物质文化遗产传承人给流行歌手垫底儿，这绝对是错误的。你可以用法语、用意大利语、世界语、宇宙语唱，都可以，但非遗就是非遗，渔鼓就是渔鼓，你没权利篡改。

我说这件事，说明我们今天对传统文化的认识有了很大提高，但是远远不够，你看看人家日本人怎么对待传统文化的？他们去听歌舞伎都要穿着和服，穿着自己最好的衣服。大家都知道，日本的大相扑“明治维新”后被禁了，说那是“野蛮的裸体游戏”，今天怎么样？变成“无形文化财”了，再没有任何一个人说日本人大相扑光着身子是不文明的。支持文化遗产保护，对文化遗产首先要敬畏，没有敬畏，任意篡改或者骨子里还是认为它本身就是落后的、不好的，必须用现在的声光电才能使它走上舞台，这是一个更大的错误。这对非物质文化遗产不是保护，而是在借口将其推向舞台，在对其用现代的思维和声光电来包装的同时，把它的灵魂阉割了。这不是保护，而是破坏。而我们要保护非物质文化遗产的目的，正是要保护我们真正的民族的灵魂，保护我们中华民族的“神”！

2016 年 11 月 11 日于中央音乐学院演奏厅

录音整理：别承红

# 江南丝竹与中华美学精神

## ——在江南丝竹与中华美学精神研讨会上的发言

各位朋友大家好!

我今天身体不是很好，翁持更不准我假，一定要让我来说几句话，我就简单讲几句，但这并不是主旨发言，只是一点感想。

我觉得今天这个题目很好——《江南丝竹与中华美学精神》。什么是江南丝竹大家都清楚，特别是在我们这个地区，有着悠久历史的、原来是民间的、群众自娱自乐的这么一种音乐。江南丝竹这个名字其实是 20 世纪 50 年代晋京会演，代表团到北京去印节目单时，现场定下来的。现在中国绝大部分乐种的名字都不是原来在民间流行的名字，实际上所有这些乐种都已经流传几百年了，起码是源自明清的。但中华美学精神就不好说了，因为中华美学精神如此丰富，不是一个人能总结，也不是我们这个会能谈清楚的。因为作为中华美学精神，它不但有阳刚之气，有阴柔之美，有孔孟、老庄不同的哲学基础，也有从我们的民间音乐、戏剧音乐到民间各类艺术千百年来所积淀、所呈现的这些精神，所以很难讲。如果具体地要是把江南丝竹和中华美学精神当中的一部分联系起来，作为一个北方人，我欣赏它的婉约，它的轻盈，它的灵动，它的活泼。

我作为一个北方人，现在到杭州，印象中的江南景色好像不大常见了。

现在满街高楼林立，堵车堵得都像北京的二环、三环。我们印象中草长莺飞的江南，以及刚才刘锡津老师讲话之前，非常诗意地讲我们在桂花飘香时杭州的情景，而现在，我们却闻不到桂花飘香，闻到的更多是汽油味。

在这个被现代化改变了山山水水的时候，我想江南丝竹所孕育着的中华美学精神就显得分外重要。我们可以在一个水泥的房子里，从江南丝竹的音韵当中，领略到些许没有完全被现代化所代替的中国古老的文化精神乃至生活。正如刚才刘锡津老师所说，我其实应该跟翁持更提议，让他把我分到所谓的“非职业组”当评委，我更想听到的是这种真正生活在普通民众当中的江南丝竹，当然这是个遗憾。但我想强调的是，我昨天听着所谓职业组的这些演出，能够感觉到无论是作曲家，还是演员，都在努力地向民间学习，都努力地想传承、保存、发展江南丝竹的丰韵。但毕竟是职业组，与非职业组普通的、以自娱自乐为主的江南丝竹演员比起来，他们的技术是没有丝毫问题的。

昨天听到的这些，都是一流的，没有任何技术负担和问题。我其实想的是，我个人更欣赏在某种程度上更接近传统的、民间的丝竹乐。但因为是专业比赛，顾冠仁老师写的作品非常棒，他对传统的东西非常熟悉，他是在精研传统音乐的基础上进行的创作。昨天我欣赏了 10 遍，第一遍是看着总谱，到最后基本上旋律都背了下来，非常好，能够体会到顾老师希望在传统上更前进一步的愿望。

刚才刘锡津老师也讲了，不能围着传统打转，尤其是作曲家，要往前走一步。但是作为演奏者来说，完全按照谱面演奏很难体会过去的丝竹韵味，包括江南的诗班，因为它有很多即兴性在里面。这种即兴性，有互相配合的灵感，有互相激励，也有在音乐当中享受到美的这些东西。所以江南丝竹过去生存在民间的那种灵活，那种彼此之间的默契，很难在这些训练有素的演员身上找到，因为这个默契是心灵上的默契。

今天，江南丝竹作为国家级非物质文化遗产，如何保护？如何在当前的社会中焕发它的生机？的确是许许多多音乐家始终在思考的问题，无论是职业音乐家还是业余爱好者。我想中华美学精神里有一个精神就是包容，就是海纳百川，用现代的词汇来讲，就是尊重文化的多样性，也尊重每一个人的追求。

在江南丝竹领域里，也应该允许多样化的存在。有些人，有一种无法抑制的发展激情，喜欢往前走。有些人老朽了，就像本人，作为保守派也是时代所需要的。如果一辆车只向一个方向打方向盘，肯定会歪下去的。当这个社会的发展呈多样性的时候，每个人刚学了两天就能够创新的情况下，这个社会就缺少保守派。能够在一个全社会都把发展作为硬道理的时候，每一个地方官员讲的最多的一句话就是要发展的时候，讲的最多的一句话就是要创新的时候，我本人则更希望能够听到另外一种声音，就是更多地向民间学习，而且要对这种老祖宗传下来的文化有一定的敬畏之心，对传统文化没有敬畏之心，不要谈发展。你的刀落下去不知道你剪的是指甲还是砍到主动脉上时，在这种情况下，尤其对年轻人来讲，还是要多讲一讲向民间学习、传统学习，首先是学习。

几年前，我在中国戏剧学院讲学的时候，有一个学生最后提问题，他提的问题很尖锐，很不客气。说："田老师，您刚才讲了梅兰芳，为什么梅兰芳可以发展，我不可以发展？"我当时对戏剧学院的学生谈主要是学习传统，不要太快地发展和创新。所以我回答得也很斩钉截铁。我说："对！就是梅兰芳可以谈发展，你不可以谈发展。梅兰芳会 500 出大戏，你学了三年连三出折子戏都没有学好，你谈什么发展？你知不知道你的发展，别人早就发展过了？"我当时开玩笑说："我们中国人做馅饼，把馅放在里面，皮在外面，你想把馅放在皮的外面，那是比萨，意大利人早就做了。"

我们还是要向年轻人强调首先要有敬畏之心。大家都去过日本，日本文化的存在形式，一方面是日新月异的新艺术，比如动漫、流行音乐，这种艺术每天都有新的内容，越新越好。但另一方面，他们对传统文化，比如歌舞伎等，一点都不会改，而且对待传统文化有一种类似宗教般的情结。它的这种双轨制——传统的保守和新的创作之间没有界限，两者都发展得很好。而我们不是，我们只要一谈发展，就什么都要发展。昆曲也要吊威亚，美好的身段不去学，把钢丝吊在身上满堂飞，昆曲演员也是“你爱我，我爱你”。如果用这样的东西来改造昆曲，昆曲就不是昆曲了。包括现在所有的非物质文化遗产，尤其是表演类的，从传统音乐到传统戏曲都面临这样的情况。

作为一个剧团的团长，处境也很难。这次到附近一个地方去了解，比如说宁海的平调表演中的绝活“耍牙”，也是我第一次把它带到北京去，介绍给主流媒体的。平调是古老的剧种之一。剧团现在没办法，一定要排新戏，宣传部才给拨钱。他们现在要拍《柔石》，一定要请一个作家来写剧本，这个作家不一定懂戏曲，更不一定懂平调，还要请有点名气的作曲家来配乐。我想他肯定会把大提琴加进去，不可能都是打击乐，这样一改的话，这个乐种的基因就变了。所以上个星期，在成都的国际非物质文化遗产节上，联合国的很多官员都来了，还有各国的非遗保护专家，我那天讲了一个题目就是《非物质文化遗产不能转基因》。现在大家对转基因食品都有一种警惕，对转基因食品我不懂，我不敢说它能不能吃。但是我想，如果一个传统文化的基因改变了，假如有一天我们的江南丝竹听起来不是江南丝竹，而变成交响乐了，那么，我们的基因就改变了。

所以在目前这种状态下，保护传统的基因是当务之急！为什么？就像我刚才说的，我在杭州不觉得是在杭州，这里的高楼大厦，全中国所有大城市都有。当然，这种同质化是现代化带来的，而所有的传统文明都是农业文明的产物，都是个性化、地域化的。为什么江南丝竹 20 世纪 50 年代在晋京演出印节目单时加上“江南”两个字，就是要强调江南的地域性，如果表现不出江南的风貌，那么江南丝竹没有存在的必要，就是同质化的。所以，当同质化成为一个社会的主流，而且是不可阻挡的时候，那么，就变成了全面的同质化。我们听过一个真实的笑话，在一家拍婚纱照的照相馆，五个新娘子进去打扮，五个新郎在外面等着，两个小时后新娘子出来，新郎都不认识自己媳妇了，五个新娘都一样，化妆师把她们都“同质化”了。在艺术上我们也面临着这种问题，就是同质化的结果一定是独特的艺术的死亡，没有第二条路了。

今天所有的地方戏都在学京剧，而京剧学歌剧。当年让斯坦尼斯拉夫斯基惊讶的艺术，让这些西方的戏曲家们都吃惊的艺术，我们都抛掉了。现在在舞台上，各种各样的形式都跟西方学，有些甚至比西方还夸张，全是声光电这些东西，结果就是转基因。

所以我认为今天这个题目起得好，就是让我们时时刻刻想着，我们要清楚，江南丝竹和中华美学精神是什么关系，中华美学精神的哪一部分在我们的江南丝竹里应该是传承的、存在的、发光的，而不应该急于在一个发展的大框架下把它同质化。这是我个人的观点。我也完全理解与尊重和我持不同观点的人的努力。我想我们大家的目的无非是一个，就是希望今天的中国人能够有文化，除了有钱，我们还要有文化！今天这个文化都包括哪些内容呢？我想一定的传统文化是基础，就像日本的今天这样，既要有古老一点的不敢改变的东西，又要有“推陈出新”的东西，而不能一刀切，不能让什么东西都发展。

当然，各人有各人的观点。有一句粗话，屁股决定脑袋，你在什么位置就要讲什么话。我今天做非遗保护，更强调的是首先要把基因保住，就像袁隆平。他不是转基因，他是在海南岛找到了最原始的水稻稻种，在这个基础上才有他的创新。所以，对于每一个从事传统艺术的人来讲，在当今这个滚滚大潮之中，在现代化、规范化、标准化、同质化的大潮之中，需要我们的坚守，哪怕被别人认为是保守派。

我曾经给保守派下了一个新的定义。我说做一个保守派，我不以为耻，反以为荣。我是保护文化遗产，守望精神家园。我觉得在今天，如果大家都能够认清，我们在这样的一个现代化大潮当中，有幸有缘承继了祖先的文明，就应该有一个基本共识，那就是首先要把祖宗传下来的在我们手里的这些东西，原封不动地交给下一代。如果不能传承下去，那是我们这一代人使命的缺失。

就说这些，谢谢。

2016 年 12 月于杭州

# 二、《中国古代音乐史话》

# 《中国古代音乐史话》再版说明

这本小书，正如“后记”中所说，写于1976年，1979年到1982年在《音乐爱好者》连载，1983年由上海音乐出版社出版。今天再看，恍如隔世。

出版社两年前即表示希望再版，嘱我“修订”，我一拖再拖，直至今日。其原因，不仅仅是因为忙于他事，而是觉得不好“修订”。一个青年学生在“文化大革命”后期写的东西，怎么“修订”？那还不如重写！但，重写？好比一个人的生命，岂可重新来过？

但还是把出版社重新排好打印的书稿翻开来看了一遍，看时，想到鲁迅当年对“悔其少作”的批评，不禁莞尔。看这书，真像看自己幼年穿开裆裤的照片，有羞，但无愧。谁又不是一点点长大的?!

用今天的眼光看，本书就像杨荫浏先生彪炳史册的《中国古代音乐史稿》一样，有着时代深深的烙印，比如对“人民”与“阶级”和“阶级斗争”的强调，对“封建统治者”及其音乐文化的批判。记得改革开放初期，一位香港的音乐学家在一次研讨会上批评杨先生的“史稿”因其强调“人民性”等政治因素“损害了学术性”，并表示“理解”杨先生在当时的环境下“为了发表”而“违心”写作，当即遭到在场的内地学者的反驳。的确，许多海外人士难以理解20世纪中叶生活在中国的知识分子普遍的心路历程，更不能理解他们会真诚地进行“思想改造”，真诚地拥护“工农政权”，真诚地批判“封建统治阶级”。杨先生在其“史稿”每一章的第一节首先讲“劳动人民”的创造并认为“雅乐”的艺术性不如民间音乐，是他真实的想法，绝不是“违心”之作。其实，不理解20世纪中国知识分子的这种“真诚”，就不能理解历史的复杂性和深刻性，也不能理解人的复杂性。对历史，我们只能尊重并尽量客观观照，但不能“文过饰非”；人可以也应该“与时俱进”，但不能抹掉甚或改变历史，以彰显自己的“一贯正确”，更何况，一直到今天，我仍然从心眼里喜欢“原生态”的民间音乐，反感一切自以为比“老百姓”高明的当代“雅乐”。所以，我抛弃了“重写”和“大改”的想法，只增加了3500个字，都是当时还不知道的有关考古发现的内容，并且删掉了三两句极个别实在“不合时宜”的句子。

当然，今天再看，除了这些让今天的读者难以认同的“时代烙印”之外，本书还有一些今天看起来“习以为常”的观点，在当时提出来却是需要勇气的很大的“突破”。比如在谈到音乐起源的时候，我居然敢违反“劳动创造历史”的成说，提出了性爱与劳动同是音乐的起源，甚至说出了“劳动提供了节奏，性爱提供了旋律”的“大逆不道”的观点。

初版“后记”里说了我为什么尝试写这本小书，是为了学习丰子恺先生所做的音乐普及工作，但没有说到另一个原因，那就是改革开放初期，天津音乐学院和所有大专院校一样，百废待兴，师资力量青黄不接，专业课程设置不足，而且只有作曲系、声乐系、民乐系和管弦系，还没有音乐学系。当时为了开设“中国古代音乐史”的课程，作曲系主任杨今豪先生就命我这个尚在作曲系四年级学习的“工农兵学员”为三年级的学生试开这门共同课。这本小书，应该就是在当时我的教案的基础上写成的。也因为此，毕业时，我免去了找工作的苦恼，顺理成章地留校做了教师。

还应该说明的是，我当时是作曲系的学生，我学习的课程，全是作曲系的“四大件”——和声、复调、曲式、配器，没有听过古代音乐史的课。为了开这门课，学校安排我去中央音乐学院旁听，并安排我去找原来我校的教师，当时已到中国音乐研究所工作的黄翔鹏老师学习。中央音乐学院的课，我只听了两三次，因为授课老师照本宣科的教法除了让我和所有听课的学生一样昏昏欲睡而外还有一个好处，就是激发我思考，如何能让中国古代音乐史这门课也能引人入胜，这，恐怕也是我写作本书的一个“逆增上缘”吧？跟黄先生学习，却是收获之多，并得到先生极大的鼓励。至于在其后考入中国艺术研究院研究生部，“登堂入室”，正式随杨荫浏、黄翔鹏二位先生学习，则是此书已在《音乐爱好者》连载完毕，即将正式出版的时候了。

还要说一句，本书虽小，但却起了当时始料未及、今天不可思议的作用。原因很简单，就是当时杨先生的巨著《中国古代音乐史稿》尚未正式出版，其他的同类研究尚未成书，社会上基本找不到这个内容的书籍，所以起了一点“蜀中无大将，廖化作先锋”的作用。有三个例子可以说明：一是本书出版后不久，就收到出版社转来的读者来信，记得其中有一封是一个在美国的留学生写的，具体内容记不清了，大体是表示对我的感谢，说本书让她了解了自己祖国的文化和历史云云，用今天的话讲，就是让她有了“文化自信”。二是 1993 年我去欧洲讲学，在伦敦大学亚非学院、剑桥大学、牛津大学等图书馆的中国藏书部，都看到了这本书。三是我在中国艺术研究院研究生部音乐系有一个同班同学吴犇，开学初见面，他就跟我说：“我是读你的音乐史话考上的。”此君毕业后即去美国，已有三十多年未见了，书至此，不知吴君可好？

本书在 1984 年正式出版，当时出书不像今天，花点钱就可以出书，在我们这两届研究生中，我是第一个出书的。记得拿到书时同学们羡慕的眼神，尤其是看到我在“后记”的最后“恬不知耻”地注明“著者 1982

年末于北京恭王府”的时候，明显引起“众怒”，当时快毕业离开研究生部所在的恭王府了，离开后，谁再出书，也不能署“于恭王府”了！于是，我只好请客“以平民愤”。对了，记得当时的稿费是1700元人民币，那是我平生挣到的第一笔大钱，我家的第一台电视机，即此款所购，颇得父母妻儿欢心。

记此，以为再版说明。

2017年秋于北京惠新北里

# 第一章　原始林莽中的歌声

## 一、音乐是谁发明的?

黄河万里，始于昆仑；泉清如许，自有源头。那么，音乐是在什么时候，由谁发明的呢?

我国古代有这样一个传说：在很早很早以前，黄帝命令他的臣子伶伦制定乐律。伶伦来到了昆仑山，他在山北面的嶰溪之谷砍了十二根竹子，削去竹节，用两个竹节之间的那一段，做成了十二根管子。管子做成了，一吹便可以发出声音来。但是，那声音难听极了。正在这时候，一对凤凰飞来了，凤叫了六声，凰叫了六声，天空中像珠玉一样撒下美妙的声音来。于是，伶伦便根据凤凰鸣叫的音高制成了十二根律管，从此，人们才有了创作音乐和演奏音乐的规范和依据。当然，这只是一个美丽的传说。世上本没有凤凰这种鸟，人们也不可能只根据鸟叫的声音发明音乐。那么，音乐究竟是怎样产生的呢? 19 世纪末 20 世纪初的一些社会学学者、人种学学者们卓有成效的研究，为我们勾画了这样一幅生动的图景：

当我们的城市还是原始森林的时候。

狩猎开始了。随着一声悠长尖锐的呼啸，一大群腰间围着兽皮，手里拿着棍棒、石块、弓箭的原始人冲向掉进沟壑的古象。物种间的生存斗争是残酷的。古象的长牙，不只戳穿了一个人的胸膛。但是，在人们震耳欲聋的呐喊声中，在如蝗的石簇、石块的打击下，遍体鳞伤的古象终于倒下了。

又是一声呼啸，人们围拢来，企图把这只巨大的猎获物拖出深沟。但是，它太重了，人们怎么也拖不动它。这时候，他们中间的一个忽然放开喉咙，发出了短促有力的一声喊，仿佛是说："用力呀！"其他的人，不约而同地模仿着他的声音，似乎在回答："一起拉！"他再喊，大家再应，一呼一应、一强一弱，这声音的节律，正合着大家咚咚的心跳！

多奇妙啊，这天地间第一次由人类发出的有规律、有意义的声浪，不但震撼着林莽山川，震撼着凄清的宇宙，也震撼着发声者自己的心！在这有节律的声音中，人们的脚步整齐了，人们的动作协调了，精疲力竭的身体里，仿佛又注入了一股新的力量。那古象巨大的身躯，也随着这强弱有节律的声音，缓缓地移动着……

寒冷而又神秘的夜降临了。闪动的篝火和胃中分解着的食物，使人们的血液流动得更快了。一个青年男子围着火堆跳跃着，一边模仿着动物的步态，一边模仿着动物的叫声。火堆旁的男女老少，拍击着身体和大地，随着他发出一阵阵抑扬顿挫的声音。这动作、这声音，使劳累了一天的人们感到了一种不可名状的快感。于是，火堆旁所有能活动的人们，都被这原始的、本能的、强烈的律动所驱使，投入了手舞、足蹈、口唱的狂欢中。

年老、体弱的舞者先退下去了。此刻，火堆旁只剩下那些最强壮的青年男女了。大野洪荒中的生命之火，给这些裸露着、扭动着的身体涂上了一层圣洁而又诱惑的光。一个尖锐高昂的女声，像彗星明亮的尾巴，划破了夜幕，又从高处落下来，掉到男声低吼的海浪中，激起了爱的和潮。就像日出月落、春华秋实一样自然，对狩猎对象和狩猎活动的模仿，不知不觉地变成了另一种重要生产——性行为的前奏曲了。

音乐的嫩芽，就这样从人类生活的沃土中萌生了。人类为了使生命个体能够存在和种族能够延续所必须从事的两项最基本的生产——劳动和生殖，应该说是孕育音乐（当然也包括其他艺术）的母亲。

在原始社会，生产力非常低下，人们必须依靠集体的力量才能生存。一方面，集体劳动必然要提出协调动作、统一行动的要求；另一方面，初级劳动大都是某种简单动作的连续反复，它本身就具有节奏的意义。《淮南子》中所谓"今夫举大木者，前呼'邪许'后亦应之，此举重劝力之歌也"的话，以及鲁迅先生关于"杭育杭育派"的著名论述，都充分说明了音乐起源与劳动的关系。

音乐最基本的要素，就是节奏和旋律。节奏，指的是单位时间内声音的强弱规律和音的时值。狭义的旋律，一般指依次发出的不同音高的乐音。简单地说，前者是音的长短，后者是音的高低。假如说劳动为音乐提供了节奏的话，那么，性爱则可能是促使旋律丰富动人的重要因素。当然，除了纯打击乐而外，节奏与旋律在实际音乐中是不可能分开的，这正如在谈到艺术的起源时，只强调劳动和只强调性爱都是偏颇的一样。至于认为音乐起源于"模仿"，起源于"语言"，起源于"宗教"的学说，则或是没有看到事物的本质，把手段当成了目的；或是指叶为根，把孪生的姐妹当成母女了。

毋庸赘言，音乐不可能是某一个人在某一天早上发明的。鲁迅先生说过："一切文物，都是历来的无名氏所逐渐的造成。"[①]"归功一圣，亦凭臆之说也。"[②]但是，假如我们把伶伦当成当时整个人类社会集中智慧的代表，

---

① 鲁迅:《南腔北调集》，人民文学出版社 1974 年版。

② 同①。

把对凤凰叫声的模拟，当成人们在狩猎过程中使用的一种手段，甚或把凤与凰，当成爱情的象征，那么，我们在文章开始时所引用的美丽神话，便多少带些唯物主义的性质了。

## 二、人类最早的乐器

你知道人类最早的乐器是什么样子吗?

请看下面这张照片。这是在我国长江下游、属于新石器时期的浙江余姚河姆渡遗址发掘出的骨哨中的一部分。

出土的160件骨哨，距今已有七千年左右了。这些骨哨是由鸟类的肢骨做成的。河姆渡人把禽鸟肢骨的两端截去，在略呈弧形的骨管上磨出一两个或两三个孔，便可以吹出酷似鸟鸣的简单曲调了。其中有一件骨哨，出土时腔内还插有一根较细的肢骨，发声原理和外形，都酷似杭州西湖边

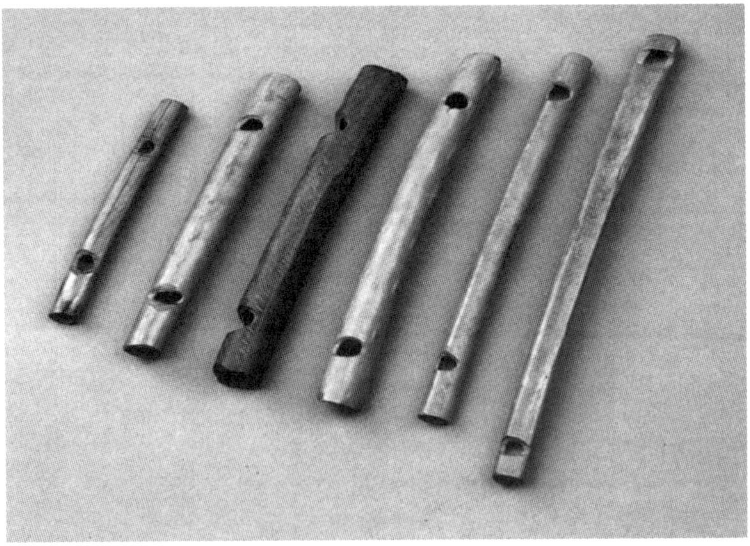

骨哨

上常见出售的竹哨。不难想见，当初河姆渡的捕鸟人，怎样隐形于树下，设网于丛中，用这骨哨吹奏出啾啾的乐音；而那翩飞的鸟儿，又怎样寻声而至了。

我们知道，原始人最早的主要生产方式是采集植物和狩猎。在长期的狩猎实践中，我们的祖先逐渐学会了模仿鸟兽的鸣叫来吸引动物。除了骨哨之外，在我国出土的原始社会的助猎工具还有“鹿笛”和“狍哨”。据说吹鹿笛时，可以发出母鹿鸣叫的声音；吸鹿笛时，可以发出公鹿鸣叫的声音。而狍哨则可以发出狍崽嗷嗷的叫声，母狍听到之后，就会乖乖地自投罗网。在我国的鄂温克族中，如今依然可以看到这种由鹿笛发展来的乐器。

当然，不管是鹿笛还是狍哨，都还仅仅是原始人为了诱捕野兽而制作的一种简陋的劳动工具，它们只能发出一两种单调的类似兽鸣的声音，还不能称它为“乐器”。但是，当某个原始人于劳动之余，温饱之后，为了自娱，为了温习一遍白天狩猎的过程而给自己找点快乐的时候，我们就不得不承认这件劳动工具已经具有乐器的性质了。

回溯中国悠久的音乐历史与文化，我们不禁要问中国音乐文明的曙光来自哪里？生活在中国远古时代的祖先们最早拥有怎样的音乐生活呢？回答这个问题我们首先要把目光投射在河南省舞阳县贾湖村。贾湖村的东侧有一处距今八九千年前的古代聚落遗址，这便是驰名中外的贾湖遗址。该村落位于河南省中部偏北，南距舞阳县城 22 公里，东北距昔日繁华的中州重镇北舞渡镇 3 公里。这里自古以来气候湿润、河流纵横，是人类生息繁衍的理想地域。贾湖遗址属于保存完整、规模较大、文化积淀极为丰厚的新石器时代早期文化遗存，出土的大量器物向人们显示着近一万年前的贾湖先民们创造的人类文明，尤其令人惊叹不已的是墓葬中的骨笛，为我们了解中原地区新石器时代音乐的发展提供了极为宝贵的文物资料。

贾湖遗址始发现于 20 世纪 60 年代初，目前考古发掘出土的贾湖骨笛共三十多支，其形制可分为三类，与贾湖文化遗址的三个发展阶段基本吻合。早期骨笛，距今 9000—8600 年，笛身开有五孔、六孔，能吹奏四声和五声音阶。中期骨笛，距今 8600—8200 年，笛身开有七孔，能吹奏六声和七声音阶。晚期骨笛，距今 8200—7800 年，笛身出现八孔，能吹奏七声音阶及一些变化音。这些考古测定和研究表明至少在一千两百多年的时空跨度内，贾湖先民们不断传承着这些形制比较固定、制作相对规范的骨制器物。同时也说明骨笛在贾湖地区的使用并不是一个偶然现象，而是人们在长期生活实践和音乐实践基础上主动发明创造的结果。这些生活在淮河流域的贾湖人创造出的原始文明，超乎今天现代人的想象。

动物骨骼是远古先民制作生活器物的重要材料之一。经专家鉴定，贾湖骨笛是用大型禽鸟双翅的尺骨制作，锯去两端关节钻孔而成。鸟类的尺骨薄壁中空，截去两端骨关节便是理想的发音管。九千年前，河南舞阳地区曾生活着大量鹤类动物，鹤在中国古代神话和民间传说中被誉为“仙鹤”，是高雅、长寿的象征。唐代诗人崔颢有首著名的诗歌：“昔人已乘黄鹤去，此地空余黄鹤楼。黄鹤一去不复返，白云千载空悠悠。”仙鹤自古被

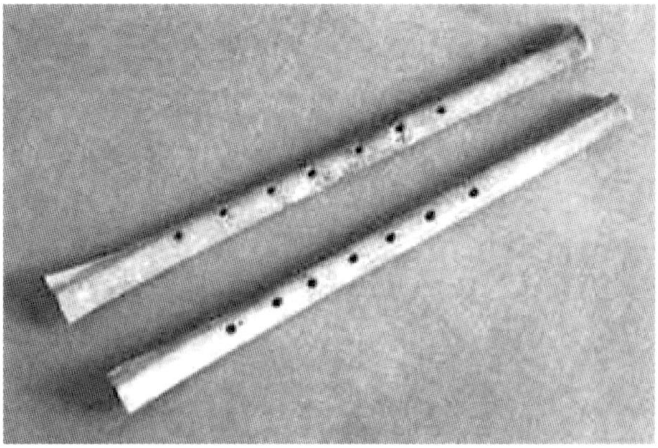

贾湖骨笛

人们认为是沟通阴阳两界、人神之间的使者。贾湖先民们就地取材，用鹤类的尺骨做成一支支骨笛，用美妙的笛声寄托他们对天、地、人、神的虔诚信仰，在原始人的心中音乐具有神秘的魔力。

让我们更为惊讶和惊喜的是，八九千年前的贾湖先民已经有了音阶和音律的基本概念。在有些骨笛的音孔之间可以明显地看到在钻孔前刻画的标记和符号，有的音孔旁边还有小孔。这些标记、符号和小孔都经过精确的计算和设计，是有目的地用来调整孔位和校正音高的。由于每支骨管的长短、粗细、厚薄都不相同，要在这些形状不甚规则的骨管上计算符合于音阶关系的孔距，是一个相当复杂的问题。在出土的三个历史时期的贾湖骨笛中，音孔从四个至八个不等，以六孔笛和七孔笛居多。经过对未残损及残损较轻的骨笛测音，发现它们具有良好的音乐性能。

乐音是一种自然现象，而音阶是一种乐音组合方式。世界上不同的民族有不同种类的音阶，音阶的结构反映的是一种音乐文化模式，是一个集体的审美趣味和音调样式。在相当长的历史时期，人们曾有一种中国的音乐传统是五声音阶，西方的音乐传统是七声音阶，五声简单，七声复杂的错误认识。如今，这批东方神笛在中原的贾湖破土而出，向世界展示着一串串中国传统的六声和七声音阶，它与我们今天依然在使用的音调竟完全一致，这是多么令人自豪和深思的文化现象啊，它用不争的事实告诉我们：中国音乐的生命和意韵跨越着漫长的时空代代传承，生生不息！贾湖骨笛作为 20 世纪最为重大的出土音乐文物之一，向世界吐露着中国远古音乐文化的信息。中国音乐的源头要比黄帝时代大大向前推进，远在八九千年前，我们的先民已经达到了相当高程度的骨管乐器制造水平，其音乐思维也许不止停留在“以耳齐其声”的感性认识上，而是已经具有较为成熟的音律发展观念。这真是令人难以想象的音乐奇迹！

不知道经过了多少年的演变，也不知道经过了多少人的琢磨和劳动，成熟了的乐器终于脱离了自己的父母——工具，而独立存在了。你能想象吗？现在多种多样的弦乐器的老祖宗，就是当年射杀野兽的那把粗糙的弓箭呀！当然，也有一些乐器和它们的“父母”并没有太大的变化，例如从我国的原始社会就已经出现的乐器“磬”和“缶”，本身就是一块可以作为工具的石片和盛水的陶皿。

那么，哪一种乐器是最早出现的呢？有的人认为，在乐器的大家庭里，“鼓”的年纪最大。至少，大家都同意打击乐器的出现，要早于管乐器和弦乐器。理由很简单，第一，在音乐的早期形式中，节奏占有最重要的意义。一直到现在，在许多民族当中也还流行着只有节奏而没有旋律的乐曲。第二，打击乐器的制作和演奏，恐怕要比管、弦乐器容易得多。你看，把一块石片悬挂起来敲击，不就成了古时的击乐器“磬”了吗？另外，人们还发现，在世界所有的民族里，包括那些社会结构仍处于低级阶段的所谓“原始民族”里，都能发现“鼓”这种乐器。

传说中，中国原始社会中的鼓叫作“土鼓”，它可能是用陶土烧成框架，然后蒙皮制成的。当时的鼓槌是用草扎成的[①]，而且似乎装饰得很好看，鼓下有足，鼓上有羽毛之类的饰物。这一点，从中国古代文字“甲骨文”中“𡔷”的字形就能看出大概。这个字的左半边是鼓的形象，其中间的“ㅂ”是鼓的本身，上边的“Ψ”是插在鼓身上的饰物；下面的“丄”是鼓下的足。字的右边是表示一只手执槌击鼓的姿势。恐怕仅仅是由于这类乐器难以保存，所以至今未有当时的鼓类出土。

中国原始社会时期最有民族特色，也是出土最多的乐器，应该说是埙了。埙是一种闭口管乐器，最早的埙是石制的，母系氏族社会繁荣期产生

① 《礼记·明堂位》：“土鼓、蒉桴、苇籥，伊耆氏之乐也。”载《十三经注疏》第7册，中华书局1957年版，第1389页。

的制陶技术，则为陶埙音乐的发展提供了物质手段。西安半坡遗址出土的两个陶埙，是六千多年前先民的制品。其中的一个（一个吹孔、一个音孔）已可吹出小三度音程，暗示着母系氏族公社时的人们，至少已经有了相对音高的概念，并有了进一步发明绝对音高概念和音阶概念的可能性。

中国古老乐器中，埙有些与众不同，其特别之处除特有的幽远、悲凄、哀婉的独特音色外，还在于其悠久的历史中曾有着不间断的发展，陶埙在原始社会就已出现，而且为数不少，经过几千年漫长的岁月，从新石器时代一直沿用至今。埙有石制、陶制、骨制、玉制、木制等多种，因以陶制最为普遍，又称“陶埙”。埙的顶端均有一个吹孔，形制有橄榄形、鱼形、圆锥形等多种。埙体的上端为一个吹孔，埙体上的按音孔由最早的一孔逐渐增多，发音从最早吹奏单音，到可吹奏小三度以及四声、五声、六声、七声音阶。例如在甘肃玉门火烧沟文化遗址的墓葬中，发现了夏代的彩陶埙，共出土二十余件。这些埙的外形均呈扁平的圆鱼状，埙体上面多饰以网纹或条纹彩绘，一般悬挂于男性墓主人的颈部。鱼嘴为吹孔，埙体上有三个按音孔，至商代埙的外观基本定型，以五音孔居多，形制由早期的多种多样到逐渐确定为下平上尖的梨形。如河南辉县琉璃阁殷墓出土的

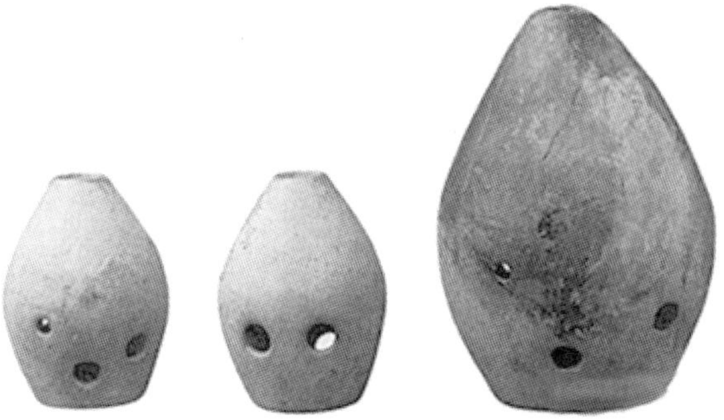

河南辉县出土的陶埙

三个一组的埙，那么，我们的祖先在这些乐器的伴奏下，都唱过些什么样的歌呢?

## 三、生活的一面镜子

祖先的歌声，作为时间艺术而随着时间的流逝湮没在无穷的世纪中了。但是，也不要过于失望，我们仍可以从后来的一些古籍中找到一些记载，用我们的想象把时间留下的空白填充起来。下面，我们一起读几首相传是当时的歌词，从中大致可以推断出当时音乐所反映的社会内容和表演形式。

第一首叫作《涂山氏妾歌》[①]，据说大禹巡行南方的时候，涂山之女爱上了他。但大禹不知道出于什么原因而冷落了她。于是，涂山之女便命自己的侍妾替她在涂山的南面守候禹。她还唱了这样一首歌："候人兮猗"。这首歌，只有四个字，而四字之中仅有头两字有意义，后两字只不过是由感慨而生的叹语，是并无意义的虚字。但是，我们却不能小看这两个字。古人说："言之不足，故嗟叹之；嗟叹之不足，故咏歌之；咏歌之不足，不知手之舞之，足之蹈之也。"这两个虽无实意，但却蕴含着丰富感情的字，正是"言之不足""嗟叹之不足"后的咏歌声。它也正像闻一多先生所言，"声音可以拉得很长，在声调上也有相当的变化，所以是音乐的萌芽"[②]。因此，我们把这首很可能是非常哀婉柔曼的歌当成见于记载的我国第一首"女声独唱"，大概是不错的。

第二首叫作《弹歌》，歌词也很短，只有八个字：

---

① 《吕氏春秋 · 季夏纪 · 音初篇》："禹行功，见涂山之女，禹未之遇，而巡省南土。涂山之女乃令其妾候禹于涂山之阳。女乃作歌，歌曰：'候人兮猗'！文学古籍刊行社 1955 年版，第 265 页。

② 闻一多:《神话与诗》，古籍出版社 1956 年版。

“断竹续竹，飞土逐宍（肉）。”①

如果把它译成现代语言来唱，那就是：“砍断竹子连成弓哟，射出泥丸打鸟兽。”你看，短短的一首歌，就充分证明了这样一条真理：艺术是生活的客观反映，在生产力和生产关系发展的任何阶段，与它相适应的艺术总像镜子一样把它反映出来。从这首歌中我们可以推断，那肩扛着被击毙的鸟兽，手拿着心爱的弓箭，一边走一边用歌声夸耀着自己的武器和射击本领的歌手，肯定是处于狩猎阶段的人们。

另外一首，则反映出唱歌的人们，已经开始从采集果实和狩猎为生过渡到种植谷物的农业阶段了。这是“伊耆氏”部落的人们，在每年举行一次的祭祀万物的盛典上唱给神明们听的：

土反其宅，
水归其壑，
昆虫毋作，
草木归其泽。②

歌词的大意是：“土壤回到原地吧，洪水回到深谷，害虫不要滋生呀，让洼地专长杂草野树。”人们在歌中虔诚地祷告：在下一个年头里，不要再发生风灾、水灾、虫灾；不要让杂草野树和人们辛勤种下的庄稼争夺土地、阳光和水分。这难道不是纯朴勤劳，但又无力与大自然抗衡的农业劳动者从心中唱出的愿望吗？伊耆氏部落的人们，伴奏这首歌时所用的乐器，就是土鼓和苇子做成的排箫——籥。

① （东汉）赵晔撰：《吴越春秋》，载《隋书 · 经籍志》，中华书局 1973 年版。
② 《礼记 · 郊特牲》，载《十三经注疏》影印本，中华书局 1982 年版，第 1454 页。

在原始社会，由于生产力的低下，人们不能正确地认识自然，音乐则在很大程度上体现了先民的原始信仰。人们常常用当时艺术的最高形式——音乐、舞蹈、文学三位一体的“乐舞”，来表示对自然力和祖先的崇拜。人们相信，音乐有一种超自然的力量，它可以感动上苍，可以媚悦上苍，可以使自然听命于人。这虽是一种迷信，但却充分说明这样一个真理：音乐，从开始即是一种社会形态，而且，是不能不受生产力的支配的。

远古时代的乐舞有很多传说。相传黄帝时代的乐舞叫《云门》，是歌颂黄帝部落的“图腾”[①]云彩的。尧时代的乐舞叫《咸池》，咸池，是古人想象的日浴之处。他们用这个乐舞，来祈求聚集在那里的神灵保佑。舜时代的乐舞叫作《韶》，也是一部宗教性的作品。从艺术上看，《韶》可能是原始社会登峰造极的作品了。《韶》的主要伴奏乐器是编管乐器箫，所以也叫作《箫韶》；又因为它结构庞大、丰富多变，包含多个段落，所以也被称作“九辩”或“九歌”（“九”是多的意思）。这个乐舞，在中国曾长时期地被视为艺术的最高典范。有人把它看成从天上传来的音乐[②]，有人把它比成无所不覆的天，无所不载的地[③]。一直到公元前6世纪，孔子还曾在齐国看过流传到那时的《韶》的演出，并因而留下了音乐欣赏史上人们曾达到过的最高心理状态的佳话——“三月不知肉味”；引发了美学史上最早的关于内容与形式完美统一的批评标准——“尽善尽美”。

禹时代的代表性乐舞叫《大夏》，是歌颂神话般的治水英雄的。据古籍记载，表演《大夏》时，演员围着白麻布的裙子，赤裸着上身，头上戴着

---

① 原始社会中，人们常把一些动物或自然物当作自己的祖先、保护者和氏族的标志，对它表示崇拜。这被崇拜的自然物，就叫作“图腾”。

② 《山海经 · 大荒西经》：“开上三嫔于天，得‘九辩’‘九歌’以下。”四部丛刊景明成化本，第278页。

③ 《左传 · 襄公二十九年》：“见舞《韶箾》者，曰：‘德至矣哉！大矣，如天之无不帱也，如地之无不载也……’”载《十三经注疏》，中华书局1957年版，第1572页。

兽皮做的帽子。[1]那时的乐舞，基本上是歌颂神、表演给神看的。艺术内容的中心，从神变为人，还要经过很长的历史时期。这就像乐舞中所包含的文学、音乐、舞蹈这三种艺术形式的各自成熟独立，还要经过长时间的演变一样。

涛声不息，黄河不止，音乐的长河就要流入奴隶社会了。其时，人们中极少的一小群人，自命为是神的后裔、天的儿子，他们要来独享这过去只唱给神听的歌了！让我们跟着音乐的长河，进入这个黑暗但又开始了人类文明的社会吧。

---

① 《礼记 · 明堂位》："皮弁素绩，裼而舞大夏。"载《十三经注疏》，中华书局 1982 年版，第 1489 页。

# 第二章　漂着白骨的河道

在原始社会后期，随着生产力的发展，私有财产出现了。各氏族集团经济发展的不平衡，引起了氏族间的战争。战争中的俘虏变成了奴隶，氏族中富有的家庭变成了奴隶主。这就是我国历史上的第一个阶级社会——奴隶社会。正如列宁所说："奴隶主和奴隶——是第一次大规模的阶级划分。前一集团不仅占有一切生产资料（即土地和工具，尽管当时工具还十分简陋），并且还占有人。这个集团就叫作奴隶主。从事劳动并把劳动果实交给别人的人则叫作奴隶。"[①]

奴隶们不仅没有生产资料，而且不被奴隶主当作人看待，"对他不仅可以随便使用暴力，就是把他杀死，也不算犯罪"[②]。在我国，从约公元前 21 世纪的夏朝开始，经过商朝、西周，直到公元前 771 年西周灭亡止，都处在这样一个黑暗的时代。

---

① 列宁:《论国家》，载《列宁选集》第 4 卷，人民出版社 1960 年版。

② 同①。

## 一、《舞雩》

公元前11世纪，商都郊外。

阳光灼热，土地龟裂，就连黄河的河床，也几乎干了底。

禾苗，晒焦了；牛羊，渴死了。遍地的尸骨，蒸发着难闻的臭气。

城外岸边的高地上，垒起了一座方形的祭坛，无数面黄肌瘦的人跪在那里，卧在那里，一条条细弱的手臂，像一根根枯枝干柴，伸向没有一丝云彩的天空，伸向没有一滴清水的河床……

祭坛旁，几百个奴隶忙碌着，把盛满菜肴的簠、簋和注满米酒的彝、尊摆在祭坛前，这是饮酒成风的商朝奴隶主请天上的"神明"享用的祭品。

忽然，人群骚动起来，人们回头望着大开着的城门：一队手持青铜长戈的兵士押着几辆牛车过来了。车上，都是被木枷锁住手脚的奴隶。奴隶们挺着胸，昂着头，愤怒地望着前方。在他们的额角上，刻着污辱的词句；在他们冒着火的眼睛下面，是流着脓血的一个黑森森的深洞！原来，他们都被控为"罪犯"，被残酷的刑罚割掉了鼻子。

尘土飞扬的路旁，一个花白胡子的老人，拄着拐杖，流着眼泪，望着牛车上的人们，用喑哑的声音低声哼唱着：

牛车慢慢走啊，牛车慢慢行，
牛儿的两角直挺挺。
车上的人儿啊，面上刺字，受了劓刑。
不知道他们过去的生活怎样，
可他们眼下的命运啊，却被注定。[①]

---

① 《易经·睽》："见舆曳，其牛掣，其人天且劓，无初，有终。"载《十三经注疏》，中华书局1982年版，第51页。

牛车到了祭坛前，车上的奴隶被推了下来。一声令下，刽子手抡起青铜剑，向他们的项上砍去。残酷的奴隶主，竟然把奴隶们当作祭祀上天的“牺牲”了！

奴隶们的鲜血，喷射到祭坛上，把雪白的草席染得斑斑驳驳。

求雨的盛典开始了。铜钟锵锵，土鼓卜卜，石磬叮叮。神秘可怖的音乐在同样神秘可怖的天地间轰鸣。奴隶主头子——王，率领着大小官员上前三步，依次行礼。一个身穿麻布长袍的巫跪在台前，用柴火烧燎着一片龟的腹甲。一会儿，龟甲裂了，他站起来，装模作样地端详了许久，便用一种奇怪的音调唱起来：

“癸卯卜，今日雨……”

在他的指挥下，一群人围成个圆圈，一边跳着，一边唱着，圆圈一会儿聚拢，一会儿散开；一条作为舞具的牛尾巴，从这个人的手里，传到下一个人的手里。噢，这就是当时求雨的乐舞《舞雩》了。圆圈越转越快，鼓点越敲越急，歌声也越唱越响：

> ……其自西来雨？
> 其自东来雨？
> 其自北来雨？
> 其自南来雨，①

歌舞者们拼命转着，唱着，向四面八方的神明乞求着甘霖。但是，如火的骄阳依然喷射着毒焰，滋润着茫茫赤野的，只有奴隶们的鲜血……

进入奴隶社会之后，随着从事单纯体力劳动的群众同管理劳动、经营

① 郭沫若：《卜辞通纂》，《考古学专刊》甲种第 9 号，科学出版社 1958 年版。

商业和掌管国事以及后来从事艺术和科学的少数特权分子之间的大分工[①]，出现了一种兼管迷信活动和文化的官职，叫作“巫”。我们现在所说的“舞”字，在那个时候和“巫”字就是一个字。巫的日常工作，是求神问卜，沟通人与神的联系，并且是专业的音乐舞蹈家。《礼记·表记》中说：“殷人尊神，率民以事神，先鬼而后礼……”崇尚鬼神的殷人，几乎事事都要卜筮，四时都有名目繁多的祭典，祭上帝，祭土地，祭山、川、日、月，祭先考先妣……而在这些繁多的宗教活动中，又几乎离不开音乐。当时的人们认为，音乐的力量是无比神秘的，音乐可以通神，可以娱神，人们通过歌舞，向神祇表示崇拜，祈求护佑。因而，这些宗教活动本身，同时也是一种艺术活动。像刚刚提到的求雨的《舞雩》，以及驱疫的《魌舞》(傩)等，就是这一类宗教歌舞。

但是，无论多么浓重的宗教色彩，也无法掩盖音乐本身所具有的重要的社会功能——娱乐性。在娱神的同时，人们自己也自然地产生了美感，感到了愉悦。宗教的狂热与审美的欲求结合在一起，形成了一股巨大的动力。这动力，在高度发达的青铜工艺所提供的基础上，促成了奴隶社会青铜文化在音乐上的体现——钟磬音乐的滥觞。

## 二、金石之声

当人们形容某人的语言包含着重要内容，而语气又如钢似铁、不容置疑、不可更改的时候，常爱说：“此言掷地，如作金石之声。”那么，什么叫“金石之声”呢？这要从中国最早的乐器分类法——“八音”谈起。

所谓“八音”，即指“金、石、土、革、丝、木、匏、竹”八类乐器。

---

① 列宁：《论国家》，载《列宁选集》第4卷，人民出版社1960年版。

“金”指青铜，如钟；“石”指玉石，如磬；“土”指陶土，如埙；革指皮革，如鼓；“丝”指弦线，如琴；“匏”指葫芦，如笙；“木”“竹”，即木制、竹制乐器，如柷、敔，如笛、管。

这种根据乐器材质划分乐器种类的方法的产生，说明当时我国的乐器品种，已经相当地多，因而才有了分类的需要和抽象归纳的可能。我们知道，现代通行的乐器分类法，是注重乐器的发声原理和演奏方法的，如分为“弓弦乐器”“吹管乐器”“打击乐器”等。那么，是否可以这样认为，在“八音”这种古老的分类法中，蕴含着先民的一种美学观念，即在某种程度上，把乐器本身当成了音乐。殷、周的统治者追求享乐，突出表现在不惮花费巨大的人工、财力来制作精美的乐器上。他们竭尽当时生产力之可能，驱使奴隶们铸钟镂磬，熔饕餮于钟身，雕白虎于磬面，技艺精绝、巧夺天工。金钟石磬之上，凝结着奴隶们的无穷智慧和宝贵生命，也记录着统治者在追求音乐享乐的同时耀威炫势的欲念。也许，一直要到春秋战国之际，礼崩乐坏之时，孔老夫子发出“乐云、乐云，钟鼓云乎哉？”的著名诘问之后，中国传统美学中重精神、轻物质的思想，才能真正开始萌生。

八音之中，金石为先。“金”类乐器有铙、钟、镈等。下图为故宫博物院藏商代大铙的照片。铙多见于商，有中空的短柄可安木把，使用时铙口向上，较小者手持其柄，较大者植于座上，以槌击之。商铙一般三件一组，已可反映出当时人们的音阶观念。图中之商大铙，亦有称之为镛者[①]，通体饰饕餮纹，确有一种美感。

钟，一般是悬而击之。悬钟的框架，其梁称“笋”，其柱曰“虡”。单独悬挂的大钟，称特钟，而绝大部分依声律高低排比悬挂的，称编钟。编钟在西周中期多为大中小三件一组，晚期后，一组发展到十几件甚至更多。

① 李纯一:《中国古代音乐史稿》第 1 分册，音乐出版社 1964 年版。

湖南宁乡出土的商代青铜大铙

有钟柄（甬）的钟，称为甬钟，以半圆形钮代替甬来悬挂的，称钮钟。作为旋律乐器的中国铜钟，在造型上与世界其他各国的“钟”不同，一般不是圆形而是扁形，像两块瓦合在一起。钟口的边缘线（于），不是直线而呈弧线。是什么原因造成中国铜钟的这种独特造型风格呢？恐怕是由于两点必要而精细的考虑。一是扁钟的余振时间比圆钟短，便于演奏旋律，不至前音未消，后音已现，混成一片“和音”。二是这样形制的一个钟，可以在隧部和鼓部敲出两个不同音高的乐音来。最早阐明前一点的，是北宋沈括（1031—1095），他在《梦溪笔谈（补）》卷一中写道：“盖钟圆则声长，扁则声短，声短则节，声长则曲，节短处声皆相乱，不成音律。”他指出，假如用圆形钟来演奏旋律，则“急叩之多晃晃尔，清浊不复可辨”。而发现第二点，即一钟可发两音，则要晚得多了。这一秘密自钟磬音乐退出人们的实际音乐生活之后，近两千年来一直无人揭破。最早提出这一现象并加以阐述的文章，是 1980 年 1 月出版的《音乐论丛》第一辑中黄翔鹏同志的《新石器和青铜时代的已知音响资料与我国音阶发展史问题（下）》。在此文中，黄翔鹏同志根据大量实际测音的结果，佐以古籍中有关的旁证，提出并初步探讨了一钟两音的意义和它的来龙去脉。这一发现，已被其后曾侯乙墓空前伟大的音乐考古发现所证实。

磬，一般为玉或其他名贵石料制成。其状为略呈不等边三角形的薄片。

磬和钟一样，也分特磬和编磬两种，并经常与钟合奏，共成“金石之声”。我们在上一章提到过，磬可能是人类最早使用的乐器之一。古籍中所谓“击石拊石，百兽率舞”[①]，便是对远古先民们以磬伴奏“摹拟舞”的记载。“击”是重敲，“拊”是轻敲，一重一轻，自成节奏。

照片中的虎纹特磬，1950 年安阳武官村商大墓出土。此磬是大理石雕成，通体饰以虎纹，长达 84 厘米，高达 42 厘米，厚 2.5 厘米。其声清朗浑厚，是一件绝无仅有的稀世珍宝。从磬体上方有显著磨痕的悬孔来看，此磬当是一件曾久被使用的乐器。

钟磬之声，在人类文明的黎明期，在中华民族生聚繁衍的土地上高扬着。它曾诉说过些什么呢？从什么时候起，金与玉的结合，便被一代代的人们视为最完美的结合了呢？由此而引出的“金石之盟”“金玉良缘”的俗话，是仅仅由于钟磬之乐的和谐美妙已成公论，还是由于人们的牵强附会呢？这些问题可能不容易回答，但是，有一点却是明确的：音乐自进入奴隶社会——人类第一个有阶级的社会之后，便被打上了阶级的烙印。从那个时代起，音乐开始被肢解了，一些人只奏，另一些人只听，创造它的人

虎纹石磬

① 《尚书·益稷》，载《十三经注疏》，中华书局 1957 年版，第 175 页。

既不能仅为它而创造，也不能仅为自娱而演奏歌唱，他们用生命创造出这圣洁的仙女，是为了奉献他人，而另一部分人，却端坐堂上，享受着原来奉献给上苍的一切。

奴隶主阶级为了能永远保持对文化和一切物质财富的垄断，专门制定了一整套氏族宗法制度，其代表与集大成者，便是西周的礼乐。

## 三、维护宗法制度的重要工具——礼乐

周人常讲“殷鉴”，把殷商的灭亡当作一面镜子。殷商的末代统治者纣王，“好酒淫乐，嬖于妇人”，他命乐师“作新淫声，北里之舞，靡靡之乐”，甚至“大聚乐戏于沙丘，以酒为池，悬肉为林，使男女倮，相逐其间，为长夜之饮”[①]。荒淫无耻到了极点，结果民怨众怒。牧野之役，商军“皆倒兵以战”。周兴而商灭，纣王也自焚而死。

周原是商的属国。周灭商之后，一方面以商为鉴，不再“先鬼而后礼，先罚而后赏，尊而不亲”，而是“尊礼而尚施，敬神而远之，近人而忠焉”[②]。另一方面却也承袭了商朝礼乐刑政的大部分传统，并在此基础上发展成一整套细密谨严、对后世影响很大的礼乐制度。

礼乐制度，实质上是奴隶制的氏族宗法制度和等级名分制度的综合体。所谓宗法制度，就是用“大宗”和“小宗”的层层区别构成一座血缘宗族关系的金字塔。塔顶，是自称为“天子”的周王，他是天下的大宗。其王位由嫡长子继承，世代保持大宗的地位。嫡长子的兄弟们则受封为诸侯或卿大夫，他们对周王而言是小宗，但在其封国内却为大宗，他们的君位亦

① 《史记 · 殷本记》，中华书局 1959 年版，第 105 页。

② 《十三经注疏》第 7 册，中华书局 1957 年版，第 2184 页。

由嫡长子继承，依次类推。这种以“嫡”为“系”的办法，在中国其后两千年的封建社会里，始终被认为是“礼”的重要原则。

周的奴隶制大家族和国家是合二为一的。与氏族宗法制互为表里的等级名分制，也就是当时的礼乐制度。对王、公、卿、大夫、士这样一个等级阶梯的每一层，都详细而严格地规定了符合君臣上下、父子尊卑关系的礼仪。每个贵族从出生到死亡，从人事到祭祀，从日常生活到政治活动，都处在与其身份相应的礼乐之中，享受应有的特权，不得“僭越”。比如乐队的排列和所用乐器的多少，规定天子的乐队可以排列东西南北四面；诸侯可以排三面；卿和大夫排两面，士只能排一面[①]。关于舞队的人数，规定天子的舞队可以用“八佾”，即排八行，每排八人，共六十四人；诸侯用“六佾”四十八人；大夫用“四佾”三十二人[②]。当然，这些规定只限于统治阶级内部，被视为牛马的奴隶，是根本无权享受文化生活的，对奴隶，他们只用暴力，也就是所谓“礼不下庶人，刑不上大夫”。当然，“刑”是惩罚，“礼”也是约束。周人从殷鉴中得到的教训，便是万事要有节。

周朝的统治者还明确地指出用音乐进行统治的目的，就是让人们保持“平和”，不进行反抗。用他们的话说，就是“以乐礼教和，则民不乖”[③]。以“和”为宗旨的音乐典型，便是大名鼎鼎的“雅乐”。

“雅乐”，实际上是直接与“礼”联系在一起的祭祀音乐和仪典音乐。周朝的礼有五类：“吉礼讲祭祀，敬事邦国鬼神；凶礼哀忧患，多属丧葬凶荒；宾礼讲会同，多属朝聘过从；军礼讲行师动众，征讨不服；嘉礼为宴

① 《周礼 · 春官》：“正乐悬之位，王宫悬，诸侯轩悬，卿大夫判悬，士特悬。”载《十三经注疏》，中华书局 1957 年版，第 838 页。

② 《春秋 · 左传 · 隐公五年》：“天子用八，诸侯用六，大夫四，士二。”载《十三经注疏》，中华书局 1957 年版，第 146 页。

③ 《周礼 · 地官 · 大司徒》，载《十三经注疏》，中华书局 1957 年版，第 356 页。

饮婚冠，吉庆活动。”[1] 在这五类活动中，乐，都是重要的组成部分。“国之大事，在祀与戎”，这些活动的重要政治性质和庄严肃穆的气氛，决定了雅乐的风格——“中正和平”“典雅纯正”。又因为自周开始，历代都把先王之乐奉为“雅乐”，所以，“雅”也便成了“古”的同义语。在中国儒家的心目中，凡雅必古，凡古必雅，不古者则必不雅的偏见，已成了一种根深蒂固的观念。

周朝祭天地、祀考妣的雅乐，便是被称为“六乐”或“六舞”“六代之乐”“六代之舞”的前代乐舞：相传为黄帝时代的《云门》，尧时的《大咸》，舜时的《大磬》（韶），禹时的《大夏》，商时的《大濩》及表现周武王伐纣的著名武舞《大武》。由于这些祭典都是当时国家最高的仪礼，所以，表演这些乐舞的人，并不是专职的乐师和地位低贱的乐工，而是在“大司乐”中受教育的贵族子弟——“国子”们。“大司乐”可能是中国，也是世界上最早的音乐教育、表演机构，如果一定要以现代的概念来比拟它的话，似可称之为“文化部兼贵族音乐学院”。

当时的贵族子弟，十三岁便要入学，“学乐、诵诗、舞《勺》。成童（十五岁）舞《象》，学射御。二十而冠，始学礼，可以衣裘帛，舞《大夏》”[2]。学习是循序渐进、有计划、有系统的。大司乐所遵从的教育思想，是“礼”在“乐”前，艺术为政治服务的。教乐，首先教“乐德”——“中和、祗庸、孝友”，然后教艺术手法：“乐语”——“兴道、讽诵、言语”，最后，才教具体音乐作品“乐舞”。

但是，不管周代的礼乐制度如何完备，也无法真正约束那些穷奢极欲的奴隶主贵族。在统治阶级内部，逾礼之心，丛生难灭；僭越之举，此伏

① 郭沫若主编：《中国史稿》第 1 册，人民出版社 1976 年版，第 275 页。

② 《礼记 · 内则》，载《十三经注疏》，中华书局 1957 年版，第 1471 页。

彼起。更重要的是，任何礼乐刑罚，也无法掩盖平息日益激化的阶级矛盾。在深重的阶级压迫下，受苦受难的奴隶们，流血流汗的奴隶们，做牛做马的奴隶们，开始觉醒了！他们眼望奴隶主高大的庭院，唱出了愤怒的责问：

坎坎伐檀兮，
置之河之干兮，
河水清且涟漪。
不稼不穑，
胡取禾三百廛兮?!
不狩不猎，
胡瞻尔庭有悬貆兮?!
…………

河畔，檀木堆成了山；河水，却托着奴隶们的尸骨，缓缓地流淌。

黄河的波涛，像浓浊的泥浆，像殷红的鲜血，又像经不住这满河道尸骨的重压，低声悲鸣着。这声音，如泣，如诉，如憎，如怒。

水流声中，终于加进了奴隶们的歌声。起初，它可能是微弱低沉的，而后，却越来越响，像穿天裂云的惊雷，压过了沉闷的水声，滚过了广漠的空间！

这奴隶们觉醒的歌声，不就是奴隶制度的掘墓声吗？

# 第三章　星空灿烂

从公元前 771 年周平王被迫迁都洛邑开始，我国社会进入了一个翻腾着轩然大波的历史时期，这就是春秋（前 770—前 476）和战国（前 475—前 221）。

春秋时，随着铁器的广泛使用和“井田制”的废除，许多奴隶转化成多少有些人身自由的佃农。尽管他们仍然要受到地主阶级的剥削和压迫，但比起奴隶制度下的生活，无疑有了巨大的改进。

生产力的发展，新的生产关系的诞生，劳动者在一定程度上的解放，促进了音乐文化的迅速发展。在“礼崩乐坏”的局面下，原来那些只属于贵族的文化通过各种渠道流传到民间，也对音乐文化的繁荣起了很大的作用。在我国思想史上第一次思想大解放——“百家争鸣”的热潮中，出现了系统的音乐美学思想。在音乐理论、音乐技术、乐器制造等方面，也都出现了惊人的成就。春秋战国时期的音乐，是我国音乐发展史上的第一个高潮。

## 一、杰出的民间艺术家

人民，是音乐文化的创造者。在这一时期涌现的许多杰出民间艺术家们的智慧和劳动，奠定了我国音乐文化发展道路上的基石。他们杰出的艺术才能和高深的造诣，像群星丽天，光华夺目，至今仍使我们钦佩不已。

在《列子·汤问》里，记载着几个有名的典故，这就是“声振林木、响遏行云”及“余音绕梁”和“高山流水”的故事：

在一个秋高气爽的早晨，一群人出现在秦国郊外的大道上，这是著名的歌手秦青在为他志得意满的学生薛谭送行。

薛谭伸臂拉住送行的同窗，又对秦青拱手长揖：“老师，学生就此一别了！”

薛谭扬扬自得地挥挥手，就要登程了。这时候，一直还没有开口的秦青却忽然说道：“薛谭呀，你跟我学歌学了三年，进步也很快，但还远没到炉火纯青的地步。今日送行，别无所赠，我再给你唱一支歌吧。”

薛谭惊讶地望着老师，只见秦青清了清喉咙，打着拍子唱了起来。声音是那样响亮，那样优美，不但使薛谭和送行的人都听呆了，就连道旁葱郁的林木，也摇曳着树冠，拍打着枝叶，合着节拍共鸣；天上疾驰的流云，也停住了脚步，流连忘返，欣赏着这迷人的声音。

秦青唱罢，大家呆了好半天，才拼命鼓起掌来，为他高超的演唱赞叹不已。这时候，薛谭丢掉行李，一头拜倒在地上，惭愧地说：“老师，我过去总以为自己已经唱得很好了，今日才知浅薄，我真是井底之蛙，以枯辙为大海……望您重收我这个学生，我一定好好学习，终生再也不自满了。”

从这段故事里，我们知道秦青“声振林木、响遏行云”的歌唱，有多大的感染力了。

还有一个故事，说的是女歌手韩娥，这个穷苦的民间艺人的歌唱，更是感人至深。

韩娥流浪到了齐国。傍晚了，家家户户都升起了袅袅的炊烟。当她走到齐国雍门的时候，饿得再也走不动了。她站在雍门之下，哀哀地唱了起来。她唱着自己悲苦的身世，唱着人间的不平。那歌声，像春夜的微雨，洒进家家户户的窗棂，沁润着穷苦人们的心。大家不约而同地跑了出来，把她拉进自己的家，和她分享一点微薄的食粮。她走后，她的歌声却似乎还在雍门高大的廊柱间盘旋回荡，经久不散，以至使人们相信她还没有走。

“余音绕梁欐，三日不绝”的典故，就是从这儿留下来的。我们虽然无幸听到她的歌唱，但从这段故事里我们可以想见，她的歌声一定是声情并茂，她的音色一定是格外甜美，她的发音方法一定很好，可以送得很远很远，余音不绝。

还有一个关于琴曲《高山》《流水》的故事。说琴师伯牙有一次乘船去游泰山时，不巧正遇到暴雨，觉得无聊，拿出七弦琴来在船舱里弹奏。他先弹了一首描写雨景的曲子，琴声叮咚，就像雨打芭蕉；又弹了一首描写山崩的曲子，琴声铿锵，就像石破天惊。忽然，琴弦崩断了。那时候的人们认为，如有懂得音乐、明白演奏者心情的人听琴，琴弦就会崩断。伯牙出舱一看，果然岸上站着一个人，头戴斗笠，身披蓑衣，手里拎着一把砍柴斧，脚下放着一捆湿漉漉的柴。伯牙请他进舱，换好了弦继续弹给他听。只见伯牙沉吟片刻，伏身就琴，演奏了一曲《高山》。乐曲刚一结束，樵夫马上说：“好啊！多么巍峨的高山！”伯牙又弹了一首《流水》，乐曲刚一结束，樵夫又马上赞道：“好啊！多么浩荡的江河！”伯牙佩服不已。两人互通姓名，知道樵夫叫钟子期，于是，两人结成了生死之交。从此之后，人们每每把知心的朋友称作“知音”，甚至把伯牙与钟子期的友谊当成莫逆之交的典型。

除了这些因周室衰微、文化下移而出现的民间音乐家外，那些历来便隶属于王室的宫廷音乐家——被称作“师”的专职乐人们，则在更高的水平上发挥着他们的音乐天才。像公元前 6 世纪晋国的师旷，目盲而耳聪，晋平公铸钟，“工皆以为调矣”，都认为音准，只有师旷认为不准，建议重铸。他的聪敏过人的音高感觉，后来被另一位著名的乐师师涓所证实。师旷的琴艺神绝，据说他弹奏的音乐，能使玄鹤“舒翼而舞”，甚至驱动自然，使“白云从西起”“大风至而雨随之”。正因为他的超人的艺术修养，才使他的地位在其他乐工之上，能够时时在晋公面前论乐讽政，把音乐问题扯到政治问题上去。

卫国的师涓，也是杰出的琴家。濮水闻琴的著名故事，说明他有着高超的听辨记谱能力。他不但能在一夜间记下一般人听不到的微妙的琴声，而且只需要一天的工夫，便能练习纯熟。郑国的师文，则是“艺术痴人”的典型。正因为他入迷似的“终日鼓瑟”，甚至拜倒在瑟前，对瑟发誓说：“我要做你的仆人，一直到永远……”[①] 才能使自己的琴艺“内得于心，外应于器”，给后人留下了“得心应手”的成语。

这些动人的故事告诉我们，我们的祖先在春秋战国时期，就已在艺术上达到了出神入化的水平。但是，秦青、韩娥的同代人都曾经唱过些什么歌呢？这些歌曲有没有被记录下来呢？

## 二、没有乐谱的歌曲集

这一时期的歌曲被保存在我国第一本诗歌总集《诗经》里。

《诗经》在公元前 6 世纪之前，就已经流传了。这本选集里共保存了 305 首歌曲的唱词。在没有记谱法的当时，人们无法把音乐本身用符号固定下来，仅仅保留下音乐所负载的文字内容。所以，《诗经》应该称为我国最早的一本没有乐谱的歌曲集。

---

① 原文为“我效于子，效于不穷也”。载《吕氏春秋 · 君守》，《吕氏春秋集释》，文学古籍刊行社 1955 年版，第 760 页。

《诗经》包括了上下几百年、纵横几千里的诗歌，仅仅“风”就采了十五国的民歌，这些歌的地域东到今天的山东省（齐风），北达今天河北省的南部（邶、鄘、卫风），西至今天的甘肃省东部（豳风），南莅今天湖北省的长江沿岸（召南、周南）。把这样广阔范围的民歌收集到一起，没有政府的力量是做不到的。

据古籍记载，远在周朝的时候就有一个采集民歌的制度，叫作“采风”。周天子每五年从镐京出巡一次，每到一地，都要收集当地的民歌，以图通过民歌来进行当时的“民意普查”。据说，各诸侯国内还为此专设了“采诗之官”，名曰“行人”，每年春秋两季出去收集民歌，他们出行的时候，手拿着木铎，沿途百姓但闻木铎之声，便出来献诗献歌。

这些诗歌由各地采集后呈献朝廷，交由乐官保存，收入乐章底本，每逢祭祀、朝会、宴飨、迎宾的场合，便拿出来演奏。周室东迁后，礼崩乐坏，周王室所保存的乐章也随之流落各地。公元前 544 年，吴国公子季札到鲁国观乐，鲁国的乐工就把鲁国所保存的各国音乐奏给他听。这次演奏的曲目和先后次序，几乎和我们今天读到的《诗经》完全相同。因此，有人便怀疑《诗经》这部选集很可能就是鲁国乐官所保存下来的乐章底本。

《诗经》里的歌按音乐性质分为《风》(二南)、《雅》、《颂》三大类。

“风”，就是民歌。民歌“多出于里巷歌谣之作”，所以便因地而异，各有其风，和“方言”一样，呈现出多样的色彩。《诗经》开创了以地域为民歌分类标准的典范，列十五国风（包括二南）共 160 首。古人所说的“郑风”“秦风”，正如我们现在所说的“河南小曲”“陕西民歌”一样。

特别应当提出的是“二南”——《周南》《召南》。古人对“南”字，解释各异。郭沫若在其《甲骨文字研究·释南》中考证：“南”字，“本钟铸之象形，更变而为铃”。假如这种解释不错的话，那么，“二南”便是产生于汝、汉、沱、江一带，用“南”这种似铃的、带有地方色彩的乐器伴奏的民歌，也就是南国之风了。

“雅”，亦是一种乐器。郑司农《笙师》中说：“雅状如漆筩而弇口，大二围，长五尺六寸，以羊韦鞔之，有两纽疏画。”很可能是“相”一类的乐器。又有人指出“雅”即“雅言”“正言”的意思，也就是指周代京畿的“京腔”“官话”。所以，《雅》可能就是用这种乐器伴奏的周代的京调。从内容上分析，《雅》也大都是贵族、文人的创作，是“知识分子”们宴飨、交际时的音乐。《雅》又分《大雅》《小雅》，亦与音律有关。郑樵《六经奥论》中说：“《小雅》《大雅》者，特随之音而写之律耳。律有大吕、小吕，则歌有《大雅》《小雅》，宜有别也。”

“颂”，是较原始的歌舞曲，周王室祭祀时用以歌颂神祇祖先。有人认为“颂”也是乐器，“颂”与“镛”通，“镛”是大钟，是祭祀时不可少的乐器。以“颂”伴奏的《颂》，当然是肃穆而单调的。

遗憾的是，《诗经》的曲调都没能流传下来。我们只能从歌词的结构上揣摩它的曲式。杨荫浏先生从“风”“雅”两类歌曲的歌词结构中总结出十种不同的曲式。除了一个曲调简单反复这样的“分节歌”或在反复时作局部变化的曲式之外，还有在主要的曲调前边、后边加“副歌”，以及两个曲调各自反复、交替反复或不规则地交替反复成一首歌曲的。还有在一个曲调的几次反复前用一个总的引子，或在反复后用一个总的尾声的等，相当丰富。比如大家所熟悉的《卫风·木瓜》：

投我以木瓜，
报之以琼琚。
匪报也，
永以为好也。

投我以木桃，
报之以琼瑶。
匪报也，
永以为好也。

投我以木李，
报之以琼玖。
匪报也，
永以为好也。

歌词一唱三叹，很像以一个曲调反复三次的“分节歌”。而每段词的后两句“匪报也，永以为好也”又完全一样，颇似现世所谓的“副歌”。

《诗经》不但形式丰富，它所反映的内容更是广阔而深刻。就拿《风》来说吧，其中既有我们上一章曾引用过的《魏风·伐檀》这样表现阶级剥削与阶级觉醒的；又有《豳风·七月》这样表现劳动生活，《邶风·新台》这样揭露统治阶级荒淫无耻的；更有许多诸如《周南·关雎》《郑风·风雨》这样反映劳动人民纯朴心灵的美好情歌。

过去广为流传的所谓“孔子删诗”的说法，近世学者颇多怀疑。我们曾经提到过的吴公子季札观乐的事，便是相当有说服力的证据。季札观乐那年，孔子才 7 岁，而当时鲁国乐工所演奏的各国国风，已经和今传本《诗经》的曲目差不多了。再者，孔子“自卫返鲁”使“雅、颂各得其所”的那一年，已经 69 岁了，而在此之前，他就不止一次说过“诗三百”的话。可见，所谓“古者诗三千余首，及至孔子，去其重，……取三百五篇”的话是靠不住的。但是，正如郭沫若在《奴隶制时代》中所说的那样：“《风》《雅》《颂》的年代绵延了五六百年。《国风》所采的国家有十五国，……在这样长的年代里面，在这样宽的区域里面，而表现在诗里面的变异性却很小。……而尤其值得注意的，是音韵差不多一律。……这正说明《诗经》是经过一道加工。”[①] 那么，加工者是谁呢？鲁迅先生说：“孔子究竟删过《诗》没有，我不能确说，但看它先《风》、后《雅》、而末《颂》，排得这么整齐，恐怕至少总也费过乐师的手脚。”[②] 鲁迅先生的这个推断，正确地指出了汇集、整理、润色《诗经》的无名英雄，就是那些音乐的实践者——各朝的乐工们。

但是，说孔子从未插手过《诗经》的整理工作，也过于武断。只不过孔子的工作并非“删诗”，而是“正乐”而已。

孔子自述：“吾自卫返鲁，然后乐正，《雅》《颂》各得其所。”说得清清楚楚，“正”的是音乐，而不是歌词。司马迁也说得明白：“《诗》三百五篇，孔子皆弦歌之，以求合《韶》《武》《雅》《颂》之音。”[③] 春秋之时，礼崩乐坏，孔子有感于此，身体力行，亲自整理《雅》《颂》，使其能够“明朝廷之音”，能够“侑祭”，能够使已经衰微、难免散佚的周代礼乐“发扬光大”，则是完全可能的。

于是，问题变成了这样：不要说整理订正《风》《雅》《颂》这三大类歌曲的音乐了，即使把这不同风格的三百零五首歌曲“皆弦歌之”，全部唱一遍，也不是易事，甚至一般的音乐家都难做到。孔老夫子，有这样的音乐才能吗？

回答是肯定的。孔子不但可以称为音乐家，而且还是一位全能的音乐家呢。

---

① 郭沫若：《奴隶制时代》，人民出版社 1973 年版。

② 鲁迅：《集外集》，人民文学出版社 1958 年版，第 129 页。

③ 《史记 · 孔子世家》，载《史记》卷 47，中华书局 1959 年版，第 1936 页。

## 三、孔子的音乐生活

孔子（前551—前479）在中国是家喻户晓的人物。即使走出中国，他的鼎鼎大名，也是每一个有文化、有教养的人所熟知的。但是，知道这位春秋时代伟大的思想家、政治家、教育家的人，可能并没有注意到，他同时还和音乐有着不解之缘，音乐在孔子的生活中，是随处皆在的。孔子本人在音乐方面的实践和理论，对后世中国音乐的发展，有着重大而深远的影响。

先谈音乐实践。这位孔老先生会唱歌、弹琴、鼓瑟、击磬、作曲，可以说是音乐的通才。我们前边说过，他为《诗经》正乐时，能够和着伴奏，唱完305首不同时代、不同地域、不同风格的歌曲。他之所以有这个超乎常人的能力，是由于他多年不倦地学习。他不耻下问，每当他同别人一起唱歌而觉得人家唱得好的时候，必定要请他重新唱，然后自己跟着学唱。[①]他一生中经常用歌声来明志言情，只有在参加丧礼的这一天，才不唱歌。[②]一直到他临死前几天，他还对子贡唱了一支歌，很激动地表示自己对自然规律的感慨。[③]

孔子学琴也非常用心、非常专注，并且用深刻高远的艺术标准要求自己。有这样一个故事：他曾学琴于师襄子，学了十天，还在反复练习，不涉及新的内容。师襄子说："可以前进啦！"孔子说："我已经学会了它的曲调，但还没有掌握它的全部规律。"又过了一段时间，师襄子说："你已经熟悉它的规律了，可以前进啦！"孔子说："我还没有掌握音乐所负载的

① 《论语·述而》："子与人歌而善，必使反之，而后和之。"载《论语正义》，中华书局1957年版，第151页。

② 《论语·述而》："子于是日哭，则不歌。"载《论语正义》，中华书局1957年版，第139页。

③ 《史记·孔子世家》："孔子病，子贡请见……孔子因叹，歌曰：'太山坏乎！梁柱摧乎！哲人萎乎！'因以涕下。"载《史记》卷47，中华书局1959年版，第1944页。

全部思想、感情呀！”又过了几天，师襄子说：“你已理解乐曲的全部内容了，可以前进啦！”孔子说：“我还没有体会到乐曲中人的形象呢！”过了些时候，孔子庄重地深思着，四体通泰，他目光凝视着寥远的空间，思想超越了时空的限制，飞到了他所向往的时代。他说：“我从乐曲中看到了他：黑黝黝的，高高的个儿，眼光看得远远的，似乎有称王四国的气概，不是文王的话，谁能这样呢？”本来教他弹琴的师襄子离开先生的座席，对这位不寻常的学生拜了又拜，说：“我的老师确曾说过，这曲子就叫《文王操》呀！”①

孔子还是位作曲家。孔子离开卫国之后本想渡过黄河，去投奔晋国的赵简子。在黄河之滨，他听说赵简子杀了过去帮他从政的两位贤大夫，便打消了去晋的主意，并把自己对两位被害者的同情，凝聚在一首叫作《陬操》的琴曲里。

那么，孔子对中国音乐发展的影响，都表现在哪些方面呢？

首先，孔子把音乐看得非常重要，认为礼乐对国家来讲，是治国平天下的要策，对个人来说，是修身立世的根本。这种思想，贯穿在孔子开创的儒家学派的正统观念中，因而，也就成为中国封建社会由始至终的统治思想。孔子说：“移风易俗，莫善于乐；安上治民，莫善于礼。”②充分强调了音乐陶冶性格、淳化民风的社会性功能。孔子认为，礼乐的核心，是“仁”与“和”，他认为“歌乐者，仁之和也”③。并曾相当雄辩地推论音乐在政治中的作用：“……名不正，则言不顺；言不顺，则事不成；事不成，则礼乐不兴；礼乐不兴，则刑罚不中；刑罚不中，则民无所措手足。”④

① 《史记 · 孔子世家》，载《史记》卷 47，中华书局 1959 年版，第 1925 页。

② 《孝经 · 广要道》，载《十三经注疏》，中华书局 1957 年版，第 113 页。

③ （三国）王肃：《孔子家语》卷 5，四部丛刊景明翻宋本，第 46 页。

④ 《论语 · 子路》，载《论语正义》，中华书局 1957 年版，第 283 页。

其次，便是把重乐的观点，体现在他的教育思想中，落实在教育实践里。孔子创办私学，打破了以往“学在官府”的教育模式。促成了春秋时百家争鸣的学术风气。孔子的教育思想，是兼顾德、智、体、美的。他所教的“六艺”——礼、乐、射、御、书、数中，音乐居第二位。他的门生子路问他，怎样才能成为一个完人。他回答说：“要有臧武仲的智慧，公绰的廉洁，卞庄子的勇敢，冉求的才艺，在这些之上，再加上礼和乐的修养，也就可以称为完人了。”[①] 他甚至认为人不学民间歌曲，就像面壁而立的痴人一样，是毫无前途可言的。他对自己的儿子伯鱼，就说过：“女为《周南》《召南》矣乎？人而不为《周南》《召南》，其犹正墙面而立也与！”[②] 他曾经教门生们鼓瑟，从他对子路鼓瑟“升堂矣，未入于室也”的评价看，他对教学质量的要求，是相当高的。他对音乐的推崇，还可以从他的这句名言中体现出来：他说“兴于诗，立于礼，成于乐”。认为一个人的修养，是开始于“诗”，建立于“礼”，而最终完成于“乐”的。也就是认为音乐是人的最高修养。他的音乐教育可能是很成功的，他的门生子游在做武城宰时，就曾根据孔子“君子学道则爱人，小人学道则易使”的教导，使“弦歌之声”闻于武城。对子游的这种“学而致用”，孔子是肯定的。当然，还应提到孔子的“正乐”之功。司马迁在《史记·孔子世家》中曾指出：“孔子之时，周室微而礼乐废，《诗》《书》缺。”他对《诗经》音乐的整理工作，是应当给以充分评价的。

作为一个音乐鉴赏家和音乐评论家，孔子也是空前伟大的。他提出的一系列美学标准和美学命题，不但在当时有着划时代的意义，而且一直到今天，还有着深远而现实的影响。孔子欣赏音乐的时候，能够准确地把握

① 《论语·宪问》：“子路问成人。子曰：‘若臧武仲之知，公绰之不欲，卞庄子之勇，冉求之艺，文之以礼乐，亦可以为成人矣。’”载《论语正义》，中华书局 1957 年版，第 307 页。

② 《论语·阳货》，载《论语正义》，中华书局 1957 年版，第 375 页。

住音乐的实质，并用最精练的话把它概括出来。他用“洋洋乎盈耳哉”来描述太师挚演奏音乐的开始部分和《关雎》这首曲子的结束部分。他用“翕如也”（盛大、变动的意思）、“纯如也”（和谐的意思）、“皦如、绎如也”（鲜明、有条理的意思）来解释曲式结构内部不同段落给人们的不同美感。[①] 对难得的音乐来讲，他还是一个更难得的知音。“子在齐闻《韶》，三月不知肉味”[②] 的著名传说，充分、鲜明地刻画出这位艺术痴人，如何融化在音乐之中，达到一种物我两忘、超凡脱尘，甚至因为听觉器官的高度兴奋、高度专注而使其他感官的职能相对迟钝的地步。

更重要的是，他在比较《韶》和《武》这两部前代的优秀音乐作品时，第一次提出了政治内容与艺术形式统一的文艺批评标准。他用“善”来要求音乐作品的内容，用“美”来要求音乐作品的艺术形式。从这样一个标准出发，他认为表现远古政治圣德禅受，而艺术上又能使“凤凰来仪”的《韶》，是“尽美矣，又尽善也”；而表现武王以武功征伐天下的《武》，虽然乐分“六成”“发扬蹈厉”，但因为不够平和中正，所以只能是“尽美矣，未尽善也”[③]。他的这种政治内容与艺术形式统一的文艺批评原则，一直被各个阶级所沿用，至今仍是。

当然，历史的局限和阶级的局限，也必然使这位“圣人”的音乐观点中带着鲜明的剥削阶级的偏见。这种偏见首先表现在他把奴隶制度中产生的礼乐制度，看成一种永恒的、至高无上的圣物；对在一个阶级大变革时期必然出现的一种与物质财产的再分配相应的精神财产的再分配现象，表现出旧制度维护者的典型情绪——无尽的挽歌加上无尽的咒骂。他“谓季氏八佾舞于庭，是可忍也，孰不可忍也”。他对孟孙、叔孙、季孟孙氏三家

① 《论语·泰伯》，载《论语正义》，中华书局 1957 年版，第 164 页。
② 《论语·述而》，载《论语正义》，中华书局 1957 年版，第 141 页。
③ 《论语·八佾》，载《论语正义》，中华书局 1957 年版，第 73 页。

把周王室用的《雍》这首歌用在祭祀中，发出了“奚取于三家之堂”的责问。总之，他对音乐领域内的一切“僭越”现象，都表现出一种旧制度维护者的鲜明政治态度①。

此外，孔子的阶级偏见还表现在对待古乐和新声、对待民间音乐的态度上。当颜渊问他治国的方法时，他答道：“行夏之时，乘殷之辂，服周之冕，乐则《韶》舞。放郑声，远佞人；郑声淫，佞人殆。”②虽然我们充分理解孔子对先代文化遗产的尊重，也充分了解他说此话时那个礼崩乐坏、人欲横流的时代背景。但是，他对新兴的民间音乐——郑声的仇视态度，却依然应当批判。他认为“郑声淫”，把放逐取缔“郑声”当成治国的必举之策。那么，孔老夫子为什么如此仇视“郑声”呢？这被视为洪水猛兽的“郑声”，究竟又是什么音乐呢？

## 四、郑卫之音

三月三，春意浓得像酒。溱水洧水，碧波涣涣。

河湾里，水巷中，男女老幼划着小舟，兴高采烈地采集着祓除不祥、降福禳灾的吉祥草——香蕳。

河两岸的草毯花茵上，正当妙龄的青年男女们，却早把“招魂续魄”的原旨扔到了脑后，把民族古老的春之祭，当成了一年一度的爱之节。他们唱着跳着、说着笑着，互相戏谑追逐。那些心中可意的，便互赠一束嫩绿的香草，嫣红的芍药，牵着手儿，跑到河对岸的桑林中去……

从河对岸，传来了清新美妙的歌声：

---

① 《论语·八佾》，载《论语正义》，中华书局 1957 年版，第 41、43 页。

② 《论语·卫灵公》，载《论语正义》，中华书局 1957 年版，第 337 页。

溱与洧，

方涣涣兮。

士与女，

方秉蕑兮……

这歌声，便是孔子所憎恶的郑声。

自春秋始，在中国整个封建社会中，除了极少数有胆识、懂音乐的“离经叛道”者之外，一直都把郑卫之音当成“淫声”和“亡国之音”的代名词。那么，这种误解是从何而来的呢?

第一个原因，恐怕是出于种族奴隶制的偏见。所谓“郑卫之音”，也就是郑国与卫国的民间音乐。郑卫之地，原是殷商故里。周原是商的属国，周武王灭商之后，颠倒了周与商的地位，占领了商原来统治的地区。为了防止商人的反抗，周武王采用周公的策略，封纣子禄父（武庚）为商后，并派武王之弟管叔、蔡叔、霍叔加以监督，谓之“三监”。但武王死后，武庚与管叔、蔡叔串通谋反，企图复国。周公二次东征，三年方胜。此后，虽诛杀武庚、管叔，流放蔡叔，但“殷顽民”的复国意识，却依然是周统治者的心腹之患。为此，周公营建洛邑，迫殷人离故地而迁成周[①]。以为这样既利于监视、镇压，又可以破坏、减弱殷人的氏族意识。故土乡音，本是熔铸民族之魂的聚合剂；“血浓于水”，音乐，就是在民族的血管中奔流的热血。试想，不惮其烦，宁可筑新城而迁殷人离故土的周人，听到具有浓郁特色，与自己的音乐文化迥异的“商之遗声”，怎么会不讨厌，怎么会不引起政治上的警惕呢？在伟大的中华民族融汇聚合的“妊娠期”中，是

① 周西都镐京，东都洛邑称成周。

有着强烈阵痛、充满刀光剑影的；在不同种族、不同地方的文化交融的过程中，也是既有互相学习、借鉴、渗透，又有排斥、抵触和暴力同化的。周人对郑声的态度，即是显著的一例。

第二个原因，表面上是审美观的不同，其实亦和种族奴隶制的统治有关。我们前边说过，“殷人尊神”。既尊神，就要娱神。人是按照自己的面貌塑造神的，因此，就会很自然地认为自己爱听、爱看、爱吃的，神也一定喜欢。同时，在娱神的名目下，人又可以最大限度地享受。于是，殷人的音乐，便是华丽流荡的。众所周知，民间音乐与方言一样，有着惊人的保守性和延续能力。可以认为周时的郑卫之音，基本上就是殷民遗声。成王封其弟康叔建卫时，曾分到殷民七族，这些人所咏唱的卫风，简直就是殷声的直接延续了。而“周人尊礼”，礼乐合一，礼为其里，乐为其表，礼庄则乐必雅。所以，周人的音乐比起殷后裔的音乐来，恐怕是单调得多了。宋代流传的所谓《唐开元风雅十二诗谱》，虽非周之真声，但那一字一音、呆重刻板的旋法，想来却是与周的雅乐相去不远的。站在自己这样一种传统审美观的立场上，因而把郑卫之音当成“淫声”，恐怕是很自然的。武王伐纣，距朝歌只差七十里了，商王还在“恒舞于宫，酣歌于室”，最后国破身亡。讲究“殷鉴”的周人，把这种音乐当成“亡国之音”，唯恐重蹈殷之覆辙，也是很自然的。那么，孔夫子呢？他不是生于鲁宋的殷裔吗？是虽是，但他对艺术，是“政治标准”第一的，而他的政治呢？又是“吾从周”，又是“恶郑声之乱雅也”。于是，“郑声淫”的罪名，便被这位“大圣至德”的人物论定了。

其实，郑卫之音在周列国的音乐中，可能是艺术性最强、感染力最大的。魏文侯曾经对子夏谈过自己对“古乐”——周人的传统音乐与对他来说是“新乐”的郑卫之音的不同感受。他直率地承认：“吾端冕而听古乐，则唯恐卧；听郑卫之音，则不知倦。”[①] 这位尊贵显赫的音乐爱好者，敢于公开表示爱听“郑卫之音”，亦可见郑卫之音的魅力。遗憾的是，《诗经》中未能留下乐谱，我们仅能从有关的记载中，想见春秋时商之旧地男歌女舞的景象。《史记·货殖列传》：

> 中山地薄人众，犹有沙丘纣淫地余民。……丈夫相聚游戏，悲歌慷慨。……多美物，为倡优。女子则鼓鸣瑟，跕屣，游媚贵富，入后宫，遍诸侯。
>
> ……今夫赵女郑姬，设形容，揳鸣琴，揄长袂，蹑利屣，目挑心招，出不远千里，不择老少者，奔富厚也。

请看，这些以歌舞为业的殷裔子孙，从“歌舞之乡”奔涌而出，鸣琴鼓瑟、挥舞长袖，转踏舞鞋，以炫人耳目、高出众国的技艺把他（她）们的新歌丽舞输送到千里之外去。在旁人看来，这些有着不可抵御的力量的“郑卫之音”，恐怕是多少带些“诱惑”的。这，其实应当称作“魅力”。

在南方，巫文化的另一直接承继者是“楚声”。这“激宕淋漓，异于风雅”的南方音乐，像南方的山林一样，葱郁瑰丽，奇谲热烈……

## 五、屈原和楚辞

……舞台正中的神案上，横陈着一具少女的尸体。身穿黑色长袍，披散着头发的屈原转过身来，面对着深受感动的观众。在他的眼睛里，似乎闪现着要把世间一切的黑暗毁灭的雷霆、闪电和风暴：

---

① 《乐记·魏文侯篇》，人民音乐出版社 1980 年版，第 42 页。

"啊，婵娟！我的女儿！婵娟，我的弟子！婵娟，我的恩人呀！你已经发了火，你把黑暗征服了。你是永远光明的使者呀！"

帛书的《橘颂》抛了起来，垂落在婵娟大理石像般的玉体上。幕后，响起了《礼魂》的歌声：

唱着歌，扛着鼓，
手拿花枝齐跳舞。
我把花给你，你把花给我，
心爱的人儿，歌舞两婆娑。
春天有兰花，秋天有菊花，
馨香百代，敬礼无涯……

大幕徐徐落下，掌声訇然而起。重新上演的历史名剧《屈原》，勾起了人们对这位诗人的无限怀念。

屈原，这个伟大的人民诗人和歌手的名字，始终在中国人民的心头闪耀着光华。每年的五月端午，也就是相传他投汨罗江而死的这一天，全国的老百姓都要用赛龙舟、吃粽子的习惯来纪念他。这内涵无比深沉的风俗，已经延续了两千年，并传到了东南亚……

据郭沫若的推算，屈原生于公元前340年、死于公元前278年。在翻腾着轩然大波的战国时期，七个并立的大国（齐、楚、燕、韩、赵、魏、秦）内部，都有过不同程度的变法革新，也都有统一中国，在全国范围内以封建制代替奴隶制的可能。在当时，秦国最强，楚国最大。但是，正如韩非子所说"楚不用吴起而削乱，秦行商君法而富强"[①]。屈原生于吴起在

① 《韩非子·和氏》，载《韩非子集释》，中华书局1958年版，第239页。

楚变法后四十年左右，正处在楚国严重的历史关头。官为“左徒”，受命制定宪令的屈原当时曾坚决要求变法图强，但是却遭到楚国奸佞的忌刻谗毁和怀王、襄王父子两代的疏远，长期被流放在汉北、沅湘一带。当秦将白起攻陷郢都时，为国殉难，投汨罗江而死。

屈原在长期的流放生活中，向民间学习，创造了“楚辞”这一艺术形式。楚辞是诗，也是歌，是和当时南方的民间音乐紧密联系在一起的。他在《离骚》中唱道：“长太息以掩涕兮，哀民生之多艰。”表达了他对人民深切的同情。

《九歌》，是屈原在南方民歌的基础上创作的一套祭神的乐歌。汉代王逸《楚辞章句》解释《九歌》时说：“昔楚国南郢之邑，沅湘之间，其俗信鬼而好祠，其祠必作歌乐鼓舞以乐诸神，……因为作九歌之曲。”[①]“九”并不一定是数目字，有人怀疑是“纠”（缠绵婉转）的意思。《九歌》共包括十一首歌曲，其中除《东皇太一》是祭祀开始时唱的“迎神曲”，《礼魂》是祭祀时唱的“送神曲”，《国殇》是哀悼为国阵亡的将士们的悼歌外，都是恋歌，都是借着人神的关系来描写爱情的歌。为了使我们能够想见当时表演《九歌》的盛大场面，我们把闻一多先生的《〈九歌〉古歌舞剧悬解》中关于《国殇》的描写和郭沫若所译的《国殇》接写在一起并录在下面：

远山衔着半边血红的落日。

平原上进行着剧烈的战争。鼓声愈来愈急，敌人终于败退了。

国人为庆祝胜利而哀悼国殇，手拿着武器和钲鼓，环绕着死者的尸体，举行萨尼人跳鼓式的舞踊。

妇孺们坐在男人们后面，围成一个更大的圈子，唱着庄严而凄凉的悼歌：

---

① （汉）王逸注：《楚辞章句》，中华书局 1957 年四部备要版。

盾牌手里拿，身披犀牛甲。

敌我车轮两交错，刀剑相砍杀。

战旗一片遮了天，

敌兵仿佛云连绵。

…………

有出无入，有去无还，

战场渺渺路遥远。

身首异地，敌忾永不变：

依然拿着弯弓和宝剑。

…………

歌舞的场面是盛大的，那音乐又是怎样的呢？从形式上看，已经有了“乱”（即乐曲高潮）、“少歌”（小高潮）和“倡”（不同曲调的过渡乐句）的运用。在风格上，闻一多先生认为，《九歌》的音乐即《汉书·礼乐志》中所说汉乐府中的“赵、代、秦、楚之讴”。也就是说，《九歌》不但有楚的音乐，而且还兼容了其他诸国的音乐。这样说有什么根据呢？闻一多先生考证：不但汉乐府用“赵、代、秦、楚之讴”祭的神“太一”和《九歌》中祭的神“东皇太一”是一致的，而且《九歌》中所出现的诸神的地理分布，恰恰是“赵、代、秦、楚”。所以我们可以推论，在表演《九歌》时，很有可能是哪一位“神”出场，便演奏和哪一位“神”的“籍贯”有关的音乐。但是，不同地域的音乐由于不同的传统，在律制、调式、旋法等许多方面都存在着差异。同台演出“赵、代、秦、楚之讴”在技术上会存在许多困难。那么，屈原时代的艺人们可能做到这一点吗？回答是：不但可能，而且做得很好。论据是充分有力的，这就是近年在湖北省随县出土的曾侯乙墓古乐器。

## 六、曾侯乙的宝藏

公元前 433 年的一天，从楚国郢都到曾国的路上，一队楚惠王派遣的骑兵正水陆兼程，沐雨栉风地疾驰。经过一番艰苦的长途跋涉，他们终于在曾国君主曾侯乙入葬的前一天赶到了曾，及时送上了楚惠王赠给他的最后的礼物——一件精美的镈钟。

曾侯乙在盛大的葬仪中入葬了，楚惠王赠送的这件镈钟连同曾侯乙生前亲自测音监制的六十四件编钟和一大批各种各样精制的乐器一起，根据他生前的遗愿与他一起葬入了严密封闭的大墓。

过了将近两千四百年的漫长的岁月，20 世纪 70 年代的一天，中华人民共和国的考古工作者们，在自己祖先生活过的大地下挖掘出了这座音乐的宝库。不知是由于音乐的神秘力量，还是由于曾侯乙诚挚的祈祷，在地下的黑水里浸泡了两千多年的乐器，又在晴空丽日下发出了清朗的乐音。人类的母亲——大地，不但用乳汁哺育了世代繁衍的人类，而且在自己的胸怀里，为后代的人们保存了如此珍贵的礼物——一个几乎完整的、两千四百多年前的乐队。

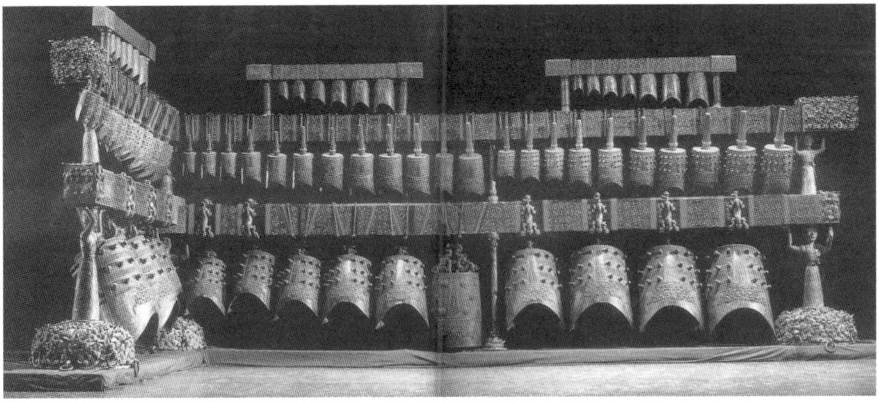

曾侯乙墓出土编钟

乐队的主要乐器是六十四件编钟。它们沿墓室的南墙和西墙分层悬挂在铜木结构的钟架上。这个由六个青铜武士托举着的彩绘木梁，承担了五千多斤的重量，历经两千四百多年而依旧兀然矗立，不能不说是个奇迹！在北墙放置着一面双层磬架，东墙下放置着酒器。看来，这个可以称为音乐家的侯君，就是坐在这里享受着“诸侯轩悬”的待遇的。

经过科学的测音工作之后，人们不禁对我们祖先在当时即已达到的高度的音乐文化水平惊讶不已。这六十四件钟编合在一起，音域从大字组的C到小字四组的$c^4$，达到五个半八度，几乎包括了一架钢琴的整个音域。而且，它的中心音恰好是钢琴的中央C。这个由各组编钟参差构成的音列中间，有三个半八度是按完整的半音阶排列的，竟包含着相当于现代C大调音阶为基础的全部十二音音列。因此，用这套编钟不但可以“旋宫转调”，甚至可以用来演奏现代复杂的多声部作品。

在这套精美绝伦的珍贵乐器面前，一切贬低、怀疑中国文化的论调，诸如什么“中国音乐就是五声音阶”呀，什么“直到公元前4世纪受到毕达哥拉斯和巴比伦人影响之前中国人没有绝对音高和相对音高的概念”呀，等等，都不攻自破了。这套编钟以它精确的发音向人们宣告：在公元前5世纪，我们中国人就已经制造出令我们现代人感到惊讶，并且相当符合近代音乐音响学乐律理论的一整套乐器了。

我们在前一节里提到《九歌》的音乐是“赵、代、秦、楚之讴”的话，在这套编钟上的两千八百多字珍贵的铭文中也得到了证明。这套编钟的铭文，不同于一般礼器的铭文，它一不记什么周王的恩赐，二不记什么“万年永享”之类的祝词，而是专讲乐律。记载了春秋战国之际楚、齐、晋、周、申等地和曾国本地各种律名、阶名、音程及变化音名称之间的对照情况。这些铭文充分说明当时各诸侯国的音乐由于律名系统和各种术语的差别，不进行“翻译”比较就不能互相演奏，同时也说明在当时的各诸侯国里，都在演奏别国的音乐。这种既互相融合吸收，又保留各自特点的本民族内不同地域之间的音乐交流，一直延续了两千多年，才逐渐形成了现在我国千姿百态而又有统一传统的音乐文化。

作为“金石之声”重要组成部分的编磬，也是曾侯乙墓乐器中的杰出代表。整套编磬共有磬块 32 件，分上、下两层悬挂。磬架为青铜铸造，由两个集龙首、鹤颈、鸟身、鳖足为一体的怪兽支撑，使我们能够从中了解当时编磬的排列及悬挂方式。

鼓是先秦乐队中地位突出的乐器，有“八音之首”的美誉。曾侯乙墓出土的鼓包括建鼓一架，有柄的鼓、小扁鼓和悬鼓各一件，出土时这些形状不同的鼓的蒙皮均已腐朽，仅存木质鼓腔，但是鼓框边蒙皮固定的竹钉或骨钉犹存。建鼓是因有木柱贯穿鼓腔而得名，建指树立，其形象以前仅在青铜器的纹饰或者石刻画像中见过，因此曾侯乙墓的建鼓是目前所见最早的实物。

曾侯乙建鼓复原图

相对于中室庞大辉煌的钟磬乐，东室是一批以琴瑟为主的轻型乐器。从中可以了解春秋战国时期大型的“钟鼓之乐”和小型的“琴瑟之乐”的区别，就像今天大型的交响乐队和小型的室内乐队一样。

中室的乐器除了编钟、编磬和鼓之外，还有三件鼓、七件瑟、四件笙、两件排箫、两件篪。东室的乐器五件瑟、一件琴、两件笙、一件鼓和一件均钟，共十件。这些竹类、丝类和匏类乐器基本保存完好，为我们提供了一些过去无从想象也未曾敢想到的珍贵音乐文物。如曾侯乙墓首次出土的两支排箫，由十三根长短不同的竹管依次排列，用三道剖开的细竹管缠缚而成，表面饰有色彩绚丽的漆绘。出土时竟然有八根箫管能吹出乐音。在古代中国的文献中，它又被称为“箫”“比竹”“参差”等，大多因其形制和发声特点而得名。当年让孔子“三月不知肉味”的《箫韶》，便是由排箫作为主奏乐器。作为世界上最古老的乐器之一，排箫在世界很多地区都有，曾侯乙排箫如“凤之单翼”形状，与世界各地古老排箫并无二致。《诗经》里提到过吹管乐器篪，但不了解它的形制与演奏方法。曾侯乙墓出土的两件篪是一种竹制的横吹管乐器，两端管口封闭，管身开有一个吹孔、一个出音孔、五个指孔。吹孔和出音孔均向上开，指孔向外开，二者呈九十度角。这种设计使它的吹奏方式有些特别，演奏者双手横握，向内朝向自己。曾侯乙墓篪的发现，使这件古老的吹奏乐器重新为世人所知。

曾侯乙墓共出土六件笙，是目前我国所见匏制笙最早的实物。因笙斗的制作材料为葫芦，所以笙归于八音中的匏类，出土时大部分笙管已散乱，让我们感到惊讶的是，在笙管中发现了大小不同的竹制簧片，这说明当时笙的制作和调音已经达到比较精细的程度。

琴和瑟是中国古老的弹弦乐器，素有“琴瑟和鸣”之称，曾侯乙墓共出土十二件瑟，大多数为整木雕成，通体髹漆彩绘图案。瑟的首尾均有 25 个弦眼，说明它们都是张 25 弦。瑟是一弦一音的乐器，每弦一柱。从出土的数量来看，当时瑟应该是一件比较流行的乐器。曾侯乙墓还出土一件十弦琴，黑漆，无彩绘。琴身分为音箱和尾板两部分，琴面无徽，凹凸不平，应该是尚未定型的古琴早期形制。

更为珍贵的是在编钟的钟体、钟架和挂钟构件上，刻有 3755 字的铭文，其中钟体的铭文 2828 字，铭文内容以当时的乐律学理论为主，记载

曾侯乙墓出土的排箫

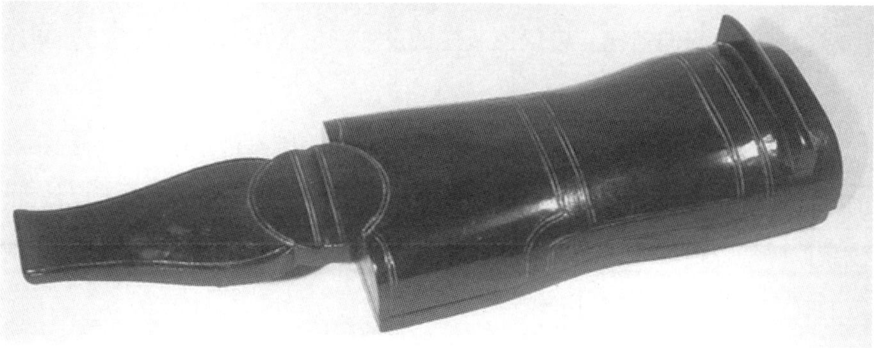

曾侯乙墓出土的十弦琴

曾侯乙墓出土的瑟

了先秦时期曾国和周、楚、齐等诸侯国的律名、阶名、八度音相互的对应关系，这些乐律学术语，正如一部失传了的中国先秦时期乐理全书。它们的发现使人们对中国先秦乐律学的认识有了质的飞跃，比如铭文中记载了某个音在其他调式中对应的称谓是什么，反映出当时旋宫转调应用的实际情形，而这些在后世的文献已经很难寻觅或辨析。当代学者们对编钟铭文的研究证实，现代欧洲乐理体系中的大、小、增、减、八度等音程的概念，在当时曾侯乙编钟的铭文中应有尽有，它们曾经是中华民族独有的表达音乐的语言。这些铭文所揭示出的乐律体系，是在继承商、周文化的基础上，融合南方楚文化的传统而创造出的辉煌成就。

从如此丰富的音乐实践中，必然会产生精辟的理论；而没有音乐理论的指导，如此复杂和高水平的音乐实践也是不可能的。

## 七、百家争鸣的时代

读者可能会产生这样一个问题：当初这些编钟的音高是根据什么定的？钟与钟之间的音程关系以及它们所组成的音列，又是依据什么呢？

我们知道，唱歌、奏乐以及乐器制作都离不开一定的音律。据《国语·周语》等书的记载，我国在周朝已经出现了十二律和七声音阶。公元前 6 世纪周的乐官伶州鸠在回答周景王问的时候，就曾举出黄钟、大吕、太簇、夹钟、姑洗、仲吕、蕤宾、林钟、夷则、南吕、无射、应钟这十二律律名。曾侯乙钟的出土，更以无可辩驳的实例证明了在战国时期就已在音乐实践中运用十二律和七声音阶了。

为了便于理解，我们可以这样比喻一下：“黄钟”“大吕”之类的律名，是绝对音高，就好比我们现在所通用的“C、D、E、F、G、A、B”的音名一样。而被称作“五音”的“宫、商、角、徵、羽”则是我们简谱中

“1、2、3、5、6”一样的音阶名。

那么，这十二律又是怎样制定和推算出来的呢?《吕氏春秋》里关于伶伦作律的故事只是一种传说。实际上，最早运用的乐律计算方法叫“三分损益法”，记载在战国时期成书的《吕氏春秋·音律篇》中。

所谓“三分损益法”，即把一条弦的全长振动发出的音高作为基础音。将这条弦截掉三分之一的长度（张力不变），这样就会得到一个比基础音高纯五度的音。比如把“1”作为标准音，“三分损一”之后，便会得出“1”上方的“5”来。反之，如果“三分益一”即把弦长增加三分之一，则会得出“1”下方纯五度的“4”来。这样上下互生，就构成五度相生律。

根据曾侯乙钟上的铭文来看，战国时期各诸侯国的律名、音阶名是多种多样，很不相同的，远不只《吕氏春秋》上所载的这十二律。统计一下，铭文中就有二十一个律名和二十个音阶名是从未见过的。所以，人们便猜测，记载着这些材料的典籍，很可能失于后世的秦火，留下来并流传后世的，仅仅是秦国的《吕氏春秋》这一家之言。

但是，在春秋战国时期能够出现比较详尽的乐律计算方法，出现曾侯乙墓出土乐器所显示的高度发达的音乐文化，却不能说不和其时波澜迭起的政治生活和我国历史上的第一次思想大解放有关。当时，“普天之下，莫非王土。率土之滨，莫非王臣”的周王朝解体了。诸侯纷争，战祸连绵。但是，这使生灵涂炭的血与火，也同时使统治了人民多少个世纪的种族奴隶制观念土崩瓦解了。在高举“有教无类”大纛的孔夫子的率领下，各个阶级的代言人，各个流派的思想家，都争先恐后地抛出自己的政治思想和学术观点，互相攻讦，互相辩论，形成了学术思想非常活跃的“百家争鸣”局面。“百家”的“百”，是极言其多，事实上主要有儒、墨、法、道、杂、名、农、纵横、阴阳、小说这十家。而其中提出过值得重视的音乐思想的，主要是儒、道、墨三家。

儒家的音乐观从孔子开始，到荀子（约前313—前238）的《乐论》出现而成其系统。简而言之，儒家的音乐思想有以下几点：

第一，即充分肯定了音乐在日常生活乃至政治生活中的作用。我们前面讲过，孔子是相当重视音乐的。荀子则更进一步指出音乐是人类自然的需要。他说："夫乐者，乐（lè）也，人情之所必不免也。故人不能无乐，乐则必发于声音、形于动静。而人之道，声音动静性术之变尽是矣。"[①]既然人们的一切思想、感情、欲望，都尽在音乐舞蹈之中。那么，音乐本身的重要性和控制音乐的必要性，便是显而易见的了。对此，孔子讲过"移风易俗莫善于乐"，孟子讲过"仁言不如仁声之入人深也"[②]。荀子则讲得更具体。他说："乐肃庄则民齐而不乱，民和齐则兵劲城固。"认为音乐"出所以征诛也，入所以揖让也"，可以"正身行，广教化，美风俗"，有教育群众、维护社会秩序，保证内部团结、巩固国防的作用。儒家提倡的"礼乐"，实质上总结了统治方法的两个侧面：礼主"异"，没有"异"，就无法区分尊卑贵贱长幼，无法建立和维护社会秩序。乐主"和"，没有"和"，就无法弥平统治阶级内部的矛盾，无法减弱阶级之间的斗争。"礼"与"乐"相辅相成，一分一合，就能"治国平天下"。用荀子在《乐论》中的话说，就是"乐合同，礼别异，礼乐之统，管乎人心矣"。

第二，从这点出发，便很自然地推出了儒家的文艺批评标准：在政治内容与艺术形式之间，前者第一，后者第二；在艺术形式中，"和"为贵，"和"为美。孔子对《韶》和《武》的评价上边曾经讲过。荀子在《乐论》中也说："故乐者，审一以定和也。"在《劝学》中说："乐之中和也。"儒家的这种美学思想，对中国民族音乐的发展，有着极深远的影响。音乐要

① 《荀子·乐论》，载《中国古代乐论选辑》，人民音乐出版社1981年版，第26页。
② 《孟子·尽心章句》，载《中国古代乐论选辑》，人民音乐出版社1981年版，第17页。

“中和”“纯正”，就要避免“乱”“杂”，就不能异音同出，两音并作。于是，我们这样一个从很早便出现了能吹奏合音的编管簧乐器（在殷墟甲骨文中，就有即“龢”字出现。在曾侯乙墓出土乐器中，已有笙的实物），出现了能同时奏出两个建筑在大、小三度关系之上的双音编钟的国家，几千年来，却传统地以单声音乐为主，不在和声、复调上发展，不走西洋多声音乐的道路，只在无比丰富的单旋律上下功夫。这种文化形态的形成，原因固然很多，但不能说不与这种占统治地位的儒家美学思想有关。

第三，儒家在指出“耳欲綦声”是人类正常的自然的心理、生理需要之后，又把一般的欲望与艺术的陶冶，把自然的声音与艺术的乐声区别开来，把音乐艺术看成一种认识真理、人生的途径。孔子曾用诘问的口气断言音乐不仅仅是敲钟击鼓：“乐云乐云，钟鼓云乎哉?”那么，钟鼓的作用究竟是什么呢？荀子答道：“君子以钟鼓道志，以琴瑟乐心。……君子乐得其道，小人乐得其欲，以道制欲，则乐（lè）而不乱……”也就是说，有修养的人是用音乐来“言志”“明道”的。他一方面用音乐抒发自己的志向情感，一方面也从音乐中悟得真理。儒家的这种思想，到了汉儒手中得到了更加充分的发挥。大概成书于汉却托名为“公孙尼子”著的《乐记》，直接阐发了荀子的观点。《乐记》中写道：“乐者，通伦理者也。是故知声而不知音者，禽兽是也；知音而不知乐者，众庶是也。唯君子为能知乐。”这段话，虽则包含着儒家轻视群众的阶级偏见，但也有其正确的成分在内。中国儒家学派的知识分子们，在《乐记》中用了三个不同的概念，准确地、意味深长地把自然界的声音、平庸的歌调和真正属于艺术范畴的音乐作品区分开来。“声”，指的是自然界的声音。松涛海啸、狼嚎马嘶、虫唧鸟鸣，这是连禽兽都懂的。“音”，指的是平庸的歌调。这种谈不上艺术性，谈不上高尚的情操，谈不上丰富的精神内涵的歌调，是老百姓能听懂的。而“乐”，即那些堪称艺术品的音乐，却是只有有修养的“君子”才能理解的。

音乐的特殊性，也就是音乐反映客观事物的特殊方式，使它对欣赏者提出了比其他艺术更为苛刻的要求。没有“音乐的耳朵”，没有一定的文化教养和音乐知识，的确很难听懂高深的音乐。

墨家的代表墨子（约前468—前376）从狭隘的功利观点出发，提出了与儒家针锋相对的理论——“非乐”。他认为“大钟鸣鼓琴瑟竽笙之声”只能使“王公大人肃然奏而听之”，老百姓却“饥者不得食，寒者不得衣，劳者不得息”。而统治者大搞音乐，就要“厚措敛乎万民”“亏夺民衣食之财”。让那些本来应致力于物质生产的劳动力去搞音乐，就会“废丈夫耕稼树艺之时”“废妇人纺绩织纴之事”。他把儒家的提倡礼乐看成“足以丧天下”的“四政”之一。他举出历史上“三代暴王桀、纣、幽、厉，荥为声乐，不顾其民”，结果“身为刑僇，国为戾虚”的例子，说明礼乐不但不能治国，“不中万民之利”，反而会误国丧身。

他不理解上层建筑与经济基础的相互关系，机械地看待音乐文化与政治、军事的关系，因而提出了这样片面可笑的一个问题：“今有大国即攻小国，有大家即伐小家，强劫弱，众暴寡，诈欺愚，贵傲贱，寇乱盗贼并兴，不可禁止也。然即当为之撞巨钟、击鸣鼓、弹琴瑟、吹竽笙，而扬干戚，天下之乱也，将安可得而治欤？”[①] 讽刺音乐舞蹈不能代替军队和警察。

道家也反对儒家的礼乐观，在“非乐”这点上，是墨家的同盟军。但是，道家与墨家不同的是，他们并不是根本否定音乐，也不是仅从政治上权衡音乐的利弊，而是从崇尚自然的哲学观、美学观出发，反对人为的音乐，提倡一种超越物质手段的、纯主观的艺术。老子（约前580—前500）认为“五色令人目盲，五音令人耳聋”。人们在长期的艺术实践中抽象出来

① 《墨子·非乐》，载《中国古代乐论选辑》，人民音乐出版社1981年版，第12页。

的原色、音阶，都只能使人失去辨别自然美的能力。正如在政治上和处世的态度上道家提倡“无为而无不为”一样，老子认为“大方无隅，大器晚成，大音希声，大象无形”①，艺术上，最好、最高级的音乐是没有声音的音乐；最好、最高级的绘画是没有形象的绘画。

这种完全超脱了物质羁绊的，既带有颇为费解的神秘色彩，又带有丰富的辩证法因素的美学观，被庄子（约前369—前286）发挥得更为淋漓尽致。庄子认为：“擢乱六律，铄绝竽瑟，塞瞽旷之耳，而天下始含其聪矣。”②只有完全抛弃已有的文化，才能使人摆脱艺术上的愚昧状态。他进一步把声音分为“人籁”“地籁”“天籁”三种。所谓“人籁”，指的是丝竹之声，这人工的声音，不是“至乐”。“地籁”指风吹众窍发出的声音，因风而发声，依然要借助外力，亦非“至乐”。只有“天籁”，才是众窍自鸣，完全自然，完全自发，完全自由的“至乐”。这种音乐的外部形态是不能用感官感触到的。是“听之不闻其声，视之不见其形，充满天地，苞裹六极”的。但这“无”却不是什么都没有的“无”，而是无所不包的“无”。这音乐，你听不到，但却能靠微妙的精神共鸣与它融为一体，也就是虽“无言而心悦”③。

儒家与墨家虽然针锋相对，但出发点却是一致的，他们从实用的、功利的目的出发，把音乐艺术看成政治的一部分。道家则不同，他们超越了功利的观念，摆脱了物质的羁绊，强调体现人与自然融为一体的“无为”的、审美的关系。道家表面上虽“非”礼乐，而实质上是把音乐看得更高、更纯而已。

由这样一批伟大的哲学家、思想家所阐发的音乐理论，在公元前5世

① 《老子·道德经》，载《中国古代乐论选辑》，人民音乐出版社1981年版，第43页。
② 《庄子·胠箧》，载《中国古代乐论选辑》，人民音乐出版社1981年版，第20页。
③ 《庄子·天运》，载《中国古代乐论选辑》，人民音乐出版社1981年版，第23页。

纪前后以非常成熟的面貌出现在世界的东方，或上穷下极、包天蕴地，或汪洋恣肆、浩浩荡荡。如高山之嵯峨，如大川之飞泻。他们的杰出理论，一直到今天，仍然闪烁着无穷的智慧之光。

# 第四章　宽阔的河流

从公元前221年秦始皇统一中国之后，中国社会进入了一个漫长的历史阶段。一个以汉族为主体，包括各个少数民族的中央集权封建国家的建立，结束了长期战乱的局面，为封建文化的发展繁荣开凿了一条宽阔的河流。但是，秦始皇用强硬的手段实行“车同轨，书同文，行同伦”的文化统一政策，甚至“焚书坑儒”，终“百家争鸣”之局面，开“文化专制”之先河，对秦以后中国文化的影响，是极其长久和深远的。

“汉承秦制”，是指典章制度而言。在意识形态上，汉初崇尚黄老之术，汉武帝“罢黜百家，独尊儒术”，使儒家理论在中国封建社会取得空前胜利。在艺术上，却是“汉崇楚声”。无论刘邦还是项羽，都来自南楚故地。刘邦衣锦还乡，高唱“大风起兮云飞扬，威加海内兮归故乡，安得猛士兮守四方”，即是楚声。而儒家所推崇的雅乐，已开始衰微僵化。

## 一、乐府与李延年

公元前112年的一天，汉武帝刘彻的大殿里鼓乐喧天，歌声飞扬。百余人的歌舞队歌罢舞毕，一位面貌丰腴、颔下无须的青年高声唱了起来：

北方有佳人，
绝世而独立。
一顾倾人城，
再顾倾人国。
倾城与倾国，
佳人难再得
…………

歌声如梦。那珠玑般明净、纯银般柔美的声音，既有女声高音区的嘹亮飘逸，又有男声胸腔音的浑厚坚实。就像歌中所咏唱的李夫人姿容美色的难得一样，这歌手天生的歌喉、高超的演唱技巧和高深的音乐修养，也同样很难再得了。

这一天，是西汉乐府成立的日子；这歌手，是西汉著名的音乐家——李延年。

乐府钮钟

乐府钮钟（局部“乐府”两字）

乐府是秦、汉政权官方的音乐机构。临潼秦始皇陵园建筑遗址出土的一枚刻有“乐府”二字的错金银钟，证明乐府始于秦。但秦朝命短，秦乐府恐怕也没有什么影响。真正做了大量的工作，并对后世的音乐发展起了重大影响的，恐怕还是汉乐府。

汉乐府是在封建统治阶级处于上升时期、封建经济相对繁荣的时候建立的。乐府主管的工作包括收集民间音乐、撰写和改编歌词及乐谱、组织演奏演唱等。它所采集和长于演奏的音乐范围很广，不但有“赵、代、秦、楚之讴”，还包括北方及西域的少数民族音乐。在乐府中工作的艺术家很多，除司马相如等十几位著名文学家创作歌词外，其余的 800 多人，大都是各地的民间艺人。

汉乐府从公元前 112 年成立到公元前 6 年汉哀帝刘欣取缔为止，共存在了 106 年。在此期间，这个机构及其所集中的优秀艺术家们，对音乐创作、演奏演唱技术的发展及各民族音乐的互相吸收提高，做出了很大的贡献。在流传至今的歌词集《乐府诗集》中，有大量这一时期的作品，凝聚着无数艺人的血汗。我们在下边还要谈到的“鼓吹曲”“相和歌”等音乐形式和体裁，在此时都已确立并在乐府中得到整理提高。宋人郭茂倩编撰的《乐府诗集》，不但收集了从不尽可靠的“陶唐氏”之作到五代的乐府歌词一百卷，而且对各类乐府歌曲的由来演变进行了考证，写了“题解”。《四库全书总目》中称他的题解“征引浩博，援据精审，宋以来考乐府者无能出其范围”。郭茂倩把歌词按音乐性质和应用音乐的场合分为十二类。比如大部分的“相和歌”辞，是以汉代流行的三种调式——“相和三调”（即平调、清调、瑟调）来分类的。这种以音乐为本的分类法，继承了《诗经》以音乐分类的传统，但又有很多发展。

汉乐府的首任领导人，就是音乐家李延年。李延年官称“协律都尉”，也就是“统协音乐的长官”。据说，他不但“善歌”，是著名的歌手，而且

“为变新声”，还是个作曲家。他曾根据西域少数民族音乐的素材创作了二十八首新曲作为当时的军乐[①]。他还阐述了音乐理论，组织了音响统一的乐队[②]。他的乐思如泉，在很短的时间里，一口气谱写出多首由不同诗人写词的歌曲。

这样一位大音乐家的生平，我们却知之甚少。在《汉书》里，只有很短的一段记载，而且还被列在《佞幸传》中。但是，请你仔细读一读这段短短的，但却埋藏着这位天才艺术家悲苦一生的记载：

> 李延年，中山人，身及父母兄弟皆故倡也。延年坐法腐刑，给事狗监中。女弟得幸于上，号李夫人，列《外戚传》。延年善歌，为变新声。是时，上方兴天地诸祠，欲造乐，令司马相如等作诗颂。延年辄承意弦歌所造诗，为之新声曲。而李夫人产昌邑王，延年繇是贵为协律都尉，佩二千石印绶，而与上卧起，其爱幸埒韩嫣。久之，延年弟季与中人乱，出入骄恣。及李夫人卒后，其爱弛，上遂诛延年兄弟宗族。

这一百多个冷冰冰的文字，勾勒了这位大音乐家一生的轮廓。这位杰出的音乐家出生在一个世代乐奴的家庭中，父母兄弟都是统治者为了纵情声色而役使的奴隶。早年，他被迫为皇帝养狗，并受过灭绝人性的腐刑。他的卑贱却富有音乐传统的家庭，从小就给了他音乐的修养与锻炼。奴隶的命运和终生失去家庭幸福的苦痛，促使他发愤努力，促使他把自己的整

① 《晋书 · 乐志》：“李延年因胡曲更造新声二十八解，乘舆以为武乐。”载《晋书》，中华书局 1974 年版，第 715 页。

② （汉）班固：《汉书 · 礼乐志》：“以李延年为协律都尉……略论律吕，以合八音之调。”清乾隆武英殿刻本，第 221 页。

个身心浸入唯一能给他安慰的音乐中去。

本来，他可能同千百个和他一样有才能，却默默地度过了苦难一生的奴隶们一样，在皇帝的“狗监”中老死。但他因为善舞的妹妹被皇帝看中这样一个偶然的机会，才得以舒展他杰出的音乐才能。可是，没有多久，他的妹妹死了，他也因之失宠，并被皇帝不明不白像捻死一只蚂蚁似的杀害了。

从奴隶到奴隶，他至死也是个奴隶。他的无限才华和宝贵生命，在皇帝眼里不过是聊娱耳目的一茎小草、一声莺啼罢了。但是，这位奴隶出身的音乐家留在中国音乐史上的光辉，却永不磨灭。

## 二、“鼓吹”——汉时的军乐队

请看下面这幅东汉画像砖的拓本照片：威武的马队整齐地行进着，马

东汉画像砖

上的骑士同样威风凛凛，各具情态。但是，你如细看，便会发现骑士们手持的并不是刀矛剑戟，而是笳角箫鼓。这是汉时的军乐队——“骑吹”的队伍。队伍右上方第一人手持随风飘舞的旄旗。那醒目的旄头，恐怕就是后世的“指挥棒”吧？此列居中的一人击提鼓，鼓竖在马的项背上。下面的一个双手捧排箫吹奏。后排的第一人持槌击铙。左下方的一个也在吹排箫，只有后排中间的一人看不清楚，似乎在吹笳。

“鼓吹”的兴起在汉初，也作“短箫铙歌”。其中在马上演奏的，称为“横吹”或“骑吹”；作为皇帝仪仗的，叫作“皇门鼓吹”。“鼓吹”所用的乐器，顾名思义，主要是打击乐器和吹奏乐器，其中有鼓、铙、笳、角、排箫等。笳和角最早都是游牧的少数民族的乐器。笳在最初可能是用芦叶卷起来吹的，后来把芦苇制成哨子装在没有孔的管子上吹也叫笳。最初的角可能用的是天然的兽角，后来改为竹、木、革、铜等材料，已经能做得很大了。

“鼓吹”的传入内地，据说跟一位叫班壹的人有关。班壹，是秦末一个以牧起家的富豪，他因避战乱而到北方边境地区，后发财致富，“以财雄边，出入弋猎，旌旗鼓吹”。汉宫廷和军队把“鼓吹”用作军乐，可能始于汉武帝时。当时，汉代伟大的探险家、外交家张骞，以超人的大智大勇克服了千难万险，战胜了千里黄沙，凿通了东西交通之路。从此，中国的伟大文明开始传到了西方。汉代文明在当时给世人所留下的深刻印象，可以从我们的民族至今被称为“汉族”，我们的文字至今被称为“汉字”这点上稍见一斑。同时，张骞也带回了兄弟民族、兄弟国家的文化礼品。西汉宫廷所用的“鼓吹”曲调，就是李延年根据张骞从西域带回的“胡曲”改写的。《古今乐录》云：“横吹，胡乐也。张骞入西域，传其法于长安，唯得《摩诃兜勒》一曲。李延年因之更造新声二十八解，乘舆以为武乐。后汉给以边将万人将军服之。”《晋书・乐志》中，亦有相同记载。

作为军歌的“鼓吹”，奏于行伍之中，伴以箫鼓笳角，风格理应是威武雄壮的。但从现存的“鼓吹曲辞”看来，又似乎达不到“建威扬德，风敌劝士”的目的。在全部“鼓吹曲辞”中，像《上之回》那样高唱“月氏臣，匈奴服。令从百官疾驱驰，千秋万岁乐无极”的实在是太少了。一些具有鲜明的反战思想，揭露战争罪恶的歌曲居然成了“军歌”。比如鼓吹曲《战城南》：

战城南，死郭北，
野死不葬乌可食。
为我谓乌：
且为客豪，
野死谅不葬，
腐肉安能去子逃？
水深激激，
蒲苇冥冥。
枭骑战斗死，
驽马徘徊鸣。
（梁）筑室，
何以南（梁），何以北？
禾黍不获君何食？
愿为忠臣安可得？
思子良臣，
良臣诚可思。
朝行出攻，
暮不夜归。

在这首歌中，歌者站在尸横遍野的战场上，对着绕尸翻飞的乌鸦唱道：激战在城南，战死在城北……反正暴尸于野无人葬，腐肉怎能逃过你的嘴？歌者对长期的战争状态非常不满，在歌中引用了楚庄王伐宋时“筑室于宋，示无去志”的典故，指出了战争对农业生产的破坏和士兵们早上出去打仗，晚上却再也不能回来的悲惨结局。这首歌所用的衬字，不是“兮”“也”，而是一个较为少见的“梁”字，用法也很独特，用在一句之前。可视为一首独具色彩的民歌。

另一个引人注目的现象是“鼓吹曲辞”中有着许多优秀的爱情民歌。例如著名的《上邪》。“上邪”的意思，就是“天啊”。这首歌，实际上是一位痴情少女的誓言。她列举了“山无陵，江水为竭，冬雷震震，夏雨雪”，甚至“天地合”这样一些大自然中绝不可能发生的事物来反衬自己爱情的坚贞。《有所思》则写一个钟情的女性忽然听到远方的爱人变心的消息后，悲愤地毁掉了原打算送他的礼物，她要一刀斩断以往的爱情，但那乱麻一样难言的心情却只能唱给即将升起的太阳：“……妃呼豨！秋风肃肃晨风飔，东方须臾高知之。”这些深沉、强烈，感人的歌声，唱出了封建制度下妇女们的精神生活，也表达了劳动妇女纯真、专一的爱情观。在横吹曲中，还有一些长篇叙事歌曲，如歌颂鲜卑族女英雄木兰的《木兰辞》，多少年来始终流传民间，脍炙人口。一直到近现代，这首产生于北魏的“横吹曲”还被重新谱曲，在新的历史时期中起过爱国主义的作用。下面这几节谱例，是辛亥革命后在我国流传的《木兰辞》曲谱：

这些爱情歌曲、反战歌曲在“鼓吹”曲中的大量存在，充分说明“鼓吹”与民间音乐、民歌的密切联系。在汉王朝的军队中，“胡笳”所伴的歌声，恐怕有大部分已经融合在中原旧曲之中了吧？流传至今的古琴音乐《胡笳十八拍》，也是一个生动的例子。

## 三、《胡笳十八拍》

黄沙漠漠，朔风阵阵，驼车马队，逶迤而来。马前马后，胡笳哀哀。

日落了，风停了。大漠中，孤烟轻上。

毡帐里，一位汉装的中年妇女，在低首弄琴。泠泠七弦琴，滴滴洒泪声。呜咽了一路的胡笳的悲叹，变成了凄清的七弦琴声，像泪珠一样洒在毡帐里，飘散在空寂的沙漠中。

轻轻的琴声里，还夹着那位妇女的低唱。一股绞肠滴血般的痛苦，一股不可遏抑的悲愁，像滚沸的熔岩一样倾泻着：

……没想到今生啊，还能还乡，

抚抱着亲儿啊，泪湿衣裳。

汉使接我归啊，马儿不停蹄，

亲儿唤母声啊，谁闻不断肠？
生离死别啊，就在今天，
为此忧愁啊，日月无光！
怎能生双翅啊，把儿带回乡，
双脚重千斤啊，一步一回乡……[①]

这是公元208年，多才而又多难的蔡文姬在归汉的路途上用琴声和歌唱来抒写衷曲的情景。

蔡文姬是著名的文学家、史学家蔡邕的女儿。蔡邕（133—192），字伯喈，陈留圉（今河南杞县）人。他年轻时就以博学多才而闻名。灵帝时官为议郎，因上书弹劾宦官权贵获罪，被流放朔方。遇赦后，又为避宦官迫害，“亡命江海，远迹吴会”十余年。董卓时，官左中郎将，后人因此称之为“蔡中郎”。所谓“斜杨古柳赵家庄，负鼓盲翁正作场。身后是非谁管得，满村听说蔡中郎”，正是蔡邕的故事在民间广泛流传的生动描述。

蔡邕还是一个杰出的音乐家。他在流亡期间，曾创作了五首琴曲，即被称为“蔡氏五弄”的《游春》《渌水》《幽居》《坐愁》《秋思》。在他的《琴赋》及据说是他所著的《琴操》中，他还充分显示了一个音乐理论家的才华。由于他的聪耳慧眼而免成灰烬的“焦尾琴”的故事，更能说明蔡邕音乐才能的广博。据说，蔡邕听到吴人烧饭时木材爆裂的声音不同寻常，立即把它抢救出来制琴，琴制成之后，果然音响卓群，不同凡声。因为琴的尾部已被炊火烧焦，所以被称为“焦尾琴”。至今，七弦琴的尾部仍被称作“焦尾”，典即出于此。

蔡文姬生长在这样一个家庭里，从小便显露出惊人的音乐素质与出众

① （宋）郭茂倩:《乐府诗集 · 胡笳十八拍》，四部丛刊景汲古阁本，第427页。

的才华。据说，有一次蔡邕在独自弹琴。忽然，琴弦断了一根。在旁边静静听琴的小文姬，立刻辨明断的是第一根弦。蔡邕对她敏锐的听觉感到吃惊，以为她是偶然说对了，故意在继续弹琴时又弄断了一根弦，没想到小文姬脱口便答“第四弦”，使蔡邕大为惊叹。

文姬初嫁河东卫仲道，但不久丈夫便死去了。在汉末的大动乱中，文姬被胡人虏走，成了匈奴左贤王的王妃，她在异族十三年，生了两个孩子，但她时时惦念着家乡。公元 208 年，她父亲蔡邕的老朋友曹操派人出使匈奴，赎回了文姬。但是，她的两个儿子却不得同归。对家乡的思念和与儿子生离死别的悲痛，像千万把刀子在剜她那矛盾至极的心！

回到了生养自己的家乡，失去了自己生养的亲儿。“南看汉月双眼明，却顾胡儿寸心死”，惨痛的经历和哀怨的胡笳声，像鬼影一样缠绕着她的梦境；可能对她这位做过十二年“胡妻”的不幸妇女有所非议的封建礼教，像磨盘一样压在她胸膛；对亲生孩子的牵肠摘心般的思念，更无时无刻不在她心中翻卷。这一切，都在催促着她，催促着这位有着特殊的经历，有着高度的文学修养、杰出的音乐才能并熟悉两个民族音乐的妇女，把自己的生活和感情用音乐表达出来！把熟听了十二年的她的儿子还要听一生的胡笳声用中国传统的古琴声表达出来！

于是，《胡笳十八拍》这首著名的琴曲便带着它无比强烈的感染力出现了。这首琴曲的音乐至今仍在，分为十八段的歌词，也曾广为传唱。歌词中叙述了她流落匈奴的经过，叙述了她对家乡的思念，描写了她对孩子的疼爱和母子分别的情景。用郭沫若的话说：“那像滚滚不尽的海涛，那像喷发着熔岩的活火山，那是用整个的灵魂吐诉出来的绝叫。”[①] 虽然关于词作者的问题目前尚有争论，但这首歌有着千古绝唱的艺术价值，却是大家所

① 郭沫若：《谈蔡文姬的〈胡笳十八拍〉》，《光明日报》1959 年 1 月 25 日。

公认的。

《胡笳十八拍》的歌词，初见于南宋朱熹（1130—1200）所编《楚辞后语》，在郭茂倩《乐府诗集》中，被编入“琴曲歌辞”。下面的这段谱例，是根据1611年孙丕显《琴适》的配词谱整理的：

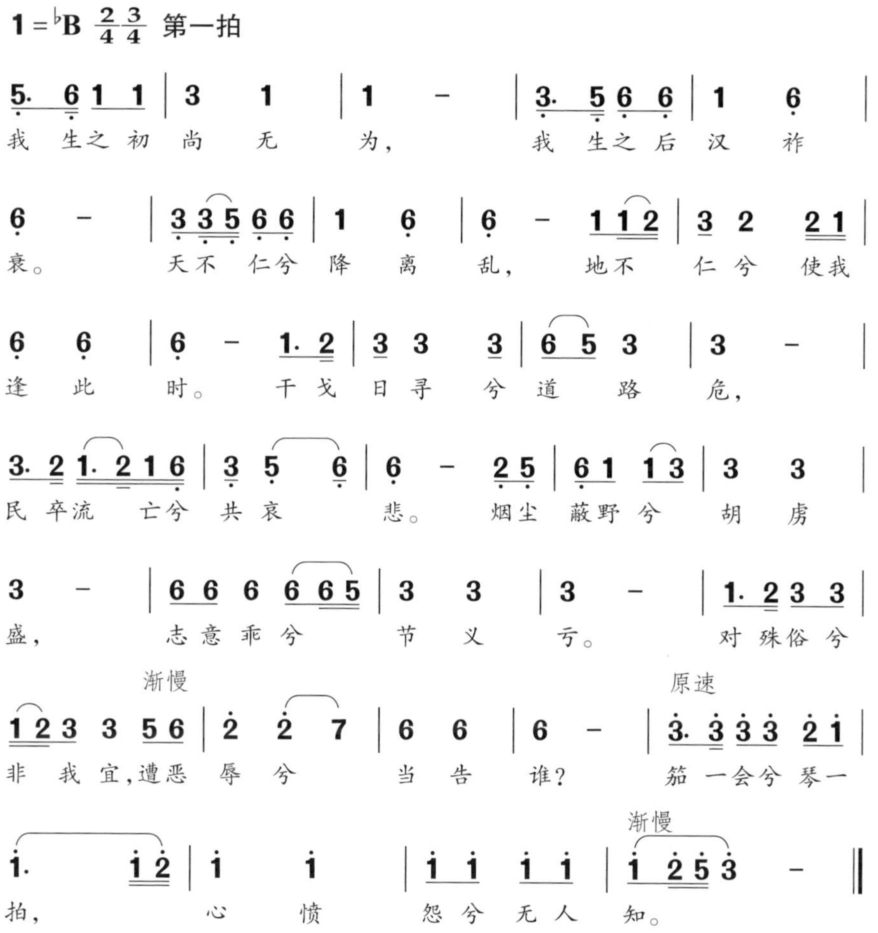


整个《胡笳十八拍》的音乐，即由这一个主题段落发展而成。随着歌词中情节的发展，音乐起伏跌宕，一气呵成。低回处，如胡笳哀哀，如血泪溅地；高昂处，如琴声激越，如悲愤欲绝。十八段音乐的结构，在统一中求变化，非大手笔而不能为；曲调中汉、蒙音乐素材的神汇韵合，无雕凿斧削之痕，非贯通两族音乐者，亦难成之。此曲音乐与歌词天衣无缝的契合，节奏、节拍自然而丰富的变化，曲调中变化音运用所带来的离调色彩，旋律进行中那种或拔地而起，或高崖跌落式的跳进，都使这首琴歌中深沉如渊、奔泻如流的感情得到充分的发挥。《胡笳十八拍》的文学价值我们姑且不谈，仅就此曲的音乐而言，也不愧是我国艺术宝库中罕见的瑰宝，它雄浑奇谲、真挚自然的高超艺术手段，至今令人惊叹。

历史上有关"文姬归汉"内容的琴曲不只此一首，在现存的三四十种传谱中，只有方才我们引到的《琴适》谱是有词的，其余都是无词的纯器乐作品。其中最著名的，是唐代盛行的《大胡笳》和《小胡笳》。这两种谱，均见于明朱权《神奇秘谱》。此类琴曲的流行，不仅表现在传谱的众多上，还表现为出现了一批以弹《胡笳》闻名于世的琴家。初唐琴界盛行的"沈家声""祝家声"，即以大、小《胡笳》为其代表曲目。开元天宝年间的董庭兰，是名噪一时的著名琴师。诗人高适曾送过他这样的诗句："千里黄云白日曛，北风吹雁雪纷纷。莫愁前路无知己，天下谁人不识君？"可见他当时的盛名。董庭兰除一度做过宰相房琯的门客之外，一生不仕，安于清贫。有人说他"庭兰不事王侯，散发林壑者六十载"。他的琴艺，堪称出神入化，他最擅长演奏《胡笳十八拍》，唐诗人李颀曾写过一首《听董大弹胡笳声兼寄语弄房给事》的诗，详尽生动地描绘了董庭兰演奏此曲时给诗人带来的审美想象："先拂商弦后角羽，四郊秋叶惊摵摵。董夫子，通神明，深山窃听来妖精。言迟更速皆应手，将往复旋如有情。……幽音变调忽飘洒，长风吹林雨堕瓦。迸泉飒飒飞木末，野鹿呦呦走堂下。"说他的琴艺"通神明""来妖精"，有着非常丰富的表现力。当曲中变调时，音乐像长风摇撼着林木，像豪雨敲打着屋瓦。诗人最后满怀感情地说："高才脱略名与利，日夕望君抱琴至”，日夜盼望着他的来临。

汉代的琴曲有两个特点：一是内容大都有故事性；二是常常弹唱结合。《胡笳十八拍》就是一个突出的例子。这种弹唱结合的演奏方式一直流传了下来。到了唐朝董庭兰弹《胡笳》时，仍然是“弹胡笳声兼寄语弄”。“语弄”，无疑是唱词，“声兼寄语弄”，就是连弹带唱了。这种演奏方式和汉时的“相和歌”有着密切的联系。

## 四、“相和歌”与“清商乐”

建安十五年（210），一座宏大奇伟的楼台在邺城郊外落成了。高台上，一百二十间广厦“连接榱栋，侵彻云汉”。一只“舒翼奋尾，势若飞动”的大铜雀矗立在楼宇之巅，俯瞰着西陵的萋萋芳草、历历黄花。文臣武将们，宾客幕僚们，众星捧月般地簇拥着精神矍铄的曹操。为庆祝“铜雀台”的竣工，亮竹清丝伴着歌伎们的歌声，回荡在漳河之滨：

东临碣石，
以观沧海。
水何澹澹，
山岛竦峙。
树木丛生，
百草丰茂。
秋风萧瑟，
洪波涌起。
日月之行，
若出其中。

星汉灿烂，
若出其里。
……

曹操，是我国妇孺皆知的古代政治家。其实他不但有政治、军事上的雄才大略，同时还能诗善乐。据《魏书》载，他每逢出游，“登高必赋。及造新诗，被之管弦，皆成乐章”。他不但高筑铜雀台，组织了一个庞大的乐舞班子，而且常常自己“对酒当歌”。曹操现存的二十几首诗歌，全都按乐府歌曲的规格写成，例如上边所引的《步出夏门行》，便是“相和歌”中的“瑟调曲”。

那么，什么叫“相和歌”呢？用《晋书·乐志》的话说：就是“丝竹更相和，执节者歌”。即歌唱者自己击“节”（一种节奏乐器），其他伴奏乐器相应和的歌唱形式。

相和歌兴起于汉初，早先大部分是民间的流行歌曲。它最初并没有伴奏，所以叫作“徒歌”（清唱）。以后，加上伴奏，成了名副其实的相和歌[①]。再发展，加上舞蹈，扩大曲式，便成了所谓的“相和大曲”。“大曲”中没有舞蹈与唱词的纯器乐部分，则称为“但曲”。

相和歌曲大概有五种调式，即所谓的“相和五调”。这五种常用的调式中，平调、清调、瑟调又被称为“相和三调”。《唐书·乐志》中说：“平调、清调、瑟调，皆周房中曲之遗声，汉世谓之三调。又有楚调、侧调。楚调者，汉房中乐也。高帝乐楚声，故房中乐皆楚声也。侧调者，生于楚调，与前三调总谓之相和调。”三调中的平调以宫为主，清调以商为主，瑟调以角为主。用现代通行的音乐术语来讲，平调相当于 fa 调式，清调相当

① （唐）吴兢：《乐府古题要解》：“乐府相和歌，并汉世街陌讴谣之词。”明崇祯津逮秘书本，第 5 页。

于 sol 调式，瑟调相当于 la 调式。

“相和大曲”的曲式结构，已相当丰富完整。郭茂倩在《乐府诗集》卷二十六“相和歌辞”的“解题”中说：“又诸调曲皆有辞、有声，而大曲又有艳、有趋、有乱。……艳在曲之前，趋与乱在曲之后。”所谓曲之前的“艳”顾名思义，可能是华丽的抒情段落。而“乱”，则是自春秋战国以来既有的、传统的结尾方法。孔子曾赞美“师挚之始，《关雎》之乱，洋洋乎盈耳哉”。《楚辞》中也有“乱”。这种繁音促节、交错纷乱的结尾，恐怕是很辉煌的。现代日本的东方音乐史学者田边尚雄在日本《雅乐大系唱片解说》中解释“古乐乱声”时说：“乱声是在笛曲之中，先由主奏者将旋律吹出，稍后，其他助奏者才将同样的旋律跟着吹奏，于是因先后之差遂致听起来觉得有杂乱的和声，所以叫作乱声。”据此，一些海外的学人认为“一种在西方音乐里称为‘卡农’的音乐方法，在上古时已为中国人发明而用在歌曲结尾一段，特别叫作‘乱’”①。

在东汉末年和三国时期，相和歌中出现了许多优秀作品。比如相和歌“瑟调曲”中的《东门行》，用夫妻对话的方式，生动地刻画了一个“盎中无斗米储，还视架上无悬衣”的穷苦人，不愿忍受“白发时下”的痛苦生活，拔剑而起，铤而走险的场面。

西晋的时候，政府曾设立音乐机构“清商署”，由著名的律学家荀勖领导，对旧有的相和歌进行改编。西晋灭亡，皇族司马睿南逃建东晋。此后，中国北部各民族连年混战，北方人民大量南迁，南方的音乐文化逐渐发达起来，在南方民歌“吴声”与“西曲”的基础上，继承了北方相和歌的传统，出现了“清商乐”。清商乐在艺术上有了新的提高，形成了一种较复杂的曲式——“清乐大曲”。这种清乐大曲在主要的歌唱部分之前，有一个纯

① 张世彬：《中国音乐史论述稿》（上下册合订），友谊出版社 1975 年版，第 49 页。

器乐演奏的序曲部分，有四段至八段。中间的部分，是由多段声乐曲联成的一个声乐组曲，每一段声乐曲的最后，都有个尾声，称作“送歌弦”。在全曲的结束部，又是一个纯器乐部分，称作“契”或“契注声”。从此之后，清商乐就成了南北方汉族音乐的总名了，而清乐大曲，则孕育了隋唐的燕乐大曲。

古籍中一些关于清乐“十数年间，亡者将半”或“郎子亡去，清乐之歌遂阙”的说法，实在是一种讹传妄断。在广大的中国土地上，在广泛的民间音乐的基础上建立起来的音乐文化，绝不可能在一次政治动乱中便消亡过半，更不可能因一位艺术家的失去而散佚殆尽、中断延续。真正优秀的文化，真正有着群众基础、受到人民欢迎的文化，在某种程度上讲，是永远不会消亡的。最多它会以另一个形式并在更高一层的基础上出现而已。

从“相和歌”到“清商乐”，经过了一个在汉民族内部南北两种不同传统、不同风格音乐融合的过程。这种融合过程，实际上同时也是一种提高过程。清乐系统的完成，标志着一种包括黄河流域和长江流域在内的汉族“主体”音乐的成熟。正是在这种成熟的文化背景下，汉文化才有可能大胆地、毫无顾忌地吸收兄弟民族、兄弟国家的文化而不断发展壮大。

# 第五章　百川入海

从三国、两晋到南北朝，在中国历史上，是春秋战国之后的第二个波澜迭起的重大变化时期。战乱不已，朝代频更，“三国”二字，在后世几乎成了战争与外交斗争的代名词。在意识形态方面，汉世所推崇的经学和谶纬神学，遭到了根本的怀疑与挑战。玄学的勃兴和一大批被称为“名士”的知识分子的文化活动，反映了一种充分内省的思辨哲学和一种非功利性的、“为艺术而艺术”的纯文艺的产生。对礼教的人为毁坏，似乎是“人的觉醒”的必然结果。在这种情况下，乘虚而入的佛教在中国的土地上得到了空前的传播和发展。如果说魏晋玄学是彻底“入世”的儒学与彻底“出世”的佛学（主要指中国禅宗）之间的一串过渡和弦的话，那么，这一时期的音乐文化，则可以看成一座从“清乐”系统通向“燕乐”系统的桥梁了。

## 一、“竹林七贤”与音乐

正是魏末乱世的时候，政事多变，兵荒马乱。可是，在一片葱郁的竹林之中，却有七位名士在狂饮高歌。他们周围，杯盘狼藉，空瓶磊落；他们身上，宽袍散乱，酒墨淋漓。这几个人，便是当时大名鼎鼎的“竹林七贤”：阮籍、嵇康、山涛、向秀、王戎、刘伶以及阮籍之侄阮咸。

这七个朋友，虽然性格不同，后来又命运各异，有的封爵，有的遭戮。但在竹林聚会的时期，却有着共同的志趣和哲学观点。他们好诗，好酒，好老庄，好音乐。表面上看，他们思想奇特，行为古怪，时出惊人之语，常做拗情之事，甚至藐视礼教习俗，菲薄汤武周孔。但是，掀开他们佯狂诈醉的面纱，便会看到几个头脑清醒、才思敏捷，但又愤世嫉俗的“贤人”形象。他们的放浪形骸，只不过是宣泄愤懑的途径、避祸乱世的烟幕和怀才不遇的牢骚而已。

他们之中名气最大的要数阮籍和嵇康了。一般人都知道他们是著名的文学家，实际上，他们还都是颇有教养的音乐家呢。

阮籍（210—263），字嗣宗，陈留尉氏（今属河南）人。因曾为“步兵校尉”，遂被后人称为“阮步兵”。阮籍之时，司马氏专权，残酷无情的政治倾轧和随之而来的身家毁灭，像一把高悬头上的利剑，时时威胁着不甘随波逐流、不愿为虎作伥的人们。而掌权者的奢谈“礼教”，却使真正有理想、有教养的知识分子不得不过着一种表面上玩世不恭，而实质上痛苦万分的双重生活。一方面，阮籍公开蔑视礼教，有著名的“青白眼”之说：以“青眼”待友，而以“白眼”视“礼俗之士”。另一方面，他却“口不臧否人物”，谨言至极，甚至只能以大醉六十天不醒的荒诞办法拒绝司马氏的联姻要求。在音乐方面，也表现出一种极端矛盾的现象。

南朝画像砖《竹林七贤图》

阮籍在音乐理论方面有专著《乐论》传世，载《阮步兵集》。同时，他又是一位作曲家和古琴演奏家，作有风格独特的著名琴曲《酒狂》。

在《乐论》中，他主要继承发挥了儒家（特别是荀子）的观点，认为“律吕协则阴阳和，音声适而万物类”，把音乐当成教民平和、移风易俗的工具，强调圣人作乐“制便事之节，定顺从之音”的必要。但同时，他又杂有道家的观点，大谈“自然之道”：“道德平淡，故五声无味。不烦则阴阳自通，无味则百物自乐。”在攻击“各歌其所好，各咏其所为”的“楚越之风”“郑卫之风”时，竟也借用了墨子非乐时“废耕农之业”的语言。

在文章的最后，他广征博引，充分发挥了“乐者，乐（lè）也”的观点。他问道：“诚以悲为乐，天下何乐（lè）之有?”音乐，正因为能“使人无欲，心平气定”，所以才称为“乐（lè）”。而“流涕感动，嘘唏伤气，寒暑不适，庶物不遂”的感情事物，虽由乐器奏出，也不是乐，只能称之为“哀”。概而括之，阮籍认为平和的感情叫作“乐（lè）”，音乐只能，也只应该表现这种“乐（lè）”。一切冲动的、令“歌之者流涕，闻之者叹息”，甚至“气发于中，声入于耳，手足飞扬，不觉其骇”的声音，只能称作“哀”，“非为善乐也”。

理论是如此，实践又怎样呢？一个由于“天下多故，名士少有全者”，才“不与世事”，整天“酣饮为常”的“济世”之才，能够在自己的音乐创作中保持“精神平和，衰气不入，天地交泰”的精神状态吗？

在《酒狂》这首凝练生动、结构严谨的琴曲里，作者用跳荡蹒跚的节奏和先抑后扬、扬而又抑的旋律，不但生动地刻画出作者和他的朋友们狂放不羁、步履维艰的醉态，还更为深刻地从侧面反映了司马氏专权的黑暗给作曲者心理上带来的痛苦、压抑、摧残。乐曲是一个形象生动的主题部分在不同高度上的重复。主要曲调是这样的：

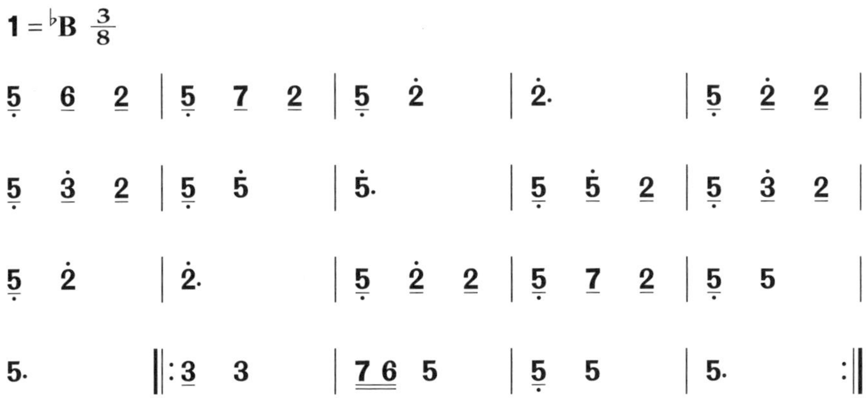


这个三拍子曲调的强拍，总是一个固定的低音，它与随即冲上去又落下来的大跳构成一个基本音型，就像醉酒者忽高忽低的脚步：一只脚抬不动，另一只脚毫无把握地甩了出去，落地；再甩出去，再落地。人，没有前进，只是围着身子转……为什么他不能迈开大步前进？是酒的麻醉，还是社会的压抑?！为什么那动荡的音符敢于大胆地做九度、十度乃至两个八度的大跳？是酒的激励，还是人格力量的宣泄?！为什么那低沉的重音像命运一样顽固地在每一小节出现？是不变的“天道”，还是执着的追求?！

阮籍没有回答。但他的这首琴曲，却一直流传到了今天。

嵇康（224—263），字叔夜，在音乐史上的地位更加重要。他是一个集作曲、音乐理论、古琴演奏为一身的音乐全才。作为作曲家，他创作的被称为“嵇氏四弄”的古琴曲：《长清》《短清》《长侧》《短侧》和一首《风入松歌》，一直得到琴家的喜爱。作为音乐理论家，他写过著名的《琴赋》和更为著名的《声无哀乐论》。在《声无哀乐论》中，嵇康用论辩的形式，系统地表达了他的音乐美学观点。他认为：“心之与声，明为二物。”音乐是客观存在，人的感情是主观存在，二者之间并没有必然的因果关系。而音乐本身，只是“声音和比”，只能从形式上区别“善”与“不善”，并没有一定的内容。作为演奏家，他“博综伎艺，于丝竹特妙”[①]，尤长于古琴。他所演奏的《广陵散》，“声调绝伦”，甚至因此而产生了他学琴于鬼神的传说[②]。我们在下一节中，还要专门谈到他。

“竹林七贤”中的阮咸，也是一个杰出的音乐家。《晋书》中说：“咸妙解音律，善弹琵琶。虽处世不交人事，惟共亲知弦歌酣宴而已。”阮咸所善弹的“琵琶”，并不是现在的琵琶，而是一种圆形共鸣箱、直杆、四弦有柱的乐器。据《旧唐书·音乐志》载，武太后时，蜀人蒯朗从古墓中发现这种乐器，因观其形制与晋画《竹林七贤图》中阮咸所弹乐器相同，便名之为“阮咸”。目前在民族乐队中大小不同的“阮”属乐器，即都以此命名。他不但长于演奏，同时也工于作曲。据《乐府诗集》引《琴集》说，唐代流行的琴曲《三峡流泉》，即“阮咸所作”。他对音乐理论的研究也相当透彻。晋代著名律学家，首先运用“管口校正法”的光禄大夫荀勖，“每与咸论音律，自以为远不及也”。专家对专家的评价，应该是公允的；而对一位专家水平的最佳赞誉，也莫过于另一位专家的自愧弗如了。

## 二、《广陵散》的故事

太阳已经很高了。再过约莫一个时辰，当日过中天的时候，“为人也岩岩若孤松之独立，其醉也傀俄若玉山之将崩”的嵇叔夜，就要问斩于东市了！三千太学生蜂拥在司马昭府外的广场上，焦急地等待着这位昨天的魏大将军，今天的晋公，明天的晋侯答复他们请求赦免嵇康并许为师的表陈。

红漆大门终于打开了。太学生们不祥的预感成了现实：“弗许”两个

① （唐）房玄龄等：《晋书·向秀传》，中华书局 1974 年版，第 1357 页。

② （唐）房玄龄等：《晋书·嵇康传》，中华书局 1974 年版，第 1374 页。

字，像闷头一棒，把太学生们最后的一线希望打得粉碎。无情的现实使人们暂时失去了思考和行动的能力。忽然，不知是哪一个首先清醒了过来，大喊了一声："快去东市……"话音未落，三千青衿汇成的浪潮便向行刑的东市滚去了。

他们赶到刑场，用失声痛哭和绝望的呐喊把消息带给了嵇康。泪眼中，他们看到这位即将与生命告别的一代名士默默地环视着周围，仿佛在感谢人们为他所做的努力。随后，他低头看了一下日影，以出人意料的冷静口吻问道："可有哪一位带着琴来？"

三千太学生，竟有人把心爱的七弦琴携到了刑场。于是，嵇康饮刀前最后的愿望居然得到了满足。激昂慷慨的琴声响了起来，那戈矛杀伐的气势，那愤懑不平的怨情，那终能如狂潮般涌溢的郁郁之气，化成七弦琴声，化成雷霆风雨，化成冲冠之怒，化成投韩之剑，化成贯虹之志，在刀斧丛中激荡奔突。

一曲未毕，午时三刻到了。无情的屠刀落了下来。这位潇洒不群、"恬静寡欲"、多异志、"有奇才"的贤者被"礼教"二字夺去了生命。而这首寄托了嵇康最后的感情并伴他走完生命最后途程的琴曲《广陵散》，却因此更加遐迩闻名，被罩上了一层悲剧性的浪漫色彩。

《广陵散》并非嵇康所作，但嵇康在此曲的丰富、成熟、演奏、流传的过程中，的确起了相当大的作用。实际上，早在东汉末年，即已有了关于《广陵散》的记载。魏晋以来，它还作为笙①、筝②等乐器的独奏曲及多种乐器的合奏曲出现过。在《乐府诗集》中，它被列为相和歌"楚调曲"中的"但曲"。其前"解题"引张永《录》云："又有但曲七曲：《广陵散》《黄老

① （晋）潘岳：《笙赋》，载（明）张溥编《汉魏六朝一百三家集》，《钦定四库全书》，第 838 页。

② （清）汪辟疆校录：《唐人小说 · 冥音录》，上海古典文学出版社 1955 年版，第 190 页。

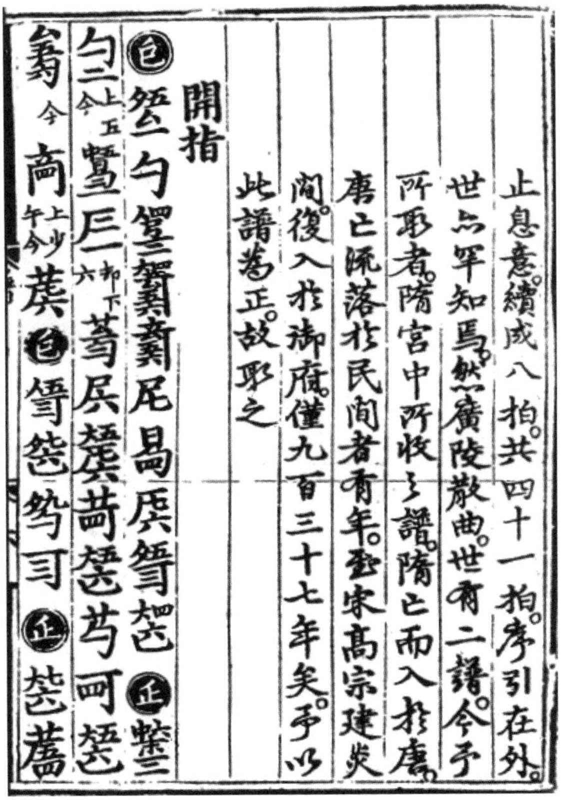


《神奇秘谱》中的《广陵散》谱

弹》《飞（龙）引》《大胡笳鸣》《小胡笳鸣》《鹍鸡游弦》《流楚窈窕》并琴、筝、笙、筑之曲。”但目前，只有古琴演奏的《广陵散》曲谱留存至今，见于明代朱权的《神奇秘谱》和明代汪芝的《西麓堂琴统》等谱集。此曲流传至唐时，曾有较大的发展，李良辅、吕渭等琴人的加工锤炼，使此曲越发成熟，从三十三拍、三十六拍，逐步发展为目前存见的四十五拍，构成一首曲体宏伟、内容深刻、风格独特的杰出作品。历代琴家，尤其是那些与封建统治集团尖锐对立的知识分子，无不推崇此曲。而那些封建礼教的卫道士们，亦无不攻击此曲。宋儒朱熹就说：“琴家最取《广陵散》操，以某观之，其声最不和平，有臣凌君意。”[①] 两种截然相反、鲜明对立的观点，不但正好说明此曲不同凡响的价值，反而也使此曲更加名声大振。

关于《广陵散》的内容及此曲与《聂政刺韩王曲》的关系问题，目前尚无完全统一的意见。但有一点可以肯定，那就是历代琴人在演奏此曲时，都在主观想象中有一个聂政刺韩王的故事存在。也就是说，当此曲作为一种音乐思维时，它始终是和聂政刺韩王的故事分不开的。

聂政，战国时著名的义士。《战国策》与《史记・刺客列传》均有他的记载。他本是“轵深井里人”“避仇隐于屠者之间”。后为报严仲子知遇之恩，乃舍命刺死韩相侠累（一说兼中韩哀侯）。在民间传说中，聂政的事迹越发增添了丰富的内容和深刻的含意。蔡邕的《琴操》中，把聂政说成是造剑工匠的儿子，其父造剑误期，被韩王杀害。聂政决心为父报仇，在第一次谋刺失败后，遂入深山苦学琴艺先后十年，然后身怀绝技回到韩国，在为韩王弹琴时，终于相机刺死了韩王，自己也“自犁剥面皮，断其形体”，壮烈牺牲。这个在黑暗的封建社会里，以一个弱者的地位，为实现自己的誓愿，经十年漫长而艰苦的准备，终于以生命为代价惩罚了一国之君的壮士，千百年来，一直作为正义的化身、勇敢的表率、反抗压迫专制的不屈的典型，鼓舞着成千上万的志士仁人为正义而战斗，为理想而献身。

《广陵散》的四十五段音乐，分为“开指”“小序”“大序”“正声”“乱声”“后序”六部分。全曲以“正声”为主体，详尽细腻地刻画了聂政从怨恨到怒发冲冠的感情发展过程，时而“怨恨凄感”“怫郁慷慨”，时而“纷披灿烂”“戈矛纵横”，既有深沉哀痛的哭诉衷肠，又有气壮山河的凌云之气。对比强烈，层次鲜明，气势磅礴，雄浑壮烈。如果说这首琴曲在其内容的深刻上，形象的鲜明上，气势的豪壮上，是我国古琴音乐中最杰出的

① （清）程川编:《朱子五经语类》卷 45,《钦定四库全书》, 第 354 页。

一部作品，恐怕不是过誉之词。

嵇康临刑前曾说过这样一句话："昔袁孝尼尝从吾学《广陵散》，吾每靳固之，《广陵散》于今绝矣！"[①] 于是，"广陵散"三字，便成了某种失传文化的代名词。但实际上，《广陵散》并没有绝响，一切真正优秀的，具有人民性的文化也不会绝响，人民——一切文化的最初创造者，会千方百计地保护它，并不断给它注入新的生命。

## 三、从曹妙达封王说起

金碧辉煌的皇宫里，一位身着胡服的艺人正在为皇帝演奏琵琶。只见皇帝斜倚在龙榻之上，时而微合双目，轻轻击拍；时而摇头晃脑，啧啧称赞。殿上的宫女黄门、文臣武将，也都屏声静气，伫立恭听。只有从殿前金兽中腾起的一缕香烟，和那奇丽的琵琶声交织在一起，萦回舒卷、缭绕盘旋。乐声停时，虽在帝王之侧，仍然爆发出一阵喝彩之声。皇帝猛地直起身来，大声叫道："弹得好！弹得好！孤要重重地赏你，封你为……为……为王！"弹琴者伏地谢恩，群臣惊愕！这耽于胡乐的皇帝，是南北朝时北齐后主高纬，这被封为王的弹琴者，是西域乐人曹妙达。

自汉魏以来，中原与西域的文化交流，日渐繁密。丝绸之路上，乐声盈耳。被中原文化所吸引的西域乐人，从龟兹、于阗、疏勒等地奔集中原献艺定居，他们带来的西域音乐，得到广大汉族人民的喜爱，像一股股清泉，注入大海，与中原音乐交融汇集，蔚成大波。刚才提到的曹妙达，便出自西域"昭武九姓国"中曹国的一个琵琶世家。西晋灭亡之后，中国境内的各民族之间连年混战，相继建起许多政权。北方各族人民在混战与

① （唐）房玄龄等：《晋书·嵇康传》，中华书局1974年版，第1374页。

杂居的年代里，进一步交流了音乐文化。而此时北方人的大量南迁，又把这种各族文化的大融合带到南方，形成魏、晋、南北朝时百川入海的文化局面。

当时传入中原的有天竺乐、西凉乐，以及长期受外国影响的龟兹乐、高昌乐、康国乐，还有北魏的鲜卑乐，从东方传入的高丽乐等。

乐曲的传入，自张骞带回《摩诃兜勒》始，至此时已相当丰富。构成其后隋七部乐的大部分乐曲，恐怕均已在此时出现在中原了。当时内附中原的西域乐人，以“昭武九姓国”的康国、曹国、安国、米国等国的乐人为多。其中著名者，除封王开府的曹妙达之外，尚有安马驹等人。周武帝时，龟兹乐人苏祇婆从突厥皇后阿史那氏入朝，他不但以善弹琵琶闻名朝野，而且精于音律，他在琵琶上构成的所谓“琵琶七调”，源于伊朗、印度音乐系统。他在琵琶这一件乐器上进行的转调表演，使当时的汉族音乐家深受启发，对中国传统乐律多方面的实际应用，起了一个促进的作用。

乐器的输入，最有代表性的是“胡琵琶”——曲项琵琶和竖箜篌，此外，还有五弦琵琶、筚篥、羯鼓等。这些乐器与苏祇婆的“琵琶七调”一样，大都是由伊朗、印度传入西域，再由西域龟兹等国辗转传入中原的。

琵琶的传入及其后在中国的充分发展，应该看成中国音乐史上的一件大事。这种目前在我国民族乐器中最富表现力的乐器，大约是在公元 350 年前后传入中原的[①]。我们在前边有关“竹林七贤”的文字中，曾谈到阮咸所弹的乐器（即现在的“阮”）也叫“琵琶”。因为在历史上，“琵琶”（也写作“批把”）曾是多种弹弦乐器的泛称。所谓“推手前曰批，引手却曰把”[②]，这类以手前推后引拨弦发声的乐器，都可以叫“批把”。早在我国

① 杨荫浏先生据《隋书·音乐志》中张重华据凉州之时推论。

② （汉）刘熙:《释名》卷 7,《四部丛刊》(景明翻宋书棚本)，第 24 页。

秦时，北方修筑长城的劳动人民便曾创造了一种在鼗鼓（两面蒙皮的圆形小鼓，其下有柄，旁有两耳，耳上有槌，执柄摇动发声）之上张弦而成的“弦鼗”[1]，即被称为“秦琵琶”。现代的三弦，很可能是它的后裔。而阮咸所弹的“琵琶”，据说是汉代乌孙公主时中国工人发明的。傅玄《琵琶赋》序云：“汉遣乌孙公主嫁昆弥，念其行道思慕，使工人知音者，裁琴、筝、筑、箜篌之属，作马上乐。观其器：中虚外实，天地象也；盘圆柄直，阴阳叙也；柱有十二，配律吕也；四弦，法四时也；以方语目之，故云琵琶，取其易传乎外国也。”这种乐器，亦被称为“汉琵琶”。一直到了宋代，才开始使“琵琶”这一名词由广义而狭义，专指目前这种梨形共鸣箱、曲项、四弦的乐器。琵琶刚传入时，只有四相（即柱），无品，用拨子弹奏。在中国音乐家不断的实践中，经过多少代艺人们的琢磨、改造，它吸收了“汉琵琶”多柱的特点，发展为十四柱，又改横弹为竖弹，废拨弹用手弹，还从古琴的演奏方法中获得了启发，丰富了演奏方式，终于使这一外来乐器在中国的土地上生了根、开了花，并结出了无数丰硕的果实。

箜篌，也是一种弹弦乐器。中国古代，本有一种卧箜篌，样子像筝，据说是汉武帝时乐人侯调所造[2]，因而此器又被称为“空侯”“坎侯”。另一种竖箜篌，亦称“胡箜篌”，即现代竖琴的前身，大约是后汉时由西域、越南、朝鲜等地陆续传入的。这种外来乐器和琵琶一样，在中国音乐家的手中，充分发挥了自己的性能，创造出无数美好的音乐，并深深地打动过千万人的心。那“千重钩锁撼金铃，万颗真珠泻玉瓶”[3]的声音，那“大弦似秋雁，联联度陇关；小弦似春燕，喃喃向人语……声清泠泠鸣索索，垂珠

---

① （晋）傅玄：《琵琶赋·序》，载（明）梅鼎祚编《西晋文纪》卷 14，清文渊阁四库全书本，第 184 页。

② （汉）应劭撰，王利器校注：《风俗通义校注》，中华书局 1981 年版，第 297 页。

③ （唐）张祜：《楚州韦中丞箜篌》，载（清）彭定求等校点《全唐诗》卷 510，中华书局 1960 年版，第 5844 页。

碎玉空中落”[①]的声音，本身就是中华民族与世界各兄弟民族友谊的颂歌。伟大的中国古代文化，曾深深地影响过东方许多国家的文化。同时，许多兄弟国家、兄弟民族的文化成果，也曾载着世界人民的友谊，注入黄河的金涛之中。对待已往的文化史，不论是民族虚无主义还是民族沙文主义，都是不正确的。交流交流，有交才有流，任何一种民族文化，都不可能没有受过其他民族文化的影响。“百川东到海，何时复西归？”那太平洋一样浩瀚的世界音乐文化，正是全人类共同的创造。

## 四、寺院歌声

千里莺啼绿映红，
水村山郭酒旗风。
南朝四百八十寺，
多少楼台烟雨中。

杜牧这首著名的七言绝句，形象地描绘了南朝寺院林立，佛教盛行的景象。

公元1世纪的东汉初年，即有佛经传入中国，但尚无大的影响。东汉祚衰，黄巾奋起；起义失败后，连年的兵祸给人民带来了极大的痛苦。尚无力改变悲惨命运的人们，不得不把希望寄托于来世。因此，佛教趁机在中国泛滥起来，至南朝梁武帝将佛教定为国教后，一时间，“都下佛寺，五百余所，穷极宏丽。僧尼十余万，资产丰沃。所在郡县，不可胜言”[②]。佛

① （唐）顾况:《李供奉弹箜篌》，载（清）彭定求等校点《全唐诗》卷265，中华书局1960年版，第2947页。

② （唐）李延寿撰:《南史》，中华书局1975年版，第1721页。

教在中国的传播，达到了顶峰。

梁武帝萧衍（464—549）是南朝梁的建立者。他曾于即位后的第三年（504）亲自制文发愿，宣布舍道归佛。他不但重视译经工作，还曾亲著诸经的《疏记》《问答》数百卷，而且曾四次舍身同泰寺为寺奴，由群臣以一亿万钱才赎回宫中。这位笃信佛教的皇帝，同时又深研音律，对音乐兴趣极浓。他曾创制准音器四具，名曰“通”，又试制十二律管，进行了一系列律学的实验。这样一位既精佛理，又通乐理的皇帝，对佛教音乐的发展，不会没有一点影响。

在他之前的萧齐帝室亦崇佛教，武帝萧赜之子竟陵文宣王萧子良（460—494），不但著有佛学文字十六帙，一百一十六卷，并曾撰制经呗新声，是一位佛教作曲家。

为了宣传教义，不论中外，音乐都是最有力的工具。佛教自从天竺传入中国后，原来负载着经文的天竺佛曲，并未能全部同时流传。原因是：“梵音重复，汉语单奇。若用梵音以咏汉语，则声繁而偈促；若用汉曲以咏梵文，则韵短而辞长。”①解决这个矛盾的方法，便是在中国民间音乐的基础上创作新的佛曲。三国时曹操的儿子曹植，被佛教徒奉为首创中国佛曲的大师。据说，曹植创的佛曲“传声则三千有余，在契则四十有二”。仅从数量上看，他也可称为佛教音乐的大作曲家了。当然，对佛教音乐出力最多的还是僧人本身。他们为传播教义，在佛教音乐中采取了一切群众所喜闻乐见的形式，以至民歌、小曲、杂技、戏剧，无所不用。每逢宗教节日，寺院内外，鼓乐声声，实际上形成了规模宏大的文艺会演。佛教在宣传教义的同时，客观上也给了人民以进行艺术活动的机会。所以，佛教音乐不但对我国的民间音乐曾起过一定程度的保护、集中作用，也对丰富人民的

① （南朝梁）慧皎：《高僧传 · 杂科声律篇》，大正新修大藏经本，第 163 页。

文化生活，起过协助和鼓舞的作用。

虽然中国佛曲从开始便植根于中国民间音乐的土壤之中。但是，也不能完全否认西域乃至天竺音乐对它的影响。所谓“译文者众，而传声盖寡”可能是对的，但“金言有译，梵响无授”的结论却似乎未必尽然。因为在佛教音乐的各种体裁中，一直到今天也还留存着大批根本无须翻译、直接咏唱梵语字音，因而也就不存在译词配曲问题的“真言”“咒”等。既然中国佛曲的民间音乐化主要是由译词配曲的困难造成的，既然佛教徒在弘扬佛法的过程中不但要注意通俗性、群众性，更要时时在宗派之争中强调自己的“正宗”地位，甚至把天竺传来的一切视为神圣，也就有可能在这些无须翻译的赞呗之中，顽固地保留着原始的外来痕迹。

另外，在中国佛曲草创阶段的三国时代，一些祖籍西域的僧人，在创作佛教音乐的过程中，也有可能把天竺音乐、西域佛曲的韵味乃至曲调融汇其中。如三国时的译经大师支谦，先世本月氏人，他曾依《无量寿经》和《中本起经》制作连句梵呗三契。另一位译经大师康僧会，祖先是康居人，且世居天竺，其父曾因经商而到过交趾。有这样一位文化背景的高僧，很难想象他在创作《泥洹梵呗》一契以赞颂佛经故事时，能够不表现出原有的音乐教养来。

在翻译佛经的过程中，中国知识分子还曾参照梵文的拼音，发明了我国最早的拼音方法——反切。并建立了平、上、去、入的四声体系。从公元 5 世纪沈约著《四声谱》开始，音韵学便成了一门独立的、对此后中国歌唱技术和作曲方法有着辅助作用的科学。这也算是佛教对中国音乐的一点贡献吧。

# 第六章　大浪滔滔

短命的隋朝，像一个只有几小节的引子。但紧接其后的，便是整个中国封建社会中最辉煌宏伟的乐章——唐朝。盛唐，是我国封建文化发展的巅峰时期。百花盛开的唐文苑，集英荟萃，华光璀璨，涌现出一大批杰出的艺术家和一大批至今仍难企及的代表作品。李白、杜甫的诗歌，颜真卿、张旭的书法，吴道子的绘画，公孙大娘的舞蹈，给后人留下了不可胜数的典范和神奇的传说。音乐艺术也像其他文化领域一样，在唐开元天宝年间达到了一个空前的高度。以燕乐为代表的唐乐之花，承袭先朝，融汇各族，博大精深，远播域外。无数出身贫贱的乐奴、乐工，用自己全部的生命和才华浇灌了这朵奇葩。像歌唱家许永新、李龟年，琵琶演奏家贺怀智、段善本，笛子演奏家李謩等人，都是乐坛上的一代天骄。只是由于音乐作为时间艺术的特殊性，才使他（她）们的艺术大半湮没于时间的流逝，使我们不能像欣赏、研究李杜的诗歌那样瞻仰他们的艺术了。但他们的名字和他们所做的贡献，却已熔铸在历史之中，与历史共存，永不磨灭。

## 一、丝路歌海

被称为“沙漠之舟”的骆驼，拖着巨大的身影，慢慢地充塞了整个屏幕。

特写：一个晃动着的驼铃。

音乐：浓郁的中亚西亚风格。

歌声渐响，镜头拉开：地平线上，首尾相接的驼队迈着沉着的步伐向瀚海深处行进，渐渐消融在瑰丽的晚霞中……

这是中日合拍的电视纪录片《丝绸之路》的片头，它把观众带到了古丝绸之路，带到了文化繁荣的唐代。

自汉代张骞出使西域，开辟了这条重要通道之后，中国内地的丝绸、铸铁技术等，便经由我国的甘肃、新疆地区，跨越葱岭，陆续传到中亚、西亚各国及欧洲。而西域的葡萄、香料等物产，以及西域的音乐、舞蹈，也沿着这条路传入内地。唐时，“丝绸之路”上人潮歌海，盛况空前。尤其是中西交通的咽喉要地、当时的国际都市——敦煌，更是乐工咸集、歌舞升平。在这里，你可以看到西域各国的新奇舞蹈，可以听到多种语言的优美歌声。但是，沧海桑田，神州迭变，大漠吞食着绿洲，战争割断了交通，曾经盛极一时的“丝绸之路”已沉寂了几百年，现在，又到哪里去寻觅当年响遏行云的歌声呢？

敦煌曲子词的发现，为我们研究当时的音乐生活和民间音乐，提供了珍贵的资料。开始于20世纪早期，并在近年来成绩颇著的古谱解读工作，更为我们提供了一些不可多得的音响片段。

“曲子”，是唐时流行的一种民间音乐形式，它是在民歌的基础上加工而成的，但它已不同于原始的民歌，而是一种经过提炼和规范化的艺术歌曲了。“曲子”的创作一般是先曲后词，即按照不同的曲调来填词。所以，曲子歌词的结构多样，有五、七言的，也有长短句的。长短句的曲子词，无疑是唐宋“词”的先河。“曲子”除单独清唱外，还被广泛应用到说唱、歌舞等形式中，逐渐形成后世所谓的“曲牌”。

“曲子”在隋唐时期的兴起与发展，是和当时经济的繁荣、都市的兴盛、市民阶层的形成以及中外大量的文化交流紧密相连的。从现存的敦煌曲子词的内容来分析，“曲子”的作者，是士农工商、乐人歌伎，各行各业，无不包容。其中“有边客游子之呻吟，忠臣义士之壮语，隐君子之怡情悦志，少年学子之热望与失望，以及佛子之赞颂，医生之歌诀，莫不入调”[①]。其反映社会生活之广阔，是令人赞叹的。

在敦煌发现的曲子中，有一些深刻地反映了在不平等的社会中劳动人民的悲惨生活。比如有一首《十二时》，是按传统民歌的常用手法，把一天十二个时辰里发生的事情写成十二段词反复咏唱。其中一段唱道：

鸡鸣丑，曙色才能分户牖，富者高眠睡梦中，贫者已向尘埃走。[②]

使府君，食香粳，须念樵农住山薮。捍劳忍苦自耕耘，美饭不曾沾一口。[③]

这首歌真实地揭露了“大唐盛世”中严酷的阶级现实，反映了劳动人民阶级意识的觉醒。

当时，还有一些歌曲，以真挚的情感和新奇的构思，表达了劳动人民的爱情生活。比如《菩萨蛮》：

枕前发尽千般愿，
要休且待青山烂。

---

① 王重民:《敦煌曲子词集 · 叙录》，商务印书馆 1950 年版，第 8 页。
② 任二北校:《敦煌曲校录》，上海文艺协会出版社 1955 年版，第 140 页。
③ 同②，第 154 页。

水面上秤锤浮，
直待黄河彻底枯。
白日参辰现，
北斗回南面。
休即未能休，
且待三更见日头。

在这首歌里，一对忠诚的恋人说了一连串可以休弃的话，但所比拟的事物却都是永远无法实现的。这种奇巧新颖的手法，与文人墨客的笔调迥然不同。

在“丝绸之路”上，除去曲子的歌声之外，还有丰富的说唱音乐在流传。我国的说唱音乐，有着悠久的传统。早在春秋战国时期，荀子就曾用这种体裁创作过《成相篇》①。其后，两汉、南北朝时出现的长篇叙事歌曲以及汉代说唱俑的出土，都说明它广泛的群众基础和久远的历史。隋唐时，说唱音乐得到了一个大的发展，这是因为随着佛教在中国的传播和日益“中国化”，中国老百姓所喜闻乐见的说唱音乐便很自然地被宗教宣传所利用。敦煌保存的唐代“变文”，是现在所仅见的当时说唱的底本。

“变”的意思是变原样。把佛经的内容绘成图画，叫“变相”；把佛经内容变成俗讲说唱，则叫“变文”。但是，目前所能见到的变文，并不都是佛教内容，其中还有很多世俗的故事。这大概是因为说唱变文的俗讲僧要利用民间故事的魅力来吸引听众吧。当然，也可能有一些“变文”本身就不是僧人所作，而是人民利用这种形式来说唱自己感兴趣的故事。而以“变”为名的音乐作品，就更不一定都与佛教内容有关了。比如在清商旧乐中，就早有《欢闻变》《子夜变》等曲目。

① “相”是一种伴奏乐器，大概是从舂米的杵演变而来的。唱时以其击地为节。

敦煌变文中最有意义的作品，是非宗教的、以历史故事和民间传说以及现实生活为内容的作品，如《张议潮变文》《伍子胥变文》《王昭君变文》《孟姜女变文》等。这些作品的共同特点是语言生动、纯朴，接近口语，而且有说有唱、有韵有白，熔民间音乐与民间文学于一炉。“丝绸之路”上的说唱音乐，逐渐流传全国，盛极一时。韩愈曾形容当时长安城内，是“街东街西讲佛经，撞钟吹螺闹宫廷”。在这种情况下，出现像文溆和尚这样的说唱音乐大师也就不是偶然的了。文溆是兴福寺著名的俗讲僧，他的艺术活动大概在唐长庆、宝历、大和年间。他“善吟经，其声宛畅，感动里人”①。不但老百姓“乐闻其说，听者填咽寺舍，瞻礼崇拜，呼为‘和尚教坊’，效其音调，以为歌曲”②，而且连唐敬宗也下驾寺舍，听他的演唱。可见他说唱的高妙。但是，保守的释徒却认为他把佛经的原样“变”得太厉害而“亦甚嗤鄙之”。文溆从事说唱活动二十多年，几次被流放，又几次被召回，可见对他憎恶者不寡，而欢迎者亦众。

敦煌唐人乐谱

说到丝绸路上的“歌”，必须同时提到“舞”。歌舞，似乎是一对永不分离的恩爱夫妻。盛唐时风靡宫廷的外族舞蹈，大半是通过“丝绸之路”而东渐的。比如白居易描写为“弦歌一声双袖举，回雪飘摇转蓬舞。左旋右转不知疲，千匝万周无已时”的康国胡旋舞，以踢踏为主的石国胡腾舞，以舞姿矫健、节奏多变为特色的柘枝舞等，大都是在唐时被称为“昭武九

① （唐）段安节:《乐府杂录》，中华书局 1958 年版，第 40 页。

② （唐）赵璘撰:《因话录》，上海古籍出版社 1979 年版，第 94 页。

姓国”的我国西北少数民族的著名歌舞。这些歌舞分健舞与软舞两类，或节奏繁急，动人心魄；或轻盈柔婉，沁人心脾。这些少数民族歌舞在内地的广泛流传，为燕乐歌舞的繁盛提供了许多借鉴、吸收的可能。汉族传统的民间歌舞“踏歌”，在唐代亦很流行。“踏歌”似乎是一种集体歌舞，汉代即有，多人联臂而歌，踏地为节，但也有一人“踏歌”的。李白曾有著名的绝句《赠汪伦》：“李白乘舟将欲行，忽闻岸上踏歌声。桃花潭水深千尺，不及汪伦送我情。”用“踏歌”为友送行，不仅显示出作者和汪伦深如潭水的友谊和两人共有的超脱性格，也说明民间歌舞在唐代广泛流行的程度。

近年来，对敦煌卷子中所存唐人乐谱的解读工作，取得了很大进展。敦煌发现的这套乐谱，是后唐明宗长兴四年（933）的抄写本，共有 25 首分曲。乐谱是古工尺体系的“燕乐半字谱”，原藏敦煌千佛洞莫高窟藏经洞，1907 年被法国人伯希和掠至法国，现存巴黎国立图书馆。从 20 世纪 30 年代开始，中日两国学者便致力于乐谱的解读工作，日本已故的林谦三为这项研究工作奠定了基础，我国的杨荫浏、任二北等前辈学者，也都为古谱的最终解读做了大量的工作。目前，我国年轻一代的学者们，正在各抒已见，大显身手，为真实地再现盛唐的音乐而努力求索。

## 二、唐诗与音乐

有人做过这样一个比喻：诗是一只鸟，而音乐则是鸟的翅膀。诗有了音乐的翅膀，才会振翼凌空，遨游四海。且不管这个比喻是否恰当，它至少说明了诗与音乐的天然的、密不可分的、骨肉相连的关系。

在盛唐时期，国内政治生活与经济的相对稳定和发展，促成了我国封建文化高度繁荣期的到来。提到这一时代，人们便会立刻联想到这一时期文学艺术的顶峰和代表——唐诗。的确，当时国家以文取士，文人以诗扬名，诗的创作无论在数量上还是质量上都达到了空前绝后的程度。经过时间的严格淘汰，现在仍能读到约五万首当时的诗作，真可谓之“诗海”。

但是，在吟咏这些美丽的诗章时，人们却常常忽略这样的一个事实，即当时这些诗的流传在很大程度上是借助了音乐的翅膀。那时的诗有很多是能歌唱的，是诗，也是歌。

唐时被宫廷乐工所演唱的乐府新词，大都是五、七言绝句。李白、王维、王昌龄等人的绝句，深受乐工的欢迎和喜爱，并通过乐工的演唱而迅速流传开去。当时，由于乐工人数的众多和音乐生活的丰富、繁荣，到处都需要好的歌词，正如白居易在他的一首诗中所写的那样：“文场供秀句，乐府待新词。天意君须会，人间要好诗。”

唐朝伟大的诗人李白，不但自己很会弹琴，而且曾专为歌唱而供奉诗章。他“宿酲未解”立进赞美杨贵妃姿容的“清平调”三首，就是奉旨写作的歌词。“梨园弟子”当即“约略词调、抚丝竹”，并由著名歌手李龟年演唱①。那“云想衣裳花想容，春风拂槛露华浓”的美妙词句，由李龟年同样美妙的歌喉唱出来，曾使深通音乐的唐玄宗和杨贵妃非常满意。所谓“清平调”，可能就是我们前边讲过的“平调”“清调”“瑟调”的周房中乐遗声，是汉族传统的音乐。

在他的一些歌词中，还以出色的写意笔法，唱出了普通人民的喜怒哀乐。比如他写的《子夜吴歌》四首，明咏四时之风物，实抒百姓之衷肠，令人读之心热，闻之断肠。如《秋歌》：

① 清平调三首，李龟年事均可见（宋）计有功撰：《唐诗纪事》，中华书局 1965 年版，第 268 页。（宋）乐史：《杨太真外传》，明正德嘉靖间顾氏文房小说本，第 4 页。

长安一片月，
万户捣衣声。
秋风吹不尽，
总是玉关情。
何日平胡虏？
良人罢远征。

歌词的风格是清绮的，像江南淡淡的月色。音乐的风格似乎也是清绮的，是属于清乐系统的“吴声歌曲”。《古今乐录》中记载“吴声歌”的伴奏乐器似以弹拨乐器为主，吹奏乐器为辅，有篪、箜篌、琵琶、笙、筝等。可以想见演唱时吴音软软、琵琶款款的秀丽风味。

著名的诗人兼画家王维，同时也是一个优秀的音乐家，他曾经担任过主管音乐的“太乐丞”的职务。据说，他很小的时候便能弹一手好琵琶。有一年春天，岐王曾带他到宫中去，他扮成一个弹琵琶的伶人，当众演奏，他弹的一首叫作《郁轮袍》的琵琶曲，曾大蒙赞赏[①]。他的五言绝句“红豆生南国，春来发几枝？愿君多采撷，此物最相思”和他的七言绝句“清风明月苦相思，荡子从戎十载余。征人去日殷勤嘱，归雁来时数附书”，以及著名的《阳关三叠》，都得到梨园乐工的演唱和普遍的流传[②]。他的诗，不但在开元天宝年间被广为传唱，就是在他死后，人们还在留恋着他所写的诗章歌曲。唐代宗就曾和他的弟弟王缙说：“你的哥哥在天宝年间诗名盖世，我常常在诸王府中听到他的乐章”，并向王缙索要他的作品[③]。过去，

① （唐）薛用弱撰：《集异记》，《钦定四库全书》，第 11—12 页。
② （唐）范摅：《云溪友议》，古典文学出版社 1957 年版，第 40—41 页。（宋）计有功撰：《唐诗纪事》，中华书局 1965 年版，第 236 页。
③ （后晋）刘昫等撰：《旧唐书 · 王维传》，中华书局 1975 年版，第 5053 页。

人们在称赞王维的诗画时说他“诗中有画，画中有诗”，我们现在虽不能再听到王维本人的演奏和他所写的歌曲的演唱，但我们猜想，在他的乐声中，也会有“画”和“诗”的。

更为难能可贵的是，一些有进步思想的诗人，还能够继承屈原的优秀传统，向民间音乐学习并能用民间音乐的形式创作大量的音乐文学。讲过“请君莫奏前朝曲，听取新翻杨柳枝”的刘禹锡，就是这样一个重视民间音乐，注意向人民的创作学习的诗人。他在参加“永贞革新”失败后，被贬朗州。当地劳动人民清新活泼的民间音乐给了他很深的影响，他曾经模仿当地民歌的形式，写了十几首《竹枝词》，让老百姓演唱。他写的歌词［浪淘沙］，以新鲜生动的语言，描绘了一幅妇女劳动的场面，揭露了封建社会中人剥削人的丑恶现象，说出了一切社会财富都是劳动人民创造的，而统治阶级的一切，都是建筑在对劳动人民的残酷压迫上的这样一条真理：

日照澄洲江雾开，
淘金女伴满江隈。
美人首饰侯王印，
尽是沙中浪底来。

唐朝，是诗的海洋，也是音乐的海洋。诗与歌相映生辉，构成了中国封建文化的顶峰。而在这顶峰之上的一颗明珠，则是盛唐时绚烂夺目、远播域外的燕乐大曲。

## 三、《秦王破阵乐》与《霓裳羽衣曲》

大鼓，像雷霆一样敲着；琵琶，像暴雨一样扫着。新鲜而又激烈的旋律，夹着剑戈相击的声音，像裹挟着冰雹的旋风一样，在烛光如昼的大殿里回荡。

这是公元627年的一天。刚刚登上帝位的唐太宗李世民，正在大宴群臣。

堂上，觥筹交错。微醉的文官武将们，向大醉的李世民高呼万岁。

堂下，120名披甲戴盔、手持宝剑的武士排列成屈伸变化的队形，装扮成车骑与步兵的样子，随着音乐的节奏纵横劈刺，进退冲杀。乐队那边，徒手的歌者们亮开嗓子，情绪激昂地唱着一首雄壮的歌：

受律辞元首，
相将讨叛臣。
咸歌破阵乐，
共赏太平人。

堂上的笑声、歌声、高呼万岁声，堂下的鼓声、乐声、剑戈相击声，使龙椅上的李世民兴奋异常。堂下耀眼的刀光剑影，堂上摇曳的烛光灯影，更使李世民回忆起那马背上的生活。他一手持着漾漾欲洒的酒杯，一手捻着颌下的胡须，高声对侍宴的群臣说："我当初做秦王时，曾领兵讨伐过叛乱的刘武周，战争过后，民间就有了这首曲子，可没想到今天它能在这宫廷里演奏！这个表现战争的歌舞，虽然和敦厚文雅的乐舞不一样，可是我建功立业平天下，却全靠这武力。今天把它加上歌舞来演奏，就是要永远记住这个根本的道理！"①

金鼓铿锵，舞乐激昂。歌者们的声音，也宏大而嘹亮："……咸歌破阵

---

① （后晋）刘昫等撰：《旧唐书 · 音乐志》，中华书局1975年版，第1045—1046页。

乐，共赏太平人……”

这歌中提到的“破阵乐”，就是这120名武士们所表演的唐代著名歌舞大曲《秦王破阵乐》。

提到唐代的歌舞大曲，必须先解释一下什么叫“燕乐”。

“燕乐”也称“宴乐”，一般说来，泛指当时在统治阶级的宴会上所演唱、演奏的音乐，其中包括独唱、独奏、合奏，大型歌舞曲及歌舞戏、杂技等。而最有影响和艺术价值的，则是被称为“大曲”的含有多种艺术形式的大型歌舞曲。大曲一般有三大段，即散板、慢板、由中板而进入急板。

燕乐所用的音调，以汉民族传统的“清商乐”为主，并大量吸收了少数民族和外民族的音调。隋初燕乐，曾设七部乐，即“清商伎”“国伎”（西凉伎，今甘肃武威）、“龟兹伎”（今新疆库车）、“安国伎”（今乌兹别克斯坦共和国的布哈拉）、“天竺伎”（印度）、“高丽伎”（朝鲜）、“文康伎”（又名“礼毕”，是结束时的终曲）。大业年间，又增设“疏勒”（今新疆疏勒）和康国（今乌兹别克斯坦共和国的撒马尔罕）两部伎。至唐高宗时，亦设九部乐，但去掉了隋时所用的“天竺”和“礼毕”两部，增设“宴乐”和“扶南”（今柬埔寨）两部。唐太宗贞观十六年（642），又增加一部“高昌乐”（今新疆吐鲁番），成为十部乐。唐玄宗时，燕乐改为以演出形式分类，即所谓“立部伎”和“坐部伎”。《新唐书・礼乐志》说：“堂下立奏，谓之立部伎；堂上坐奏，谓之坐部伎。”“坐部伎”演出人员少，但艺术水平要求高，很有“室内乐”的意思。“立部伎”演出规模较大，以气势取胜。唐代诗人白居易曾在他的一首《立部伎》诗中写过这样的诗句：

立部贱，坐部贵，

坐部退为立部伎，击鼓吹笙和杂戏。

立部又退何所任？始就乐悬操雅音。

从诗中所述来看，当时艺术上的淘汰是很严格的，“坐部伎”中技艺稍劣的，就要退到“立部伎”，而在“立部伎”中还不能胜任工作的，就要去搞那谁也不愿意搞，而且技艺要求也不严格的“雅乐”去了。从中也可窥见，当时“雅乐”的地位，是何等衰落了！

大曲《秦王破阵乐》，原是军队中一些不知名的士兵们创作的，内容是歌颂当时被封为秦王的李世民讨伐叛将刘武周的事迹的[①]。李世民即位后，把这首大曲作为维护国家统一的舆论工具，命作曲家吕才重新编配曲调，魏征、虞世南、褚亮、李百药改写歌辞，把舞者人数增加到120人，并更名为《七德舞》，使其发展成为一部有三变（大段）、十二阵、五十二遍（曲）的大型歌舞曲。

《秦王破阵乐》的音乐，曾吸收了一部分龟兹音乐的成分。当时少数民族音乐和外来音乐的流行是一个事实。但正如范文澜所说：唐代“处在强国稳定时期，在政治上有自信心，奉行‘中国既安，四夷自服’的方针。在文化上也有自信心，并蓄兼收，群花同放。因为唐代的中国文化已经发展到昌盛成熟的阶段，任何外域文化传入中国，都没有可能消融唐文化，而只能作为一种养料注入唐文化的整体内。唐代外域文化在中国流行，并不是因为中国封建文化已经衰老没落，相反，是因为它正在高度繁荣，具有充分的吸收力和消化力”[②]。

当时，还有一些音乐家把外来音乐当成素材，用以创作中国的歌舞大曲。盛唐时使无数诗人为之倾倒并因此留下许多诗颂的著名歌舞大曲《霓裳羽衣曲》，就是一个突出的例子。

---

① （宋）欧阳修：《新唐书 · 礼乐志》，清乾隆武英殿刻本，第200页。

② 范文澜：《中国通史》，华东人民出版社1950年版。

《霓裳羽衣曲》是唐玄宗李隆基在开元年间编创的作品。关于此曲的创作过程，有几种不同的说法。有人说一个叫罗公远的道士曾引玄宗游月宫，在月中看到几百个“素练霓裳”的仙女舞蹈。熟悉音乐的玄宗“默记其音调”，后来靠记忆写了一半曲调。当时，正赶上西凉节度使杨敬述进献了一首《婆罗门》曲，曲调和玄宗在月中听到的相符，便以那月中听到的曲调为散序，以杨敬述献的《婆罗门》为散序之后的乐章，定名为《霓裳羽衣曲》[①]。在这个传说中，有荒诞离奇的成分，不足凭信（如与道士游月宫），但也有值得注意的“合理内核”：一是点明此曲的主题或内容是游仙；二是把此曲与杨敬述所献的《婆罗门》曲联系了起来。

《杨太真外传》中说：“《霓裳羽衣曲》者，是玄宗登三乡驿，望女儿山所作也。”刘禹锡也有诗云：“三乡驿上望仙山，归作《霓裳羽衣曲》。”这个说法比较切实，它略去了玄宗与道士游月宫的妄说，把此曲的创作者玄宗拉回地上，说成是迷信道教的玄宗站在三乡驿的高处，幻想仙境的产物。

《霓裳羽衣曲》是燕乐大曲发展到顶峰的产物，它在艺术上集中了前辈艺人的丰富经验，继承并发展了燕乐大曲的成熟的表现方法，同时也凝聚了许许多多无名艺人创造性的劳动。因此，这样一首在思想上道佛并存，在艺术上登峰造极的法曲，得到当时许多在思想上也同样受到三教影响，并有较高的文化修养和音乐欣赏力的知识分子的赞赏，也就不足为怪了。

《霓裳羽衣曲》共 36 段。开始是“散序”六段，是器乐的独奏和轮奏，没有舞与歌。中间部分是“中序”十八段，开始有节奏，是抒情的慢板，舞姿轻盈，幽雅如仙。最后是“破”十二段，节奏急促，终止时引一长声，袅袅而息。舞者上身饰有多彩的羽毛，下身拖着有闪光花纹的白裙，完全是“仙女”的打扮。

---

① （清）彭定求等校点：《全唐诗 · 霓裳辞十首注》，中华书局 1960 年版，第 289 页。

白居易的诗《霓裳羽衣舞歌》，为我们了解此曲演出时的场景提供了丰富的想象。我把这首诗的前一半译在下面，作为供读者“形象思维”的一个依据：

元和年间，我曾陪宪宗饮宴，
宫廷御宴，摆在那昭阳殿前。
千歌万舞，就像数不清的繁花，
《霓裳羽衣》呀，最令人神往流连。

寒食节气，春风送暖，
玉勾栏下，香烟弥漫。
案前的舞女，如花似玉，
缀羽的纱裙，色彩斑斓。
你看哪！彩虹绕周身，赤霞披发间；
你听啊！金钿微微响，玉佩鸣珊珊。
苗条的身子，似乎经不住轻罗的遮掩，
出场的舞队，在乐声中停在案前。

且听它——
磬叮叮，箫呜呜，筝朗朗，笛喧喧，
先是次第发声，而后水乳相掺。
且看它——
又是敲，又是按，又是吹，又是弹，
声音曲折不断，像是溪水潺潺。
六段“散序”，只奏不舞，

慵懒的舞女，像云朵在仙山上安眠。
“中序”入拍时像刀劈一样果断，
又似秋竹开裂，春冰崩陷！

舞女们起舞了——
就像漫天的飞雪，轻盈飘转；
就像行空的游龙，来往翩跹。
有时候，弯腰垂手，如绿柳拂岸；
有时候，纱裙翻卷，似白云团团。
不要说舞女们如仙的舞姿了，
就连那飞舞的长袖，也如此多情善感。
“许飞琼”“萼绿华”，
“王母娘娘”和“上元”，
——传说中的仙女，
一齐出现在眼前。
突然，音乐转入急板，
十二段乐曲，如飞瀑急湍。
声音清脆而又响亮，
就像万千珍珠，击碎了玉盘。

曲终了，
舞女们像远归的幼凤，把翅儿轻敛。
一丝悠长的余音，
像孤鹤的唳鸣，久久回荡山间……

那么，这位风流天子唐玄宗，又是怎样一个皇帝呢?

## 四、皇帝音乐家——李隆基

山呼万岁之后，众卿平身，廷议开始了。年高德劭的大臣们按班出列、躬身执笏、依次奏事。他们字斟句酌地念着举足轻重的奏折，十万火急的牒报，期待着御旨定夺。大殿上庄严、肃穆，笼罩着一种神圣的气氛。这里说出的每一句话，做出的每一个决定，都将影响当时东方最强大的国家——大唐帝国的命运，甚至改变未来的中国历史、亚洲历史的面貌。

大臣们紧张、激动的声音终止了，大殿上一片寂静。谁也不敢偷眼望一下宝座上的大唐天子。他为什么不开金口？是在权衡利弊？是在酝酿决策？只有高力士看得清楚：这位皇帝今晨始终神情恍惚，并不停地用手在自己的肚子上摸来摸去，似乎是龙体欠安。忽然，皇帝一怔，仿佛从梦中醒来似的望了一会儿群臣，什么也没说，只摆了摆手便起身离去了。

> ……退朝，高力士进曰："陛下向来数以手指按其腹，岂非圣体小不安耶?"上曰："非也。吾昨夜梦游月宫，诸仙娱余以上清之乐，寥亮清越，殆非人间所闻也。……其曲凄楚动人，杳杳在耳。吾回，以玉笛寻之，尽得之矣。座朝之际，虑忽遗忘，故怀玉笛，时以手指上下寻之，非不安也。"①

这位在朝臣奏议军国大事的时候，身居殿堂而魂飞天外，一心用手指摸着藏在龙袍内的笛孔寻求乐思的皇帝，便是著名的风流天子——唐玄宗

① （唐）郑綮撰:《开天传信记》，明刻百川学海本，第 4 页。

李隆基。

李隆基早年曾“拯社稷之危，赴君父之急”[①]，扫平内乱。即帝位后，也曾虚心纳谏，励精求治，遂有开元盛世。但从任用李林甫、杨国忠等奸臣为相之后，便“倦于万机”，不理朝政，“恣行燕乐，衽席无别”，使兴盛到极点的唐帝国遭安史之乱，走下坡之路了。

但是，作为一个音乐家，李隆基却是非常出色的。

首先，他是一位多产的作曲家。唐南卓《羯鼓录》云：“上洞晓音律，由之天纵，凡是丝管，必造其妙。若制作曲调，随音即成，不立章度，取适短长，应指散声，皆中点拍。至于清浊变转、律吕呼召，君臣事物，迭相制使，虽古之夔、旷，不能过也。”请看这位皇帝：他精通音乐理论，有超人的音乐天才，只要是乐器，他都精通。他善于即兴作曲，无拘无束，用各种手法演奏的音乐，都符合节奏。至于音乐中高低音、调性、调式的丰富变化，就连传说中的音乐大师夔和旷，也不能超过他。

当然，他的音乐创作，没有能够流传下来。但有记载的曲目，却至少还可以查出十几首。像《霓裳羽衣曲》《紫云迴》《龙池乐》《光圣乐》《得宝子》《凌波曲》《春光好》《秋风高》等曲，就极有可能属于玄宗的佳构。这些乐曲的创作，有的是以旧曲为素材改编，有的是根据某一音乐素材创作或利用其一部分，自己创作一部分，有的则是即兴创作。在创作过程中，他总要借助于定音的管乐器或有品位乐器琵琶来“寻”“翻”乐思，似乎是固定调作曲，而且基本上都是器乐曲。在这些乐曲中，他很注意发挥独奏乐器或主奏乐器的作用，像《紫云迴》中的笛子、《龙池乐》中的琵琶等，使音乐各具特色。而且，这些曲子全经过实践演出的考验，效果大概是好的。

李隆基还是一位杰出的器乐演奏家。他除古琴之外，“凡是丝管，必造

---

① （后晋）刘昫等撰：《旧唐书》卷 8，中华书局 1975 年版，第 166 页。

其妙”。而他最喜爱的，似乎还是玉笛和羯鼓。他认为打击乐器在乐队中非常重要，称羯鼓为“八音之领袖”。他演奏羯鼓的技艺高超，被人赞为“头如青山峰，手如白雨点”。

他还是一位音乐教育家和乐队指挥。《新唐书·卷二十二》载：“玄宗既知音律，又酷爱法曲，选坐部子弟三百教于梨园。声有误者，帝必觉而正之，号‘皇帝梨园弟子’。宫女数百，亦为梨园弟子……”这入选的三百人，应该说是全国音乐界的精华。梨园，仿佛是“皇家音乐学院”兼“皇家乐团”，而李隆基，则既是院长、团长，又亲任教师、指挥，是一个很内行、很得力的音乐教育家。梨园的设立，给这些经过挑选的、第一流的音乐人才创造了一种既可以专心钻研技能，又便于互相切磋观摩的好条件。另外，梨园的专习法曲、专搞器乐，与教坊的专习歌舞百戏等分工，也促进了音乐艺术专门化的发展。

此外，李隆基还把过去按传来地域分类的燕乐“九部乐”“十部乐”，改成坐部伎与立部伎。并在天宝末年立石刊于太常寺，公布了215首乐曲的曲名，其中58个曲名是重新改定的。如将《龟兹佛曲》改名为《金华洞真》，《捺利梵》改为《布阳春》等。他所采取的这一系列措施，有利于汉民族的传统音乐与少数民族及外域音乐的进一步融合，反映了成熟了的新唐乐的诞生。

马克思、恩格斯在《德意志意识形态》中写道：构成统治阶级的各个个人，还“作为思想的生产者而进行统治，他们调节着自己时代的思想的生产和分配”。李隆基对当时音乐发展的影响，首先在于创造了一个适合音乐艺术发展的社会环境和社会风气。由于“帝又好羯鼓，而宁王善吹横笛，达官大臣慕之，皆喜言音律”[①]。一时间，仿佛谈几句音乐，成了上流

---

① （宋）欧阳修：《新唐书·礼乐志》，清乾隆武英殿刻本，第205页。

社会中最时髦的事情。古人《城中谣》唱得好:“城中好高髻,四方高一丈。城中好广眉,四方且半额。城中好大袖,四方全匹帛。”上行而下效,唐玄宗的酷爱音乐,加上当时经济上的殷富和开元天宝年间政治的相对稳定,终于造成了当时“《六幺》《水调》家家唱,《白雪》《梅花》处处吹”的前所未有的音乐繁荣局面。在大唐盛世的乐坛上,出现了一大批杰出的音乐家,他(她)们的高超艺术水平,在后人的心目中,已被罩上了一层神秘的光彩。

## 五、许和子的故事

开元年间的一天,唐玄宗李隆基赐酺勤政楼,大宴群臣。龙案上,摆满了珍馐美味,但酷爱音乐的唐玄宗和杨贵妃却不屑一顾,只是催着主管教坊的左骁卫将军范安及,速将今日欲演的曲目呈上“进点”[①]。他稍加思索,点定了曲目。除了歌颂“圣德皇威”的《夜半乐》和贵妃亲自排练的《霓裳羽衣曲》等大曲之外,他还有意在宜春院的一位名叫永新的歌者名下重重地点了一点。“永新”原来叫许和子,是三天前吉州知府奉献的一个歌女。那天她初进宫时,玄宗已听了她的歌唱,不但亲自为她改名“永新”,还称赞她“自韩娥、延年殁后,旷无其人,唯此女始继其能”。今天,他要让她好好唱上几曲。

《夜半乐》上演了。这是歌颂玄宗年轻时自潞州夜半还京,讨平内乱的歌舞。威严的大鼓,急促的羯鼓,喧天的笛笙和觱篥,伴着上百位武士装束的舞者出场了。玄宗侧着耳朵,竭力想听到歌者和乐队的声音。但是,成千上万的观众人头攒动、喧哗聚语,一片嘈杂。他虽然能清楚地看到歌

---

① (唐)崔令钦:《教坊记》,古典文学出版社 1957 年版,第 6 页。

者拼命张合的嘴和乐工吹得涨红的脸，却听不清一句词与一段曲调。广场上，就像钱塘江的大潮，翻滚着淹没一切的噪音的声浪。

皇帝动怒了。他使劲把手中的玉杯摔在地下，大叫着："快！快把这些人轰走！"

金吾们刚要动作，在一旁侍宴的高力士俯身奏道："万岁请暂息雷霆之怒，小人倒有一策，必可止喧。"他抬眼见玄宗没有什么表示，便接着奏道："新入宜春院的那个永新，声传九陌，能变新声，陛下若召她登楼献艺，嘈杂可止。"玄宗似信非信地点了点头。杨贵妃却不以为然地笑了笑。她不相信，在这喧如鼎沸的广场上，一个人的声音竟能压得住场。

许和子来了。她缓步走到楼前，用充满自信的眼光俯视着开了锅似的广场。她先用左手理了理鬓发，便高扬起右臂的长袖，唱了起来。

风停了，潮退了，像海涛一样喧闹的人声平息了。精疲力竭的乐工们也停止了吹奏，惊异地听着那楼上飘下的神奇的歌声。一时间，"广场寂寂，若无一人。喜者闻之气勇，愁者闻之肠绝"[①]。当许和子的歌声消失之后好半天，人们才齐声喝彩。欢呼的声浪似乎要掀掉勤政楼辉煌的金顶，连唐玄宗与杨贵妃，也忘掉了"帝王之尊"，大声地叫起好来……

从这段记载来看，许和子的声音有着极强的穿透力与极好的共鸣，而且有着极特殊的音色和巨大的感染力，甚至使听过她一次歌唱的人终生不忘。据说安史之乱后，她逃出宫廷嫁了人。一次，她在广陵地方的一条船中唱歌，有位过去听过她歌唱的人一听到这独特的声音，立刻肯定地说："此永新歌也。"[②]

当然，记载中是否有夸张的成分不好说，但有一点是可以肯定的，即

---

① （唐）段安节：《乐府杂录》，中华书局 1958 年版，第 26—27 页。

② 同①，第 27 页。

唐时的歌唱艺术确已发展到很高的水平。除许和子之外，还有一支颇为强大的歌唱家的队伍，而且关于声乐的理论，也有了强调气息、共鸣的科学论述。

史料中提到的歌唱家的名字，还有李龟年、李鹤年、裴大娘、谢大、御史娘、柳青娘、要娘、李郎子、莫才人、念奴、何满子、米嘉荣、何戡等。

这些优秀歌唱家的成就，是和科学的训练方法分不开的。《乐府杂录》的作者段安节在他的书中说："善歌者必先调其气，氤氲自脐间出，至喉乃噫其词，即分抗坠之音。既得其术，即可致遏云响谷之妙也。"①强调了只有很好地控制和运用呼吸，才能使声音响亮并传得远的道理。

可以认为，这是段安节在我国古代歌唱家们卓越的艺术实践中总结出的规律，即高度重视"气"在歌唱中的作用。要发出好的声音，首先要调整呼吸，而所谓的"调"，也就是要做到放松，不紧张，用呼吸支持发声。在这里，段安节借用我国古代哲学名词而提出了一个声乐理论概念："氤氲"。《易经》中说："天地氤氲，万物化醇。"指的是万物由于相互作用而变化生长。有些诗人还常用"氤氲"这个词来形容云气鼓荡的自然现象。而段安节所讲的"氤氲"，却指的是歌者"自然""通畅"的气息。过去，不是常常有些人讥讽中国的传统唱法"没有理论"，甚至诬为"大本嗓"吗？岂不知早在一千年前，我们的祖先已经开始总结科学的发声方法了。

此外，书中还记载了唐代一些杰出歌唱家的事迹。例如称许和子"既善且慧"，不但"善歌"，而且"能变新声"，长于作曲。她的声音能"声传九陌"，而且能唱得很高、很久，甚至当时最优秀的笛子演奏家李謩在为她伴奏"曲逐其歌"时，竟"曲终管裂"！

---

① （唐）段安节:《乐府杂录》，中华书局 1958 年版，第 26 页。

段安节对声乐的评价是很高的，他认为“丝不如竹，竹不如肉”，声乐“迥居诸乐之上”，是最自然、最合适的音乐手段。

书中还记载了一位“颖悟绝伦”的歌女张红红的事迹。张红红本来随父卖唱乞食，因为唱得好，被一个也是个歌唱家的将军韦青闻声发现。有一次，某乐工根据一首古曲“加减其节奏”，改编成一支新曲。初演时，韦青令红红“于屏风后听之，红红乃以小豆数合其拍”，乐工歌罢，红红“隔屏风歌之，一声不失。乐工大惊异，遂请相见，叹伏不已”。这位发明了“小豆记谱法”的女歌手，后来也被召入宫，并被称为“记曲娘子”。

这部约成书于9世纪末、10世纪初的《乐府杂录》，是后世学者研究唐代乐制、乐器、乐曲、乐律、乐人、舞蹈的珍贵历史资料。应当感谢段安节，他的记述不但给我们留下了我国古代的音乐理论，还使我们能够为我国古代杰出的音乐家们自豪，并从中受到激励和鞭策。

## 六、扮成女伎的和尚

贞元年间（785—805）的京城长安。

天门街上，搭起了两座高高的彩楼。楼上，旗幡飘舞；楼下，鼓乐喧天。

大道上，尘土飞扬。祈雨的队伍过来了。这是一支奇特的队伍，身披袈裟的和尚与身穿道袍的道士并行在队前。在他们的后边，便是身穿青衣、高举青幡的仪仗队。

队伍来到彩楼下边时，祈雨的活动到达了高潮。整个长安城里的人们全聚集在这里，兴高采烈地欣赏彩楼上的演出。这时候，人们似乎已经忘掉了大旱带来的恐惧和苦恼，也忘掉了这祈雨仪式的目的和期望，全都沉浸在难得的狂欢之中。

东市彩楼上的节目刚刚下场，西市彩楼上的节目便开始了。东市和西市的艺术家们，在这倾城而出的盛大演出中比赛着自己的技艺。热情的观众也自然地分成两派，西城居民为西市的节目叫好，东城居民为东市的节目喝彩，谁不愿意自己的艺术家们能压倒对方呢?

这时候，东市彩楼的舞台上出现了一位挟着琵琶的艺人，只听彩楼下的人群齐声叫道："康昆仑！康昆仑！"然后便静下来，等待着这位号称长安"宫中第一手"的著名琵琶演奏家的精彩表演。

康昆仑没有辜负东城观众的厚望，他弹了一首新创作的《羽调绿腰》，曲调幽雅，技艺高超。奏毕，东城的观众狂热地鼓掌，欢呼东市彩楼的胜利，并且不约而同地回过头来，向西市的彩楼高叫着："西市来一个！西市来一个！"他们知道，在康昆仑演奏之后，全长安不会有人再敢献艺了。

西城的观众骚动了，城东邻居的狂欢和嘲弄，使他们从艺术享受的陶醉中惊醒，他们清楚地知道，康昆仑是全长安琵琶演奏家中最杰出的了，不能指望西市彩楼上，会出现一位可以和康昆仑抗衡的对手。于是，他们有的气馁地溃散了，有的则怀着一种近乎绝望的期待，注视着自己的彩楼，把最后一线希望寄托在奇迹的显现上。

正在这时候，西市彩楼上出现了一位盛装的女郎。她乌黑的发髻上，缀满了珠翠，光艳的衣裙上，绣满了瑰丽的花朵。最令人注目的，还是她怀中那镶嵌着螺钿的紫檀琵琶。只见她转轴拨弦，先试弹了几下清澈的散音。然后，便收颔俯首，精神饱满地弹奏起来。她右手极有力度的拨奏，左手灵巧的指法，使人眼花缭乱；那音乐的辉煌和激昂，更令人惊叹不已。内行人更懂得，这正是刚才康昆仑演奏的那曲《羽调绿腰》，只不过从羽调移到了更难奏的"枫香调"上。

女郎奏毕，不管西城还是东城的观众，一起欢呼起来。如此高超的演技，不但使他们忘记了比赛中的对立，就连那大旱不雨的可恶的龙王爷，也被他们忘到脖子后边去了。

曾被誉为“第一手”的康昆仑，更是钦佩不已，他立刻跑到西市的彩楼上，要拜女郎为师。谁知那女郎换了衣饰出来，却是一个鬓发全无的和尚！[①]

这个和尚，便是长安庄严寺的艺僧段善本。

琵琶演奏技术在唐代得到了长足的发展。当时著名的琵琶演奏家除了段善本、康昆仑之外，还有曹妙达、雷海青及曹保、曹善才、曹刚祖孙三人和裴兴奴、裴神符（即裴洛儿）等。其中曹刚善用拨，下拨有力，如风如雨；裴兴奴长于“拢撚”等手法，当时人称之为“曹刚有右手，兴奴有左手”。贞观年间的裴神符第一个废拨为弹，用五个手指的指甲代替一个拨子，极大地丰富了琵琶的技巧，并逐步形成了我国弹拨乐器独特的演奏方法，这无疑是一个重大的贡献。

唐时的琵琶演奏艺术，已经达到了出神入化的水平，诗人白居易在他著名的长诗《琵琶行》中所做的“大弦嘈嘈如急雨，小弦切切如私语。嘈嘈切切错杂弹，大珠小珠落玉盘”的生动比喻，成为脍炙人口的佳句，流传在历代人民中间。

提到段善本，便使人想到唐代佛教音乐的发展和其他一些僧人们的音乐活动。我们知道，唐代的寺院是群众经常聚会的场所。僧人们不但在岁时节日举行俗讲活动，演唱变文。而且由寺院发起组织社邑，定期斋会诵经，约集庙会，广邀群众。并有化俗法师游行村落，登门讲唱佛经故事，化度信徒。唐净土宗名僧少康，就是一个佛教宣传家与佛教音乐家的突出典型。

少康（？—805），俗姓周，七岁出家灵山寺。唐德宗贞元元年初（785），至洛阳白马寺读净土宗善导大师《西方导化文》，始信净土教义。

---

① （唐）段安节：《乐府杂录》，中华书局 1958 年版，第 30 页。

敦煌壁画《西方净土变》中的乐舞

后到长安礼拜善导遗像，发愿念佛。他回到浙江后，不遗余力地宣传净土教义，倡导念佛。他曾用钱引诱儿童念佛，每念一声“阿弥陀佛”便付一钱，后念者日众，便念十声付一钱。“如是一年，无少长贵贱，见师者皆称‘阿弥陀佛’，念佛之声，盈满道路。”[①]这样一位狂热的宗教宣传家，偏偏又颇通律吕，深知民间音乐的妙用。《宋高僧传·少康传》中，说“康所述偈赞，皆附会郑卫之声，变体而作。非哀非乐，不怨不怒，得处中曲韵。譬犹善医，以饧蜜涂逆口之药，诱婴儿入口耳”[②]。从这段记载可以看出，少康也是一位佛曲作曲家。他善于用民间曲调为素材发展变化，而且能使音乐符合宗教的美学观。

还有一些高僧大德，在深研佛理之余，亦颇留意乐事，在某种程度上似可称为佛教音乐理论家。比如唐律宗三派之一南山宗初祖、佛教史学家道宣（596—667），曾在其所著《续高僧传·杂科声德篇》中讲过有关音乐的一些问题。他认为：经师的宗旨，是“以声糅文”，用音乐配合经文，“使听者神开”。但现在却是“郑卫珍流”，把音乐本身的缠绵、激越当成了目的。因此“淫音婉娈，娇弄颇繁”。这种“未晓闻者悟迷，且贵一时倾耳”的现象是不正确的。虽然他这段话的中心意思是主张宣道的要旨是使听众解迷归悟，要为宗教而音乐，不能为音乐而音乐。但也同时说明唐时的许多艺僧们是反其道而行，在音乐实践中是重音乐而轻教理的。据《宋

① （宋）释志磐撰：《佛祖统纪》卷 26，大正新修大藏经本，第 228 页。（宋）释赞宁撰：《宋高僧传》卷 25，大正新修大藏经本，第 285 页。

② （宋）释赞宁撰：《宋高僧传》卷 25，大正新修大藏经本，第 286 页。

高僧传》载，道宣一生著述颇丰，计 220 余卷，并有弟子千余。这样一些佛教上层人物对佛教音乐的关心，尤其是他们对佛教音乐美学的权威性论述，对中国佛教音乐文化形态的形成有着重大的影响。

## 七、杯、盏、盅、匙与“旋相为宫”

隋代有一个大音乐家叫万宝常，他有着敏锐准确的绝对辨音力和很深的音乐理论造诣。一次，万宝常在吃饭时同别人谈起音乐，但手头上没有一件乐器可供示范。于是，他拿起手中的筷子，把桌上摆着的杯、盏、盅、匙逐个试敲了一下。这些食器发出的声音，在同桌人的耳中只是一些既没有准确音高，也没有相互联系的噪音。但是，当万宝常敲试一遍之后，把这些食器重新排列再依次敲击时，人们惊呆了。因为这些平常谁也不注意，也不指望它能发出声音来的器皿，在万宝常的手下，居然发出一系列有音程关系的音，构成了一个只有乐器才能奏出的完整的音列！就在大家惊叹不已的时候，万宝常已经开始演奏他独创的“乐器”了。只见他双臂挥动，拿着筷子的手像雨点一样在桌上飞舞着。随着他的敲击，一首悦耳的乐曲从那些食碟酒杯中流出来，像山泉滴涧，似秋雨淋铃，令人心旷神怡，又使人目瞪口呆！①

然而，这样一位杰出的音乐家，却自幼便堕入苦难的生活。四五岁时，万宝常随父从江南流落到北方。十岁左右，父亲由于政治上的原因被杀，“由是宝常被配为乐户”，从此便沦为音乐奴隶。但他的音乐天才，却没有因此而窒息。凭借音乐的支持，他不但在沙漠般严酷的生活中挣扎着活了下来，而且在音乐理论的研究中做出了出色的成绩。

---

① （唐）魏征:《隋书 · 艺术传》，清乾隆武英殿刻本，第 907 页。

隋开皇二年（582），朝廷责成郑译、牛弘、辛彦之、何妥、苏夔等大臣定律作乐。这些根本没有音乐实践的权贵们，各立朋党，争论不休，闹了七八年，才勉强拿出一个结果来。但是，这个结果是否合适，从朝臣到天子，无人敢下结论，只得把身为奴隶的万宝常召来，请教他的意见。于是，万宝常根据多年的研究心得，创“水尺”以定律，并撰《乐谱》64卷，详细阐述他综合中国传统的和当时盛行的外来音乐的律制、调式融会贯通的新音乐理论，还根据这个理论制造了一大批乐器。可是，天才的创造不仅没有改变他的命运，得以施展他的才能，反而遭到同行的嫉妒和权贵们的陷害打击。他所创的在十二律上各立七声音阶以成“八十四调”的理论和方法，也被权贵们剽窃，记在了郑译的账上。他所创的乐器，也未被采用而遭寝置。

万宝常的死，尤其令人悲愤。《隋书·艺术志》这样记载：

> 宝常贫无子，其妻因其卧疾，遂窃其资物而逃。宝常饥馁，无人赡遗，竟饿而死。将死也，取其所著书而焚之，曰：“何用也！”为见者于火中探得数卷，见行于世。时论哀之。

就这样，这位被称为“一时之妙也”的天才音乐家，怀着对封建社会无穷的愤恨郁郁而死了！

黑暗的社会扼杀了他的生命，却无法使他的名字和创造湮灭。在隋、唐两代丰富的音乐生活中，万宝常“具论八音旋相为宫之法，改弦移柱之变”，在旋宫转调、扩大和丰富音乐表现方面，起了不可磨灭的作用。

所谓“旋相为宫”，指在不同的调性中建立某一音阶体系。“旋宫”的意思，就是现代音乐术语中的转调。转调是扩大音乐表现力的重要手段，也是音乐发展到一定高度时必然产生的需要。中国古代称宫、商、角、变徵、徵、羽、变宫为七声，这样的音阶称旧音阶或称雅乐音阶，它中间的半音位置，在四度与五度之间（即 1、2、3、#4、5、6、7）。而唐时流行的七声（宫、商、角、清角、徵、羽、变宫）音阶，称新音阶或燕乐音阶，它中间的半音位置，在三度与四度之间，与现代流行的大调音阶相同。以七声中的任何一声为主，都可以构成一种调式。凡以宫声为主的调式称“宫”（即宫调式），其他以各声为主的调式称“调”（如商调、角调等）。两者统称“宫调”。以七声配十二律，理论上可得到十二宫，七十二调，合为八十四调。因为十二律中的每一律均可以作为宫音，所以称“旋相为宫”。在音乐实践中，当然没有必要用全，也不可能用全这八十四调（宫廷雅乐出于迷信而要求每月换一宫者除外）。隋唐燕乐以主奏乐器琵琶的四弦定调，在宫、商、角、羽四弦上每弦构成七调，共得二十八调，俗称“燕乐二十八调”。在中国，宫调理论的研究成了一种专门的学问。

古琴减字谱与古工尺谱的出现，也是此时音乐理论方面的重大成就。唐以前的琴谱，用文句详述两手的位置指法，非常不便。唐代曹柔首创用减化了的汉字笔画组成符号的“减字谱”，使琴谱的记录与视奏都简便了许多。这种体系被后来各代的琴人所沿用并不断有所发展。这种乐谱能详尽地指示演奏方法，表示出确切的音高，但遗憾的是不能清楚地表明节奏。因此，视奏此种乐谱被称为“打谱”，含有“再创作”的意思在内。

## 八、从《天平之甍》谈起

看过日本影片《天平之甍》的人恐怕还记得这样一个场面：一艘日本的遣唐船经过狂风恶浪的考验之后，终于望到了那海天交接处一脉起伏的山峦，那笼罩在晨雾中的淡蓝色的海岸线。船上人争先恐后地爬到甲板上，站着、跪着、卧着，含泪痴望着久已仰慕的土地，嘴里喃喃地咀嚼着这个在那时分外辉煌的名词——大唐。

在唐代，中华民族的文化不但发展到中国封建社会的顶峰，而且还走在了当时世界的前列。唐代文化对亚洲各国的影响尤其显著。唐代音乐对亚洲各国有极强的吸引力，大曲《秦王破阵乐》东传日本，西闻天竺，日本奈良朝时传写的《破阵乐》琵琶曲谱以及日本天平（747）琵琶谱《番假崇》至今仍在。弥足珍贵的是，在日本保存的有关唐朝乐舞、散乐、百戏的画卷《信西古乐图》中，还绘下了《秦王破阵乐》的舞容。

当时的长安，各国留学生很多，其中以日本、新罗（朝鲜）为最。从隋文帝开皇二十年（600）至唐昭宗乾宁元年（894），日本派“遣隋使”三次，“遣唐使”十九次，每次都有多人进入长安。唐中宗至唐玄宗时代，日本的四次“遣唐使”，规模最大。仅 732 年的一次，就有 594 人之多。在这些人中，很多人是特意来学习、考察中国文化的。例如著名的留学生

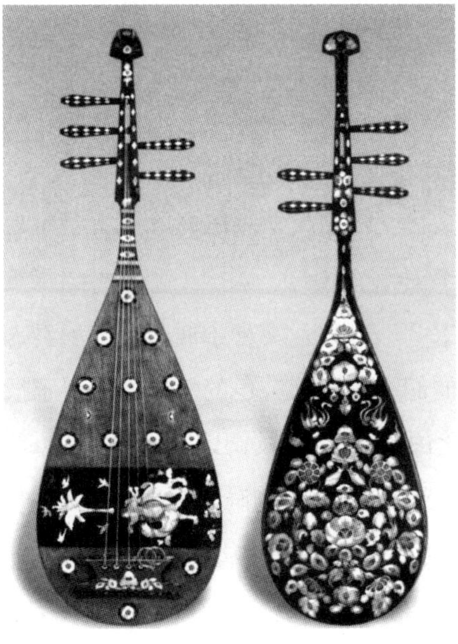

日本正仓院存唐曲项琵琶

吉备真备曾携回《乐书要录》十卷以及律管、方响等乐器；来中国学习的日本学问僧最澄、义空等人，也曾携回唐乐器多种，其中有些在日本保留至今，成为中日文化交流和中日人民传统友谊的见证。另外，很多日本音乐家在中国受过音乐教育，如琵琶名手藤原贞敏，来长安后曾跟中国音乐家刘二郎学习琵琶。

日本留学生归国后，很多人位列公卿，参与国政，对日本中世纪的政治和文化发展，起了很大作用。也有一些中国人，以鉴真大师为榜样，东渡后，长期留在日本，为中日文化交流做出了杰出的贡献。例如善于演奏唐乐的皇甫东朝，就曾在日本做了乐官。日本人民对唐时传入的乐书、乐器、乐曲十分重视，世代相传，充分表现了日本人民对中国古代文化的尊敬与对中国人民的友谊。

除日本留学生外，新罗的留学生也不少。据《旧唐书》记载，开成五年（840）从中国回国的新罗留学生，一次就有 105 人之多。12 世纪初，朝鲜的音乐分为“唐乐”和“乡乐”两类，其“唐乐”的乐器，都与中国一样。而朝鲜的民族乐器，有些也受唐乐器的影响而逐渐成形。据说朝鲜的伽倻琴，就是根据中国古筝改制的。

为当时的中外文化交流做出贡献的，除了留学生之外，还有外国派遣的文化使团。贞元十七年（801），骠国（缅甸）国王雍羌曾派其弟悉利移和城主舒难陀率乐工 35 人，带 12 种乐曲来长安演奏，所用的 22 种乐器，都与中国的不同。他们充满民族特色的演出，吸引了很多观众。白居易曾有《骠国乐》诗记之曰：“德宗立仗御紫庭，黈纩不塞为尔听。玉螺一吹椎髻耸，铜鼓一击文身踊。”生动地刻画了梳着尖尖的发髻，身上刺满花纹的缅甸艺术家，随着玉螺、铜鼓的伴奏，在中国皇帝的宫廷中演出的情景。

当然，谈到唐时中外文化交流，还要提到我国各民族间的文化交流，因为唐时灿烂的音乐文化，是我国各族人民共同创造的，其中在当时被统称为“西域”的我国新疆、甘肃的少数民族贡献尤大。西域音乐传入中原是很早的。西汉时张骞出使西域，就曾带回西域的乐曲。公元 493 年，孝文帝迁都洛阳，从西域旅居中原最后落户洛阳的，竟有一万多家。公元 568 年，北周武帝娶突厥阿史那氏为后，当时的龟兹（今新疆库车）、疏勒（今新疆疏勒）、康国（今乌兹别克斯坦的撒马尔罕）都派乐工随入中原。龟兹乐人苏祇婆借助琵琶向中原地区介绍了西域通行的乐律。唐时，长安成为世界上屈指可数的大城和亚洲文化的中心，所谓“昭武九姓国”来到长安的音乐家更多。例如上节提到的琵琶演奏家曹保、曹善才、曹刚祖孙三人，便是昭武九姓国“曹国”的少数民族。当时的诗人李绅曾有悼曹善才的诗说：“紫髯供奉前屈膝，尽弹妙曲当春月。”白居易在听曹刚演奏之后，也曾有诗赞道：“拨拨弦弦意不同，胡啼番语两玲珑，谁能裁得曹刚手，插向重莲衣袖中。”当时以善唱知名的米嘉荣，也是西域少数民族的“米国”人。此外，上节提及的琵琶名手康昆仑，是西域少数民族的“康国”人，而裴神符，则是新疆疏勒人。

少数民族音乐传入中原后，逐渐和中原文化结合，形成一种新的、更高级的中华民族的统一文化。这更高形式的文化又传入一些少数民族地区，给其以极大的影响。例如唐朝派往吐蕃（西藏）的使者，就曾在藏听到《秦王破阵乐》《凉州》《胡渭》《绿腰》等燕乐大曲的演奏[①]。

中国各民族之间和中国与外国的文化交流，增进了中国各民族的团结和中国与世界各国人民间的友谊。大浪滔滔的黄河从昆仑山上流下来，经过各民族人民生活与劳动的广大土地，最后东流入海，把中国大地上的土壤、流水、养料，注入属于全人类的大洋中去。在太平洋连天的碧波中，震响着中华民族的母亲——黄河的滚滚涛声。

---

① （宋）欧阳修、宋祁：《新唐书 · 吐蕃传》，清乾隆武英殿刻本，第 2001 页。

# 第七章　彩色的浪花

宋代重新统一了中国之后，农业和手工业都有了相当大的发展。中华民族贡献给世界文化的三大发明——火药、罗盘、印刷术，即产生于此时。城市的繁荣与市民阶层的兴起，给宋代的一切文化都打上了深深的烙印。一种非宫廷化、非贵族化的平民音乐的勃兴，表示中国音乐的主流日益走向民间。而正是在人民大众的审美要求下，才出现了从此时开始的戏曲音乐的繁荣。

金、元统治者与南宋政权的长期战争，也给这一时期的文化染上了强烈的民族主义与爱国主义的色彩，产生了以岳飞、陆游、辛弃疾为代表的豪放派艺术。他们在创作中所表现的磊磊红心、铮铮铁骨、历历肝胆、晶晶肺腑，始终是炎黄子孙民族之魂中的重要内容。

## 一、"瓦子"里的音乐

宋时，由于工商业的蓬勃发展，许多繁盛的大城市出现了。在这些商品经济颇为发达、人口高度集中的大城市里，都有许多被称为"瓦子"（或"瓦舍""瓦市"）的商品交易集中点。这些瓦子，同时也是群众性的游艺场所，民间艺人在瓦子里开辟一个用栏杆围起来的场地，进行商业性质的演出。这场地，叫作“勾栏”或“游栏”。当时，仅在北宋首都汴梁（今河南开封）的几个瓦子中，就有勾栏50余座，其中最大的，甚至可容纳数千人。[①] 在这些勾栏里，不管刮风下雨，酷暑严寒，天天举行文艺演出，吸引着大批观众[②]。这种民间的、商业性的演出，一方面使过去被上层社会垄断的艺术获得了更广泛的观众，另一方面使音乐艺术向着更群众性、更多样化的方向发展。

让我们一起到南宋临安（杭州）的瓦子里来欣赏一番当时多姿多彩的民间艺术吧。

正是阳春三月。葱翠的柳枝，不但染绿了郊外广阔的原野，就连城中鳞次栉比的屋宇，也在绿柳的遮掩中显得生机勃勃了。

大街上，车水马龙，熙熙攘攘。在一座当街矗立的牌坊后面，无数面大大小小的幌子，像花蝴蝶一样在店铺的门口翻飞，吸引着来往的行人。乐声和春风拉着手，在这喧闹的“瓦舍”上空飘荡。

在一座酒楼前，几个受酒楼主人雇用的艺人正在吹打着一首《梅花引》，为酒楼门前垂挂着的三个大字“梅花酒”做宣传。一小群人围着他们，兴致勃勃地欣赏这笛、鼓、拍板的合奏。

街对面的茶楼也飞出阵阵乐声，一个茶房模样的人，一面敲着“响盏”，一面用歌声夸耀着自己的茶香。

“卖糖咧，卖糖咧，糖儿甜，果儿香……”一个小贩悠扬的歌声，从街心传来。儿童们听着他甜美的歌声，望着他手中盛满糖果的托盘，便去拼命地拉扯妈妈的衣襟。小贩的歌声令人感到，他的糖果，也一定像他的歌声一样甜蜜[③]。

---

① （宋）孟元老:《东京梦华录》卷2，清文渊阁四库全书本，第6页。

② （宋）孟元老:《东京梦华录》卷5，清文渊阁四库全书本，第16页。

③ （宋）吴自牧:《梦粱录》卷16，清嘉庆十年学津讨原本，第90页。

《清明上河图》中说书场面

这卖糖果、茶水的歌唱，叫作“叫声”，宋时的人们就曾根据商贩们各不相同的叫声来配合词章，成为歌曲创作的音乐素材[①]。

我们顺街前行，丝竹之声更响了。寻声而去，便会发现一座又一座宽阔的大棚，周围用木栏围绕着，这就是“勾栏”了。我们且走马观花地逛一逛，看看这些观众拥挤的勾栏里，都演出些什么节目。

第一座勾栏的门前，也像商号一样高挂着一面旗幌，上面写着三个大字：遏云社。当时的艺人们，已有自己专业性的组织，叫作“社会”。艺人们在“社会”里切磋技艺，也利用“社会”和同行们竞争。这“遏云社”，就是当时一个以唱“赚”著名的组织。

勾栏里面，挤满了人，观众中有附近作坊里的手工业工人，有进城的

① （宋）高承:《事物经原》卷 9，明弘治十八年魏氏仁实堂重刻正统本，第 215 页。

农民，有放假的军士，有歇肩的小商贩，也有穿罗着缎的商人和提笼架鸟的纨绔子弟。

在观众们视线集中的地方，一个唱“赚”的艺人手持拍板击节歌唱着。在他旁边另有两个艺人用笛子和鼓为他伴奏。今天唱的赚词叫作“园社市语”。演唱者绘声绘色地歌唱着当时民间盛行的体育活动——蹴鞠（踢球）的热闹场面。

“赚”，是宋时流行的一种歌曲形式。唱“赚”，则是把若干曲调联成一个套曲。“园社市语”由九个曲子组成，计有“紫苏凡”“缕缕金”“好女儿”“大夫娘”“好孩儿”“赚”“越恁好”“鹘打兔”和“尾声”，这九首曲子用一个调（“中吕宫”）演唱。

在第二座勾栏里，一位说唱艺人正在说唱《西厢记诸宫调》。观众们聚精会神地听着，一方面为唱本中莺莺与张生的恋爱而揪心，另一方面为这个从金人统治的北方跑到临安的艺人的高超技艺而倾倒。

“诸宫调”要比唱“赚”复杂得多，唱“赚”的一套曲子，都是在一个宫调（相同的调式、调性）上演唱。“诸宫调”则扩大为由不同宫调的若干套曲子组成。这部由董解元创作的《西厢记诸宫调》，就用了 14 个宫调的 151 个基本曲调。

《西厢记诸宫调》是根据唐朝诗人元稹《会真记》的故事创造性地发展而成的。它以莺莺和张生追求恋爱自由的意志与封建势力的斗争为主题，突出宣传了反对封建礼教的思想。

但是，这部内容深刻、音乐丰富的诸宫调，从头至尾要说唱好几天，我们还是到其他的勾栏里再看看吧。

在第三座勾栏的门前，贴着一张红红绿绿的“花招儿”，就是后世所谓“海报”之类的东西。上面用朱笔写着今天上演的剧目：《风流王焕贺怜怜》。剧目上面，还写着主演的名字呢。一个小厮立在门前，高声招揽着观众："请啊，里面请！迟来的满了无处坐……"

我们每人交上二百文钱，便可以进去观剧了。这座勾栏比前两座要大，进门去便见层层叠叠的观众围坐在比勾栏外平地略高的"客座"上，观众前面，是一个突出的舞台，台上挂满了旗牌帐额[①]。

舞台上演唱的，是南戏《风流王焕贺怜怜》。这出戏，据说是太学黄可道所作。内容是叙述王焕与妓女贺怜怜相爱，约为夫妻。但贺怜怜的鸨母把王焕的钱榨光之后，便将王焕赶出门去，并把贺怜怜嫁给了一个有财有势的武官高邈。贺怜怜托一个卖查梨条的王小二送信给王焕，邀他相见。王焕便装扮成乞丐与怜怜见了面。贺怜怜赠给王焕路费，劝他去边区立功。后来王焕因军功得到了官职，高邈则因擅用公款而问罪。在审讯高邈的时候，贺怜怜理直气壮地声言：我是王焕的妻子，不愿意跟从高邈。于是王焕与贺怜怜终于团圆。

我们进场的时候，正演到王焕扮成乞丐去见贺怜怜的场面，只听王焕唱着一曲民歌味道的《倒拖船》曲：

一街两巷谁怜念？谁怜念？
官人、娘子可怜见，可怜见！
舍贫布施行方便。
新裙袄，几曾穿？
告英贤，结良缘，
小乞儿叫化几文钱……

乞丐王焕悲惨的歌唱，使观众潸然泪下。贺怜怜敢于反抗社会的压迫，

① （明）郭勋辑：《雍熙乐府》卷 7，四部丛刊续编景明嘉靖刻本，第 268 页。

忠于爱情，并最终取得胜利的故事，更深深地触动了许多与贺怜怜一样被黑暗的社会夺去了幸福的妇女的心。观众中，几个年轻的少妇把全部身心都投入曲折的剧情之中去了。在她们的眼睛里，一种坚毅的神情，一种对黑暗社会反抗的斗志，一种对幸福生活的憧憬，透过闪亮的泪花，顽强地显现了出来①。

这富于斗争传统，深得当时人民喜爱的南戏，亦称“温州杂剧”或“永嘉杂剧”。南戏始于宋光宗年间，是从浙东温州一带的农村中产生的。南戏的音乐，大都来自民间，带有浓郁的乡土气息。无论是当时南方流行的歌谣、小曲，还是当时在全国流行的唱“赚”，以及前代歌舞大曲中的音乐，都被采用。而且，在歌唱的时候，南戏还不受宫调理论的限制，在音乐的调性、调式上随意选择运用，表现出相对的自由②。这一切，都大大提高了南戏的群众性，并为老百姓所喜闻乐见。

走出这座勾栏，前面还有十几座勾栏。座座勾栏，观众如云。耍傀儡的，演皮影戏的，唱鼓子词的，说“银子儿”（说书）的，以及各种乐队编制不同的合奏，还有各种乐器的独奏，琳琅满目，盈盈于耳。

宋时蓬勃发展的民间音乐，像彩色的浪花反映着太阳的光辉一样，反映着劳动人民的智慧和才华。

## 二、白石道人和词曲

1176年冬至的那天，夜雪初晴。在金人统治的北方，正是万里冰封、严寒彻骨的时候，但扬州城外的原野上，却是另一番景象：冬小麦与荠菜

① （元）刘一清：《钱塘遗事》卷6，上海古籍出版社1985年版，第126页。

② （明）徐渭：《南词叙录》，李复波、熊澄宇注释，中国戏剧出版社1989年版，第5页。

姜夔画像

的嫩芽把葱翠的绿意糅进了被残雪染得斑斑驳驳的大地，使郊外的一切都充满了生机。可惜的是，这动人的景色只在原野上存在，16 年前被金兵洗劫一空的扬州城里，却依旧是遍地瓦砾、满目疮痍。一位年轻人路过这里，他徘徊在荒废的池塘边，肃立在高大的古树下，追思扬州过去的繁华，哀怜遍体鳞伤的故国，感慨今昔，用心血凝聚着悲怆的诗句和旋律："淮左名都，竹西佳处，解鞍少驻初程……"这位时年 21 岁的青年，就是南宋著名的诗人兼音乐家姜白石。他所运用的这种文学与音乐紧密结合的形式，就是大家熟悉的"词"。

我们在介绍唐代音乐的时候，曾提到著名的敦煌曲子词。这类内容丰富、变化多端，有着极大表现力的曲子，越来越得到社会的注意，许多文人开始依乐填词，逐渐推动词曲音乐的蓬勃发展。到了宋代，词曲音乐与词的创作发展到了高峰，不但出现了许多优秀的词人，而且出现了八九百个词牌。后世所传的词作，有一部分是专为歌唱而写的，有一部分是单纯文人的案头之作。但是，正如《乐府余论》中说："宋元之间，词曲一也。以文写文则为词，以声度之则为曲。"当时词的创作，分为两种方式，一种是按原有的词牌（曲调）填词；一种是先写词，再因词谱曲。后者，被称为"自度曲"，姜白石的大部分词作，就是自度曲。

姜白石约生于 1155 年，死于 1221 年，是饶州鄱阳（今江西省）人。他姓姜名夔，字尧章，号白石道人，后世多呼之为姜白石。白石幼年丧父，从小寄寓在汉阳的姐姐家，少年时即以诗词扬名于文坛。他从未做过官，以“布衣”终其一生。虽然曾有人愿意为他买个官职，他又与当时地位显赫的范成大、杨万里等人交谊甚笃，并不是没有仕途攀缘的机会，但他却宁愿羁旅他乡，远游千里，流连于山水之间，寄情于笔墨之中。一生用诗词、音乐来抒发自己对祖国大好河山的挚爱，表达他对人生、对人民、对爱情、对大自然的丰富感受。他有着杰出的音乐才能，不但善作曲，还能吹箫弹琴，并有很深的理论造诣。他看到当时乐器定调不统一，乐工缺乏合奏训练（“乐工同奏则动手不均，迭奏则发声不属”）的现象，于宋宁宗庆元三年（1197）进《大乐议》一卷，《琵琶考古图》一卷，阐述他的音乐理论。但因“时嫉其能，是以不获尽所议”[①]，始终未得以实行。

姜白石的时代，金人统治北方，南宋小朝廷偏安一隅，人民饱经战乱之苦。虽然他由于寄人篱下的生活和清客身份所造成的局限，使他不能像豪放派词人那样壮歌慷慨，但他的心却始终和人民的苦难、祖国的命运连在一起。

姜词格调高雅，有人称他的词作“清气盘空，如野云孤飞，去留无迹。其高远峭拔之致，前无古人，后无来者”[②]。其词作的音乐部分，也同样高远清秀、别具一格。他的《白石道人歌曲》中 17 首注有古工尺谱的歌曲，是保存至今的唯一宋代乐谱，对研究宋词音乐有极宝贵的价值。这 17 首歌曲，除两首是根据唐曲填词，一首是根据范成大作曲填词外，都是姜白石心血的佳构。自清乾隆年间此谱被发现后，我国许多学者曾致力于曲谱的整理、考订、研究工作，近百年来，成果颇著。尤其是音乐学家杨荫浏先生参考西安鼓乐社乐谱，在前人和自己多年研究的基础上，于中华人民共

① 陈思：《白石道人年谱》，民国刻辽海丛书本，第 37 页。

② （宋）张炎：《词源》（卷下），清词学丛书本，第 6 页：“白石词如野云孤飞，去留无痕。”后世多引这两句。

和国成立后将这些神秘的古谱译成了现代乐谱，才使这些湮没了七八百年的歌声得以重现。

下面这首《扬州慢》，是姜夔路过扬州时创作的。为了使大家容易理解歌词的意义，我试着把它译成了现代诗，先录在下边：

这淮河东畔的名城，
这令人神往的“竹西亭”，
都诱我停下刚刚开始的旅行。
那春风吹拂的原野，
到处是荠菜葱葱、麦苗青青。
自从金兵骚扰之后，
那荒废的池塘和高大的树木，
至今还不愿提到战争。
凄清的号角悲鸣着，
响彻夜幕将临的空城……

杜牧虽曾留恋过扬州，
倘若再来，却一定会吃惊。
即使“豆蔻”词再工巧，
“青楼”诗再美好，
也难述我深深的衷情。
“二十四桥”依然如故，
但波心荡漾的月影，
却失去了生命，显得格外寒冷。
哦，桥边的红芍药啊，

你虽然年年盛开，

却可知为谁而生？

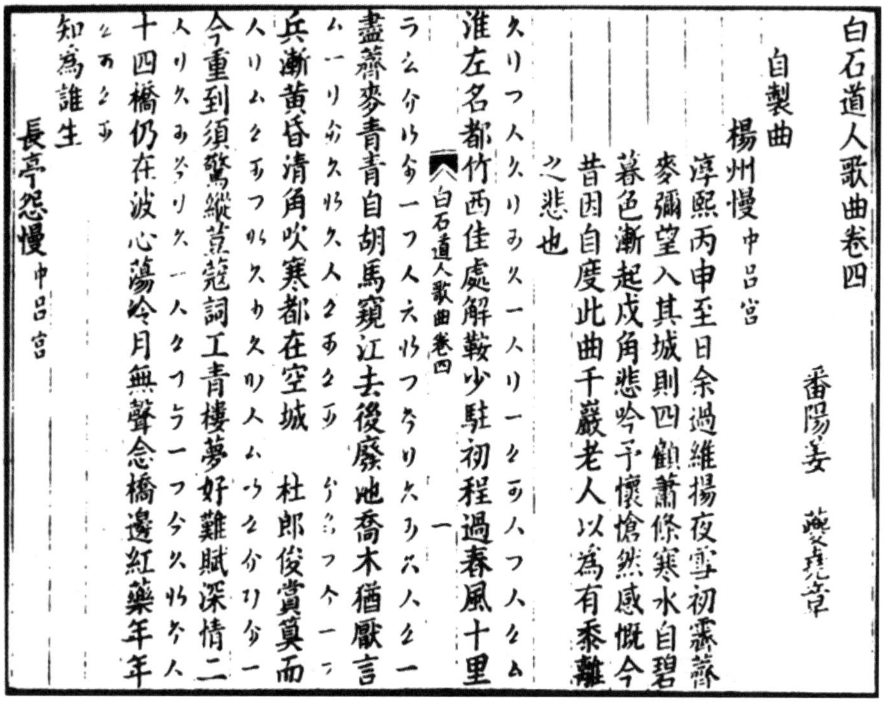
白石道人歌曲卷四

自製曲　　番陽姜夔堯章

揚州慢 中呂宮

淳熙丙申至日余過維揚夜雪初霽薺麥彌望入其城則四顧蕭條寒水自碧暮色漸起戍角悲吟予懷愴然感慨今昔因自度此曲千巖老人以爲有黍離之悲也

淮左名都竹西佳處解鞍少駐初程過春風十里盡薺麥青青自胡馬窺江去後廢池喬木猶厭言兵漸黃昏清角吹寒都在空城　杜郎俊賞算而今重到須驚縱荳蔻詞工青樓夢好難賦深情二十四橋仍在波心蕩冷月無聲念橋邊紅藥年年知爲誰生

長亭怨慢 中呂宮

白石道人歌曲卷四　一

《扬州慢》曲谱

词的曲谱，是杨荫浏先生译配的：

## 曲谱《扬州慢》

### 扬 州 慢

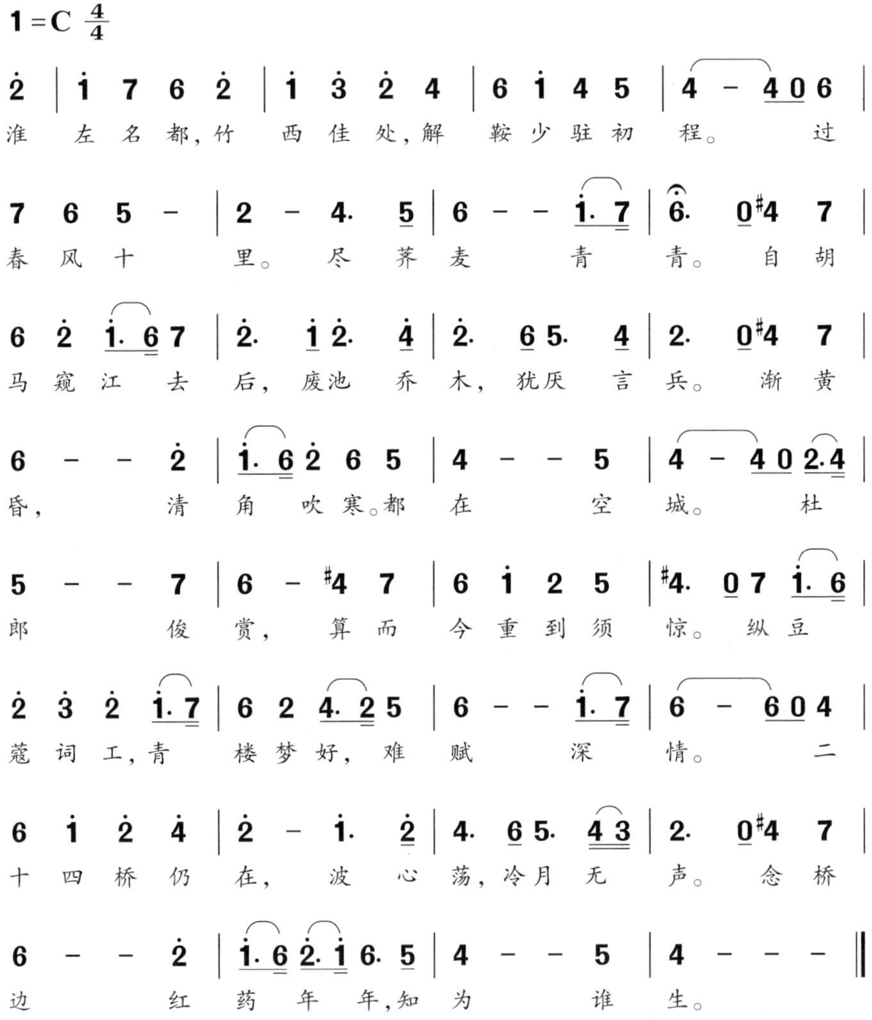


除了姜白石的17首歌曲外，现存的大部分宋词只留下了文学部分，其音乐部分，有的已融在戏曲当中，有的还保存在民间。从现存词牌名称本身分析，宋词音乐除自度曲外，大约有这样几个来源：一部分直接来自当

时的民歌，如【渔歌子】【竹枝词】【酒泉子】；一部分来自民间说唱，如【蝶恋花】；还有一些标有“引”“序”“慢”“令”“歌头”等字样的，则来自唐代歌舞大曲中的某一部分。所谓“引”，如【阳关引】等，是指大曲开始歌唱的部分。所谓“序”，如【莺啼序】等，可能是大曲中“引”后面紧接着的一段慢板部分。所谓“慢”，如【木兰花慢】，很明显是指大曲中的慢板抒情段落。所谓“令”，如【十六字令】，可能是指大曲“曲破”部分所用的节奏较快的曲调。所谓“歌头”，如【水调歌头】，则指大曲中从散板进入慢板后的第一段歌唱。

这类词的写作，被称为“填词”。后人把当时的词人，分为“豪放派”与“婉约派”。豪放派词人如苏东坡、辛弃疾、陈亮、陆游等人。词风雄健，常常抚时感事，以词言志，激昂慷慨地在词中抒发着他们肝胆照人的爱国热情和对卖国主义者的愤懑，为我们留下了许多深沉激越的佳作。如岳飞的《满江红》、辛弃疾的《破阵子》《水龙吟》等，至今脍炙人口。尤其是那“怒发冲冠、凭栏处，潇潇雨歇……”的句子，读之令人神思飞越，热血冲腾。

宋时，还有一些被称为“婉约派”或“格律派”的词人，在丰富词曲的表现形式，提高词的文学性与音乐性方面，做出了许多贡献。如柳永、周邦彦等人。这些人大都与姜白石一样，对音乐有着深刻的理解。如柳永不但精通音乐，而且善于向民间音乐学习，他的词作深受乐工们的欢迎，在民间广为传唱，大有“流行歌曲”作家的势头。叶梦得《避暑录话》云：“教坊乐工每得新腔，必求永为词，始行于世。”又说：“尝见一西夏归朝官云：凡有井水饮处，即能歌柳词。言其传之广也。”

周邦彦精通乐律，曾任主管音乐的大晟府的“提举”（主管官员）。他非常注意词的格律，能自度曲，讲究词与曲的配合，开创了以音乐为主的一派词风。南宋人称他“二百年来，以乐府独步。贵人、学士、市儇、妓女，皆知美成（邦彦字美成）词为可爱”[①]。是一位创作态度严肃，在艺术上刻意求精的词人。虽然在文学史上他常常被称为“形式主义”，但是在音乐史上，他的价值要高得多了。

### 三、《窦娥冤》与元杂剧

一座神庙似的戏台矗立在广场上，击鼓筛锣的声音，震撼着戏台的飞檐，也震撼着观众们的心。

戏台正中，一个戏装的女角两臂倒缚跪在那里。插在她背后的木牌上，写着一个怵目的“斩”字。两个面目画得狰狞至极的“刽子手”手提鬼头刀，站在台脚。一个头戴乌纱帽，鼻子上涂了一个醒目的白方块的“官儿”坐在桌前，摇晃着他帽子两侧上下颤动的帽翅。

观众们眼里噙着热泪，凝神注视着台上。只见那女角昂起头来，大声道白：

“大人，我窦娥死得委实冤枉，从今以后，着这楚州亢旱三年！”

那个“官儿”尖着嗓子，装腔作势地骂道：

“打嘴！哪有这等说话！”

只听闷锣一击，女角开唱了：

“你道是天公不可期，人心不可怜，不知皇天也肯从人愿。做甚么三年不见甘霖降，也只为东海曾经孝妇冤。如今轮到你山阳县，这都是官吏每无心正法，使百姓有口难言！”

戏台内，有人模拟着风的声音。霎时间，冷风飒飒，令人毛骨悚然。这时候，锣鼓点更紧密了，乐队也奏出了最强音。台上的窦娥直起身，用

---

① （清）潘永因编：《宋稗类钞》卷 1，清文渊阁四库全书本，第 246 页。

满腔的气力把这一折戏中最后的一段歌唱喷吐出来：

“浮云为我阴，悲风为我旋，三桩儿誓愿明提遍。”

乐队奏起一个激昂而又凄怆的过门。窦娥用全力哭叫了一声：“婆婆呀，直等待雪飞六月，亢旱三年呵！”便立刻接唱：

“那其间，才把你个屈死的冤魂这窦娥显！”

大锣沉闷地低吼着。观众们仿佛看到了六月飞雪的奇观，感到那冰冷的雪花，在歌声的余响中飞舞，降落在观众肝肠欲裂的心上。

这戏台上演的戏，是元代著名的杂剧《感天动地窦娥冤》。

元杂剧，是我国历史悠久的戏剧艺术的一个高峰。它集中了元以前几代人民的智慧，综合了我国丰富的民歌、民间说唱，歌舞音乐、词曲音乐，熔文学、音乐、舞蹈、舞台美术于一炉，是我国具有高度艺术价值、独特民族风格和广泛影响的戏剧艺术的一朵奇葩。

我国的戏剧艺术，渊源甚早。秦汉的“角抵戏”，唐代的“参军戏”及“代面舞”“钵头舞”“苏中郎”“踏摇娘”等，已孕有后世戏剧的萌芽。宋时盛行的“傀儡”“影戏”，以物仿人，表演带有情节的故事，更为杂剧的形成奠定了基础。宋、金之时，与南戏并行出现在我国北方的杂剧（在金时称“院本”），在元代得到充分发展，不但出现了五百余部剧本和数十名知名的作家，而且流传全国，成为当时最主要的艺术形式。

一本杂剧平常分为四折（即四场），另外加一个“楔子”（楔子本为木匠塞紧制作物缝隙的木榫，后来戏剧、小说借用此名称，把在正文之外的一小段介绍人物、情节，加强剧情联系的部分称为楔子）。但也有五折以上或加两个楔子的剧目。在一折之中，由一个主要角色歌唱，其他配角只念道白，做动作，即所谓“宾白”“科泛”。在音乐上，每折的歌唱只用一个宫调，一韵到底。比如我们刚才提到的窦娥的那一折唱，就是在“正宫”调中，由【端正好】【滚绣球】【倘秀才】【叨叨令】【快活三】【鲍老儿】【耍孩儿】【二煞】【一煞】【煞尾】组成的。这种由若干曲牌在一个宫调中联缀而成的组曲，称为“套数”。

杂剧的音乐，直接继承了宋代唱“赚”和“诸宫调”的艺术成果和用一整套曲牌刻画人物形象的手法，也吸收了一些民间歌曲和少数民族的音乐。唐代歌舞大曲中的一些音乐，亦被杂剧吸收了不少，尤其是宋时刚刚形成的杂剧，更带有很深的唐歌舞大曲的影响。比如唐代有《六幺》《梁州》《薄媚》等大曲，宋代则有《莺莺六幺》《四僧梁州》《错娶薄媚》等杂剧。其中如《莺莺六幺》，就是借鉴唐代歌舞《六幺》的音乐，来表演张生

山西洪洞县明代应王殿元杂剧演出图

与莺莺恋爱的戏剧。为杂剧伴奏的乐器有三弦、琵琶、笙、笛、锣、鼓、板等。

宋元时期的杂剧，已经具备我国戏剧的特点，即把社会上典型人物的特征概括成戏剧中的“行当”。剧本大多由专业艺人和与杂剧演员有着密切联系的文人所创作。在杂剧作家中，没有一个像散曲作家那样爬上统治阶层的人，他们大都生活在社会的底层，与最广大的人民群众息息相通。所以，很多杂剧作品深刻揭示了当时的社会面貌和人民生活，表达了广大人民群众共同的愿望和苦难，带有强烈的人民性。元杂剧在创作手法上发扬了我国传统文艺的现实主义创作原则，成功地塑造了一系列感人的艺术形象。

在现存的一百多部杂剧中，主要有以下几大类：

（一）表现社会生活的广阔图景，从各个侧面展现了人民的苦难、痛苦、反抗，表达了人民的期望与理想，如《窦娥冤》《救风尘》等。

（二）以公案剧的形式，描写黑暗统治下的人民苦难，揭露统治阶级残暴、无耻，并把希望寄托在“清官”身上，如《陈州粜米》《魔合罗》等。

（三）以民间传说和神话为题材，用浪漫主义的手法曲折地表达人民对幸福的向往，表达人民对真、善、美的赞扬，对伪、恶、丑的抨击，如《张羽煮海》等。

（四）以历史故事为题材，并且有一定历史意义，如《秋胡戏妻》《李逵负荆》等。

在如此广阔的题材中，最具有人民性和进步意义的，便是那些揭露了社会的黑暗，讥讽了当时腐朽的政治，能唤起人民的觉悟和反抗的作品。所以，统治者和人民对这些优秀的杂剧，表现出截然相反的两种态度。

统治者竭力要扼杀这些动摇其统治的杂剧，甚至采用了残酷镇压、迫害杂剧艺人的手段。《元史・刑法志》明文规定：“诸民间子弟，不务生业，辄于城市坊镇，演唱词话，教习杂戏，聚众淫谑，并禁治之。”“诸乱制词曲为讥议者流。”但是，广大人民却非常爱护这些为民伸张正义的艺人们。就连那些被生活所迫、铤而走险的“绿林好汉”，也对这些艺人们另眼相看。《水浒传》第二十六回“母夜叉孟州道卖药酒，武都头十字坡遇张青”中，菜园子和武松说过这样一段话：“小人多曾分付浑家道：‘三等人不可坏他……第二等是江湖上行院妓女之人，他们是冲州撞府，逢场作戏，陪了多少小心得来的钱物；若还结果了他，那厮们你我相传，去戏台上说得我等江湖上好汉不英雄。’”也从一个侧面反映了生活在社会底层的民众对戏剧艺人的看法。不但有着深刻意义的元杂剧得到时人和后人们的喜爱，一些杰出的杂剧作者，同样受到人民的爱戴。被列为“世界文化名人”纪念的关汉卿，即是杂剧作家的优秀代表。

关汉卿，号已斋叟，元大都（今北京）人。他的正式职务，是太医院尹。但他的成就却不在医学上。他一生写了六十多部杂剧，现在能见到的，有《窦娥冤》《蝴蝶梦》《救风尘》《望江亭》《单刀会》《鲁斋郎》等18部。

关汉卿的生卒年月已不可考，仅知他大约生于元太宗时代（1229—1241），到大德年间（1297—1307）还活着，是一位享高龄、负盛名的剧作家。关汉卿擅歌舞、精音乐、多才多艺、有杰出的创作才能，被人称为“生而倜傥，博学能文，滑稽多智，蕴藉风流，为一时之冠”[①]。他不但创作了大量杂剧剧本，而且还经常登台参加演出，终生和杂剧艺人保持着亲密的友谊。

由于关汉卿始终生活在广大人民中间，所以在他的作品中，不但刻画出元代政治腐败、官吏昏庸、流氓横行及百姓生活在水深火热之中的社会图景，而且寄托了他对被压迫人民的深厚同情。在他的笔下，劳动人民，

---

① （元）熊梦祥：《析津志》，北京图书馆善本组辑，北京古籍出版社1983年版，第147页。

尤其是劳动妇女，被赋予了正义、机智、勇敢，富于反抗精神的光辉品质和性格。他所塑造的窦娥形象，更是几百年来始终在人民心中闪光。窦娥怀着对整个封建社会的切齿痛恨而怒骂“地也，你不分好歹何为地?！天也，你错勘贤愚枉做天”的唱段，一直得到被昏天黑地压迫欲死的穷苦人民的共鸣。

《窦娥冤》不但被中国人民所喜爱，这个揭露了中国封建社会的黑暗，描绘了中国妇女所遭受的痛苦生活的剧本，还得到世界人民的喜爱和重视。巴靳译《窦娥冤》法译本于1838年在法国出版，宫原平民译《窦娥冤》日译本于大正年间在日本出版，都是生动的例证。

与关汉卿同时的王实甫，是另一个重要的杂剧作家。王实甫著有杂剧十余部，其中最著名的是《崔莺莺待月西厢记》。

《西厢记》描写穷书生张生和相国小姐崔莺莺挣脱封建礼教的束缚与压迫，追求恋爱自由与幸福生活的故事，表现了在封建门阀制度和封建礼教观念压迫下的青年男女可贵的反抗意识，是一部具有强烈反封建思想的杂剧。

尤其值得重视的是王实甫在剧中全力塑造了劳动妇女红娘的形象，使这个正直机智、泼辣爽快、见义勇为、智勇双全的丫鬟，在舞台上栩栩如生，光彩照人。她不但成全了张生与崔莺莺的婚姻，而且还敢于当面斥责那个不守信用、代表封建礼教忠实卫护者的老夫人。《西厢记》中的《拷红》一场之所以特别得到人民的喜爱，绝不是偶然的。

《西厢记》在艺术上突破了元杂剧一本四折的框框，为了情节的需要，扩大为五本二十一折，形成一部庞大的多本杂剧。在音乐上，《西厢记》也打破了元杂剧一折中只有一人主唱的传统，在一折中出现生、旦接唱和齐唱、对唱的方式，为丰富杂剧艺术做出了新的探索和贡献。

## 四、《海青拿天鹅》和《潇湘水云》

祖国东北部的天空，格外深邃高远。一小群骁勇的蒙古族猎手站在马蹬上，巡视着天空中往来的飞鸟。

一只猎手们驯养的勇猛的“海冬青”在高空盘旋。它时而倾斜身体，把展开的双翼平铺在碧空中，靠着上升的气流潇洒地兜一个圈子；时而奋翅击空，像箭一样直射云端。但是，不要以为它在悠闲地嬉戏。它那双锐利的眼睛和地下猎人们的眼睛一样，一刻也没有疏忽搜索目标的职责。

忽然，海冬青猛地鼓了一下张开的翅膀，以携雷挟电般的气势向天边扑去。啊！一个被霞光染得通红的白点在高空浮动，那就是猎手们搜寻已久的珍禽天鹅了。

猎手们高叫着，既为天上的“海冬青”助威，又为即将到手的猎品兴奋，策马向海冬青飞去的方向疾驰。

方才还无比平静的天空中，展开了一场激烈的空战。勇猛的海冬青用它的翅、喙和爪向天鹅扑击。天鹅反抗着，躲闪着，逃避着，雪白的羽毛从天空中像花瓣一样落下来，洒在翠绿的草地上。

战斗越来越激烈，满天空都充满了天鹅的叫声。渐渐地，天鹅那双方才还被直射的阳光照得透明的翅膀疲软了，胜利了的海冬青双爪擒着猎品降落在猎手们的马前。但是，天鹅宏大的叫声，似乎还在空中久久回荡……

这一切，不是素描，不是小说，更不是电影，而是元代出现在北方的一首琵琶独奏曲《海青拿天鹅》用音乐描述的场面。

天鹅，也叫黄鹄，是一种珍贵的禽鸟。据说，它的肉是一种上好的佳肴，在它的体内，还能找到一种珍奇的珠子。元朝的统治者每年都要派很多人为他们捕猎这种贡品。“海冬青”就是蒙古族猎手们为捕猎天鹅而驯育的一种猛禽。

琵琶曲《海青拿天鹅》，是现在能找到的我国最早的一首琵琶曲。这首琵琶曲以明确的主题、完整的结构、丰富的演奏技巧，生动地刻画了“海冬青”与天鹅搏战的情景，充分体现了元代器乐创作和演奏的水平。这首乐曲由于其内容的鲜明生动和艺术上的独到之处，一直得到人民的喜爱。元、明、清三代，此曲流传甚广，并被移植成管乐合奏曲和民间鼓吹乐曲，被简称为《海青》《鹅儿》等。清初的弦乐合奏总谱《弦索十三套》中，载有此曲的全套合奏谱，名为《海青》。1819 年刊行的华秋苹《琵琶谱》和 1895 年刊行李芳园《南北派十三套大曲琵琶新谱》都收录了这首乐曲，改名为《海青拿鹤》，并标上了 18 段标题。企图从文学的角度为乐曲的音乐形象加以说明。但是，文人们站在自己的立场上按自己的好恶对民间乐曲所作的“润饰”，常常使乐曲失去了原有的朴质，并被注进了文人士大夫的东西。五个字的标题《海青拿天鹅》被改成《海青拿鹤》，“雅”则“雅”矣，但一字之增减，一字之妄改，却把原来民间的气息全然抛弃而另代以文人士大夫所欣赏的趣味了。

封建统治阶级更是极尽其剽窃篡改之能事。清代的统治者把这首民间的乐曲掠夺过来，在每年的“元旦大会”上演奏，并将标题改为《海清》，解释成“海晏河清”之意，利用这首内容与其风马牛不相及的乐曲为统治阶级的“太平盛世”歌功颂德。这种完全不顾乐曲本身的内容，而为了政治需要强加标题的卑劣手段，和统治者在政治上、经济上对劳动人民的成果囊括至尽的做法，如出一辙。

《海青拿天鹅》属于琵琶曲中的“武曲”。它生动地模拟了猎手们纵马前进，“海冬青”翱翔天宇，猎手们吹打着鼓乐得胜而归的形象。其中最为激动人心的是描写“空战”的部分。乐曲用右手的轮指和左手的颤指相结合，奏出这样一个主题：

然后，利用模进的手法逐层铺垫，把情绪推向高潮。至此，充分利用并弦（左手把二根至四根弦并在一起，右手弹弦，发出一种无固定音高的噪音）的技巧，造成一种激烈浑沦、山呼海啸的效果。这种琵琶所特有的“艺术化”的噪音演奏，给人印象极深。明代善弹此曲的琵琶演奏家张雄在弹奏此曲时，曾获得“虽五楹大厅，满座皆闻鹤声”的赞誉。

《海青拿天鹅》，是元代北方勤劳智慧的人民创造的文化财富，是丰富多彩的中华民族艺苑中一朵朴质的花。乐曲中所描写的中国少数民族兄弟的狩猎生活，将作为一幅用音乐绘成的社会生活画卷，珍藏在中华民族共同的艺术宝库中。

在祖国的南方，也出现了一些杰出的器乐作品，南宋琴人郭楚望创作的琴曲《潇湘水云》，就是突出的例子。

郭楚望，名沔，浙江永嘉人，是浙派古琴的创始人。理宗时，曾被毛逊（敏仲）、杨缵（嗣翁）、徐宇（天民）等人奉为宗师。他作为光禄大夫张岩的门客，帮助张岩把韩侂胄家传古谱及多方购集的古谱辑为 15 卷，对整理传统琴曲和古琴的演奏、教学等工作，都做出了杰出的贡献。

《潇湘水云》是郭楚望的代表作。当时正值南宋末年，南宋统治者不但偏安一隅，不思收复故土，反而歌舞西湖，无尽无休，致使金兵长驱直入。为了议和投降，南宋统治阶级中的投降派杀害了坚持北征的韩侂胄，向金军摇尾乞怜。当时，郭楚望所依附的张岩因是韩党，亦被罢官。国事飘零，身无所依，使郭楚望终日郁郁。后来，元军入浙，郭楚望迁居湖南潇湘二水合流处的衡山脚下，经常冒“满头风雨”而“一蓑江表”，驾扁舟一叶，泛流水上。面对国破家亡、乡土沦丧的现实，他“每欲望九嶷，为潇湘之云所蔽，以寓倦倦之意也”[①]。遂作此曲，借咏水光云影，以抒忧国之情。

《潇湘水云》分为十段，明代的琴谱中列有十个小标题：（一）洞庭烟雨、（二）江汉舒晴、（三）天光云影、（四）水接天隅、（五）浪卷云飞、（六）风起水涌、（七）水天一碧、（八）寒江月冷、（九）万里澄波、（十）影涵万象。

乐曲充分运用了古琴泛音滚拂、按指荡吟等手法，生动地描绘了祖国河山的壮丽。乐曲的开始，便运用清越的泛音，奏出了洞庭的凄凄烟雨，淼淼洪波：

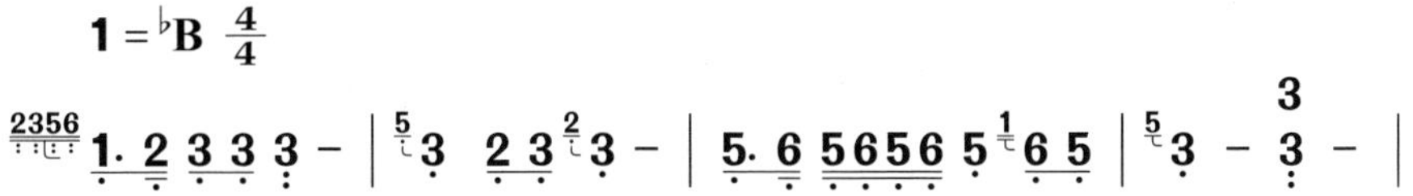


乐曲的结尾，表现大自然动中之静，无中之有，具有寥远幽邃的意境：

全曲建筑在商调式上，乐曲寓情于景、借景抒情，在苍茫瑰丽的潇湘水云之中，寄托了作者对祖国大好河山无比眷恋的炽热衷肠。

---

① 《神奇秘谱》中《潇湘水云》解题，明洪熙刻本。

# 第八章　巨流婉转

明与清，在整个中国封建社会的长河中，已是末路了。但在这一段历史途程的本身，却依然有它自己的“青春期”，有它自己勃兴与衰老的过程。明初的朱元璋，清初的康熙，都曾施展宏图大略，实行鼓励民生、发展经济的政策，农业、手工业得到相当大的发展，使我国成为当时世界上居于先进行列的强国。明中叶之后，农业自然经济开始解体，商品经济进一步发展，资本主义生产关系的因素在沿海一带首先萌芽滋生。几千年来一脉相承的中国正统封建文化，面临着来自下面与外面的挑战。

从整个中国音乐的发展历史来看，假如我们把秦以前的时代称为“雅乐时代”，把秦汉三国两晋看成“清乐时代”，南北朝至唐宋算是“燕乐时代”的话，那么，明清之时则可以称为“俗乐时代”了。至此，中国现代民族民间音乐的五大门类——民歌、民族器乐、说唱音乐、歌舞音乐、戏曲音乐，便都已详具规模了。

## 一、“真诗只在民间”

破败凋敝的江南小镇。

蒙蒙冷雨中，传来了竹杖敲打石板路的声音：“笃、笃、笃笃……”声音单调、凄凉，像是蕴含着巨大的、说不出来的悲痛。随着这由远而近的节奏，二胡喑哑的过门流了过去，一丝微微颤抖的女童声飘来了：

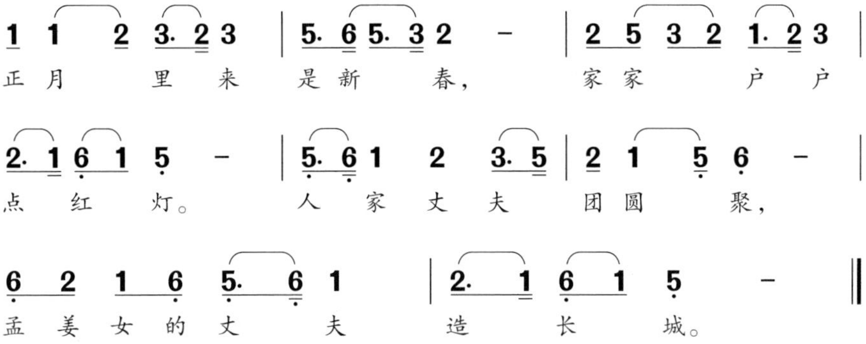


像歌声一样细弱的雨丝飘洒着，像雨声一样凄清的歌声徜徉着，在这旧中国的江南小镇，在这长长的暗夜里。此情、此景、此声，你只要见到一次，听过一次，它就将永驻在你的记忆里。因为，这歌声是多少善良的心灵在漫长的岁月里，用自己全部的苦痛锻造的。无怪乎明清时的有识之士，曾发出了这样的感慨："真诗只在民间。"①

明、清两代，民歌小曲甚盛，并有许多流传至今。从歌词讲，因明清印刷业的进步，使大量民歌歌词得以刊行。仅郑振铎先生一人，在抗战前即收集到"各地单刊歌曲近一万二千余种，也仅仅只见一斑。诚然是浩如烟海，终身难望窥其涯岸"。从曲调讲，杨荫浏先生曾列出明清小曲存目208曲，至于今天仍活在人民口中的，实在是不可胜数。

明清民歌小曲的繁荣，是和当时社会经济的发展分不开的。自明中叶开始，资本主义经济的萌芽陆续出现。随着新的生产关系的发展，市民阶

① （明）李开先:《李中麓闲居集 · 市井艳词序》，明刻本，第209页。

层的不断扩大，涌现了大量反映追求个性解放、恋爱自由、强烈反抗封建势力的民主思想的小曲。当时，有些文人收集、出版了专门的民歌集。其中著名的如明冯梦龙所辑刻的苏州《山歌》和清李调元所辑解的《粤风》。冯梦龙曾颇有见地地指出："世但有假诗文，无假山歌。则以山歌不与诗文争名，不屑假。"[①] 他还声称自己辑录山歌的目的，是"借男女之真情，发名教之伪药"。在他收录的山歌中，大部分是描写爱情的。

在有些民歌中，无名的民间艺术家们发挥了文人士大夫们望尘莫及的想象力和创作天才。其表现手法的独到新颖，朴实无华，远远超出了一般文人墨客的水平。比如这样一首苏州山歌：

约郎约到月上时，
到了月上子山头弗见渠。
咦弗知奴处山低月上得早，
咦弗知郎处山高月上得迟？

这是一个衷情的少女用方言俚语唱的歌子。久等所引起的渴望与焦虑，竟使歌者归咎于因地理位置的不同而引起的微妙的时差。但是，她却唯独不曾怀疑"郎"如期赴约的诺言。这是多么纯真的感情和巧妙的艺术手法啊！

更为可贵的是，在明清大量的民歌中，有一些还直接反映了人民的斗争，歌颂了农民起义的英雄。如明末李自成的义军，就曾教儿童用唱歌的形式宣传李自成"均田免税"的政治主张。当时，一曲短短的童谣民歌，曾发挥了攻城夺寨、克敌制胜的无比威力：

① （明）冯梦龙:《叙〈山歌〉》，载周保中编《冯梦龙民歌集》，河北人民出版社 1992 年版，第 263 页。

《明史》中也说："……词曰：'迎闯王，不纳粮'，使儿童歌以相煽，从自成者日众。"不得不承认民歌在农民起义过程中发挥的巨大作用。

这些直抒胸臆、徒口而唱的民歌，经过艺术加工，被之管弦，便成了专供欣赏的小曲。明人曾说："嘉、隆间乃兴《闹五更》《寄生草》《罗江怨》《哭皇天》《干荷叶》《粉红莲》《桐城歌》《银纽丝》之属。自两淮以至江南，渐与词曲相远……比年以来，又有《打枣杆》《挂枝儿》二曲，其腔调约略相似，则不问南北，不问男女，不问老幼良贱，人人习之，亦人人喜听之。以至刊布成帙，举世传诵，沁人心腑。"[①] 像我们在文前引用的小曲《孟姜女》，就是在明清时出现，并且不仅在当时曾"举世传诵，沁人心腑"，而且一直流传到今天的优秀民歌。

除了这些来自民间的民歌、小曲而外，许多文人创作的"散曲"，也在当时的音乐生活中占有相当的地位。现存的明清散曲，不管是单支的"小令"，还是几支散曲组成的"套数"，都有一些带有民主性、进步性的作品。如明李开先辑《一笑散》中，有这样一首《醉太平》，歌曰："夺泥燕口，削铁针头，刮金佛面细搜求，无中觅有。鹌鹑膆里寻豌豆，鹭鸶腿上劈精肉，蚊子腹内刳脂油"，以非常生动、凝练的笔法，活画出剥削者的贪吝嘴脸，堪称讽刺歌曲中传世的杰作：

---

① （明）沈德符：《万历野获编》，中华书局 1959 年版，第 647 页。

## 醉太平，夺泥燕口

1＝F $\frac{2}{4}$

词：李开先辑《一笑散》
曲：《九宫大成谱》

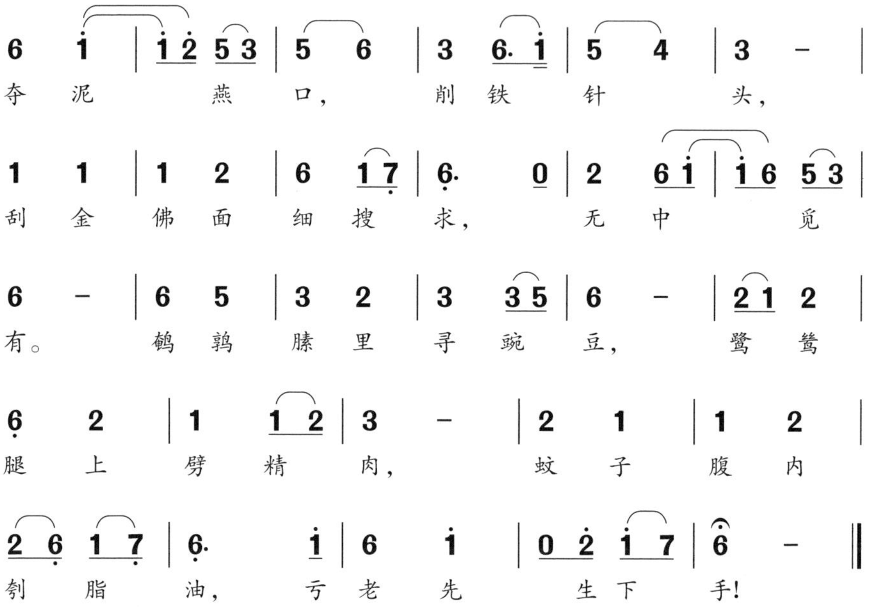


在少数民族的民歌创作中，有一位值得特别提出的藏族作家罗桑仁增·仓央嘉措（1683—1706）。他是第六世达赖喇嘛，可是他始终向往着普通人的生活，有着追求爱情与幸福，反封建、反宗教的思想倾向。虽然他才二十几岁便“暴死”，做了西藏上层统治集团权力之争的牺牲品，但他留下的《仓央嘉措情歌集》，却记录了他——一个命运奇特的藏族青年的心声：

爱情如果真诚，
便一生受用不尽。
到死时佛铃叮当，
只不过是自欺欺人。

## 二、黑妞与白妞的传说

你到过“泉城”济南吗？你到过波光潋滟的大明湖吗？你知道百十年前这湖畔的“明湖居”吗？那时候，这里“本是个大戏园子，戏台前有一百多张桌子”①，每天里面都坐得满满的，有“挑担子”的小贩，有“抚院”“学院”里的官员，还有许多“做生意的人”。他们一大早便来到这里，不仅因为这里的茶香水清，也不仅因为从这里可以凭窗眺望千佛山的身影，而是因为这里有两个唱梨花大鼓的名角——黑妞和白妞。

白妞名叫王小玉，刘鹗在《老残游记》中写道：

> 王小玉……唱了几句书儿。声音初不甚大，只觉入耳有说不出的妙境。……唱了十数句之后，渐渐的越唱越高。忽然拔了一个尖儿，像一线钢丝抛入天际。哪知她于极高的地方，尚能回环曲折；几转之后，又高一层……恍如由傲来峰西面攀登泰山的景象……
>
> 那王小玉唱到极高的三、四叠后，陡然一落，又极力骋其千回百折的精神，如一条飞蛇在黄山三十六峰半中腰里盘旋穿插，顷刻之间，周匝数遍。从此以后，愈唱愈低，愈低愈细……
>
> 约有两三分钟之久，仿佛有一点声音从地底下发出……这一声飞起，即有无限声音俱来并发。……耳朵忙不过来，不晓得听哪一声为是。正在缭乱之际，忽听霍然一声，人弦俱寂。这时台下叫好之声，轰然雷动。②

---

① （清）刘鹗:《老残游记》，陈翔鹤校，戴鸿森注，人民文学出版社 1982 年版，第 15 页。

② （清）刘鹗:《老残游记》，陈翔鹤校，戴鸿森注，人民文学出版社 1982 年版，第 18—19 页。

王小玉所唱的梨花大鼓，是我国种类繁多的说唱音乐中的一种。明清之时，说唱音乐得到了很大发展。原来流行于农村的说唱艺术不断进入城市，并在艺人们的努力下得到提高，逐渐形成了曲种繁多、百花竞放的局面。目前我国仍在流传的曲种，总有二三百个之多，其中很大一部分是在明清时发展成熟起来的。我国历史悠久的说唱艺术，也是在此时分成了以鼓词为代表的北方诸曲种和以弹词为代表的南方诸曲种。

鼓词的渊源很久远，宋时的“鼓子词”、元代的“词话”，可能即是其前身。词话在明代时即以北方为盛。姜南《蓉塘诗话》中说它“北方最多，京师特盛。南京、杭州亦有之”[①]。

现存最早的鼓词传本，有明万历、天启年间的《大唐秦王词话》，描写唐太宗李世民南征北战，东讨西伐，建立唐帝国的故事。明末清初的爱国诗人贾凫西，曾创作《木皮散人鼓词》，以说唱的形式，进行爱国主义的历史教育。

后来的鼓词，一般称为大鼓。大鼓分为“大书”和“小段”。演唱长篇故事的称“大书”，摘唱其中一段精彩部分的叫“小段”。大鼓早期常以历史题材的“大书”为主。清中叶后，大鼓进入城市，为适应城市茶馆酒肆等处人员流量大、不固定的特点，逐渐以“小段”为主，从“大书”到“小段”的演变过程，实际上也是大鼓中的音乐成分逐渐增多，文学成分逐渐减少的过程。

大鼓根据流传地域的不同而各具特色，形成“梨花大鼓”“西河大鼓”“京韵大鼓”“梅花大鼓”等不同曲种。“梨花大鼓”原称“犁铧大鼓”，起于山东北部农村，由当地农民发展而成，因演唱者手持破犁铧片击节伴奏而得名，传入城市后才改叫“梨花大鼓”。它最早由男演员演唱，同治、

---

① （明）姜南:《蓉塘诗话》卷 2，明嘉靖二十二年张国镇刻本，第 6 页。

光绪年间的郝老凤即是其中最著名的一个。他的演唱，质朴淳厚，因主要流行于鲁北而称为“北口”。以后，“梨花大鼓”进入济南，并开始出现女演员。王小玉姐妹（白妞、黑妞）在原唱腔的基础上吸收了其他姐妹艺术的因素，发展创造了一种柔媚曲折的“南口”唱腔，比有着浓郁乡土气息的“老北口”更适合市民阶层的口味。刘鹗在记述王小玉的才能时说她：“所有什么西皮、二簧、梆子腔等唱，一听就会。……她又把那南方的什么昆腔、小曲，种种的腔调，都拿来装在这大鼓书的调儿里面。”说明大鼓进入城市之后，在优秀艺人的创造性劳动中，得到了极大的丰富和提高。

除梨花大鼓外，由“河间木板大鼓”演变而成的“西河大鼓”，由“怯大鼓”（即西河大鼓早期在农村流传的形式）和“子弟书”（北京八旗子弟所兴）合流而成的“京韵大鼓”等，都一直在北方流传，并出现了许多著名的艺人。

应当指出，西河大鼓与京韵大鼓的正式形成，大约都在鸦片战争之后。但它们生命的孕育却要早一些。京韵大鼓《丑末寅初》，是一个传统段子，从词的内容看，当是清时的作品。曲词以细腻的笔触、现实主义的手法，刻画了社会中各种人物在“丑末寅初”——清晨四时左右的典型动态。音乐与歌词的配合，可谓丝丝入扣，相得益彰。旋律的节奏丰富，音调深沉，在朴质中有委婉，在徐缓中求跌宕。有得此中三昧者，听此唱段当引为一快也：

## 丑末寅初

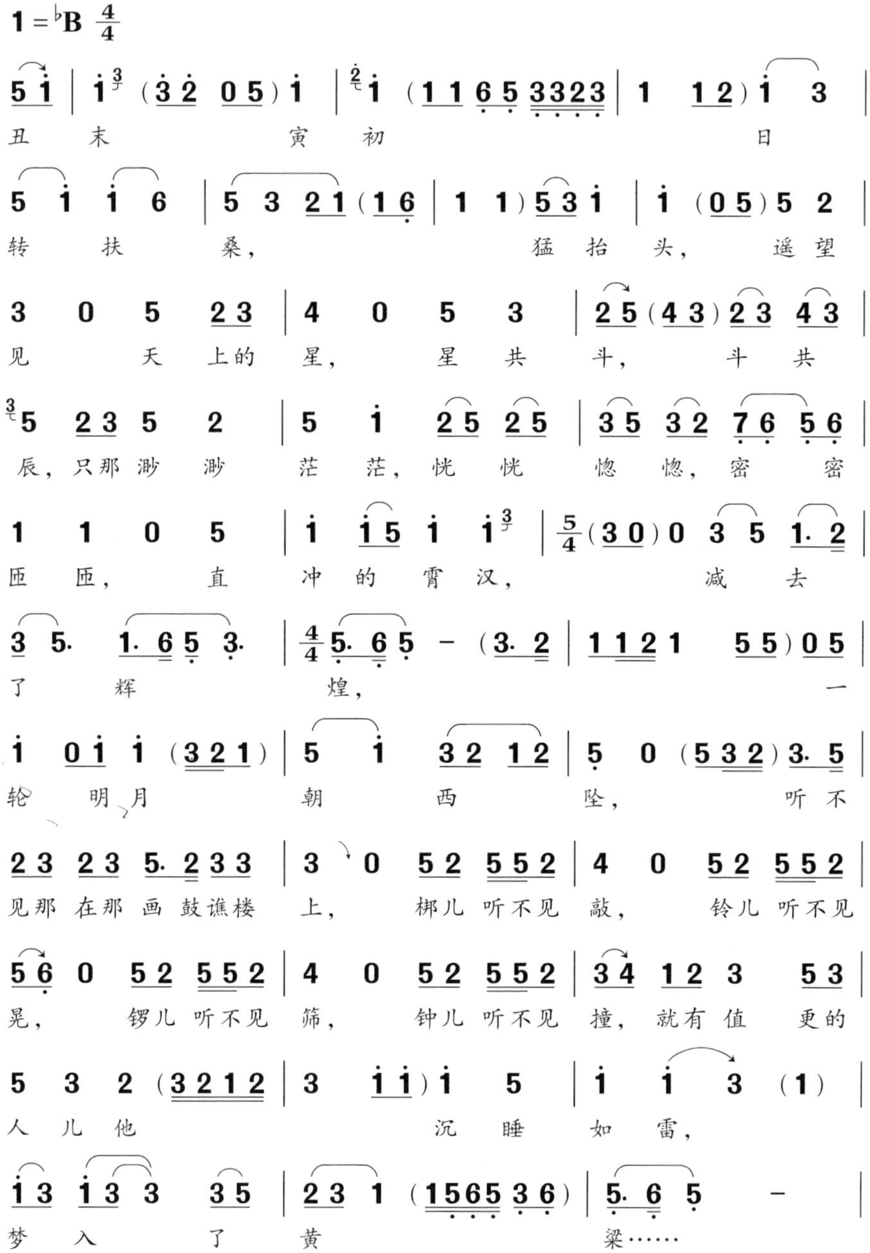
1＝♭B 4/4
丑 末 寅 初 日
转 扶 桑， 猛 抬 头， 遥 望
见 天 上的 星， 星 共 斗， 斗 共
辰，只那 渺 渺 茫 茫，恍 恍 惚 惚，密 密
匝 匝， 直 冲 的 霄 汉， 减 去
了 辉 煌， 一
轮 明 月 朝 西 坠， 听 不
见那 在那 画 鼓谯楼 上， 梆儿 听不见 敲， 铃儿 听不见
晃， 锣儿 听不见 筛， 钟儿 听不见 撞， 就有 值 更的
人 儿 他 沉 睡 如 雷，
梦 入 了 黄 粱……

南方曲艺，以弹词为魁。弹词的渊源亦很久远，与宋代的“陶真”、明初的“词话”恐怕都有继承关系。在明嘉靖二十六年（1547）成书的田汝成《西湖游览志余》中即已明确提到“弹词”的名称和当时演出的盛况。

弹词的听众，主要是城镇劳动者和广大妇女。弹词有“苏州弹词”“扬州弹词”“四明南词”等，其中以“苏州弹词”影响最大。“苏州弹词”在长期的发展过程中，逐渐形成了陈调、俞调和马调三大流派。

陈调是嘉庆、道光年间陈遇乾所创。他在唱腔中吸收了某些昆曲、滩簧的因素。其特点是苍凉悲壮，适合老生、老旦和净角的刻画。俞调是嘉庆、道光间俞秀山所创。马调是同治年间马如飞所创。这两派的特点，用清黄协埙的话来说，是“俞调宛转悠扬，如小儿女绿窗私语，喁喁可听。马调则率直无余韵”①。

很多弹词作品反映了当时民主思想日盛的市民阶层追求个性解放的愿望和要求。如弹词的传统曲目《白蛇传》，即塑造了追求婚姻自由、反抗封建恶势力的妇女的典型。而描写水浒英雄林冲雪夜奔梁山的唱段《林冲》，则更加鲜明地刻画了被恶势力逼上梁山的好汉林冲与其爱妻话别时那既有“执手相看泪眼”的“儿女情长”，又有“冲风踏雪”的英雄豪气的动人场面。这段唱腔，很好地保留了“俞调”和“陈调”的不同特点。林妻的缠绵婉丽，林冲的率直刚烈，请读者自己体会：

---

① （清）畹香留梦室主编：《淞南梦影录》，载广陵书社编《笔记小说大观》第 11 册，上海进步书局印行，第 9047 页。

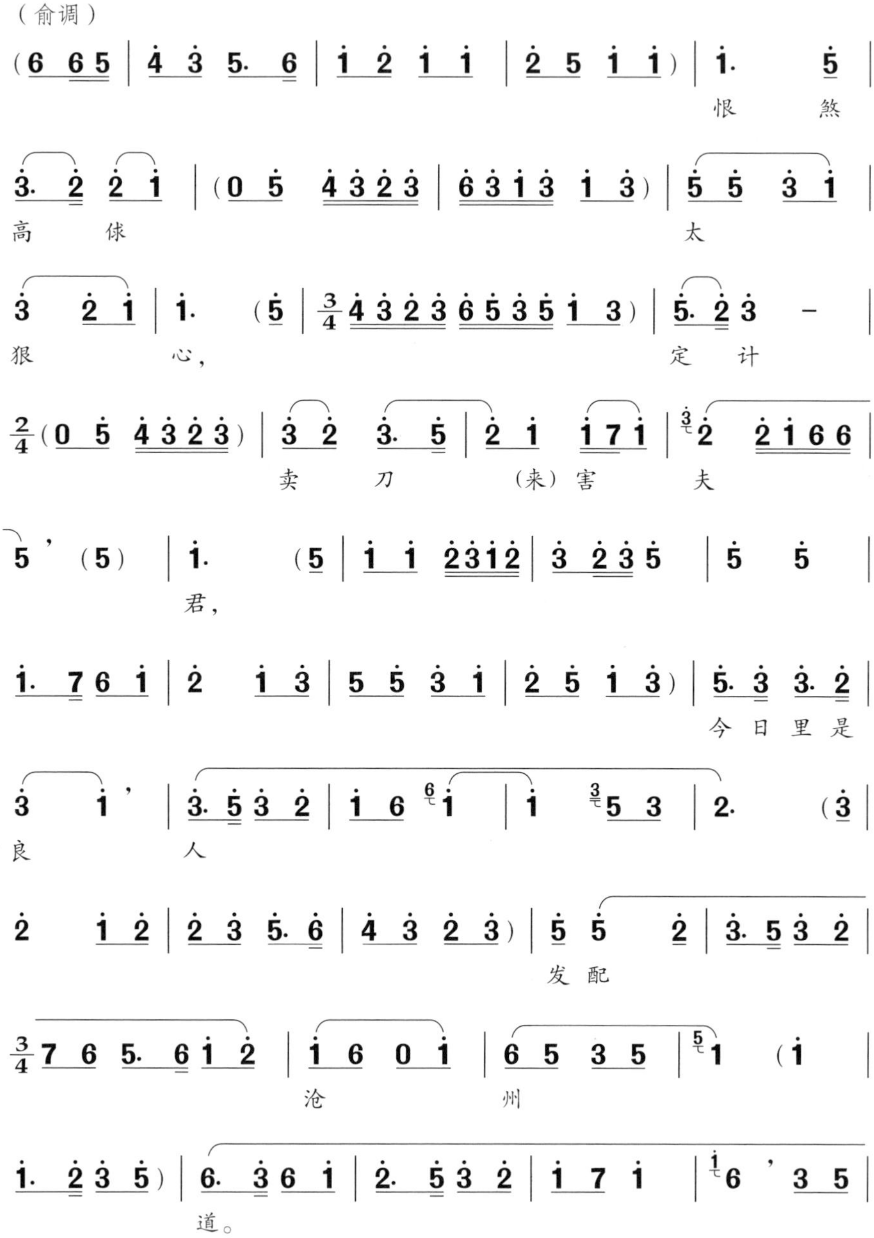
（俞调）
恨 煞
高 俅 太
狠 心，定 计
卖 刀 （来）害 夫
君，
今日里是
良 人
发配
沧 州
道。

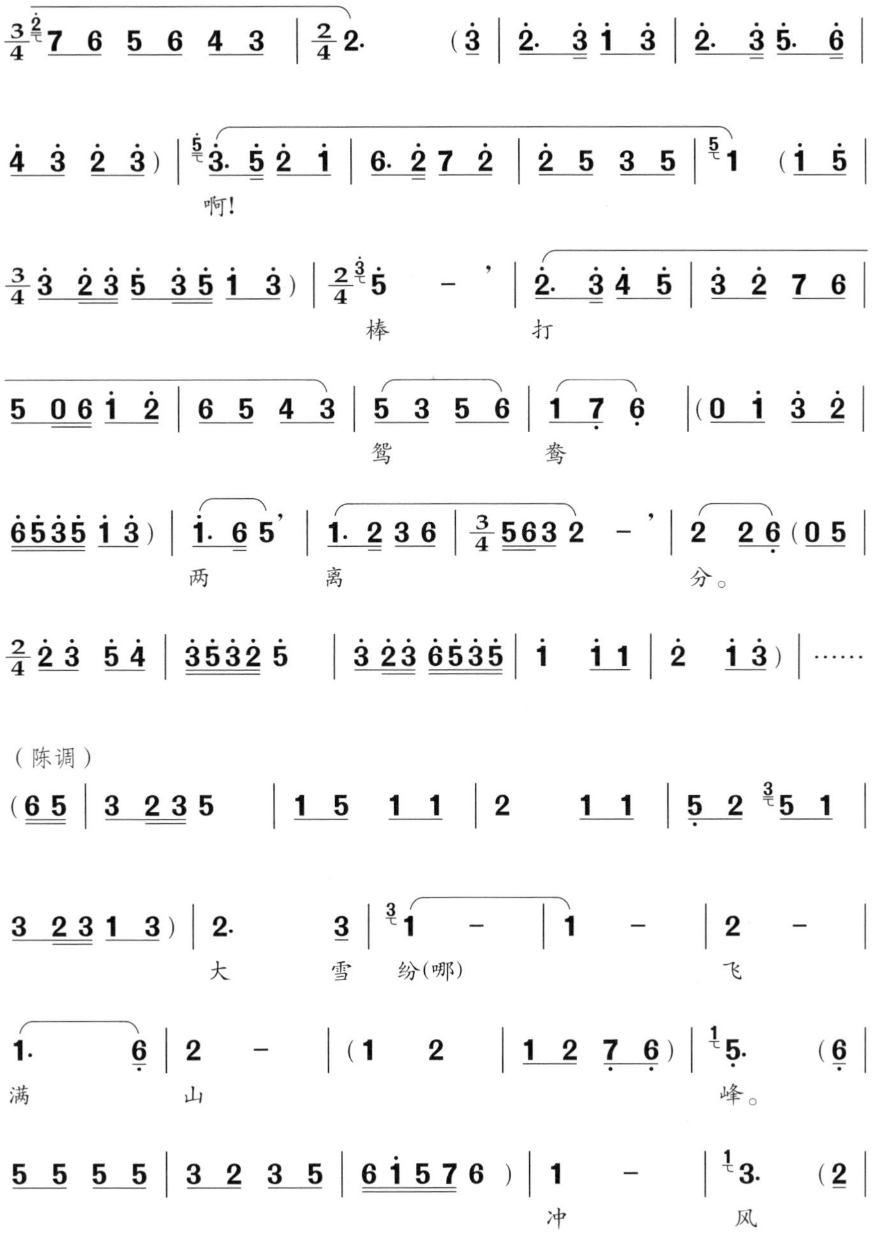
啊!
棒 打
鸳 鸯
两 离 分。
(陈调)
大 雪 纷(哪) 飞
满 山 峰。
冲 风

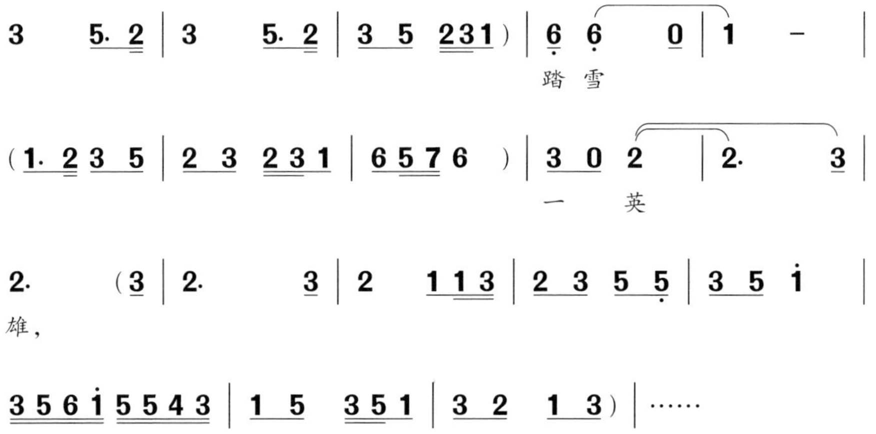


我国少数民族说唱艺术，也在这一时期发展起来，如流行于云南大理的白族“大本曲”，流行于云南傣族的“赞哈”，以及流行于蒙古族的“好来宝”等，都各具特色，千姿百媚，深深地赢得我国各族人民的喜爱。

## 三、从一个“闹”字说起

宋祁《玉楼春》词云：“红杏枝头春意闹”，一个“闹”字，生动地渲染了春天如火如荼的气氛。陕北民歌《绣金匾》的第一句就是“正月里闹元宵”。看来，我国人民欢度春节时，总是这样热闹、炽烈、红火的。如果在元宵节这一天，你能走遍大河上下、大江南北的话，你就会得出这样的结论：最震撼人心的、最能渲染节日气氛的，不是冲天而起的爆竹，也不是精致美丽的彩灯，而是那高亢的唢呐和动人心魄的锣鼓。朱淑真的“火树银花触目红，揭天鼓吹闹东风”，确是传神写实之笔。

元宵节表演歌舞，在我国由来已久。南宋项朝棻就曾在他的《秧歌诗序》中说：“南宋灯宵舞队之村田乐也，所扮有花和尚、花公子、打花鼓、拉花姊、田公、渔妇、装态货郎，杂沓灯术，以博观者之笑。”明清以来流传北方的秧歌主要有东北秧歌、河北秧歌、陕北秧歌、山东秧歌等。流传各地的秧歌各自与当地的民歌、民间吹打有着密切的联系。但它们也都有着一个共同的特点，即音乐朴实粗犷，有着浓郁的生活气息。伴奏乐器常以管乐及打击乐这类“响器”为主，舞蹈动作大而简朴，适合在群众集会的场合表演。

除秧歌外，汉族歌舞中流传较广的还有“花鼓”和“花灯”。明时，花鼓即在长江中下游一带流行。花鼓也叫“三棒鼓”，明田艺蘅曾有记载说：“吴越间妇女用三棒上下击鼓，谓之三棒鼓，江北凤阳男子尤善，即三杖鼓也。”花鼓的风格似乎和秧歌的热烈欢快正相反，常常与人民的苦难生活联系在一起。“说凤阳，道凤阳，凤阳本是个好地方。自从出了朱皇帝，十年倒有九年荒”的歌声，不知传了多少代，唱了多少载！在逃荒路上的三棒鼓声里，浸透了多少人民的血泪！

所谓“花灯”，原来专指在元宵节（灯节）表演的歌舞，后来逐渐形成一种颇具特色的歌舞形式，并不再限于灯节集会的场合了。花灯在西南流传最广，其中云南花灯中，尚存有许多曲名与明清小曲相同的乐曲，如《打枣杆》《挂枝儿》《银纽丝》等，可见其渊源的久远。北方的一些歌舞形式，如跑旱船、舞龙灯、跑驴之类，也应算“花灯”的一种。花灯的音乐或质朴开朗，或清新委婉，总和当地的民俗民风有关。

我国的许多少数民族，都以能歌善舞著称。被称为“维吾尔音乐之母”的维吾尔大型古典歌舞套曲“十二木卡姆”，是我国古典歌舞音乐中的一朵绚丽的鲜花。在形成的过程中，它吸收了一部分汉族音调及中亚、西南亚其他一些民族的同类文化，不断锤炼，逐渐完善，使其成为具有我国维吾尔族独特风格的音乐艺术。

“十二木卡姆”在我国至少已有五百年的历史。在清乾隆年间进入宫廷的“回部乐伎”中，已有当今木卡姆的雏形。它体裁多样，富于变化，并因流传地域的不同而有风格上的差别。它既有古典的叙诵歌调，也有民间热烈的舞蹈音乐和优美动听的叙事歌曲。“十二木卡姆”共分十二套，每一套又分“大拉克曼”“达斯坦”“麦西热普”三部分。全部“十二木卡姆”包括 170 多首曲牌和 72 首乐曲，全部唱完一次要二十多个小时。

维吾尔族老艺人吐尔地阿洪传谱的现代南疆“十二木卡姆”，是丰富多彩的木卡姆流派之一。它的歌词以 15 世纪诗人们的作品为多，大部分是爱情题材的抒情叙事诗。下面一段谱例，是“木戛热克木卡姆”中的“第三麦西热普”：

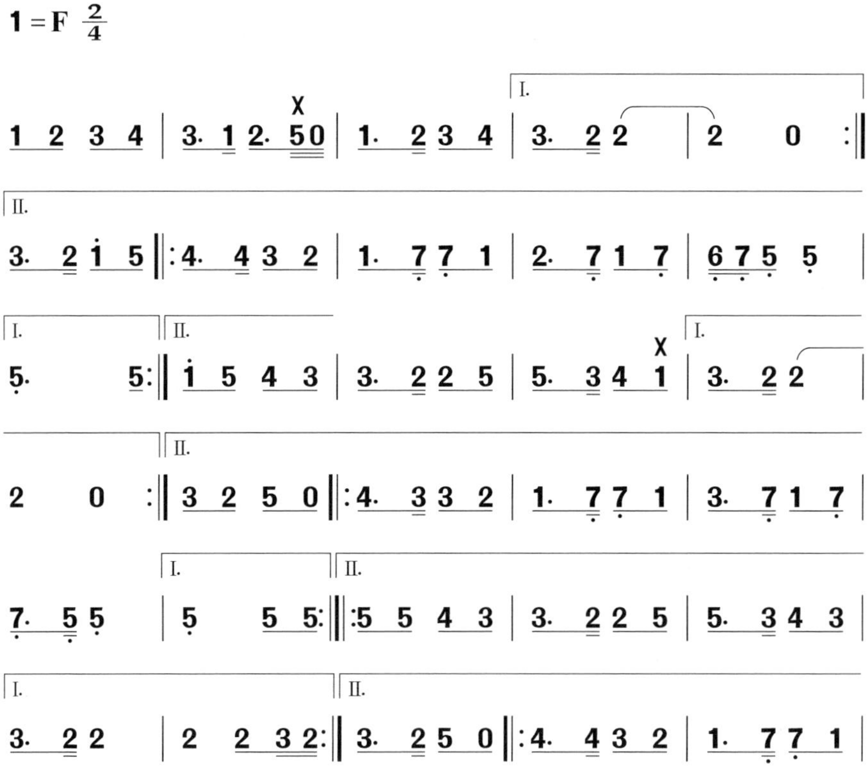

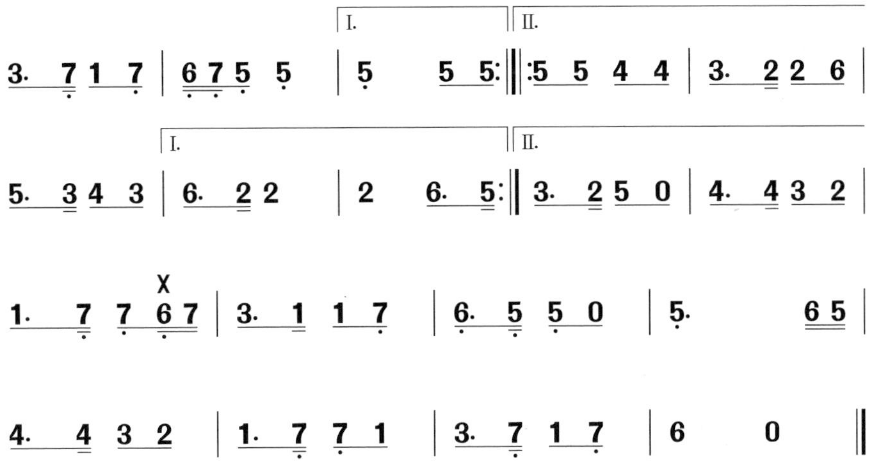

“十二木卡姆”的伴奏乐器主要有沙塔尔、弹拨尔、独塔尔、扬琴、手鼓、沙马依等。和田地区演唱“木卡姆”的艺人们，还使用一种叫作“卡龙”的古老乐器。

藏族民间歌舞“锅庄”，是藏族劳动人民所喜爱的艺术形式。清代李心衡在乾隆年间出版的《金川锁记》中，说藏族“俗喜跳锅庄嘉会”，在举行婚礼时，群众“相率跳锅庄”，跳时“男女纷沓、连臂踏歌”。歌词的内容，大多是“赞佛”之歌和“男女相慰”之词。

藏族古典宫廷歌舞“囊玛”，大约产生于明末清初。据说，一个叫第舍桑结甲错的地方官，在“囊玛”艺术的发展中，曾起了重大的作用。18 世纪中叶之后，“囊玛”在汉族音乐的影响下有过较大的发展，过去仅仅由“扎木聂”等藏族乐器伴奏的乐队增加了从汉族传来的笛子、二胡、京胡、扬琴等乐器，在现代保存的囊玛音乐中，仍然听得到一些酷似汉族戏曲的音调。

我国西南的一些少数民族歌舞，像姹紫嫣红的山花一样多姿多彩。在彝族的“阿细跳月”、苗族的“游方”、布依族的“赶表”、侗族的“玩山”

等别具一格的歌舞集会中，歌舞还成了爱情的桥梁，谁不愿意选那最能歌善舞的青年做自己的爱人呢？这真是：

月上柳梢头，
人约黄昏后。
歌声传心曲，
舞姿诉情厚……

## 四、从魏良辅到汤显祖

明嘉靖、隆庆年间的一天，在苏州太仓，一个因罪而发配至此的河北人张野塘，正在为一位特殊的客人演唱。张野塘素工弦索，对演唱自宋元以来便流行北方的杂剧——北曲，有着很深的造诣。他忘了自己“再也不唱”的誓言，连着唱了三天三夜！那位已经五十来岁的客人，居然也毫无倦容地听了三天三夜！之后，客人不但与张野塘成了忘年之交，而且将自己善唱的爱女许配给了这个戴罪的戍卒。古来知己难觅，知音更少，这位知己兼知音的客人，便是著有《曲律》的杰出戏曲音乐家魏良辅。此后，张野塘及洞箫名手张梅谷、笛师谢林泉，以及老前辈过云适等人，共同协助魏良辅完成了对昆山腔的创造性改造，使昆山腔逐渐成为一个对后世的许多剧种影响颇深的大剧种。

我们知道，自宋元始，我国的戏剧音乐已形成南北两大流派，在北方以杂剧为主，在南方以南戏（又称“戏文”，明时亦称“传奇”）为主。但至明时，杂剧已日趋衰落，而南曲却出现了“四大声腔”争胜的繁荣局面。

所谓四大声腔，指的是弋阳腔、余姚腔、海盐腔及昆山腔。明才子徐渭曾在他的《南词叙录》中，记载了四大声腔的家乡和流行区域：“今唱家称弋阳腔，则出于江西、两京、湖南、闽、广用之。称余姚腔者出于会稽、常、润、池、太、扬、徐用之。称海盐腔者，嘉、湖、温、台用之。唯昆山腔止行吴中，流丽悠远，出乎三腔之上。”

从这段记载看来，起初弋阳腔的影响最广，而昆山腔的流传范围最小。弋阳腔是“联曲体”结构，常常运用“滚调”及一唱众和、句尾帮腔的形式，生动活泼，有着浓郁的乡土气息。有人说它“错用乡语，四方士客喜闻之”①。弋阳腔伴奏不用弦管，只用大锣大鼓，铿铿锵锵，声震天地，颇具特色。但是，昆山腔却在四大声腔争胜之后的一段时间里，以“流丽悠远”的特点，“出乎三腔之上”，不能不归功于团结在魏良辅周围的一批戏曲改革者。

魏良辅，字尚泉，豫章（今江西南昌）人。他能度曲，善歌唱，“能谐声律，转音若丝”②，长于乐器，“为丝竹之音，巧绝一世”③。他“愤南曲之讹陋”，立志改革昆山腔。为此，他悉心研究北曲，并吸收弋阳腔、海盐腔及当地民间曲调的精华，经多年努力，在师友们的帮助下，改革了昆山腔“平直无意致”的缺点，新创了被称为“水磨腔”的唱法和音调，从而奠定了昆曲兴盛一时的地位。

改革后的昆曲，以纤细幽雅的风格著称，在音乐与唱词的配合上，讲究颇多。它一字多音，把一字分成头、腹、尾三部分，唱来萦回曲折、轻柔舒缓，被人称为“声则平上去入之婉协，字则头腹尾之毕均，巧深熔琢，气无烟火，启口轻圆，收音纯细”④。在伴奏方面，也有很大改进，形成了以笛为主，箫、管、笙、三弦、琵琶、月琴、鼓板等多种乐器配合的新

---

① （明）顾起元：《客座赘语》卷 9，张惠荣校点，凤凰出版社 2005 年版。

② （明）张大复：《梅花草堂笔谈》卷 12，岳麓书社 1991 年版。

③ （明）许宇辑：《昆腔原始》，明天启刻本，第 1 页。

④ （明）沈宠绥：《度曲须知》（卷上），明崇祯刻本，第 1 页。

型伴奏乐队。开始，新创的“水磨腔”只用于清唱，但从梁辰鱼以昆腔著《浣纱记》之后，昆曲便风行一时了。

讲到明清时的戏曲音乐，必然要提到另一个伟大的名字——汤显祖。

汤显祖（1550—1616）是与莎士比亚同时代的东方戏剧之光。他 21 岁中举，28 岁即闻名全国。不但才华横溢，而且刚正不阿。两次拒绝首辅张居正的拉拢，因而落第。直至 34 岁张居正死后，才中了进士。居官不久，又因上《论辅臣科臣疏》，得罪了大学士申时行等人，被贬为广东徐闻县典史；万历二十六年（1598）调任浙江遂昌县知县。五年县令，为百姓做了不少好事，一时间官声冠盖两浙。后因痛恨朝廷监税使掠夺百姓的恶行，毅然辞职，挂印还家。此后，便把全部精力投入我国的戏曲事业当中。

他的著名作品《紫钗记》《牡丹亭》《南柯记》和《邯郸记》，被合称为“临川四梦”。其中最负盛名、影响最大，甚至历经三四百年之久而令今人读之仍不免荡气回肠的，当推其传世佳作《牡丹亭》了。在这部不朽的作品中，作者通过一个充满浪漫主义色彩的故事，揭露了封建礼教的罪恶，塑造了杜丽娘、春香等一系列生动的艺术形象。剧中描写那个在严谨的“庭训”及封建礼教的压迫下强烈向往着自由与幸福的小姐杜丽娘，与丫鬟春香私入花园欣赏美好春光的“游园惊梦”一场戏，更是家喻户晓，深得人民喜爱。

下面这段谱例，是《惊梦》一场中杜丽娘的唱段。音乐轻悠如梦，细致入微地刻画了一位正值芳龄的贵族小姐游春时的微妙心理：

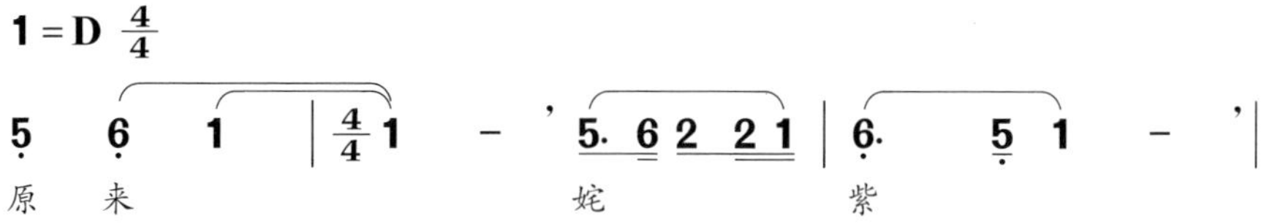

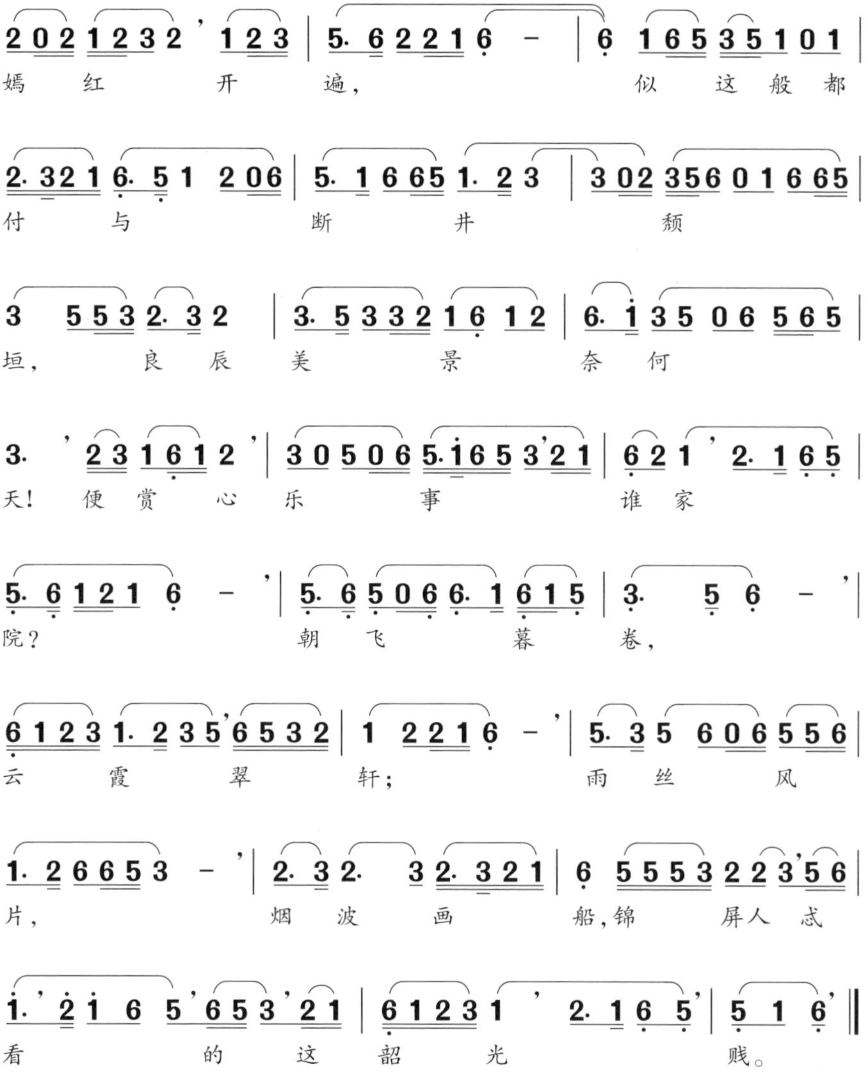


汤显祖的作品不但在思想内容上具有强烈的人民性和进步性，而且在艺术上反对腐朽的条条框框，主张“以意、趣、神、色为主”①，不须“按

① （明）汤显祖:《玉茗堂全集》，明天启刻本，第414页。

字模声”，被格律所囿。更重要的是，他还在戏曲领域竖起了反对程朱理学的大旗，反对格律派沈璟所提出的戏曲要“以理相格”，为封建道德服务的主张，提出了“情胜于理”，要“为情作使”的大胆命题。因此，他的作品当时便激起了强烈的反响，尤其得到妇女们的共鸣。据说，娄江 17 岁的少女俞二娘，因读《牡丹亭》自伤身世，竟至忧愤而死。另有杭州女伶商小玲，以饰演杜丽娘闻名，每次登台，都达到忘我的地步。后来，在唱《寻梦》一场中“待打拼香魂一片，阴雨梅天，守得个梅根相见”时，竟因过于情真而泣死台上了！

昆曲在明万历之后传入北京，不但得到那些宦居北方的江南人的喜爱，而且逐渐被整个贵族阶级和士大夫阶层所接受。清时，满族统治者全面接收汉民族文化，宫廷曾选拔不少昆曲艺人进京“供奉”。康熙年间，弋阳腔也进入北京，形成与越来越贵族化的昆曲争荣竞胜的局面。

在昆、弋两腔的影响下，我国各地农村中陆续产生了一些新的剧种。清人曾有这样的记载：“近今且变弋阳腔为四平腔、京腔、卫腔，甚且等而下之，为梆子腔、乱弹腔、巫娘腔、琐哪腔、罗罗腔，愈趋愈卑，新奇叠出。”① 这“愈趋愈卑”是文人士大夫的话，抛开这“卑”字身上所带有的阶级偏见，也恰好说明这些新出现的剧种，具有最广泛的人民性。

至清乾隆、嘉庆年间，梆子腔、吹腔等以一股不可阻挡的气势，纷纷从农村涌向城镇。被统治阶级尊为“雅部”的昆曲，在被贬为“花部”的新兴剧种面前败下了阵来。清人徐柯在所著《曲牌》中载：“道光朝，京都剧场犹以昆剧、乱弹相互演奏。然唱昆曲时，观者辄出小遗，故当时有以‘车前子’讥昆剧者。”当时的大部分听众，“所好为秦声罗弋，厌听吴骚，歌闻昆曲，则哄然散去”。这充分说明任何一个剧种也像大自然的万物一

---

① （清）刘廷玑：《在园杂志》，文海出版社 1969 年版，第 109 页。

样，都有它自己生死兴衰的过程和规律，如果长时期停滞不前，就免不了被群众与时代抛弃。

当时被群众喜好的秦腔，是各种梆子腔的渊源之处。梆子腔的音调，在明时已见记载，被称为“西秦腔犯”。它起源于陕西、甘肃一带，伴奏不用笙笛，只用胡琴，音调高亢苍凉。因其用枣木梆子击节伴奏，故称之为“梆子腔”。据说生于陕北米脂的李自成，便是一位秦腔爱好者，他听昆曲，则“蹙额”，听秦腔，则‘拍掌和之”[①]。他的部下，也大多数是陕甘一带的人。李自成率部转战陕、晋、冀、鲁、豫、皖、川、赣、湘、鄂等地，对促使秦腔与各地区的音调方言相结合而形成山西梆子、山东梆子、河北梆子、河南梆子等声腔，不能说没有一定的作用。

被近人称之为“国戏”的京戏，旧称“皮黄”。皮黄即指西皮与二黄。西皮脱胎于秦腔，二黄出于安徽的吹腔，后经过湖北、安徽艺人们的加工，两者结合而成皮黄腔。通过汉班与徽班的活动，渐渐传到许多地方去。1790年，乾隆八十岁生辰，著名的“四大徽班”[②]把皮黄带到北京，并从此在北京扎下根来，逐步形成全国最具影响的京戏。

我国的戏曲音乐自宋元到明清，逐步形成两种体制，即“曲牌联缀体”与“板腔体”。杂剧、传奇属于前者，梆子、皮黄则属于后者。所谓“曲牌联缀体”，是用若干独立的曲调接续在一起，形成“组曲”式的结构。“板腔体”是以一个基本曲调为基础，然后根据剧情和唱词的需要做不同的节奏、速度的板式变化而形成的声腔体系。板腔原则的确立，为我国戏曲音乐的进一步发展和提高，开辟了广阔的道路。

---

① （清）陆次云:《圆圆传》，载（清）张潮《虞初新志》卷11，清康熙三十九年刻本，第101页。

② 即“四喜班”“春台班”“和春班”“三庆班”。

## 五、《甲午风云》中的琵琶曲

看过影片《甲午风云》的人们不会不记得这样一个场面：夜深了，一群激动的水兵来到“致远号”管带邓世昌的门前。他们听说，这位正直勇敢的爱国将领背弃了抵抗外侮、振兴祖国的誓言，向那些可恶的怕死鬼们投降了！由于被欺骗、被出卖所引起的愤怒，压倒了过去他们对邓大人的爱戴。他们要冲进他的府邸，去质问他、谴责他，如果可能的话，也去说服他。但是，在紧闭着的门前，他们不约而同地停住了脚步。从邓世昌的卧室里，传出了一阵豪雨般的琵琶声。这是什么样的音乐呀?！铁骑奔突、飞箭如蝗、剑戈相击、人吼马嘶！这乐声，如懑、如怒、如湍、如瀑，有未减的豪情，有犹存的壮志，有对误国奸佞的愤恨！望着那烛光摇曳的窗影，听着这嘈嘈切切的琵琶声，还有什么可说的？又有什么需要解释的呢？当邓世昌推门出来的时候，还沉浸在音乐中的他惊呆了：在他面前，一排眼含热泪的水兵们，齐刷刷地向他行着大礼！他不知道，刚刚从他指间流淌出来的乐声，是如何使这些忠贞刚直的士兵们消除了对他的误解；他更不知道，这首铿锵豪壮的乐曲，是怎样强烈地打动了他们杀敌报国的赤子之心！

这乐曲，就是明时即已流传的琵琶名曲《十面埋伏》。

《十面埋伏》以公元前 202 年的楚汉战争为题材，用音乐的手段生动地刻画了刘邦、项羽在垓下决战的激烈场面。这首乐曲结构宏大，组织严密，具有丰富的表现力和极强的感染力。

《十面埋伏》全曲共分三部分。第一部分通过“列营”“吹打”“点将”“排阵”“走队”等细节的描写，以铿锵有力的节奏、激昂炽烈的音调和具有中国民族风格的浓重和弦，刻画了两军决战前的准备工作和盛大军威。接着，全曲进入高潮。在“埋伏”“鸡鸣山小战”“九里山大战”这三个重点段落里，乐曲充分调动了拂、扫、滚、拉、推、绞弦等多种琵琶所特有的技法，配合暴风骤雨般激烈的音调、节奏，生动地再现了两军对阵时金鼓齐鸣、飞箭如蝗、炮火震天、人吼马嘶的鏖战场面。能通过这样一件小小的拨弦乐器，描绘如此壮阔伟大的场面，而且如此生动逼真，使听众仿佛目有所见、身有所触，似乎置身于飞矢如雨的古战场，可以说是我国民族音乐的骄傲。乐曲的最后一部分，以一个级进的旋律和长音滚弹构成的复调，描写重围中的项羽与虞姬死别，最后自刎乌江、慷慨赴难的情景。音调凄楚，令人怆然而涕下。

明清时，曾出现了许多杰出的琵琶演奏家和著名的作品，并出现了刊行的曲谱。琵琶演奏家中有号称“汤琵琶”的汤应曾，有善弹《海青拿天鹅》的张雄，有号称“琵琶绝”的李近楼等人。关于汤应曾，明人王猷定在所著《四照堂集》中，曾专为他立传，说他“所弹古调百十余曲，大而风雨雷霆，与夫愁人思妇，百虫之号，一草一木之吟，靡不于其声传之。而尤得意于《楚汉》(即《十面埋伏》)一曲。当其两军决战时，声动天地，瓦屋若飞坠。徐而察之，有金声、鼓声、剑弩声、人马辟易声……”可见其技艺精绝。

我国最早刊行的琵琶谱《华秋苹琵琶谱》，刊行于1818年，其中载琵琶大曲7套，小曲62曲，如《十面埋伏》《海青拿天鹅》《月儿高》等。华秋苹（1784—1859），江苏无锡人，是一个有较高艺术修养的知识分子，在华氏谱中他参考古琴的指法符号用字谱的形式固定了原来民间手口相传的各种琵琶指法，对琵琶音乐的发展做出了贡献。

《李芳园琵琶谱》(即《南北派十三套大曲琵琶新谱》)，是李芳园所编，刊行于1895年。李芳园是浙江平湖人，出身于琵琶世家。他花费了许多精力校勘古曲并将之刊行，广为流传，影响很大。但是，他崇雅厚古，更改了一些民间古曲的曲名，妄加了一些作者。如把《老八板》改为《虞舜薰风操》等。近年来，我国又陆续发现一些颇有价值的抄本琵琶谱，如上海发现的明嘉靖七年（1528）的精抄本琵琶谱，比华氏谱早290年。

七弦琴音乐，在明清时也有很大发展。首先，是进一步形成了地域、风格各不相同的多种流派，如虞山派、广陵派、中州派、诸城派、川派、金陵派等，各派也都涌现了一批著名演奏家。如虞山派的严澂、徐上瀛，清代广陵派的徐锦堂等。其次，是刊行了大量有关的著作。这些著作可分为两大类，一是琴论，一是琴谱。前者如徐上瀛所著《溪山琴况》，详尽地阐述了七弦琴理论，并结合美学观点和技术手段提出了关于琴的24种理想原则，他认为"和、静、清、远、古、澹、恬、逸、雅、丽、亮、采、洁、润、圆、坚、宏、细、溜、健、轻、重、迟、速"兼备的琴音才是好的声音。后者如朱权编辑的《神奇秘谱》，保留了《广陵散》《酒狂》《潇湘水云》等许多前代琴曲。此外，像《太古遗音》《风宣玄品》《西麓堂琴统》《五知斋琴谱》等，都各有其特色及价值。

除琵琶、古琴独奏外，明清民间器乐合奏也相当盛行，并因地域不同而形成许多在乐队形制、记谱法、曲目、演奏技术、风格上俱不相同的器乐演奏团体和乐种。这些乐种若以所用乐器论，可分为"吹打""弦索""丝竹"三类。

"吹打"以管乐器和打击乐器为主要乐器，这类乐种有"陕西鼓乐""山西八大套""河北吹歌""十番锣鼓""潮州锣鼓"等。它们之间虽有鲜明的风格区别，但也有着共同点，那就是火爆炽烈、喧腾欢乐。另外，其中许多乐种都堪称渊源久远，如"陕西鼓乐"（也称"西安鼓乐"），流传于陕西省西安、周至县等地区，所用乐器大致有打击乐器的座鼓、战鼓、乐鼓、独鼓等四种鼓，大小钹、大小铙、大小梆子及大锣、马锣、铃铛、云锣等；管乐器以笛为主，辅以笙、管。陕西鼓乐所用曲谱，同宋姜夔时代的古工尺谱，而从曲式、曲目上看，又与唐宋大曲有着不可否认的血缘关系。唐燕乐大曲有“散序”“中序”“曲破”三部分，陕西鼓乐亦有“起”“正曲”“赶东山”三部分，彼此的结构特点非常相似，陕西鼓乐又分为“坐乐”与“行乐”两种演奏形式，坐乐是室内演奏的大型套曲，结构完整、复杂，行乐又称“路曲”，是室外演奏的。从现存的鼓乐谱本来分析，这一乐种在明时即已得到很大发展。

“山西八大套”流行于山西，其中尤以五台山青、黄两庙的僧人们所保存及演奏的音乐更有特色和价值。其所用曲调，常常是与南北曲同名的，如【山坡羊】【朝天子】等，也有些或渊源更加古远，如【望江南】；或显然出自民间，如【王大娘】【掉棒棰】等。所用记谱符号，与南宋晚期张炎《词源》及宋末元初陈元靓所编《事林广记》中的谱式相同。演奏时所用乐器有大管、小管、唢呐、笛、云锣、小钹、板、鼓等，著名的八套大型套曲，是一份珍贵的文化遗产。

“十番鼓”即苏南吹打。所谓“十番”，并不是仅指十样乐器，而是泛指多数而言。“十番鼓”从明时就在江南流行，明余怀在其《板桥杂记》中就记载了明万历年间南京秦淮河上演奏“十鼓”的情景。“十番鼓”有它独特的结构形式，在套曲中常常以鼓的独奏为主体（鼓的独奏叫鼓段），在慢鼓段、中鼓段和快鼓段之间，杂以管弦乐段。所用乐器有笛、笙、箫、胡琴、板胡、三弦、琵琶、云锣、板、点鼓、同鼓、板鼓等。

弦索乐所用乐器尽为琵琶、三弦、二胡、筝等弦乐器，风格清柔典雅。1814年，蒙古族文人荣斋编辑了世称“弦索十三套”的《弦索备考》，以总谱的形式记录了当时的“今之古曲”十三套，如《月儿高》《海青》《阳关三叠》等。弦索乐的配器较为细腻，如在《十六板》一曲中，除熟练地运用变奏手法来发展音乐外，还有意识地运用了对位的手法。

丝竹乐流行于江南许多地区，所用乐器有“丝”有“竹”，风格明丽流畅、优美清新，如“江南丝竹”“广东丝竹”等，都有着很广泛的群众性和独特的艺术风格。

## 六、蛰居的音乐理论家

嘉靖二十九年（1550）的一天，一件令人气愤的消息瞬间传遍了京城：皇帝的近亲、正直的郑恭王朱厚烷，被削去了爵位，关进了牢狱。两年前，厚烷就因上书“四箴”，直言规劝皇帝要“居敬”“穷理”“克己”“存诚”而触怒龙颜。这次，又因皇族内部纷争被诬告为“叛逆”，并被监锢起来。人们为非罪而系的朱厚烷抱不平，也为他的“世子”朱载堉捏一把汗。没过多久，又一件新闻在京城引起了轰动：朱载堉为抗议其父的冤案，竟然在尊贵威严的皇宫门外，用土筑了一间小小的土室，外面只留一个小小的气孔，里面无炕无椅，只席地铺了些藁草。朱载堉把自己一个人关在这黑暗的土室里，并声称何时其父获释，他何时才回到正常的人类社会生活中来。星移月转，春去秋来，整整 19 年过去了，当人们已经熟悉了这间奇特的土屋而渐渐淡忘了里面的这个人时，朱载堉走出了黑暗，回到了光明之中。但是，他不是只身回到人类社会中来的，他还为人类社会带来了一份厚礼，这就是他独居土室，潜心钻研 19 年而写成的著作——《律学新说》。

在《律学新说》中，朱载堉提出了他的“新法密率”（即十二平均律）的理论，并对这一理论做了精辟的叙述和详密严谨的推算。所谓十二平均律，就是目前世界通用的把一组音（八度）分成振动数比相等的十二个半音的律制。朱氏总结了我国前两千余年在律学研究中的得失，在理论上解决了历来未能完善处理的旋宫转调问题。他还指出了历来所传同径管律的错误，找到了异径管律的规律并计算出相应的数字。他所设计的 36 异径管律，音高上误差很小，在当时的世界上，他的研究处于领先地位。19 世纪末，一位欧洲音响学家按照朱载堉在16世纪即已发明的方法进行了实验，得出了与朱氏相同的结论。他钦佩地说："在这管径大小一点上，中国乐律比我们更进步了，我们在这方面，简直一点都还没有讲到……我们已照样制造了律管试验，所得到的结果，可以证明这学理的精确。"①

1606年，朱载堉将多年心血的结晶——《律学新说》《乐学新说》《律吕精义》《灵星小舞谱》《律历融通》等13种著作编纂成音乐理论文献巨著《乐律全书》，献给皇帝。他期望这位封建社会的最高统治者，他血缘上的亲属，能帮助他将这理论付诸实践，让这绚丽的理论之花结出丰硕的果实来。但是，他的伟大著作却被置之高阁，遭到了与他同样的命运：远离人世，在黑暗的斗室中幽禁……朱载堉及他的音乐理论的遭遇，是中国封建社会末期的一个典型、生动的侧影，它充分说明了我国传统文化在近现代逐步由先进变为落后的根本原因。

历史的车轮艰难地滚动着。两千年来，中华民族的途程就像黄河的水，沿途裹进了大量的泥沙，以致越流越缓慢、越沉重，几乎成了一股行将凝固的泥石流。当鸦片战争的炮声震醒沉睡的古国时，当帝国主义的武装侵略和文化侵略叩开了清朝愚昧的大门时，当太平天国的战士们举起义旗时，当中华民族的无数仁人志士痛感故国的沉沦而决心舍身救国时，中国过于长久的封建社会的丧钟敲响了！这钟声，同时也宣告了源远流长的中国封建文化的巨流，已经流到了它的尽头。历史逼迫它做出这样的抉择：要么在峭壁前停住脚步，自囿自身，最后被历史所抛弃；要么冲出隘口，飞流直下，立足中华，面向世界，像它在过去多次做过的那样，虚怀若谷、兼容并蓄地吸收那来自塞纳河、莱茵河、密西西比河、隅田川的活水，把它们融在黄河的金涛中。

① 杨荫浏：《中国古代音乐史稿》，人民音乐出版社1981年版，第1011页。

那么，这选择是怎样做出的呢？中国传统文化在与中华民族同时为自己的新生奋斗的时候，是怎样通过无数的峡谷、浅滩的呢？这里是有许多深刻的道理与生动的事实的。但，这已是近现代音乐史的任务了，而我们这个“中国古代音乐史话”，到此就应该结束了。

# 后 记

这本小书写于 1976 年。那时，我正在天津音乐学院作曲系读书。有一次，和同学谈起丰子恺的音乐普及读物对我们启蒙及最终踏上音乐之途的巨大影响，感慨当前文艺普及读物的缺乏。他说：你为什么不写点类似的东西呢？我想：也是。既然已自知不是写作交响曲的材料，还不如为社会，为和我一样的青年们做一点实际的工作。恰巧我正在学习杨荫浏等先生的音乐史著作，便学着丰子恺的榜样，试写了这本小书，当作一篇“学习笔记”。

我知道，把前辈先生们的宏著比成菜肴是大不恭的。但假如允许我斗胆做一个比喻的话，我以为这本小书，只不过是我把先贤们做好的佳肴美馔，东一勺西一箸地拣到我的碗里，然后加水冲成的汤。假使味道有异，那也是我加水加得不好。

初稿写成后，郭乃安、李业道、黄翔鹏、杨今豪等前辈师长曾先后审阅此稿并提出许多十分珍贵的意见。倘若没有老师们的耳提面授，本书的完成将是不可想象的。

从 1979 年底到 1982 年底，本书在季刊《音乐爱好者》上连载。三年多的时间里，编辑部的同志曾给予作者多方面的帮助。此次出版，又蒙黄翔鹏师赠文代序，在此一并致以诚挚的谢意。

本人目前尚在学习阶段，此书出版前虽曾做了些修改和补充，但肯定仍会存在许多缺点错误，切望师长和读者不吝赐教，匡谬指正。

1982 年末于北京恭王府

# 三、《中国艺术通史·魏晋南北朝卷》

# 导 言

## 第一节 概论

从三国、两晋，到南北朝，这短短的四百年，是中国历史上最难描述的时代，它充满着苦难、争战与荒诞，但却至今令人神往，令史家着迷。此时，秦汉雄风已逝，而盛唐气象未至，在这两大盛世之间，古老的中华帝国四分五裂，任兵家纵横，铁蹄践踏。在那本中国人家喻户晓的小说《三国演义》的开篇，的确说过“天下大事，分久必合，合久必分”的话，但对于秦始皇之后的绝大部分中国人来说，视统一为常态，视分裂为异象的看法毕竟是主流。奇怪的是，就是在这血与火的时代里，从污淖与罪恶中，却产生了足以与任何“太平盛世”媲美的光明璀璨的思想之花和雄奇瑰丽的艺术之果。它破坏与建设并存，光明与黑暗同在，分裂与融合共时。一方面，被过去的史家称为“五胡乱华”的少数民族的进入与不断的争战使黄河流域的传统文物被摧残殆尽；另一方面，随之而来的民族融合又为中华文明的发展注入了新的血液。一方面，世风浇漓、道德沦丧，过去被尊崇、遵守的思想、观念、秩序、风俗如衰柳败絮，被弃之路旁；另一方面，宗教普及，新思想、新思潮和种种“时髦”的行为层出不穷、流行一时。一方面，士大夫和文人们或苟活于乱世，或在清谈中耗掷着生命；另一方面，虔诚而又才华横溢的佛教艺术家们，却正在一凿一斧地创造着云冈和龙门的奇迹。中国人的鲜血与智慧在这短短的四百年里像黄河之水一样流淌、奔涌、喷泻，在无数生灵被无情湮灭的同时，一座辉煌耀眼的艺术大厦突兀而起，傲视穹苍。

从此时起，以曹丕《典论》、陆机《文赋》、刘勰《文心雕龙》等为代表的文艺思想卓然独立，提出了一系列诸如“文以气为主”的命题，完成了从“诗言志”到“诗缘情”的过渡，使在先秦时代表一切艺术的“乐”，开始摆脱了“礼”的桎梏，在中国历史上首次祭起了“为艺术而艺术”的大旗，而且，几乎所有的艺术门类都在此时经历了一条“思想解放”—“个性张扬”—“艺术独立”的道路而各自独立。

从此时起，随着玄学的兴起和佛教、道教的传播，传统儒学受到挑战，而宗教文化开始成为中华文明的重要组成部分。在当时社会上蔓延的“厌世”情绪和“放诞”的生活方式，除了消极的一面外，还存在着经常被忽略的另外一面：正是由于厌倦今生和向往来世，人们才会在艺术领域根本摈弃急功近利的行为，怀着极大的热情和毅力去创造如云冈、龙门那些在今生不可能看到结果的伟大作品；也正是由于一部分文人、艺术家们“惊世骇俗”的、与当代某些现代主义、后现代主义及其相似的思想方法、行为方式的冲击，那时的艺术才能从传统观念的重压下站起，具备独立的性格。

从此时起，以顾恺之、王羲之等为代表的大艺术家们横空出世，垂范永则，为其后中华艺术的发展照亮了道路。

从此时起，中国文化开始形成了明显的“南北之别”。

## 第二节 纷乱分裂的历史现实及其文化风格的形成

### 一、社会动荡与民族融合

#### 1. 历史发展概况

这一历史时期，如果细分的话，可以分为三国、西晋、东晋十六国和南北朝这四大段。三国的开始，有两种不同的算法：一是以东汉政权的崩溃为标志；[①] 一是以文帝曹丕正式称帝（220）为标志。而南北朝的结束，也有两种不同的算法：一是隋建国的 581 年，一是隋最终平陈的 589 年。如果从汉灵帝死算起，到隋最终统一为止，这期间整整四百年。

在三足鼎立的魏、蜀、吴中，魏建国最早，自 220 年至 265 年，共存国 45 年，历三代五帝。孙吴存国时间最长，从孙权称吴王（222）至孙皓降晋（280），共 58 年，历三代四帝。蜀汉只有刘备、刘禅二代，存国 42 年（221—263）。

西晋从 266 年建国起，经历了十余年的争战才获得短暂的统一。但武帝死后，战祸又起，内乱频仍，而由此引发的少数民族军队的参战，不但使存国 50 年，历三代四帝的西晋终于毁于一旦，而且将黄河流域从此拖入了一个长达 120 年的漫长战争中。晋室南渡之后，汉文化的中心开始转移到南方。而东晋时的中原地区，则成了十六国逐杀的战场。十六国大都由少数民族首领建立，被过去的史家称为“五胡十六国”，所谓“五胡”，是指匈奴、鲜卑、羯、氐、羌这五个在当时影响较大的少数民族。而“十六国”因其建国时间或短或长，又政权更迭迅速，并牵扯多个民族，为了

---

① 这也有两种算法：一是汉灵帝死的 189 年，一是汉献帝立的 190 年。

叙述方便，特列下表：

**十六国兴亡表**[①]

| 国名 | 创建人 | 民族 | 年代 | 灭于何国 |
|---|---|---|---|---|
| 汉·前赵 | 刘渊 | 匈奴 | 304—329 | 后赵 |
| 成汉 | 李雄 | 巴氐 | 304—347 | 东晋 |
| 前凉 | 张寔 | 汉 | 317—376 | 前秦 |
| 后赵 | 石勒 | 羯 | 319—351 | 冉魏 |
| 冉魏 | 冉闵 | 汉 | 350—352 | 前燕 |
| 前燕 | 慕容皝 | 鲜卑 | 337—370 | 前秦 |
| 后秦 | 姚苌 | 羌 | 384—417 | 东晋 |
| 后燕 | 慕容垂 | 鲜卑 | 384—407 | 北燕 |
| 西燕 | 慕容泓 | 鲜卑 | 384—394 | 后燕 |
| 西秦 | 乞伏国仁 | 鲜卑 | 385—431 | 夏 |
| 后凉 | 吕光 | 氐 | 386—403 | 后秦 |
| 南凉 | 秃发乌孤 | 鲜卑 | 397—414 | 西秦 |
| 南燕 | 慕容德 | 鲜卑 | 398—410 | 东晋 |
| 西凉 | 李暠 | 汉 | 400—421 | 北凉 |
| 夏 | 赫连勃勃 | 匈奴 | 407—431 | 吐谷浑 |
| 北燕 | 冯跋 | 汉 | 407—436 | 北魏 |
| 北凉 | 沮渠蒙逊 | 匈奴 | 397—439 | 北魏 |

虽然，从这冰冷的表格中人们已感受不到历史的严酷，但仅从必须列表才能使读者对这一时期的概况有所了解这件事本身，便可以多少感受到一点那个时代激烈动荡的程度了。纵观中国历史，在中原大地上，从来也没有过一个时代像此时这样同时并存这么多的民族政权。乱世之中，常有今日为寇明天称王之事；也见惯了今夕堂上皇，明晨阶下囚的沧桑之变。其中虽然也有前秦苻坚用汉人王猛而形成的“百姓丰乐”的短暂安定局面，

① 此表录自中国历史博物馆中国通史陈列馆。

但在大部分时间里，整个黄河流域都是一个大战场。各民族的统治者对下层人民的残酷剥削和不同民族间的血腥仇杀，更使中国北方各族人民长期生活在水深火热之中。这种残酷的社会现实，一方面必然造成了对文化人和文明的摧残；另一方面却也使艺术家对人生的思考趋于深刻，从反面推动了艺术表现力的发展，尤其对宗教艺术的空前发展起了某种催化的作用。

晋元帝在豪门士族的支持下开始偏安江南，代之而起的宋、齐、梁、陈，继承了汉文化的主流，乱世之中的“元嘉之治”虽非中兴，但也进一步促成了江南经济、文化的繁荣。虽然东晋的数次“北伐”均未奏效，但著名的“淝水之战”后，前秦随即瓦解，北方重又陷入混乱之中。拓跋氏于 439 年伐北凉，重新统一了中原之后，大规模推进汉化政策，使北方的经济得到复苏，形成了南北朝长期对峙的局面，也最终促成了中国文化在风格上至今仍在的“南北”之别。

**2. 三国两晋南北朝政治经济形势概述**

董卓乱后，东汉帝国迅速瓦解，各地地主武装积极扩张势力，形成地方割据，并互相争战，以致中原残破，民不聊生。加上连年的自然灾害，社会生产遭到严重破坏，不但百姓没有饭吃，许多地方势力的军队也因缺粮食而被拖垮。史载，当时袁绍军在河北靠吃桑葚过活；袁术军在江淮一带靠吃蚌蛤蒲蛹过活[①]；曹操军队在山东乏食，他的军粮中，竟混有人肉干！[②]人们常把黑暗的社会称为“人吃人”的社会，但只要不是精神变态者，正常人一般不可能以同类为食。但在汉魏之际，“人吃人”却是一个历史的真实和普遍的社会现象。只要翻开历史典籍的这一页，满目尽是

① （西晋）陈寿撰:《三国志》卷 1,《魏志 · 武帝纪》注引:“自遭荒乱，率乏粮谷，诸军并起，无终岁之计。饥则寇略，饱则弃余，瓦解流离，无敌自破者不可胜数。袁绍之在河北，军人仰食桑葚；袁术在江淮，取给蒲蠃。民人相食，州里萧条。”中华书局 1959 年版，第 28 页。

② （西晋）陈寿撰:《三国志》卷 14,《程昱传》裴松之注：程昱为曹军筹措军粮，乃“略其本县，供三日粮，颇杂以人脯”。中华书局 1959 年版，第 425—430 页。

“岁大饥，人相食”“民人相食，州里萧条”“人相食啖，白骨委积，臭秽满路”“饥饿困踧，吏士大小自相啖食”之类的文字。

“出门无所见，白骨蔽平原”的诗句，不是个别诗人的想象和夸张，而是一个时代悲剧特征的如实描述。西京长安，是西汉建设了两百年的泱泱帝都，当其盛时，可谓当时世界上最繁盛的城市之一。但在董卓及部将李傕、郭汜乱后，这座数十万户人口的都城，竟在两三年的时间里成为一座空城！[①]东都洛阳，也是在劫难逃。董卓挟帝西迁时，曾徙人户西行，以致洛阳“二百里内，无复孑遗”。当汉献帝于公元196年又逃回洛阳时，所看到的已是“宫室烧尽，街陌荒芜，百官披荆棘，依丘墙间。……尚书郎以下自出樵采，或饥死墙壁间”[②]。

在这样一种情况下，谁能够在某种程度上恢复生产，给人民和军队一口饭吃，谁便能得到拥护。曹操看到在生产力与社会结构遭到严重破坏的同时，依然存在着恢复生产的潜在因素，这就是一方面赤地千里，无人耕种；一方面流民如潮，无地可耕。于是，他大兴屯田，大修水利，用强制的手段把背井离乡的流民集中起来，编制成“屯”，强迫他们在荒芜的土地上耕种。“屯”中的劳动者被称为“屯田客”，屯田客如有逃亡，抓回后以军法治罪。除民屯外，曹操还命军队及其家属屯田，是为“军屯”。大兴屯田之后，形势很快好转，当年便“得谷百万斛”。据《晋书·食货志》载，当时“淮南淮北，皆相连接，自寿春到京师，农官兵田，鸡犬之声，阡陌相属”。曹操的屯田制度与“唯才是举”的用人制度，不但使他得以在北方

---

① （唐）房玄龄等撰：《晋书》卷26，“长安城中尽空，并皆四散。二、三年间，关中无复行人。”中华书局1974年版，第782页。《三国志·魏志·董卓传》：“时三辅民尚数十万户，傕等放兵劫掠，攻剽城邑，人民饥困，二年间相啖食略尽。”

② （西晋）陈寿撰：《三国志》卷6，中华书局1959年版，第186页。

站稳脚跟，兼并群雄，平定半壁江山，成为三国时最成功的政治家，[①]更重要的是，他重“才”轻“德”的用人标准，还直接刺激了士人的狂诞之风与社会上自由思想的流行，对其时艺术的觉醒起了巨大的推动作用。

曹丕之时，“唯才是举”的政策变成了“九品中正”的选举方法。举荐之权集中在豪门世族手中，造成了“上品无寒门，下品无世族”的局面。在西晋灭吴统一全国时，经济得到了很大的恢复。[②]世家地主庄园迅速发展，靠对依附于庄园的农业劳动者的残酷剥削，一个个世家豪族成为有政治、经济特权的、相对独立于国家的社会单位。同时，世家豪门用巧取豪夺的手段集中了大量社会财富，造成了一个与不久前“人吃人”的悲惨局面同样令人瞠目，同样登峰造极的奢侈的时代。晋武帝、晋惠帝的骄奢昏庸到了令人哭笑不得的地步[③]，而大官僚石崇与外戚王恺的“斗富”，更在历史上留下了惊人的一笔[④]。当太傅何曾一顿饭便要费金“万钱”而还要慨叹“无下箸处”的时候，人们很难相信连“尚书郎”还要“自出樵采”的穷日子就发生在不久之前。巨大的社会灾难和频繁的生活变化使人生的短促与无奈显得格外突出。中国人对生、死、盛、衰的体会和思考，从来没有这么真切和集中。这种深切领悟“人生须臾”的集体潜意识在历史中留下了难以磨灭的印记，在文学艺术中有大量集中的表现。知识分子的“清

① （西晋）陈寿撰:《三国志》卷1，注引《魏书》:“是岁，乃募民屯田许下，得谷百万斛。于是州郡列置田官，所在积谷，征伐四方，无运粮之劳，遂兼灭群贼，克平天下。”中华书局1959年版，第14页。

② （东晋）干宝:《晋纪·总论》，载（南北朝）萧统编、（唐）李善注《文选》，胡刻本，第1107页。

③ （唐）房玄龄等撰:《晋书》卷4《胡贵嫔传》，称：晋武帝“多内宠。平吴之后，复纳孙皓宫人数千。自此掖庭殆将万人，而并宠者甚众，帝莫知所适。常乘羊车，恣其所至，便宴寝。宫人乃取竹叶插户，以盐汁洒地，而引帝车。”中华书局1974年版，第962页。《晋书》卷31，载：“天下荒乱，民多饿死”，他听说民无粮充饥，问：“何不食肉糜?”中华书局1974年版，第108页。

④ （唐）房玄龄等撰:《晋书》卷31，言石崇“财产丰积，室宇宏丽。后房百数，皆曳纨绣，珥金翠。丝竹尽当时之选，庖膳穷水陆之珍”。王“恺以饴澳釜，崇以蜡代薪。恺作紫丝布障四十里，崇作锦布障五十里以敌之。崇涂屋以椒，恺用赤石脂”。中华书局1974年版，第1007页。

谈”“放诞”和贵族阶层的挥金如土、穷奢极侈，“有今天没明天”的活法不过是相同的社会心理积淀在文化生活和社会生活中两种不同的折射而已。而在“九品中正”制度下的大地主庄园，几乎都养有伎乐班子。大庄园主成为音乐舞蹈艺术的“恩主”，也在当时的社会条件下，使表演艺术得到了保存、普及和提高。

西晋统治阶级的荒淫无道，促成了晋末的又一次大动乱。从统治阶级内部的“八王之乱”，到席卷全国的流民暴动，与北方少数民族的起事一起构成了旧史家所谓“五胡乱华”的前奏。

**3. 空前的民族战争与民族融合**

长期以来，北方游牧民族的骚扰和入侵便是中原农业文明的心腹之患。西汉对北方作战取得很大胜利，长期威胁北方边疆的匈奴，被击败分裂，北匈奴西徙，南匈奴内附。内附的匈奴族人，多半与汉族杂处，一方面保持着部落组织，一方面要受所在郡县的管辖。[①] 散居在西北边境各郡的氐族、羌族等少数民族的情况与匈奴大体相似。这些原来的游牧民族在与汉人杂居后，逐渐由单纯的游牧经济向农耕经济过渡，不少下层匈奴人充当汉族豪门的田客，而匈奴酋长自称是汉朝的外孙，所以冒姓“刘”，已显其“汉化”的端倪。

汉末以来，因为北方各族善战，地方割据势力遂多募以为兵。如董卓、袁绍、刘备、曹操等都曾以羌、乌桓、鲜卑、匈奴人作为自己军队的主力。汉族上层统治者的残酷压迫与长期保持的军事建制，以及西晋末年由流民暴动引起的社会动乱，使旧史家所谓的“五胡乱华”局面成了历史的必然。但是，匈奴族刘渊起事时，自称“汉后”，建国亦名曰“大汉”，可见当时

① 建安中，为了便于管理，曹操曾把匈奴人分为五部，“立其中贵者为帅，选汉人为司马以监督之”。载（唐）房玄龄等撰:《晋书》卷 97《北狄匈奴传》，中华书局 1974 年版，第 2548 页。

民族纷争与民族融合的复杂性和双重性。311 年，刘渊子刘聪攻洛阳，洛阳沦陷后，晋怀帝被掳，晋人遂立愍帝于长安。316 年，刘聪军陷长安，愍帝降，西晋正式灭亡。在这个时候，先期南渡的晋王室司马睿在北方豪族王导的策划、拥戴下在建康称帝，开始了东晋的时代。

在十六国中，除匈奴刘氏的“大汉”外，羯人石勒的“后赵”、鲜卑慕容氏的“前燕”、羌人姚苌的“后秦”，是比较重要、比较有影响的政权。匈奴刘氏的政权败后，所余残部逐渐与汉、羌同化，后不复存在。奴隶出身的石勒在掌握政权后，不但对汉族士族尊崇有加，对胡人“重其禁法，不得侮易衣冠华族”[①]。而且安定民心，劝课农桑，禁酒节粮，恢复生产，使石赵王国成为当时版图最大的政权。石勒死后，其养子石虎继位。石虎残暴成性，对汉族人民的统治和压迫益重，终于在他死后酿成了民族仇杀的惨剧。其养孙汉人冉闵得势后曾大杀羯胡，疯狂报复。据说，冉闵曾“班令内外，赵人（汉人）斩一胡首送凤阳门者，文官进位三等，武职悉拜牙门。一日之中，斩首数万”。冉闵还亲自率汉人“诛诸胡羯无贵贱男女少长皆斩之，死者二十余万……于时高鼻多髯至有滥死者半”。[②] 这恐怕是当时汉族与少数民族间最大的一次报复性屠杀。

鲜卑慕容氏对汉族文化的吸收较早，定都大棘城后，就“教以农桑，法制同于上国”，西晋末年，中原大乱，士大夫除南逃外，还有大量流入慕容氏之地。慕容氏“刑政修明，虚怀引纳”，任用大量汉族士人为官，还把公田分给都城附近的流民耕种，“贫者全无资产不能自存，各赐牧牛一头”，以至“路有颂声，礼让兴焉”[③]。

氐族苻氏以关中为基地建立的“前秦”，也是一个汉化程度很高的政

---

① （唐）房玄龄等撰：《晋书》卷 105《石勒载记》（下），中华书局 1974 年版，第 2735 页。

② （唐）房玄龄等撰：《晋书》卷 107《石季龙载记》（下），中华书局 1974 年版，第 2792 页。

③ （唐）房玄龄等撰：《晋书》卷 108《慕容廆载记》（下），中华书局 1974 年版，第 2806 页。

权。苻坚任用汉人王猛，大力接受汉文化，奖励生产，抑制豪强，在中国北方造成了一个短时期的社会安定、人民安居乐业的局面。《晋书·苻坚载记》称："坚以王猛为侍中中书令、京兆尹，……数旬之间，贵戚豪强诛死者二十有余人。于是百僚震肃，豪右屏气，路不拾遗，风化大行。"在"田畴修辟、帑藏充盈"之余，他还留心文化，努力复兴被战乱破坏的中原文明。"自永嘉之乱，庠序无闻。及坚之僭，颇留心儒学。王猛整齐风俗，政理称举，学校渐兴，关陇清晏，百姓丰乐。自长安至于诸州，皆夹道树槐柳，二十里一亭，四十里一驿旅，行者取给于途，工商贸贩于道。"姚苌与王猛的"华夷交融"，使中国西北方的这片土地成了连年战乱中少见的乐土。

不同民族之间文化的交融是双向的。比如，当时也曾有推行让汉人鲜卑化政策的北齐汉人高欢。但即使如此，高欢在内心深处也仍服膺南朝是华夏文化的正统，认为南朝是"正朝礼义之国"①，并评论梁武帝"专事衣冠礼乐，中原士大夫望之，以为正朔所在"②。而无论是血淋淋的民族杀戮，还是乐融融的民族融合，都将在这一时期的文化艺术中留下鲜明的印记。

还有一点值得指出：当时在北方各民族间普遍存在的崇佛之风，也为各民族的融合提供了一个共同的思想基础——佛教。这个本自外来的宗教在儒学沦丧、玄佛兴起的特殊历史环境中，不但填补了意识形态的真空，更以其"众生平等"及戒杀劝善、慈悲为怀的理念及行为方式，为缓和各民族的矛盾、修复被战争摧残的心理创伤，最终达到民族融合提供了一种颇有成效的"解毒散"和"黏合剂"。尤其是当一些原在中原的汉族士大夫提出佛是方国之神，"非诸华所应祀奉"③时，后入中原的少数民族统治者

---

① （唐）道宣:《续高僧传·法显传》，大正新修大藏经版。

② （唐）李百药等撰:《北齐书》卷 24《杜弼传》，中华书局 1974 年版，第 347 页。

③ （唐）房玄龄等撰:《晋书》卷 95《佛图澄传》，中华书局 1974 年版，第 2487 页。

如羯族的石虎则针锋相对地提出“佛是戎神，所应兼奉”的理论，以佛教文化与儒家文化相抗衡。从陇西后凉、大夏、后赵等少数民族政权看，都倾国力建造石窟、修凿佛像。而崇佛的统治者动用国家经济手段修窟造像，不但是中国雕塑艺术得以空前发展的契机和直接动力，使这一时期的佛教雕塑带上了强烈的皇权与国家的色彩，还直接促使了雕塑风格由印度、西域风格向中原风格的转化。假如说北魏文成帝时建成的佛像“颜上足下各有黑子，冥同帝体上下黑子”，用把佛陀和皇帝等同起来的方法充分体现了佛教中国化的程度与速度的话，那么，在艺术上，龙门的“衣宽像秀”已与印度、西域风格完全不同，形成典型的中国雕塑风格了。

## 二、南北分裂与文化风格

### 1.“晋室衣冠”与文化南移

虽然中华文明的源头有多种，但至迟从西周开始，中国的文化经济中心便一直在黄河流域。东汉末年，北方大乱，为了避难，开始了中国历史上一个特殊的人口大迁移时代。从东汉到东晋，这个时间漫长、规模浩大的人口流动的结果，使中原文化南移，最终形成了与中原文化中心既有共性又有个性、平相瞩望的江南文化中心。

其实，自西汉末年开始，北方人口就有南移的态势，中原人口渐少，而同时地处长江流域的荆、扬、益三州却人口逐渐繁茂。[①] 而且，这些南

① （南朝宋）范晔撰：《后汉书》卷 75《刘焉传》：“初南阳三辅民数万户流入益州。”中华书局 1965 年版，第 2433 页。《三国志 · 魏志 · 卫觊传》：“关中膏腴之地，顷遭荒乱，人民流入荆州者十万余家。”《三国志 · 吴志 · 张昭传》：“汉末大乱，徐方士民多避难扬土。”《晋书 · 地理志》：“永嘉之乱，……幽、冀、青、并、兖五州及徐州淮北流人，相率过江淮。”“及胡寇南侵，淮南百姓皆渡江。”类似的记载还有很多。（唐）房玄龄等撰：《晋书》卷 15《地理志》，中华书局 1974 年版，第 452—453 页。

迁的人不仅仅是下层的“流民”，还包括了士、农、工、商各个社会阶层，尤其是包括大量当时的“社会精英”。《后汉书·王粲传》引王粲对曹操的话说：“士之避乱荆州者，皆海内之俊杰也。”[①] 汉族上层人物的南迁，在西晋末年达到顶峰，所谓“晋室南迁”，是中国历史上文化南移的重要事件。《晋书·王导传》说：“洛阳倾覆，中州士女避乱江左者十六七。”可见当时除了洛阳被围时南逃而被石勒围杀的十余万人外，绝大部分幸存的豪族和大官僚都逃到了南方。随他们迁到南方的，还有大量的文化、知识、财富和生产技术。这对开发南方、促成江南文化中心的形成，起到了举足轻重的作用。

晋灭后，经过宋、齐、梁、陈四朝，南方的社会、经济、文化都得到了很大的发展。其中有过一些颇为引人注目的时期。比如所谓的“元嘉之治”时：“氓庶藩息，奉上供徭，歌谣舞蹈，触处成群。盖宋氏之极盛也。”[②] 当然，“元嘉之治”只有 30 年，只能称为动乱中的小康。一直到在位四十九载的梁武帝时，才“梁朝文物，号为最盛”，使南方的文化在伟大的中华文明长河中放射出夺目的光彩。

“江南可采莲，莲叶何田田。”除了江南经济的发展和“偏安”所带来的哪怕很短暂的“安定感”为艺术的发展提供了可能外，江南的自然景物、人文风貌、风俗习惯，熏陶习染，也使南方的文化风格呈现出一派与北方文化风貌在底蕴上紧密相连而在表现上独具特色，各有千秋的面貌来。与塞北的铜驼铁马，大漠长河所孕育的阔大、豪放不同，江南的小桥流水和杏花春雨给中国的艺术带来了更多的空灵、细腻、婉约与明媚。在佛教传入之后，“南朝四百八十寺，多少楼台烟雨中”的气氛，则为佛教艺术的迅

---

① （西晋）陈寿撰：《三国志·魏志·王粲传》，中华书局 1959 年版，第 598 页。

② （南朝梁）沈约撰：《宋书》卷 92《良吏传》，中华书局 1974 年版，第 2261 页。

速发展和传播创造了有利的条件。即使在佛教艺术上，由于南方偏重义理而北方偏重修行，也使南方的佛教艺术与北方不同，从一开始便与南方的人文条件、自然风貌息息相关，密不可分。

江南经济的发展，造成了所谓的“六朝金粉”的奢靡之风，而这种对生活享乐的追求和时尚，又促成了绘画艺术及工艺美术的发展。青瓷在南方的发展与金银工艺的出现，都与南方世族们的需求和风气有关。在南北朝时形成的中国瓷器“南青北白”的布局，充分反映了中国南北文化风格的不同追求。而“秀骨清像”的造像之风，更是南方士大夫阶层生活方式与艺术品位对这一艺术风格造成深刻影响的生动例证。

**2. 北魏孝文帝的“汉化”与北方文化性格的形成**

北方各民族的混战，一方面对中原文化造成了极大的破坏，另一方面也在民族融合的基础上为重新建构中原文化、促成新一轮文化的繁荣涤尘荡秽、廓清基础，创造了某种契机和可能。在北方各民族不同文化的互相吸收、融合、排斥、斗争中，汉文化对其他少数民族文明的同化，是当时文化发展的主流。

北魏孝文帝元宏和他的“汉化”政策，在当时中原文化的重建中，起到了极大的推动作用。拓跋氏是鲜卑人的一支，长期以来，便与汉文化频繁接触。在拓跋珪、拓跋嗣、拓跋焘时，拓跋族已加速从奴隶制向封建制的转化。而北魏孝文帝则因采取了一系列有利于中国北方政治、经济、文化发展的重大举措而成为一代英主。他在经济上推行均田制度，减轻了农民的负担，在一定程度上解放了生产力，促进了北魏的经济发展和社会安定；在政治文化上推行鲜卑族的“全盘汉化”，不但使鲜卑族的文化前进了一大步，而且使以汉族文化为主体的中华民族文化吸收了更多的其他民族的文化，从而更加成熟、更加丰富多彩。

孝文帝的汉化政策有几项重大举措：一是迁都，把政治中心从靠近鲜

北朝武士俑 · 山东省博物馆藏

卑族故地的平城（今山西大同附近）迁往汉文化积淀深厚的古都洛阳。为使大批反对迁都的鲜卑人死心塌地从命，孝文帝凛然下诏："迁洛之民，死葬河南，不得北还。"[①] 二是全面汉化，以法律的手段禁断鲜卑语言、风俗、习惯。483 年诏禁同姓内婚，494 年诏禁士民胡服，495 年诏禁胡语，使用汉语作为官方语言。这一措施的打击力度是相当大的，不但在当时"三十以上，习性已久，容或不可卒革；三十以下见在朝廷之人，语音不听仍旧，若有故为，当降爵黜官"[②]。而且遗风千载，至今在民间口语中，还把说不该说的话，称为"说胡话"。三是改鲜卑姓氏为汉姓，并鼓励胡汉通婚。他自改姓元氏，"其余所改不可胜纪"[③]。这些强制性的举措，极大地推动了鲜卑族的汉化，同时，也积极、主动地向以汉文化为主体的中华文化注进了新的血液，丰富了汉文化的内容。千百年来，在中华民族的大家庭中，鲜卑族已不复存在了。现在，任何人看到元、陆、穆、奚等中国人常见的姓氏时，都不大会想到其祖先可能是一支曾长期纵横中国北方并最终融入了中华民族辽阔大海的狂狷溪流。但是，这场发生在公元 5 世纪的中国北方统治民族"全盘汉化"的运动，却在中国文化艺术史上留下了深刻的影响。

---

① （北齐）魏收撰：《魏书》卷 7《高祖纪下》，中华书局 1974 年版，第 168 页。

② （唐）李延寿撰：《北史》卷 19《咸阳王禧传》，中华书局 1974 年版，第 689 页。

③ （宋）司马光：《资治通鉴》卷 140《齐纪》，四部丛刊景宋刻本，第 1537 页。

麦积山库藏第202号影塑飞天·北魏

北魏迁都洛阳前后，拥护迁都的一些官员们在洛阳附近的伊河岸边的山崖上开凿了龙门石窟，以祝愿北魏“国祚永隆”。据说龙门古阳洞中的主佛，即是孝文帝元宏的“化身佛”。而“汉化”之后的北朝，不但生活中崇尚南朝的服饰，这种风气甚至影响了佛家造像，南朝造像如“褒衣博带”等特征，从此日益在北方的造像艺术中得到推广。

在漫长的北方各民族融合的过程中，北魏孝文帝及其鲜卑族的汉化只不过是一个突出的例子。除鲜卑族外，还有其他一些民族也最终融入了中华民族。这些大部分来自草原大漠的过去的北方游牧民族，在融入汉文化的同时，不仅仅为北方的文化风格增加了更多的阳刚之气，增加了更多的雄浑、粗犷和苍凉，而且也为中原文化增添了许多新的形式和内容。很难说那些与印度和西亚的佛教艺术不同，与江南的佛教雕塑也不同的北方洞窟艺术中，有没有混含了北方游牧民族对崖画的喜爱和传统。也很难说是频繁战争所造成的紧迫感，还是北方少数民族的彪悍之气对“北碑”书法中体现的简练、质朴、苍劲造成了更大的影响。

自古以来，中华文明便是一个有着多个源头、多样风格的庞大综合体，比如在先秦，便有齐文化、楚文化、吴越文化……在南北朝之后直至今天，也长期存在着许多亚文化区，诸如西南、东南等地丰富多彩的地方文化。

但不管怎么说，从魏晋到南北朝，中国的文化从总体上看南北之别更加鲜明，形成了一个以黄河流域文明与长江中下游地区文明并峙的“文化南北朝”时代。

## 第三节　思潮与思想

### 一、儒学的衰落与玄学的勃兴

#### 1.“我生之后汉祚衰”——汉的衰亡与儒学的衰落

儒学的兴衰与汉朝的兴衰是基本同步的。如果说，西汉的“罢黜百家，独尊儒术”曾造成经学的繁荣的话，那么东汉的乱世，则使作为汉王朝官方意识形态的儒学遭到了严重的挑战。儒学，从来是“经世”之学，是“齐家治国”的利器，但当国破家亡的时候，它便难逃“百般无用”之嘲而面临尴尬的境地了。

东汉时儒学的衰落是多方面的，从典藏的失落，到义理的沦丧；从官僚的腐败，到士林的堕落。《后汉书·儒林传·序》谈到董卓挟持汉献帝从洛阳西退时，竟然用汉王朝宫廷档案和国家图书馆的典藏做车子的棚盖！[①]典藏失落的情况令人痛心，而儒学在成为显学尤其是成为利禄之途的门枢之后所产生的弊病，则危害更烈。一些所谓的儒生寻扯獭祭，拿经

---

① （南朝宋）范晔撰：《后汉书·儒林传·序》：“及董卓移都之际，吏民扰乱。自辟雍、东观、兰台、石室、宣明、鸿都诸藏典策文章，竞共剖散。其缣帛图书，大则连为帷盖，小乃制为縢囊。及王允所收而西者，裁七十余乘，道路艰远，复弃其半矣。后长安之乱，一时焚荡，莫不泯尽焉！”中华书局1965年版，第2548页。

文上的五个字，便能扯上两三万言的宏论，严重地脱离社会生活、脱离实际。[①] 这种学风的泛滥，最终造成了穷极必变之势。《三国志·魏志·王肃传》注引《魏略》说："从初平之元，至建安之末，天下分崩，人怀苟且，纲纪既衰，儒道尤甚。……正始中有诏议圜丘，普延学士。是时郎官及司徒领吏二万余人。虽复分布，现在京师者尚且万人，而应书与议者略无几人。又是时朝堂公卿以下四百余人，其能操笔者未有十人。"传统的儒学不但不能担负社会道义的重担，甚至连向社会正常输送管理人员的职责也担负不起了！

似乎可以这样说，没有中央政权的衰落与儒学的衰落，便没有玄学的兴起。而正始中玄学的兴起，的确与曹氏父子有关。曹操唯才是举，不计品行的用人纲领，无疑对以儒家伦理为标榜的"察举""征辟"制度以及社会风气造成了极大的冲击。建安十五年（210），曹操振聋发聩，下诏求贤。他以非凡的气魄推倒了自古使然的道德观念，高扬实用主义的大旗，大声疾呼："若必廉士而后可用，则齐桓其何以霸世！今天下得无有被褐怀玉而钓于渭滨者乎？又得无盗嫂受金而未遇无知者乎？二三子其佐我明扬仄陋，唯才是举，吾得而用之。"[②] 他还屡举陈平、苏秦、韩信、吴起为例，以这些"负污辱之名、见笑之行，或不仁不孝而有治国用兵之术"的人得以治国平天下的事实，说明"有行之士，未必能进取；进取之士，未必能有行"的道理。时至今日，我们重读曹孟德在建安年间的三次求贤诏，仍不免被其离经叛道、通脱大胆的思想所折服，不难想象当年那些渴望建功立业的青年人读到"吴起贪将，杀妻自信、散金求官、母死不归，然在魏，

---

① （汉）班固撰：《汉书》卷 30，"后世经传既已乖离，博学者又不思多闻阙疑之义，而务碎义逃难，便辞巧说，破坏形体。说五字之文，至于二三万言……此学者之大患也"。中华书局 1962 年版，第 1723 页。

② （晋）陈寿撰：《三国志·魏书·武帝纪》，中华书局 1959 年版，第 32 页。

秦不敢东乡；在楚，三晋不敢南谋”的话，会如何热血沸腾！

既然儒家的伦理、道德已经在社会实践中一败涂地了，那么士人们为什么要用儒家的观念来束缚自己？既然连有着“三大罪状”——“杀妻自信、散金求官、母死不归”的吴起都成了社会的榜样，那么，不谈玄说易，还能谈些什么呢？

**2. 玄学与清谈的兴起**

关于魏晋思想的发展，汤用彤曾将其分为四个时期：（一）正始时期，在理论上多以周易、老子为根据，以何晏、王弼为代表；（二）元康时期，在思想上多受庄子的影响，以彻底反对“名教”的“激烈派”思想为主流，代表人物可推阮籍、嵇康；（三）永嘉时期，“新庄学”流行，以向秀、郭象为代表；（四）东晋时期，也可称为“佛学时期”，佛学与玄学合流或代替了玄学。[①]

玄学的内容，主要是老、庄和易，也就是所谓“三玄”。人们一谈起玄学，常常联系到被反对者称为“误国”之源的清谈。其实，清谈不仅仅是乱世中知识分子保全性命的手段和士人们影响政治的工具，更重要的是，清谈之风为知识分子们进行抽象思维和纯理论探讨提供了一个必要的社会氛围。而正是在这样一种氛围中，纯文学、纯艺术以及纯美学的理论著作才有可能产生。

东汉时，政治腐败，宦官专权，这些宦官们势焰熏天，“举动回山海，呼吸变霜露。阿旨曲求，则光宠三族；直情忤意，则参夷五宗”[②]。一部分知识分子曾激烈反对宦官政治，要求改良。在随之而来的“党锢之祸”中，一大批士人惨遭杀戮。在政治的高压下，大部分知识分子不得不放弃行动，

---

① 汤用彤：《魏晋玄学论稿》，中华书局 1962 年版，第 131 页。

② （南朝宋）范晔撰：《后汉书》卷 78《宦者列传》，中华书局 1965 年版，第 2510 页。

转向清谈。他们希望如仲长统在《昌言》中所说的那样，能够“逍遥一世之上，睥睨天地之间。不受当世之责，永保性命之期”。在当时的黑暗政治下，保存生命成了首要的事情。他们不再直接批评政治，而是臧否人物，互相标榜，制造舆论。当然，“臧否”是带着极强的个人好恶和主观色彩的。正如朱穆在《崇厚论》中所说：“时俗或异，风化不敦，而尚相诽谤，谓之臧否。记短则兼折其长，贬恶则并伐其善。”[①] 因为夸夸其谈和随便臧否人物所带来的有时甚至是杀身之祸，使清谈家们不得不有所收敛。魏晋时，清谈的内容逐渐转向，从是非臧否，到“发言玄远，口不臧否人物”。《晋书·王衍传》中称正始名士“何晏、王弼等祖述老庄，立论以为天地万物皆以无为为本”。此时的清谈家们，还是高谈老庄而未尽废儒，亦多以有为来释无为的。到了元康时期，儒家的理论和行为方式遭到了彻底的批评和嘲弄。阮籍、嵇康等人的“非汤武而薄周孔”，以“竹林七贤”为代表的隐逸之风和非儒化的生活方式，以极大的魅力倾动朝野，造成了千载难逢的个性张扬和艺术独立的社会氛围。

对清谈玄学，当时便有一些人激烈反对。葛洪在他的《抱朴子》中，针对清谈家们的言行，专辟《正郭》《弹祢》《诘鲍》等篇，对郭林宗、祢衡、鲍敬言等人进行了“匡正”“弹劾”“攻诘”。他称清谈的先行者郭林宗等人“盖欲立朝，则世已大乱，欲潜伏，则闷而不堪，或跃，则畏祸害，确尔，则非所安，彰偟不定，载肥载臞。而世人逐其华而莫研其实，玩其形而不究其神”[②]。他认为这些清谈家们“出不能安上治民，移风易俗；入不能挥毫属笔，祖述六艺”，都是些华而不实、“金玉其外，败絮其中”的人。

---

① （南朝宋）范晔撰：《后汉书》卷 43《朱乐何列传》，中华书局 1965 年版，第 1465 页。

② （晋）葛洪著，杨明照校笺：《抱朴子外篇校笺》，中华书局 1997 年版，第 455 页。

但是，清谈与玄学毕竟深刻地影响了一代知识分子和艺术家，影响了当时的社会风气。鲁迅曾对魏晋风度与当时的社会状况、政治斗争、文化思潮的关系做过精辟的分析，指出由汉末魏初曹氏父子的“清峻、通脱、华丽、壮大”到晋代阮、嵇的“狂放、高逸、旷达”，再到晋末“田园诗人”的“平和、自然”，都是与其社会状况、生活风尚息息相关的。不要说魏晋文人饮酒服药的生活方式直接促成了“褒衣博带”的服装时尚甚至促成了工艺美术中茶具的出现；也不要说魏晋文人对自然的热爱及对人与自然关系的体悟引发了山水画与古琴艺术的滥觞；假如仅仅从思想史与美学的角度来观察这段历史的话，人们也不能不得出这样的结论：儒学衰落所造成的思想真空，玄学兴盛所造成的浪漫气氛，乱世中对道德的普遍忽视和对才能及人格魅力的推崇，极大地推动了文学艺术的发展，为艺术的独立创造了难得的环境和条件。

3. 文艺理论的蓬勃发展

魏晋时，由于思想的解放和艺术的发展，各门类艺术的理论探索也登上了一座座巍峨的高峰。首先，是纯文艺理论的出现。在此之前，中国的文学艺术虽然有极高的成就，但专门的文艺理论却在此时才形成第一个高潮。《文心雕龙·序志篇》说：“详观近代之论文者多矣。至如魏文述典，陈思序书，应玚《文论》、陆机《文赋》、仲洽《流别》、弘范《翰林》，各照隅隙，鲜观衢路。”这些各具特色的文艺理论的出现，为改变以往“文以载道”的单一旧说，把艺术标准作为品藻文艺的第一标准及各门类艺术理论的出现扫平了道路。

在美术方面，可以说中国传统美术理论中所有重要的基础理论都在此时得到确立。“六法”“笔阵”“书韵”“神采”“悦情”等美学原则均已被提出并得到体证。顾恺之在其《画论》《魏晋胜流画赞》等著作中，旗帜鲜明地提出了“以形写神”和“迁想妙得”的伟大美学命题，要求艺术家通过对“形”的把握来达到对“神”的阐扬。在顾恺之的理论中，“形”似只是手段，“神”似才是最终的目的。在要求画家在“传神写照”、着重表现对象的精神风貌和个性特征的同时，还要求画家能够“迁想”，把画家的思想“迁”入对象之中，得以深切体会对象的思想情感，然后再将画家已“化”为自己的感受通过形象表现出来。而谢赫《古画品录》则在总结前人经验的基础上提出了绘画“六法”，使中国画论在系统化、理论化方面前进了一大步。谢赫在“气韵生动”“骨法用笔”“应物象形”“随类赋彩”“经营位置”“传移模写”这“六法”之中，将“气韵生动”放在第一位，为中国传统美学提出了一个重要的美学命题。同时，“六法”也第一次以系统的绘画理论原则品评画家的创作，对后世的美术评论产生了重大影响。

书法理论在此时亦多发展，自东汉蔡邕提出“书者散也，欲书先散怀抱，任情恣性”，把书法艺术作为表现自我的手段以来，书法理论更多地强调通过字形和“书”的过程来体现“意”和“势”。卫夫人强调“通灵感物”，以形象化的语言图解笔势。而王羲之则第一个在书法领域中提出以“意”评书的法则，强调书法中“言所不尽”之处，鼓励书家能“得其妙者”。而王僧虔则明确提出“书之妙道，神采为上，形质次之”的观点，与同一时代绘画艺术“以形写神”“气韵生动”的观点相呼应。

音乐理论在此时出现了惊世骇俗、影响深远的美学名著《声无哀乐论》。嵇康在这篇“越名教而任自然”的音乐美学论著中，以问答驳辩的方式，提出了一系列与音乐本体有关的重大问题，涉及音乐的本质、功能、审美感受等，其中最重要的，是高举“声无哀乐”的大旗，提出“心之与声，明为二物”的论点，认为音乐就是音乐，不但不能负载道德，甚至不能表现哀乐。他这种强调音乐本体的理论，是对长期居于官方意识形态地位的儒家音乐思想的强烈冲击。他当时的犀利目光与惊世骇俗的理论，与西方 19 世纪著名音乐美学家汉斯力克认为音乐只是运动着的乐音的观点惊人地相似，但比这本让西方理论界至今议论不休的《论音乐的美》要早问世约 1700 年。

## 二、佛教、道教对文化艺术的影响

### 1. 白马东来——佛教的传入

佛教传入中国是亚洲文明史上的一个重大事件，它不但标志着东半球两个独自发展的最古老、最伟大文明的相遇，也是自认为处于“中央”地位并产生了孔子、孟子、老子、庄子等伟大思想家的华夏民族对外来思想的第一次大规模的包容与接受。从那时起直到现在，在两千多年的时间里，“中央之国”受到外来思想大规模的全面冲击只有两次，一次是“鸦片战争”之后的西方思想（从民主科学的思潮、马克思主义，到形形色色的资本主义思想体系）的传入，一次便是纪元前后佛教的传入。当然，这两次外来思想的传入在中国历史上所起到的作用及作用的方式有很大的差别，但是这两次外来思想传入的规模及其对中国历史进程的影响所达到的深度、广度和强度，却是其他任何时期都没有过的。

这两次外来思想的大规模传入并迅速在中国普及、扎根、发展，都是在“中央之国”遇到麻烦和重大危机的时候。社会现象与物理现象一样，密度大的结构会自然扩散到密度小的结构中去。但与近代西方思想裹胁着兵舰、大炮并以“强势文化”咄咄逼人的态度进入中国不同，佛教的传入中国，是和平、善意、礼貌的。由于佛教传入中国的路线、地区和传入地的民族、文化、历史的不同，中国佛教分为汉语系佛教（又称汉地佛教、汉传佛教）、藏语系佛教（又称藏传佛教，与汉传佛教共称北传佛教）和云南地区巴利语系佛教（旧称小乘佛教、上座部佛教，属南传佛教）。

河南洛阳白马寺

佛教传入中国的时间历史上有多种不同的说法，[1]但最为普遍的是汉明帝永平十年（67）说。据说汉明帝于永平七年夜梦金人，明旦问于群臣，太史傅毅说：西方有神，其名为佛。陛下所梦即是佛。明帝即派中郎将蔡愔等人去西域访求佛道。永平十年（67），蔡愔等人于大月氏国得遇迦叶摩腾、竺法兰二僧，遂以“白马驮经”，偕佛像、经卷共赴洛阳，明帝即敕建精舍供其驻锡，这便是中国的第一所寺院白马寺。至此，东土“三宝俱足”，可视为佛教正式传入中国了。

佛教传入中国有多种途径，但主要分南北两条，北边是众所周知的“丝绸之路”，即从天竺到西域，再到中原。还有一条同样重要的路线，即中国南方的海路。在千百年的时间里，佛教的弘法者与求法者前赴后继、络绎不绝，涉大漠、渡流沙、漂洋过海，置生死于度外，将佛教传布到全中国、全亚洲。佛教在传入中国后，不但全面影响了中国传统文化，自身也有了许多变化并得到了很大发展。

从东汉末年开始一直到南北朝，中国经历了四百年左右剧烈的动荡和战乱，三国时“出门无所见，白骨蔽平原”的触目情景对人们心灵的震撼和打击，“五胡乱华”所带来的民族灭绝与民族的大迁移、大混融，“晋室

① 印度佛典有阿育王时代（？—前232），佛教第三次集结后，曾派大德摩诃勒弃多至汉地弘法之事。中国典籍则众说纷纭，有孔子已闻佛说，有秦始皇时“十八贤者”来化始皇说，有西汉哀帝元寿元年（前2）“博士弟子景卢受大月氏王使伊存口授浮屠经”之说，等等。

南渡”所造成的文化传承的失落与重构，儒家思想及传统礼教在丑恶现实面前的无奈与衰败，从狂傲放诞的“魏晋风度”背后所透露出的对人生的失望与社会的颓靡之风，都造成了一个巨大的思想真空、信仰真空，都呼唤着一种能透彻地认识人生、解决人生的种种困惑，尤其是能透彻地指出“有生皆苦”的原因与“离苦”的方法的思想体系。于是，佛教的传入不但是“及时雨”，它的迅速传播和普及，便也是不难理解的了。

在这一时期的中国，佛教迅猛发展的势头是后人难以想象的。几乎在一夜之间，佛教便传遍了大江南北。以支谦、康僧会为代表的一批译经家们在三国时便译出了大量大、小乘经典，仅支谦一人便译出了经、律共 88 部 118 卷，包括《大阿弥陀经》《维摩经》等；西晋的竺法护译出了《正法华经》等 154 部 309 卷，广涉般若、法华、净土等大乘经典。至鸠摩罗什，中国的佛经翻译达到了一个新的高度。这位伟大的翻译家在长安十余年，共译出般若系经典及龙树、提婆等论著共 74 部 384 卷。与此同时，东晋的道安（314—385）、慧远（334—416）等一批中国高僧为开创中国化佛教的理论体系、组织制度、僧尼规范多有建树。“南朝四百八十寺，多少楼台烟雨中”，梁武帝时，佛教已成为中国半壁江山的“准国教”，有寺 2846 所，僧尼 82700 余人；仅建康一地，就有大寺 700 余所，僧尼万人。北朝佛教尤盛，北魏末，流通佛经 415 部，1919 卷，有寺院 3 万余座，僧尼竟达 200 余万人。北齐僧官辖下有僧尼 400 余万人。[①] 北魏文成帝在大同开凿了云冈石窟，孝文帝在洛阳开凿了龙门石窟，都成为彪炳千古的佛教艺术瑰宝。在北朝发生的两次“灭法”事件（北魏太武帝和北周武帝），也恰恰从反面证明了北朝佛教的繁盛已对当时的政权造成了极大的威胁。

---

① 此段文字中所引数字均出自赵朴初为《中国大百科全书 · 宗教卷》所撰“中国佛教”条，中国大百科全书出版社 1988 年版，第 527—530 页。

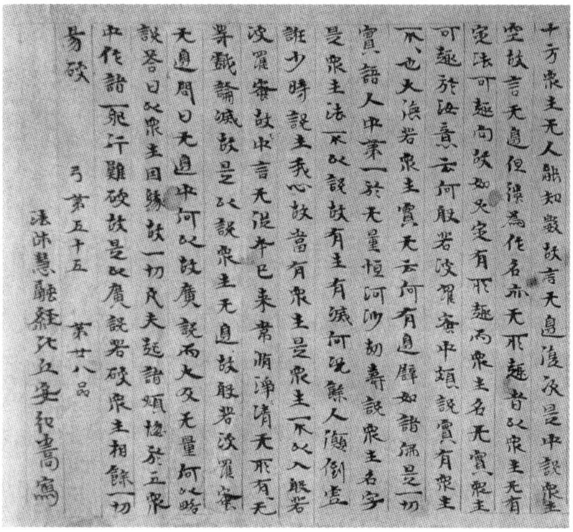
南朝写经残卷（部分）·南朝·安弘嵩·故宫博物院藏

而且，在每一次“灭法”之后，被打击的佛教都要以惊人的速度“反弹”，造成佛教新一轮的发展高潮。

2. 道教的产生及发展

道教，是中国土生土长的宗教。其渊源可以推溯至远古的巫术和秦汉时的神仙方术，但一般学者则把黄老道视为早期道教的前身。战国时的黄老学派至西汉时始盛，但它仅仅是一种政治、哲学流派而不是宗教。东汉初年，楚王英“更喜黄老学，为浮屠斋戒祭祀”[①]，“延熹（158—167）中，桓帝事黄老道，悉毁诸房祀”[②]并在宫中立黄老、浮屠祀，祭祀老子，可视为黄老教之始。但是，道教的真正建立与发展，还是在东汉时期。东汉自顺帝（126—144 在位）之后，政治腐败，民不聊生。用仲长统在《昌言》中的话说，是“农桑失所，兆民呼嗟于昊天，贫穷转死于沟壑”，流民遍野，饿殍满路，其时，沛国（今江苏丰县）人张陵于四川鹤鸣山（一作鹄鸣山，在今四川大邑境内）创教授徒，许许多多在生活中备受煎熬的下层民众纷纷入道。该道奉老子为教主，尊老子为“太上老君”，以《老子》为主要经典。因入道者须出五斗米，故称“五斗米道”。又因为张陵自称“张天师”，所以又称“天师道”。初期，五斗米道多分布在四川境内。东汉末，张陵之孙张鲁在

① （南朝宋）范晔撰：《后汉书》卷 42《楚王英传》，中华书局 1965 年版，第 1428 页。
② （南朝宋）范晔撰：《后汉书》卷 76《王涣传》，中华书局 1965 年版，第 2470 页。

汉中建立政教合一的政权近三十年，于建安二十年（215）归降曹操。

道教的另一重要早期教派是太平道，该道因信奉《太平经》，故称太平道。在东汉末年席卷全国的农民起义中，一些农民起义领袖以宗教作为号召，凝聚徒众，伺机起事，张角便是其中突出的例子。张角是巨鹿（今河北平乡西南）人，“初，巨鹿张角自称大贤良师，奉事黄老道，蓄养弟子，跪拜首过。符水咒说以疗病，病者颇愈，百姓信向之。角因遣弟子八人使于四方，以善道教化天下……十余年间，众徒数十万，连结郡国，自青、徐、幽、冀、荆、扬、兖、豫八州之人无不毕应”[①]。张角分信徒为三十六方，各方均为宗教、军事合一的组织，于汉灵帝中平元年（184）起义，口号为“苍天当死，黄天当立，岁在甲子，天下大吉”。因起义者以头戴黄巾为标志，故称“黄巾军”。黄巾军被镇压失败后，一部分归顺曹操，成为曹氏著名的“青州军”。但太平道仍在民间长期秘密流传。

由于早期的道教大多流行于社会下层，又与战乱和农民起义密不可分，所以，从开始便在形式上比较粗糙。东晋末，葛洪著《抱朴子》内篇，整理并阐述战国以来的神仙方术，丰富了道教的精神内容。而道教的外部形态如组织形式、仪轨、课诵等，则受到佛教的许多影响。在道教的发展过程中，北魏的寇谦之和刘宋的陆修静是使道教外部形态逐渐完备的关键人物。神瑞二年（415），嵩山道士寇谦之托言太上老君授予“天师”之位，并赐以《云中音诵新科之诫》21卷，改革天师道，仿照佛教梵呗，制定乐章诵戒新法，为道教的仪轨制度奠定了基础。50年后，在南方，道士陆修静参照儒家礼法，整理甄别道教经典仪范，除集“三洞经”一千余卷，奠定了“道藏”的基础外，还编撰斋戒仪范一百余卷，初步制定了道教仪式与道教音乐的使用规范。他还曾制《升元步虚词》《灵宝步虚词》《步虚洞

① （南朝宋）范晔撰：《后汉书》卷71《皇甫嵩传》，中华书局1965年版，第2299页。

章》各一卷，对后世道教斋醮仪式和道教音乐影响甚大。

3. 佛教、道教对中国文化的贡献

佛教与道教对中国文化的影响是深远而巨大的。比如佛经的语言已广泛地深入汉语之中，以至成为每一个中国人日常口语中频繁地使用着的语言而毫不知其出处：小学生要做“功课”，研究生要随“导师”，谈恋爱时“心心相印”，吵嘴时“话不投机”，以至现代人常挂口边的“新名词”：世界、智慧、微妙、实际、相对、绝对、解脱、默契、如实、头头是道、不可思议等，都来自佛教语汇。同样，一些来自道经的语汇和成语也一直被广泛使用，如“清净”“无为”“物极必反”等。在文化艺术领域中，佛、道教的影响也如在汉语中的影响一样，是深远、广泛，有时甚至是不露痕迹的。

佛、道教对中国文化的影响有两种方式，一种是“有形的”影响，一种是“无形的”影响。前者如闻名于世的我国十大石窟艺术，其中敦煌、云冈、龙门、麦积山的壁画、雕塑，堪称世界艺术的瑰宝，也大都在魏晋南北朝时期开始兴建。我国现存古代建筑，多为宗教寺观。其中佛教寺塔

河南洛阳龙门石窟

如嵩山嵩岳寺砖塔、应县大木塔、五台山南禅寺、佛光寺等，均是研究我国古代建筑的珍贵实物。而乐山大佛、雍和宫大佛、扎什伦布寺大佛更是雕塑史上的奇迹。同时，中国佛教中的“四大名山”、道教中的“五岳”等与自然崇拜紧密相连的宗教文化现象，则不但在中国影响深远，甚至在东南亚及整个“儒家文化圈”中也存在着广泛影响。

其他有形的影响也很多，诸如“曹衣出水，吴带当风”的画法，脱胎于印度、西亚的雕塑式样，大量翻译佛典所带来的“副产品”——守温在梵语启发下所创造的三十六字母，支谦、康僧会、尸黎密多罗、寇谦之、陆修静等人的梵呗、步虚，等等。无不是我国宝贵的文化遗产，无不凝结着佛、道教信徒们创造性的劳动。

而“无形”的影响也很多，也更应引起人们的重视。在文学、音乐与绘画方面，佛、道教的影响是巨大的。许多文学史家指出，北凉昙无谶译、马鸣著《佛所行赞》，是中国长篇叙事诗的典范，而情节性极强的《法华经》《维摩诘所说经》以及鲁迅曾集资刊印的古印度僧伽斯那著《百喻经》（南朝齐求那毗地译），则为晋唐小说的繁荣开启了思路。作为哲学思想及方法论的佛教，在更深的层次上影响着历代中国的艺术家们，尤其是般若学与禅学，几乎以一种不可抵御的魅力吸引着中国封建社会从盛期到末期的大部分知识分子和艺术家。所以，王安石有所谓“成周三代之际，圣人多出儒中；两汉以下，圣人多生佛中”[①]的概括。直接建立在先秦道家思想基础上的道教，被其奉为“道德经”的《老子》、奉为“南华经”的《庄子》，对世世代代中国知识分子和艺术家始终保持着无尽的魅力，尤其是《庄子》中汪洋恣肆、纵横捭阖、充满瑰丽幻象的神奇艺术想象，对魏晋艺

① （北宋）惠洪:《冷斋夜话》卷 10,《宋史 · 艺文志》著录于子类小说家类,《四库全书》收于子部杂家类。

甘肃炳灵寺169窟禅定图与说法图·西秦

术家的创作与生活产生了巨大的影响。

与道家的崇尚自然类似，佛家则进一步认为“青青翠竹，尽是法身；郁郁黄花，无非般若”，认为“道无不在”，一草一木，一山一水之中，都深蕴着至高无上的真理。中国的诗人、画家、音乐家们，不但早就发现了人与自然的和谐是超出一切功利的、最可宝贵的追求，而且从汉魏六朝之后，更发现了自然中的“佛性”。学者们对魏晋文学从玄言诗到山水诗的转变多有论述，充分肯定了在这一变化中作为佛教徒的诗人如谢灵运等人“始作俑者”的地位，并一致认为是佛教的思想使中国文学艺术改变了其与大自然的关系。王瑶称：“中国诗从三百篇到太康永嘉，写景的成分那样少，地理的原因不能说不是一个重要的因素。而《楚辞》诗篇之所以华美，沅澧江水与芳洲杜若的背景，也不能不说有很大的帮助。永嘉乱后，名士南渡，美丽的自然环境和他们追求自然的心境结合起来，于是山水美的发现便成了东晋这个时代对于中国艺术和文学的绝大贡献。”[①] 此说不谬。但除了地理的环境外，社会风气的变化似乎也是同样重要的原因。刘勰说：“文变染乎世情，兴废系于时序”，认为艺术风气的流变源于“世情”与“时序”的流变。他在《文心雕

① 王瑶:《玄言 · 山水 · 田园——论东晋诗》，载《中古文学史论》，北京大学出版社1986年版，第250页。

龙·明诗篇》中还进一步概括道："宋初文咏，体有因革。庄老告退，而山水方滋；俪采百字之偶，争价一句之奇，情必极貌以写物，辞必穷力而追新，此近世之所竞也。"

时逮东晋，"庄老告退"，新进的佛教逐渐渗透到玄学的领地，甚至取代了庄老的地位，使士林之风渐变。晋人张君祖有《答康僧渊》诗云："冲心超远寄，浪怀邈独往。众妙常所希，维摩余独赏。"突出反映了其时中国的文人士大夫对佛教，尤其是对维摩诘的欣赏之情。佛教的流行最终促成了社会风气从崇尚清谈到寄情山水的转变，于是，山水诗、山水画与表现大自然的音乐便蔚然成风。这种世风的转变，是"魏晋天下多故，名士少有全者"的必然结果。因为要"逍遥一世之上，睥睨天地之间。不受当世之责，永保性命之期"，所以就只有"踌躇畦苑，游戏平林，濯清水，追凉风，钓游鲤，弋高鸿，讽于舞雩之下，咏归高堂之上"[①]。魏晋之后，不但民间音乐中一些表现自然情趣的乐曲被文人们反复吟咏，如《江南可采莲》《青青河畔草》等民歌被诗人们不断地填词、拟作，在文人音乐的代表古琴音乐中，更充满了山林之气。当时有一个似乎很有趣的现象：凡是热爱山水的士人，几乎无不同时喜爱音乐。音乐与山水，成了当时知识分子心灵的避风港和最后的归宿。

早期道教分为符箓派和丹鼎派。符箓派所画之"符"起源于古老的"云书"，是一种特殊的书法，其如云如龙之状，能给人丰富的想象和灵感。道教科仪中的美术制品很多，而道教的神仙故事，更是中国民间美术创造取之不尽、用之不竭的题材。斋醮科仪中常见的道教舞蹈——"禹步""步罡踏斗"、舞剑、舞灯、舞铙钹等，都对中国民间舞蹈有着深刻的影响。而丹鼎派道士们在修行炼丹过程中所得到的神秘体验和副产品——化学发现

① （南朝宋）范晔撰：《后汉书》卷 49《仲长统传》，中华书局 1965 年版，第 1644 页。

与工业提纯技术，则大到对中国艺术哲学，小到对中国画的颜料制造，都产生过重大影响。有些学者指出，正是西晋时盛行的炼丹术，对青瓷胎、釉的配比及化学变化规律的认识产生了直接、有力的影响，同时，也对造瓷过程中非常关键的技术——火候的掌握，起到了非常明显的推动作用。

## 第四节 艺术特色及其对后世的影响

### 一、个性的张扬与艺术的独立

#### 1. 叛逆与创造——“文人无行”与创造力的解放

“文人无行”，似乎以魏晋时人为最。葛洪在《抱朴子》中曾激烈地攻击当时文人狂傲放诞、不拘小节甚至弃灭人伦的种种“丑行”，并详细描写了当时文人们的言行。他说这些人“蓬发乱鬓，横挟不带，或亵衣以接人，或裸袒而箕踞。朋友之集，类味之游……宾则入门而呼奴，主则望客而唤狗……终日无及义之言，彻夜无箴规之益。诬引老庄，贵于率任，大行不顾细礼，至人不拘检括。啸傲纵逸，谓之体道”[①]。这些人不但不遵守一切社会道德和社会规范，而且不致力于经世之学，蔑视一切于社会、人生有益的真本领，对古代典籍、自然科学、社会现实、政治制度、历史人生都不但一无所知，甚至还以不知为荣。[②]

---

① （晋）葛洪著，杨明照校笺:《抱朴子外篇校笺（上）· 疾谬》，中华书局 1997 年版，第 631—632 页。

② 同 ①。“若问以《坟》《索》之微言、鬼神之情状、万物之变化、殊方之奇怪、朝廷宗庙之大礼、郊祀禘祫之仪品、三正四始之原本、阴阳律历之道度、军国社稷之典式、古今因革之异同、则悦悸自失，喑呜俯仰。……强张大谈，曰:‘杂碎故事，盖是穷巷诸生、章句之士，吟咏而向枯简，匍匐以守黄卷者所宜识，不足以问吾徒也。’”

如果我们不了解当时的时代背景和社会状况，不了解当时士人们的社会处境和心理活动，肯定会对抱朴子所描写的这些人产生反感。仅从表面上看，这些人的奇言怪行在任何一个文明社会都不会被社会主流所接受。你看，他们“或乱项科头，或裸袒蹲夷；或濯脚于稠众，或溲便于人前；或停客而独食，或行酒而止所亲”[①]。一切的文明，一切的礼仪，他们都弃之不顾。与其说他们的行为酷似20世纪西方世界的“颓废派”艺术家与“嬉皮士”，不如说是共同的心理基础——对社会现实的强烈不满引发了两者类似的行为方式；与其说中国中古时期的文人与西方现代艺术家们在精神上有着惊人的相似性，不如说在人类历史中的某些阶段——旧的意识形态与社会结构全面崩溃时知识分子的反应有着某种相同性或类似性。从东汉的宦官专制、董卓之乱，到魏晋之时司马氏的黑暗统治，以及儒学的没落与玄学的勃兴，实际上是造成魏晋名士“文人无行”的直接原因。鲁迅在谈及魏晋风度时讲过一段颇谙人心的话，他说：“魏晋时代，崇奉礼教的看来似乎很不错，而实在是毁坏礼教，不信礼教的。表面上毁坏礼教者，实则倒是承认礼教，太相信礼教。……如曹操杀孔融，司马昭杀嵇康，都是因为他们和不孝有关，但实在曹操司马昭何尝不是著名的孝子，不过是将这个名义，加罪于反对自己的人罢了。于是老实人以为如此利用，亵渎了礼教，不平之极，无计可施，激而变成不谈礼教，不信礼教，甚至反对礼教。——但其实不过是态度，至于他们的本心，恐怕倒是相信礼教，当作宝贝，比曹操司马昭们要迂执得多。”[②]

魏晋时代知识分子与艺术家们这种心理上的压抑与非常态的释放，直接造成了两种后果，对他们自己，是个人人生的悲剧，所谓“魏晋多故，

① （晋）葛洪著，杨明照校笺：《抱朴子外篇校笺（下）· 刺骄》，中华书局1997年版，第29页。

② 鲁迅：《魏晋风度及文章与药及酒之关系》，载《鲁迅全集》第3辑，人民文学出版社1982年版，第513页。

名士少有全者”；对艺术，却是一大幸事，因为个性的张扬是艺术创造的必需条件，而制度化的社会则必定要在某种程度上限制乃至束缚艺术个性的充分发展。从另一方面说，魏晋时知识分子的所谓种种“无行”之行，不但是对社会压迫的一种反抗，而且是时代自由的一种表现。这是一个什么样的时代啊——什么“汤武周孔”，什么“名教”，什么“礼仪”，统统可以抛到门外。你想拒绝上司的要求而又留有一点回旋的余地吗？你可以干脆大醉不醒六十天，或者和群猪共饮于槽；你想让你不喜欢的客人知道你对他的真实态度而知趣告辞吗？你可以赤身裸体地走进你的客厅并宣称这屋宇便是你的内裤。[①] 更重要的是，你的这些放纵和怪诞之行，不但不会受到谴责，反而会被士林赞誉甚至因此而“浪得虚名”。对于历史上的中国人来说，恐怕自三代以降，没有一个文明社会曾给予个人享有过这么多的自由。

此时此刻，一个艺术上千载难逢的机会出现了：频繁的朝代更迭使所有的政权几乎都来不及把对文化的控制纳入轨道，而同时，一直并称“礼乐”但实际上把“乐”作为“礼”的附庸的儒学已无可挽回地衰落到被人嘲弄的地步，社会上流行、推崇的是“傲俗自放”，是“通达”，是“率任”，是“大行不顾细礼，至人不拘检括”。一时间，不但才华横溢的艺术家们把自己的才情和抑郁在琴、棋、书、画与诗、酒、药中尽情地发泄了出来，就连一般的士人，也效其皮毛，蔚然成风。《抱朴子》中称当时“士人闻戴叔鸾、阮嗣宗傲俗自放，见谓大度，而不量其材力，非傲生之匹，而慕学之”。[②] 当然，东施效颦本于艺术发展无补，但“群而效之”的社会效应却不能小视。一个崇尚个性、充分自由的社会氛围无论如何会极大地

---

① 鲁迅:《魏晋风度及文章与药及酒之关系》，载《鲁迅全集》第 3 辑，人民文学出版社 1982 年版，第 513 页。

② （晋）葛洪著，杨明照校笺:《抱朴子外篇校笺（下）· 刺骄》，中华书局 1997 年版，第 29 页。

促进艺术的最终进步。刘勰说："嵇康师心以遣论，阮籍使气以命诗。"①以阮、嵇为代表的魏晋艺术家们正是在这种大背景、大环境中开始了他们"师心""使气"的艺术活动。

**2. 品藻人物与品味艺术**

人是艺术的主体，艺术是人的创造。魏晋时文艺批评的兴起，实起源于对人物的批评。东汉之时，由于朝廷用人实行的是"察举""征辟"制度，地方官员有向朝廷举荐人才的责任，曹操便是20岁即被举为"孝廉"而登上政治舞台的。因此，在社会上有一定的知名度和一定的"声望"，便是仕途顺畅的首要条件，被"公论"为"上品"，则可以立致富贵。在这种情况下，对人物识鉴即"观人"的理论，便成了显学。从刘劭著名的《人物志》，到"才性同异"论及言意之辩，都是当时社会上推崇人伦鉴赏而士林中对一个人的评价可以左右此人命运的社会风气的结果。但随着时代的发展，对人的识鉴品藻渐渐脱离了政治，而仅仅成为一种时尚，一种舆论。时"逮桓灵之间，主荒政谬，国命委于阉寺，士子羞与为伍。故匹夫抗愤，处士横议，遂乃激扬名声，互相题拂，品核公卿，裁量执政，婞直之风，于斯行矣"②。此时的"题目"人物与清议之风，已带有很浓的非主流甚至"持不同政见"的味道了。

从魏晋时品藻人物的角度与着眼点来看，当时最被人看重的，是一个人透过其外貌而体现出的精神特质，即所谓的"风度""风骨"。当时的品鉴者常常用自然景物来"题目"一个人的"风姿"仪表，翻开一部《世说新语》，触目可见类似的语言：

① （南朝梁）刘勰著，王运熙、周锋译注：《文心雕龙译注》，上海古籍出版社1998年版。

② （南朝宋）范晔撰：《后汉书》卷67《党锢列传》，中华书局1965年版，第2185页。

郭林宗曰："叔度汪汪如万顷之陂，澄之不清，扰之不浊，其器深广，难测量也。"[①]

世目李元礼"谡谡然如劲松下风"[②]。

魏明帝使后弟毛曾与夏侯玄共坐，时人谓："蒹葭倚玉树。"[③]

时人目夏侯太初朗朗如日月之入怀，李安国颓唐如玉山之将崩。[④]

山公目嵇康曰："嵇叔夜之为人也，岩岩若孤松独立；其醉也，傀俄若玉山之将崩。"[⑤]

有人叹王恭形貌者云："濯濯如春月柳。"[⑥]

…………

似乎可以这样说，纵观中国历史，没有一个时代像魏晋这样注重人的品貌，也没有一个时代像魏晋这样明目张胆地推崇人的美丽和自由。这种对一个人外貌和气度的看重，不但影响了当时的社会风气，造成了魏晋士人饮酒、服药之风[⑦]，也左右了当时的审美判断，促进了文论、艺术评论的发达。

从品鉴人物，过渡到品鉴文艺，是顺理成章、自然而然的事。因为文章作品与"风度"一样，都是人本质的外显，是真性情的流露，是一个人人格的延伸。而且，鉴人与鉴文，也有着大体相通之处。正如钟嵘在《诗品·序》中所言："昔九品论人，七略裁士，校已宾实，诚多未值。至若

---

① （南朝宋）刘义庆著，徐震堮校笺：《世说新语校笺·德行篇》，中华书局 1984 年版，第 3 页。

② 同①，第 261 页。

③ 同①，第 334 页。

④ 同①，第 334 页。

⑤ 同①，第 335 页。

⑥ 同①，第 342 页。

⑦ 关于这个问题，可参阅王瑶《文人与药》《文人与酒》，载《中古文学史论》，北京大学出版社 1986 年版，第 143、156 页。

诗之为技，较尔可知，以类推之，殆均博弈。”与品人相仿，钟嵘把诗分为上、中、下三品，谢赫《古画品录》将其所评画家分为六品，庾肩吾《书品》将汉至齐梁的书家“小例而九”“大等而三”，分为每品再分为三等的三品。一时间，臧否人物、裁略短长的品评之风转向了论文谈艺。《文心雕龙》中所提到的“魏文述《典》、陈思序《书》、应玚《文论》、陆机《文赋》、仲洽《流别》、弘范《翰林》”，都是当时典型的论文的作品。由于论文来源于论人，所以，早期的论文中，仍以品评作家为主。如魏文帝《典论》：“今之文人，鲁国孔融文举，广陵陈琳孔璋，山阳王粲仲宣，北海徐干伟长，陈留阮瑀元瑜，汝南应玚德琏，东平刘桢公干，斯七子者，于学无所遗，于辞无所假，咸以自骋骥騄于千里，仰齐足而并驰……王粲长于辞赋，徐干时有齐气，然粲之匹也。……陈琳、阮瑀之章表书记，今之隽也……”皆是此等文字。但随着文学艺术的发展，文艺批评也逐渐走向对艺术规律和美学的探讨，渐臻成熟。至卓绝一世的刘勰《文心雕龙》和钟嵘《诗品》出现，则中国的文艺批评已可谓粲然可观了。

当然，假如说自东汉以来的品藻人物的最初目的还是为了个人“闻达”和向政府输送人才的话，那么，品藻文艺的作用在文人的眼里则具有更重大的意义。用《文心雕龙·原道》中的话说，是：“文之为德也大矣，与天地并生！”“心生而言立，言立而文明，自然之道也！”“言之文也，天地之心哉！”公然把艺术与“天地”并称，把艺术比为“天地之心”“自然之道”，充分肯定、张扬了艺术在人生中的地位与作用，也充分反映了此时艺术的前所未有的独立性。

3. 从人格的独立到艺术的独立

魏晋时人格的独立，最终促成了艺术的独立。阮、嵇的“师心”与“使气”，可以视为其时强调人格独立的艺术家对艺术独立的呼唤，甚至也可以视为其时艺术独立的标志。在魏晋之前，“乐”（代表一切艺术）是

“礼”的附庸，为艺者不但不能任性“使气”，也不必“师”己之“心”。在魏晋人格独立的狂潮之中，阮、嵇首先祭起了“师心”“使气”的大旗，揭开了艺术独立的序幕。

所谓内师己心，外师造化，彻底改变了艺术与政治的关系，一方面强调了艺术家个人的意志，一方面强调了艺术发展的本质规律，强调了艺术与自然、与“道”的关系。而出现于此时的所谓“气”的概念，则在中国传统美学领域中一直占有非常重要的地位。“气即风骨”，“气韵”一词常常被引申为一种与“形态”“形似”相对立的，与“精神”“风韵”“气度”等概念相通、相似的美学观念。在中国美学的文字中，“气”字常与“神”字、“韵”字连用而称为“神气”“气韵”。近人徐复观在其《中国艺术精神》一书中详尽地考察了“气韵生动”一词之后总结说：“韵是当时在人伦鉴识上所用的重要概念。他指的是一个人的情调、个性，有清远、通达、放旷之美，而这种美是流注于人的形相之间，从形相中可以看出来的。把这种神形相融的韵，在绘画上表现出来，这即是气韵的韵。”① 他还进一步推论说：“谢赫的所谓气，已如前述，实指的是表现在作品中的阳刚之美。而所谓韵，则实指的是表现在作品中的阴柔之美。但特须注重的是，韵的阴柔之美，必以超俗的纯洁性为其基柢，所以是以‘清’‘远’等观念为其内容。”②

艺术的独立在此时几乎是全方位的，从诗歌到音乐，从绘画到雕塑，从书法到舞蹈，可以毫不夸张地说，中国艺术的诸多门类，在此时都突然长成了大人，解脱束缚，英姿勃发、昂首挺胸地走向了世界。

山水诗的滥觞，不但使大自然代替祖先皇考、当今圣上，堂而皇之地

---

① 徐复观：《中国艺术精神》，华东师范大学出版社 2001 年版，第 178 页。

② 同①，第 180 页。

成为审美的对象，讴歌的对象，也使诗歌彻底摆脱了政治、哲学、思想的影响，成为纯粹审美的艺术。《文心雕龙·明诗篇》说：“宋初文咏，体有因革。庄老告退，而山水方滋。俪采百字之偶，争价一句之奇，情必极貌以写物，辞必穷力而追新，此近世之所竞也。”假如说永嘉时的玄言诗已从礼教与儒学的桎梏中解脱出来但却依然带着强烈的老庄色彩的话，到了山水诗的时代，就连崇无尚虚的老庄，也要殷殷“告退”，让“情必极貌以写物，辞必穷力而追新”的山水诗去唱纯文学的歌谣了。

所谓“唐诗晋字汉文章”的说法，充分反映了此时的书法已成为成熟、独立的艺术品类。书法之所以被人当作“晋”文化的代表，是因为书法在此时的成就令人不得不刮目相看。以被后世书家称为“草圣”的张芝与尊为“书圣”的王羲之为代表的一大批书家，在此时将书法艺术推向了一座“北碑南帖”俱在，隶、草、行、楷皆备的壮伟高峰。尤其是王羲之的书法艺术，被赞为“千变万化，得之神功。自非造化发灵，岂能登峰造极”[①]。而此时出现的如崔瑗的《草书势》，蔡邕的《篆势》《笔论》《九势》，卫铄的《笔阵图》，王羲之的《书论》，王僧虔的《书赋》《论书》等一大批书法理论著作，则更鲜明地成为书法艺术觉醒的主要标志。

几乎与山水诗的出现同步，山水画的出现也为中国的绘画艺术带来了强烈的独立意识。一大批名画家的崛起，使此时的画坛洋溢着清新鲜活的生命之光。顾恺之、陆探微、张僧繇、卫协等人的创作，使中国绘画进入了一个崭新的时代。被后代画家们称为“四祖”的画家在这一时期便占了三位。[②]如果说在此之前是“古画皆略”，那么，“至协（指卫协）始精”，绘画艺术在此时有了长足的进步。一个“精”字，标志着当时绘画的精致

① （唐）张怀瓘：《书断》，清文渊阁四库全书本，第 16 页。

② 画家“四祖”指顾恺之、张僧繇、陆探微和唐代的吴道子。

成熟。同时，顾恺之的“以形写神”“迁想妙得”与谢赫的“六法”尤其是“气韵生动”等画论的提出，则不但成为中国绘画艺术觉醒与独立的凯歌，也为中国传统美学提供了新的命题，促成了春秋战国之后中国艺术精神和美学思想的第二座高峰。

由于佛教的兴盛，中国的壁画和雕塑艺术也在此时达到了一个前所未有的高峰：从敦煌到麦积山，从云冈到龙门，从克孜尔到炳灵寺，从响堂山到栖霞山，几乎中国享誉世界的所有洞窟，都开凿于此时。在以戴逵为代表的一大批中国雕塑家们的努力下，一种不同于印度、西亚的中国式样的石窟艺术和佛像在泱泱中国出现了。因为宗教实践的侧重点不同，中国的佛教徒将印度的塔堂窟改造成了一种在窟内中心树立方形塔柱的形式。而来自印度恒河流域的后期秣菟罗艺术在中国雕塑家们的再创作后突出了“曹衣出水”的特征。南北朝时，以建康为中心的南朝佛教艺术蓬勃兴起并被大量引进北方，一种“褒衣博带”“秀骨清相”，在外貌与精神上都带有南朝士林风范的佛像在中国的流行，无可辩驳地说明了中国雕塑艺术已登堂入室，走上了一条独立发展的康庄大道。而以敦煌壁画为代表的中国壁画艺术，此时已蔚然葱茂，凛然耸峙，成为全人类共有的一朵艺术奇葩。

音乐与舞蹈也在此时以其突出的发展证明了自己的独立。文人的琴乐和民间的“清商乐”蓬勃发展的势头规模空前。在此时出现的绝大部分琴曲作品是表现自然，表现人与自然的关系，表现人对自然的欣赏、陶醉，表现大自然的无穷魅力和人的自然属性的。对于魏晋之后的中国文人音乐家而言，大自然是可以入乐、应该入乐、值得入乐的，哪怕不是唯一，起码也是最重要的内容。如果说先秦时的琴乐还是“礼”的附庸，因而琴曲的内容以表现儒家的理想、情操为主，多见诸如《思贤操》《文王操》等一类乐曲的话，那么，魏晋之后，古琴音乐迎来了中国历史上第一个“为艺术而艺术”的时代。琴乐，从“礼”的附庸变为“人”与“人性”的讴歌。

### 4. 来世与今生——永恒的艺术魅力来自对永生的追求

人性与历史，可能是世界上最让人捉摸不透的东西。魏晋之时，既是中国人对生命的脆弱与死亡的不可抗拒的思考和感受最深的时期，又是中国人企图超越生命局限，追求永恒最认真和努力的时期；既是放浪形骸、苟活乱世、纵欲骄奢的时期，又是虔诚禁欲、笃信宗教、舍命求道的时期。既然生命像朝露一样短促，既然无论是贵为帝王还是贫贱如丐，最终都脱不了生死轮回之道，那么，还有没有什么可以希企向往的东西，还有没有所谓的“永恒”呢？在佛教、道教的影响下，中国的艺术家在追求生命永恒的过程中，创造了永恒的艺术。

以敦煌、云冈、龙门为代表的佛教石窟艺术是中国传统文化的瑰宝，是中国的骄傲，也是全人类共同的珍贵文化遗产。石窟寺，原是佛教徒修行的场所，是在特定的自然环境中开凿在崖壁上的寺院。佛教徒在石窟寺中修行、膜拜、讲经、作法、生活，为了崇拜、观想和法事的需要，佛教徒们在石窟寺中用塑（雕）像、立塔、壁画等形式重现佛陀的法身，图释佛陀的形迹和教诲，表现佛教徒对佛陀的景仰和崇拜之情。为了最终摆脱生死轮回，求得彻底的解脱，一代又一代的佛教徒和普通工匠们，怀着虔诚的宗教信念，炽热的宗教情感，以超人的毅力，完全抛弃了一切世俗的名利

麦积山 147 窟主佛坐像 · 北魏

思想和急功近利的行为，一凿一斧地在崖畔石壁上雕塑着佛的慈容和三千大千世界的众生相。今天，当我们面对这些信仰之力与艺术天才的双重创造时，我们依然被其中所蕴含、体现的博大胸襟、慈悲情怀和庄严、宁静、超然、平和的思想之光所笼罩、所折服。这种超越时空的、永恒的艺术魅力，既来源于宗教的力量，也来源于广大民众对来世幸福的企盼和信念。

同样由于宗教实践的需要，梁武帝与释宝志等佛教徒创造性地将“清商乐”和汉族民间音乐与来自印度、西亚的佛教音乐融合，编创了以“水陆法会”为代表的中国佛教法事音乐，出于“积功德”和为亲人“超度”的宗教目的，南朝的政治领袖动员半个中国的力量，倾其国力，“名为正乐，皆述佛法”，为后世佛徒的宗教生活开创了一系列的仪轨典范。至今，“水陆法会”和“梁皇忏”等佛教法事仍是所有汉传佛教（包括新加坡等国及中国大陆、中国香港、中国台湾等地区）流行区中最常见的佛教音乐活动。而在佛教仪规和佛教音乐的启发下，道教的音乐家们则充分发挥了他们与民间紧密联系的优势，在民间音乐的基础上建构了道教音乐繁杂而庞大的体系。

宗教，是一种文化；宗教艺术，是人类文明中重要的组成部分。在历史上，各种各样的宗教以其信仰的力量凝聚了人类无尽的创造力与想象力，以超越了个体艺术家生命的数代人的连续性艺术活动，为人类文明增添了丰富多彩、流芳百代的内容，从三国两晋到南北朝，正是这样一个创造永恒的时代。

## 二、各门类艺术对后世的影响

### 1. 绘画——形神兼备、神韵传世

魏晋南北朝时期的绘画实践和美术理论对后世的影响是空前巨大的。

首先，文人的参与使绘画不再仅仅是画工、画匠们的事，文人们不但把思想哲理和深厚的文化修养带进了绘画领域，而且极大地开拓了中国画的视野，提高了中国画的整体艺术性和思想性。

这一时期出现的一大批杰出的画家，以其辉煌的成就，为后人树立了楷模和榜样。被尊称为"画圣"的顾恺之，才华卓绝，朗照天地。时人谢安甚至称他的画是"苍生以来，未之有也"①。他在当时的影响有多大呢？在一则脍炙人口的传说里，人们为了一睹他为瓦棺寺所画的壁画，甘愿施舍，画成之后，"光照一寺，施者填咽，俄尔得百万钱"②。他的画"以形写神"，所画维摩诘像，居然"有清羸示病之容，隐几忘言之状"③。他画的裴楷像，自在其颊上平添了三根毫毛，竟使被画之人"神明殊胜"。他与张僧繇、陆探微共被推为"六朝三杰"，但后人对他评价最高，张怀瓘称"象人之美，张得其肉，陆得其骨，顾得其神，神妙无方，以顾为贵"。他的用笔"紧劲连绵，循环超息，调格逸易，风趋电疾"④，堪称"千古一描"。顾恺之像一座巍峨的高山，令后人景仰叹服，不虚为一代宗师，在他之后的许多画家，如张僧繇、孙尚子、田僧亮、杨子华、杨契丹、郑法士、董伯仁、展子虔乃至唐代的大画家阎立本、吴道子等人，都曾从摹写他的作品而开始自己的艺术之途。说以顾恺之为代表的画家们是中国绘画史上照亮暗夜的明灯，亦不为虚。

应该说中国画的两大支流——以细腻笔触状物的"工笔画"和"以意为上"的"写意画"都肇始于此时。宗炳的"以形写形""以色貌色"及谢

---

① （唐）房玄龄等撰：《晋书》卷92《列传·文苑·顾恺之传》，中华书局1974年版，第2404—2406页。

② （唐）张彦远：《历代名画记》卷5，明刻津逮秘书本，第39页。

③ （唐）张彦远：《历代名画记》卷2，明津逮秘书本，第16页。

④ 同③，第14页。

麦积山 4 窟出行图 · 北周

赫的“应物象形”“随类赋彩”都说明现实主义的绘画在此时的流行。而同时，一种只有在玄学勃兴、佛教般若学畅行，士林们对“言意之辩”深感兴趣时才会被人们普遍接受的重神轻形的思潮也从此时滥觞。而通过能够“咫尺之内而瞻万里之遥，方寸之中乃辨千寻之峻”的山水画，则不但充分表现了中国艺术家们的才情和对社会的不满，而且通过对山水的沉浸和观照，更表现了中国艺术家对大自然、对人生、对社会的深刻感悟。这一时期对后世的影响之大、之深，可以从整个中国美术史中表现出来。唐、宋、元、明、清的任何一个伟大的画家和流派，都从魏晋风骨中吸取过丰厚的精神营养。

此时的壁画艺术不但登堂入室，而且一直到现在，仍然在敦煌等一大批石窟墓室的墙壁上，默默地向世人昭示着艺术的永恒魅力和中国艺术家超越时空的不朽精神。

**2. 雕塑——秀骨清相、垂范百代**

魏晋南北朝雕塑对后世的影响本不成其为一个话题，因为，在整个中国雕塑史中，这个时期的雕塑不但有“开元”奠基之功，而且是一座不可逾越的高峰，即使是盛唐的辉煌，也不过是它的遗响和回声。

佛教石窟雕塑艺术本起源于印度，但在中国佛教徒、工匠和艺术家们的共同努力下，中国民族化的佛教雕塑式样开始于东晋，成熟于南朝，发扬光大于北朝。从反映南朝名士隐逸之风和昳丽风貌的“秀骨清相”，到北魏、东魏、西魏多民族融合后可能是受原游牧民族审美观影响转而对丰满、健康形体的崇尚，无不对后世的雕塑艺术产生过重大影响。与其他所有艺术形式不同，需要许多人的财产和几代人的努力才能最终完成的佛教雕塑，也因此而凝聚着超时空的巨大艺术感召力。与佛教石窟雕塑所赖以托形存体的巨石崖壁一样，至今仍存的魏晋南北朝佛教雕塑，历千载而弥坚，越百代而永光。

**3. 音乐、舞蹈——中西交汇、酝酿高潮**

魏晋南北朝时期的中国音乐和舞蹈，也像这个激烈动荡的时代一样，充满着新旧斗争、中西交流、民族融合。随着佛教的传入和北方少数民族政权的生灭，中亚、西亚的乐舞也大量沿着丝绸之路来到中原。龟兹（今新疆库车）、西凉（今甘肃武威）、疏勒（今新疆疏勒）、鲜卑等少数民族及西北地区音乐、舞蹈和天竺（今印度）、高丽（今朝鲜）等国的音乐、舞蹈在中原地区广泛流行并得到社会各阶层的喜爱。一大批外来的乐器、乐曲畅行中原，曲项琵琶、五弦琵琶、筚篥、羯鼓等得到广泛使用，“鼓吹”“骑吹”等来自西域和北方少数民族的音乐形式亦在中原甚至汉族的宫廷得到器重。这些外来音乐、舞蹈在中原的流行及其与中原文化的交流、融合，直接促成了唐代燕乐大曲的发展，可以这样说，隋的“七部乐”、唐的“九部乐”“十部乐”中的著名燕乐节目，其中

麦积山第 121 窟胁侍菩萨与弟子 · 北魏

相当大的一部分都已从此时陆续进入中原的文化生活；也可以这样说，没有魏晋南北朝时汉族文化与少数民族文化及外国文化的冲击、碰撞，也不可能出现唐代中华乐舞文化的巅峰。在乐律的应用方面，随突厥阿史那皇后嫁给北周武帝的乐工苏祇婆，将“五旦七声”的理论带到中原，在其后的时间里发挥了极大的作用。而西晋著名音乐家荀勖所发明的“管口校正”法，则对乐器的制作产生了重大影响。

南方，在“相和歌”的基础上，结合民间的“吴歌”“西曲”，兴起了和它的名字一样清新的“清商乐”。“清商乐”中保留了“九代遗声”的“清乐大曲”在隋、唐燕乐大曲中的存在，使汉文化作为主体文化的地位得到保证。至于此时的古琴音乐，则因为文人自我意识的觉醒、审美情趣的提高以及隐逸思想的流行而得到前所未有的发展和滥觞。

**4. 书法——千姿百态、光耀万年**

中国的书法艺术，在魏晋南北朝时形成了一个不可逾越的高峰。此时，在已得到充分发展的隶书和章草而外，行书与楷书也进入了丰腴成熟的阶段。一大批著名的书法家横空出世，争奇斗艳，蔡邕、张芝、钟繇、梁皓、韦诞、索靖等人相继崛起，奋力将书法艺术推向了一个无与伦比的高超境界。张怀瓘《书断》评断秦至唐初书法，被称为“神品”的共 25 人，其中魏晋南北朝就占 15 人；“妙品”共 98 人，其中魏晋南北朝就占 73 人。钟繇的成就最为突出，他诸体俱精，尤长于楷书，《书断》中称他：“真书绝世，刚柔备焉。点画之间，多有异趣，可谓幽深无际，古雅有余。秦汉以来，一人而已。”钟繇认为“用笔者天也，流美者地也”①，在书法美学中影响很大。

“书圣”王羲之在钻研前人的基础上，博采众长，精研体势，另辟蹊

---

① （宋）陈思:《书苑菁华》卷 1，北京图书馆出版社 2003 年版，第 39 页。

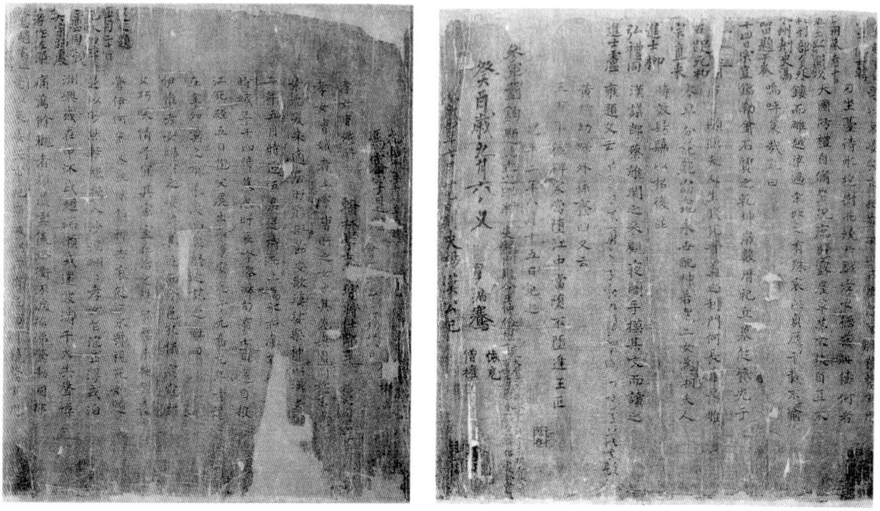

曹娥碑帖·东晋·辽宁省博物馆藏

径，卓然成家。他的书法疏朗大气，流丽遒劲，师古而不拟古，新潮而不媚俗。人们赞他的真书势巧形密，行书遒媚劲健，草书秾纤适中，成为不折不扣的一代宗师。后人赞其“羲之万字不同”[①]“千变万化，得之神功，自非造化发灵，岂能登峰造极”[②]。他的书法在当时便赢得士林喜爱，视为拱璧，对后世的影响，更是久远深厚。唐太宗曾在《晋书·王羲之传》后作制，称赞说：“详察古今，研精篆素，尽善尽美，其惟王逸少（羲之）乎？观其点曳之工，裁成之妙，烟霏露结，状若断而还连；凤翥龙蟠，势如斜而反直。玩之不觉为倦，览之莫识其端，心慕手追，此人而已！”他的真迹虽无存，但摹本、刻本代代相传，被藏者视为珍宝。其中楷书如《黄庭经》《乐毅帖》，草书如《十七帖》，行书如《快雪时晴帖》《丧乱帖》

① （唐）李嗣真：《书后品》，载（宋）陈思《书苑菁华》卷 4，宋刻本，第 30 页。
② （唐）张怀瓘：《书断》，清文渊阁四库全书本，第 16 页。

《兰亭集序》最为著名。在书法领域，王羲之的影响无人堪匹，他的《兰亭集序》的真伪问题，至今仍是书坛的话题。

5. 工艺美术——六朝金粉、绮丽留香

此时被称为“六朝金粉”的奢靡之风，直接促成了审美风尚的瞬息万变和工艺美术的繁荣，尤其对金银工艺的勃兴和青瓷的发展，起了重大的推动作用。需求促进了技术，作为汉代与唐代两个工艺美术高峰的过渡，魏晋南北朝的工艺美术风格既不同于汉代的雄浑古朴，又不同于唐代的丰满雍容，而是由雄壮博大走向精致玲珑。在铜器、玉器、漆器普遍衰落以至消失的同时，服饰、织绣斗豪比奢，陶瓷与金银器却竞放光泽，尤其是青瓷的成熟与白瓷、黑瓷的出现，更可视为中国工艺美术史中重要的事件。

由于技术的进步，使得此时瓷器的色泽、胎质、明度、声音等方面不断适应时代的普遍审美需求，形成了相对稳定的不同风格。温莹、细腻、洁净等对瓷器的基本要求，已从原来更多地为了造型的坚固、烧制的方便等实用性目的下解放出来，使瓷器本身的型、色、质都具有了一种独立的审美意义。两晋时，已形成各具特色的越窑、瓯窑、婺州窑三大窑系。此外，德清窑的崛起与均山窑的壮大，都反映出此时瓷器的多姿多彩并对后世产生的广泛影响。

6. 建筑艺术——融合中外，规模宏大

由于外域文化的大量流入和中西文化的融化，许多出自西方的建筑风格进入中原。一些被后世认为是“中国风”的建筑语言——如抛物线卷刹的梭柱、莲花柱础和莲花装饰、回纹装饰图案、各种类型的狮子雕刻乃至佛塔、石窟寺等，实际上都是外来文化所促成。

西北和北方少数民族政权参照汉族国家都城所建造的龙城（今辽宁省朝阳）、统万城（今陕西省靖边）及在旧城基础上扩建的盛乐城（今内蒙古自治区和林格尔）、平城（今山西省大同）等城市，不但规模宏大，而且融汇了不同民族建筑艺术的风格，对中华建筑美学的发展起到了特殊的作用。

以塔殿为中心的建筑群如北魏洛阳永宁寺，“殚土木之功，穷造型之巧”，令世人赞叹为“精妙不可思议”。而在老庄思想影响下出现的以表现自然情趣与士大夫文人品味的园林建设，此时也蔚然成风，寄托了文人寄情山水、返璞归真的理念与情怀，奠定了在世界建筑史上享有盛誉的中国园林艺术的美学基础。

# 第一章　宫廷音乐与民间音乐的新发展

## 第一节　概论

音乐是时间的艺术，即现即逝。但是，音乐又有着继承性和顽强的生命力，一朝一代的音乐，常常留传至下一代并有所发展。汉代流行的相和歌和鼓吹曲，便有许多留传到了魏晋之后。

魏晋之时，战乱频仍，文化与艺术的命运就像人的命运一样飘零难测。可以想见，在惨烈的战争中，许许多多的艺术品，许许多多的乐器、乐曲与音乐家一起被战火吞噬了，但也有一些“命大”的艺术形式与艺术家顽强地存留了下来，或仅仅改名换姓但依然故我，或从里到外都起了变化。以汉民族音乐、中原音乐为主体的相和歌，在经历了战争与社会动乱的淘洗之后，遂以“清商乐”的称谓逐渐取代了“相和歌”的称谓并得以流传于后世。在北方，这可能与魏氏父子喜爱与提倡有关；在南方，则与南方经济的发展与奢华浮靡的社会风气有关。

这一时期，中国北方各个少数民族文化与中原文化逐渐融合，无论宫廷还是民间，少数民族富有特性的音乐在中原地区得到普遍的欢迎。一些原产自中亚、西亚一带的乐器、乐曲随乐人传入中国，开启了其后绵延数百年的中西文化交流史。曲项琵琶、筚篥等乐器在传入中国后在中国得到极大的发展并最终成为中国有代表性的民族乐器。多民族音乐文化的大规模交流和融合，成为这一时期音乐文化的最大特征。

由于儒学的衰落和玄学、佛学的勃兴，文人音乐在此时也有了巨大的发展。原来儒家传统的“移风易俗”“观教化，知得失”的观念在此时受到怀疑和冲击。艺术在社会生活中所起的“教化”的作用被娱乐作用取代，艺术突然冲出了礼教的樊篱。士人们生活的艺术化，艺术本身的生活化，直接促成了魏晋艺术和艺术理论的发展。以嵇康、阮籍为代表的文人音乐家开创了一代乐风，塑造了影响深远的中华民族的音乐美学思想。尤其值得指出的是，作为中国文人音乐的代表性乐器——七弦琴（古琴），也在此时得到空前的繁荣与发展。

## 第二节　传统音乐的新发展

### 一、相和歌与清商乐

#### 1. 相和歌与相和大曲

汉代的相和歌，开始是当时所谓的“街陌谣讴之词”，即流行在汉代社会下层的民歌。其中没有乐器伴奏的称“徒歌”，一人唱、三人和的称“但歌”。但真正的“相和歌”，却是如《晋书·乐志》中所概括的：“丝竹更相和，执节者歌”，是一种在弦乐器与管乐器伴奏下由歌者自己击节歌唱的形式。据说，魏武帝最喜欢“但歌”。当时有一位叫宋容华的歌者，最擅长“但歌”，有“清澈好声，善倡此曲，当时特妙”的赞词。但这种形式至晋时就已经失传了。[①] 从清唱式的“徒歌”，到有管弦乐伴奏的唱、奏并重的“相和歌”，在艺术上无疑是一种进步。“凡此诸曲，始皆徒歌，既而被之管弦”的话，则客观地反映了这种进步的过程。“节”是当时的一种节奏乐器，“丝竹更相和，执节者歌”的形式一直流传到现代。[②]

沈约在《宋书・乐志》中说：“凡乐章古词，今之存者，并汉世街陌谣讴，《江南可采莲》《乌生》《十五》《白头吟》之属是也。吴歌杂曲，并出江东，晋、宋以来，稍有增广。”[③] 郭茂倩在《乐府诗集》卷 26 中亦引《晋书・乐志》说：“‘凡乐章古辞存者，并汉世街陌谣讴，《江南可采莲》《乌生十五子》《白头吟》之属也。’其后渐被于弦管，即相和诸曲是也。”[④] 这其中的《江南可采莲》，也叫《江南》，其词古趣盎然，同时又颇具民歌特色：

江南可采莲，
莲叶何田田！
鱼戏莲叶间。
鱼戏莲叶东，
鱼戏莲叶西，
鱼戏莲叶南，
鱼戏莲叶北。

---

① （南朝梁）沈约:《宋书・乐志三》:“但歌四曲，出自汉世。无弦节，作伎，最先一人倡，三人和。魏武帝尤好之。时有宋容华者，清澈好声，善倡此曲，当时特妙。自晋以来，不复传，遂绝。”中华书局 1974 年版，第 603 页。

② 如至今仍在福建省、台湾省流传的“南音”（也称“南管”）就保留着“丝竹更相和，执节者歌”的形式。

③ （南朝梁）沈约:《宋书・乐志一》，中华书局 1974 年版，第 549 页。

④ （宋）郭茂倩:《乐府诗集》卷 26，中华书局 1979 年版，第 376 页。

虽然此曲的旋律现在已经不可考了，但单单吟咏这歌词，已能明确地感受到其中强烈的音乐性。那种回旋往复、在重复中蕴含着变化的词句，似乎至今依然暗示着当年歌曲旋律的走向和涟漪般的律动。

相和歌的最高发展形式是一种被称为“相和大曲”的多段体大型歌舞，这种歌舞已成为歌词、音乐、舞蹈三位一体的综合艺术形式了。相和大曲的结构较为繁复，主要包括“艳”“趋”“乱”三部分[①]。其中“艳”似乎是一种华丽、美艳、舒缓的抒情段落，应该是全曲的主要部分，一般在曲前或中间；“趋”则节奏加快，动感加强，从词意分析，应该是后世的所谓“行板”，是全曲靠后面的段落；“乱”则是一种先秦即有的、在《诗经》《楚辞》中即已广泛存在的结束部[②]。这种被称为“乱”的结束部，用孔子的话说，是“洋洋乎盈耳哉”；用（清）蒋骥在《山带阁注楚辞·余论》中的话说，就是“盖乐之将终，众音毕会……繁音促节，交错纷乱，故有是名耳”。相和大曲一般都有多段歌词，可以用同一曲调反复咏唱，在每一段歌唱后，都有一段纯器乐伴奏的舞蹈，被称为“解”。一般来说，“解”的速度较快，气氛热烈而奔放。

南朝宋时，相和旧曲还有十七曲流行，魏晋时的音乐家朱生、宋识、列和等人曾将其改编，“复合”为十三曲。这十三曲是《气出倡》《精列》《江南》《度关山》《东光》《十五》《薤露》《蒿里行》《对酒》《鸡鸣》《乌生》《平陵》《陌上桑》。[③]

---

① （宋）郭茂倩:《乐府诗集》卷 26:“诸曲调皆有辞，有声。而大曲又有艳、有趋、有乱。……艳在曲前，趋与乱在曲后。”中华书局 1979 年版，第 377 页。

② 《国语·鲁语下》:“昔正考父校商之名颂十二篇于周太师，以《那》为首，其辑之‘乱’曰:‘自古在昔，先民有作。’”（中华书局 2002 年版，第 205 页）即说《诗经》中的“商颂”已有“乱”的部分。而《楚辞》中，明确标有“乱曰”的作品共有《离骚》《招魂》，以及《九章》中的《涉江》《哀郢》《抽思》《怀沙》，可见“乱”这种形式在西周、春秋战国时已普遍存在于中国的黄河流域和长江流域。

③ （南朝梁）沈约:《宋书·乐志》:“相和，汉旧歌也。丝竹更相和，执节者歌。本一部，魏明帝分为二，更递夜宿。本十七曲，朱生、宋识、列和等复合之为十三曲。”中华书局 1974 年版，第 603 页。

相和歌的乐律，主要有三个调，即后世所谓“相和三调”：平调、清调、瑟调。有关相和三调的解释，以北魏孝明帝时的陈仲儒的奏议为最早，但由于版本的错讹，对三调的理解却有所不同。[①] 有的学者认为陈仲儒所奏应为：“其瑟调以角为主，清调以商为主，平调以宫为主。”[②] 有的学者则认为此语应是：“其瑟调以宫为主，清调以商为主，平调以徵为主。”[③] 还有的学者认为应该是：“其瑟调以变宫为主，清调以商为主，平调以宫为主。”[④] 除了这三调外，还有“楚调”和“侧调”。《旧唐书·音乐志》说：“平调、清调、瑟调，皆周房中乐之遗声也，汉世谓之三调。又有楚调、侧调。楚调者，汉房中乐也；高帝乐楚声，故房中乐皆楚声也。侧调生于楚调，与

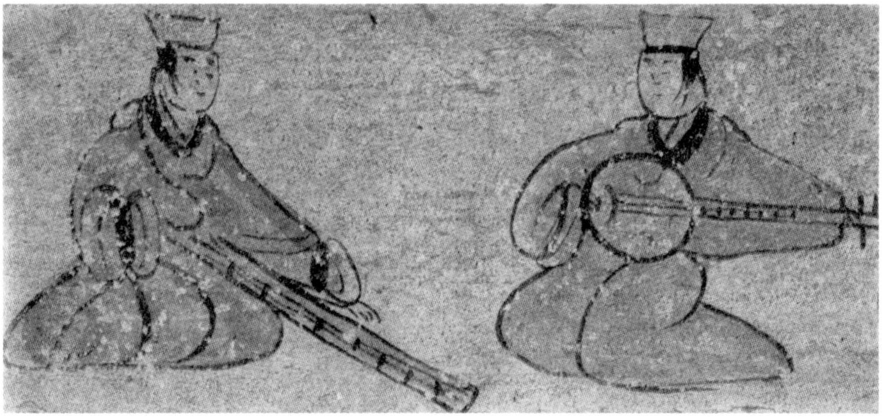

酒泉果园乡西沟村魏晋 7 号墓音乐画像砖乐师和乐图·魏晋

① 一般的版本，如上海古籍出版社《二十五史》均作：“其瑟调以宫为主，清调以商为主，平调以宫为主。”其中有两调俱为宫，误。中华书局标点本据《通典》改为“其瑟调以宫为主，清调以商为主，平调以角为主”。

② 黄翔鹏：《释“楚商”》，载《溯流探源》，人民音乐出版社 1993 年版，第 74 页。

③ 陈应时为《音乐百科词典》所写的“三调”条目，人民音乐出版社 1998 年版，原载《文艺研究》1979 年第 2 期。

④ 夏野：《关于“瑟调”的调式及陈仲儒“奏议”的校勘问题》，《音乐研究》1984 年第 2 期。另有学者如吴钊认为“瑟调以宫为主”句无误，而对“平调以宫为主”句存疑，见吴钊《也谈“楚声”的调式问题》，《文艺研究》1980 年第 2 期。

前三调总谓之相和。”[①] 看来“相和三调”的基本调是平、清、瑟三调，其历史久远，来源于中国北方的宫廷音乐系统；而汉时才出现的楚调和侧调，则来源于长江流域的楚声。至魏晋时，相和大曲即以此五调为主。

根据黄翔鹏的解释，平、清、瑟三调相当于 C 大调音列中的 fa 调式、sol 调式和 la 调式。如下表[②]：

| | $f^1$ | $^{\#}f^1$ | $g^1$ | $^{\#}g^1$ | $a^1$ | $^{b}b^1$ | $b^1$ | $c^2$ | $^{\#}c^2$ | $d^2$ | $^{b}e^2$ | $e^2$ | $f^2$ | $^{\#}f^2$ | $g^2$ | $^{\#}g^2$ | $a^2$ |
|---|---|---|---|---|---|---|---|---|---|---|---|---|---|---|---|---|---|
| 平调 | 宫 | | 商 | | 角 | | 变徵 | 徵 | | 羽 | | 变宫 | 宫 | | | | |
| 清调 | | | 商 | | 角 | | 变徵 | 徵 | | 羽 | | 变宫 | 宫 | | 商 | | |
| 瑟调 | | | | | 角 | | 变徵 | 徵 | | 羽 | | 变宫 | 宫 | | 商 | | 角 |

而关于楚调和侧调，因为各家理解的不同，因此解释也各异。有学者认为可能与新音阶的 do 调式和 re 调式有关[③]；有的学者则根据《乐府诗集》中郭茂倩引王僧虔“《棹歌行》在瑟调，《白头吟》在楚调，而沈约曰同调”的话，推测“或许楚调就是羽调”。“如果这个推测符合实际的话，那么所谓楚调就应该是一个新音阶羽调式。不过这种音阶通常被称作楚商调，因此它的基础音阶应该是一个新音阶徵调式。至于所谓侧调，就是隋唐以来所说的‘侧商调’。它是一个带 $^{b}7$ 音的宫音阶。其表面结构和新音阶徵调没有什么区别，所以《旧唐书·音乐志》说‘侧调生于楚调’。”[④]

---

① （宋）郭茂倩：《乐府诗集》卷 26，中华书局 1979 年版，第 376 页。

② 陈应时为《音乐百科词典》所写的“三调”条目，人民音乐出版社 1998 年版，原载《文艺研究》1979 年第 2 期。

③ 黄翔鹏：《释“楚商”》，载《溯流探源》，人民音乐出版社 1993 年版，第 74 页，原载《文艺研究》1979 年第 2 期。

④ 夏野：《中国古代音乐史简编》，上海音乐出版社 1989 年版，第 44 页。

南北朝时，相和三调被“清商三调”所代替，其主要的调式，还是平、清、瑟三调，但清商乐以夹钟为宫，夹钟高于太簇半音，当以黄钟为宫时，太簇为商，则夹钟名清商。它的音阶特点是半音在三四级之间和六七级之间，即不用“变徵”而改用比“变徵”低半音的“清角”。这是一种不同于古雅乐音阶的音阶，因为主要在清商乐中使用，所以被称为“清乐音阶”。

**2. 从相和歌到清商乐**

清商乐，是相和三调的继承和发展，其内容有远古的音乐遗产，有前朝的旧乐；歌词则除了过去流传下来的旧词外，还有曹操、曹丕、曹叡的创作。郭茂倩在《乐府诗集》中说：“清商乐，一曰清乐。清乐者，九代之遗声。其始即相和三调是也，并汉魏以来旧曲。其辞皆古调及魏三祖所作。”[①] 由于魏氏三祖——曹操、曹丕、曹叡的喜爱，相和歌在魏时有了一个大的发展，不但开始以“清商三调”的名称代替“相和三调”，而且其管理机构也从“鼓吹署”里独立出来，另外成立了主管部门——“清商署”。在魏晋两代，清商署作为直接为宫廷服务的音乐机构，直接促进了清商乐的发展。

4 世纪初，西晋末年的“永嘉之乱”造成了文化艺术的空前损失，“相和三调”也流失分散于民间。这些流散的音乐大致分为两部分：一部分流散于战火熊熊的北方，如现在的陕北、甘肃一带；但也有一部分艺术形式、艺术作品、艺术人才随“晋室南迁”而流播江南。376 年，苻坚灭凉，原本散落前凉的相和大曲被苻坚得到，并在前秦、后秦流传一时。5 世纪初，宋武帝定关中，这部分音乐亦随之流入江南。中原的古老音乐，尤其是有着悠久传统的贵族文化与宫廷音乐，因战争的原因传到原本文化欠发达的

① （宋）郭茂倩:《乐府诗集》卷 44，中华书局 1979 年版，第 638 页。

江南，这本是一种非正常的“文化交流”，但却也有好的一面。它一方面使汉民族的文化珍品得以避乱存生，一方面也为江南文化的高速发展并最终形成“南朝文物，号为最盛”的局面创造了条件。也就是在此时，中国的文化中心第一次转到长江流域。①

这些原本属于相和大曲的作品，从 4 世纪初到 5 世纪中，在一百多年的时间里在江南民间默默流传，损失了将近一半，一直到北魏孝文帝元宏讨淮汉、宣武帝元恪定寿春时才又被官方重新搜集，整理为“清商乐”。郭茂倩在《乐府诗集》卷 26 中讲到相和诸曲在魏晋时飘零散乱的命运和相和三调与清商乐的关系时说：“魏晋之世，相承用之。永嘉之乱，五都沦覆，中朝旧音，散落江左。后魏孝文宣武，用师淮汉，收其所获南音，谓之清商乐，相和诸曲，亦皆在焉。所谓清商正声相和五调伎也。”② 他还在《乐府诗集》卷 44 中引王僧虔的话说：“今之清商，实由铜雀。魏氏三祖，风流可怀。京洛相高，江左弥重。而情变听改，稍复零落。十数年间，亡者将半。所以追余操而长怀，抚遗器而太息矣。”③

经历了百年的战乱和民族的迁徙、融合，清商乐实际上已不仅仅是相和歌的继承和延续。所谓“魏晋之世，相承用之”“今之清商，实由铜雀”的话，只是指出了清商乐的渊源。由于不同地域、不同民族的音乐文化在战争这种特殊环境中的交融，南北朝时的清商乐已扩大了内容，尤其是加进了许多原本属于南方的民间音乐。《魏书・乐志》的最后说：“江左所传中原旧曲：《明君》《圣主》《公莫》《白鸠》之属，及江南吴歌、荆楚西声，

---

① （宋）郭茂倩:《乐府诗集》:“自晋朝播迁，其音分散，苻坚灭凉得之，传于前后二秦。及宋武定关中，因而入南，不复存于内地。自时已后，南朝文物，号为最盛。民谣国俗，亦世有新声。”

② （宋）郭茂倩:《乐府诗集》卷 26，中华书局 1979 年版，第 376 页。

③ （宋）郭茂倩:《乐府诗集》卷 44，中华书局 1979 年版，第 638 页。

总谓清商。”[①] 其中所说的《明君》等曲，渊源久远，是自汉代就已流传中原的歌曲，也是相和歌的著名曲目。《明君》也称《王明君》《王昭君》，咏汉元帝时王嫱远嫁匈奴的故事。此歌舞一说是汉人所作，一说是西晋的大官僚石崇所作。以豪奢极侈著名的石崇，《晋书》列传中称其“颖悟有才气，而任侠无行检”，他不但以与皇亲王恺斗富出名，而且曾因一个“美而艳，善吹笛”的家妓绿珠而被诛，竟然还是一个爱情悲剧的男主角。[②] 据说，石崇曾“以曲教之，而自制新歌”，由他珍爱的绿珠随《明君》的音乐而舞蹈，颇有些“小红低唱我吹箫”的韵致。以《明君》为名的古琴曲一直流传到后世，仅谢希逸《琴论》中便载有多首不同拍数的琴曲《明君》。[③]

清商乐所用的乐器，有钟、磬、琴、瑟、击琴、琵琶、箜篌、筑、筝、节鼓、笙、笛、箫、篪、埙等，是一种既可在宫廷仪礼中演奏，也可以在贵族宴飨中伴宴的音乐，其雅正清悠，为世所公认。此乐在后世曾被尊为“华夏正声”，长期影响着中国音乐的发展。[④] 从相和歌到清商乐，是宫廷、贵族、文人向民间音乐吸取养分的过程，也是民间音乐雅化的过程。以石崇为代表的西晋贵族，在号称“天下安业”的太康之世，以常人难以想象的奢靡之风追求物质与精神的享受，他们出身世家，有着较高的文化水准、细腻典雅的审美需求和强烈的唯美倾向，这些贵族对民间音乐的攫取，虽然出于享乐的目的，但从客观上为民间音乐艺术层次的提高提供了条件。

---

① （北齐）魏收撰：《魏书》第 8 册，卷 190，中华书局 1984 年版，第 2843 页。《乐府诗集》第 2 册中亦有大致相同的记载，见其卷 44，中华书局 1979 年版，第 638 页。

② 其事见《晋书》卷 33《石苞（子崇）传》，中华书局 1974 年版，第 1004—1008 页。

③ （宋）郭茂倩：《乐府诗集》中引《唐书 · 乐志》：“《明君》，汉曲也……晋石崇妓绿珠善舞，以此曲教之，而自制新歌。”又引《古今乐录》：“《明君》歌舞者，晋太康中季伦（石崇字季伦）所作也。”俱见《乐府诗集》卷 29，中华书局 1979 年版，第 425 页。

④ 隋文帝曾称其为“华夏正声”，并以此为本，微更损益，制定隋乐。载《隋书 · 音乐志》，中华书局 1973 年版，第 377—378 页。

嘉峪关魏晋 1 号墓画像砖宴饮奏乐图 · 曹魏甘露二年（257）

### 3. 吴声与西曲

在总称“清商乐”的音乐中，除了前朝流传下来的相和歌、鼓吹曲外，主要还有当时新兴的“江南吴歌”与“荆楚西声”。吴歌产生的中心是建康（今南京），即今江苏一带的民歌。西曲歌则出于荆（今湖北江陵）、郢（今武昌一带）、樊（今湖北襄樊一带）、邓（今河南邓县一带），包括现在湖南、湖北、四川、贵州等地的民歌、民间歌舞，以及当时的文人根据这些歌曲曲调填词或改编的乐歌。

“吴声歌”原是东晋以来流传于江南的民歌，开始的时候都是没有伴奏的“徒歌”，而后逐渐被加上乐器伴奏。①《乐府诗集》引《古今乐录》说：“吴声歌旧器有篪、箜篌、琵琶，今有笙、筝。”并提到著名的“吴声十曲”：“一曰《子夜》，二曰《上柱》，三曰《凤将雏》，四曰《上声》，五曰《欢闻》，六曰《欢闻变》，七曰《前溪》，八曰《阿子》，九曰《丁督护》，十曰《团扇郎》。”此外还有《子夜四时歌》《女歌》《长史变》《黄鹄》《碧玉》

① （唐）房玄龄等撰：《晋书 · 乐志》：“其始皆徒歌，既而被之管弦。”中华书局 1974 年版，第 717 页。

河南邓县出土南山四皓画像砖·南北朝

《桃叶》《长乐佳》《欢好》《懊恼》等曲。[①] 吴声歌的结构以每句五字每段四句的方整形式为主，兼或也有少量五言三句式及长短句式。

西曲歌的句法结构比吴声歌似乎更加丰富，除了五言和长短句外，还有四言和七言的。如《安东平》为四言四句："凄凄烈烈，北风为雪。船道不通，步道断绝。"《青骢白马》为七言二句，《女儿子》为七言四句。前者如："青骢白马紫丝缰，可怜石桥根柏梁。"后者如："巴东三峡猿鸣悲，夜鸣三声泪沾衣。我欲上蜀蜀水难，蹋蹀珂头腰环环。"《古今乐录》载其名目的共三十四曲，其中舞曲十六首：《石城乐》《乌夜啼》《莫愁乐》《估客乐》《襄阳乐》《三洲歌》《襄阳踏铜蹄》《采桑度》《江陵乐》《青骢白马》《共戏乐》《安东平》《那呵滩》《孟珠》《翳乐》《寿阳乐》；倚歌十五首：《青阳度》《女儿子》《来罗》《夜黄》《夜度娘》《长松标》《双行缠》《黄督》《黄缨》《平西乐》《攀杨枝》《寻阳乐》《白附鸠》《拔蒲》《作蚕丝》。此外，还有《杨叛儿》《西乌夜飞》和《月节折杨柳》。

---

① （宋）郭茂倩：《乐府诗集》卷44，中华书局1979年版，第640页。

清商歌曲有一个特点，就是在曲中常用虚字唱一个衬腔，被称作“和声”，在曲末出现的，被称作“送声”。其时一人唱，众声和，类似当今川剧等戏曲中的“帮腔”；有一些，又很像现在歌曲中的“副歌”。《古今乐录》说：“凡歌曲终，皆有送声。《子夜》以‘持子’送曲，《凤将雏》以‘泽雉’送曲。”① 又说：“《欢闻歌》者，晋穆帝升平初歌。毕辄呼‘欢闻不?’以为送声，后因此为曲名。今世用‘莎持乙子’代之，语稍讹异也。”② 其送声形式如：

**子夜歌**

始欲识郎时，
两心望如一。
理丝入残机，
何悟不成匹。
（持子）③

**欢闻歌**

艳艳金楼女，
心如玉池莲。
持底报郎恩，
俱期游梵天。
（欢闻不?）

---

① （宋）郭茂倩:《乐府诗集》卷 44，中华书局 1979 年版，第 641 页。
② （宋）郭茂倩:《乐府诗集》卷 45，中华书局 1979 年版，第 656 页。
③ 括号内为“送声”，下同。

“送声”的形式较多，除上述形式外，还有其他一些形式。如一首歌有两个“送声”，上句与下句不同。《乐府诗集》引《古今乐录》说：“《子夜变歌》前作‘持子’送，后作‘欢娱我’送。”①如：

**子夜变歌**

人传欢负情，（持子）

我自未常见。（欢娱我）

三更开门去，（持子）

始知子夜变。（欢娱我）

也有一些歌曲既有“和声”，又有“送声”，如《古今乐录》言《西乌夜飞》时说：“和云：‘白日落西山，还去来！’送声云：‘折翅鸟，飞何处？被弹归。’”②

日从东方出，

团团鸡子黄。

（白日落西山，还去来！）

夫归恩情重，

怜欢故在傍。

（折翅鸟，飞何处？被弹归。）③

也有一些歌曲的和声很长，字数甚至与歌词字数相当。如《三洲歌》，

---

①（宋）郭茂倩：《乐府诗集》卷45，中华书局1979年版，第655页。

②（宋）郭茂倩：《乐府诗集》卷49，中华书局1979年版，第722页。

③ 此曲“和声”“送声”之安排按阴法鲁《魏晋南北朝的清商乐和民歌》，《词刊》1981年第6期。

按《古今乐录》所注和声，则是：

送欢板桥弯，
相待三山头。
遥见千幅帆，
知是逐风流。
（三洲断江口，
水从窈窕河傍流。
欢将乐，
共来长相思。）

西曲歌中的舞曲，都是集体歌舞。据《古今乐录》说，旧时舞者十六人，梁朝时改为八人。至于西曲歌中的“倚歌”是怎样一种形式，古籍中从未确解。有人认为《汉书·张释之传》中“文帝行幸霸陵，使慎夫人鼓瑟，上自倚瑟而歌”的文字，是“倚歌”一词最早出现的记载。[①] 但是，据《古今乐录》中的说法：“凡倚歌悉用铃鼓，无弦有吹”，又似乎不应该有弦乐器。《女儿子》是《古今乐录》中所载十五首“倚歌”之一，《南齐书·东昏侯纪》中有“吹笙歌作《女儿子》”的话，似乎可以验证“倚歌”用“吹”乐器伴奏的说法。

## 二、乐府的新发展与鼓吹曲的盛行

### 1. 魏晋及南朝乐府的新发展

乐府是政府管理乐舞的机构，它的建立，始于秦代。汉武帝时，乐府

① 夏野：《中国古代音乐史简编》，上海音乐出版社 1989 年版，第 66 页。

得到很大的发展，以至很长一段时间里人们认为乐府的建立始于此时。当时的乐府分“太乐”和“乐府”二署，分管雅乐和俗乐。在汉成帝时曾任乐府令的桓谭说过：“昔余在孝成帝时为乐府令，凡所典领倡优伎乐盖有千人之多也。”可见其规模之大。至汉哀帝罢乐府，西汉乐府存在了一百多年。东汉永平三年（60），“官之司乐改名‘大予’”[①]，东汉末，天下大乱。“乐章亡缺，不可复知”。一直到魏武帝平荆州，获汉雅乐郎杜夔后，才有了恢复乐府的可能，但当时正是戎马倥偬之时，杜夔也是以“军谋祭酒”的身份制定雅乐的。曹魏的乐府，在遵循东汉的传统外亦有所改革。一是恢复了东汉的“太乐”和“黄门鼓吹”两署，二是专设“清商署”，专管当时的俗乐。与以前的乐府不同，此时的乐府已有许多文人拟民歌的创作，比如曹操便曾命缪袭“造鼓吹十二曲以代汉曲”。

建安十五年（210），曹操建铜雀台于邺城，置女乐歌舞于其上，自造新诗，被于管弦，极大地影响了建安乐府的发展。建安时期，文人一改过去轻视民间歌曲的传统观念，积极向民歌学习，开创了一个用古乐府的形式自作新诗的时代。这一时期文人乐府创作的代表人物，有曹操、曹丕、曹植父子，有号称“建安七子”的孔融、陈琳、王粲、徐干、阮瑀、应玚、刘桢，有女诗人蔡文姬等。比如曹操用相和曲创作的《度关山》《对酒》等作品，不但抒发了曹操的政治理想和个人感受，而且气度不凡，开一代诗风。尤其是他的四言乐府诗，使已臻萎靡的四言诗重发异彩，被后人称为“于三百篇外，自开奇响”[②]。人们常常用“清峻、通脱、华丽、壮大”来形容建安乐府的美学风格。假如说“清峻”与“通脱”的风格是由于曹操的提倡，那么，“华丽”与“壮大”则与曹丕的提倡有关。曹丕主张“文以

① （唐）房玄龄等撰：《晋书·音乐志》，中华书局 1974 年版，第 676 页。

② （清）沈德潜：《古诗源注》，中华书局 1963 年版，第 105 页。

气为主”，主张“诗赋欲丽”，他的乐府诗言情状物，文辞华美，如属于瑟调曲的《善哉行》《秋胡行》等。他还首先以七言为歌，创作了属于“平调曲”的七言一句的《燕歌行》。在曹氏父子中，曹植所作的乐府诗不但数量最多（其歌诗有 40 首左右），且文采斐然，气韵生动，内容广泛。他的乐府诗除少量颂诗外，大量是反映自己的情感、理想和社会生活的。如属于楚调曲的《怨诗行》，属于杂曲的《种葛篇》《苦思行》，属于清调曲的《吁嗟篇》等。此外，如王粲属于“平调曲”的五首《从军行》，陈琳属于“瑟调曲”的《饮马长城窟行》，阮瑀属于“杂曲”的《驾出北郭门行》等乐府诗作，都具有鲜明的艺术特色并不同程度地反映了当时的社会现实。而蔡文姬著名的两首《悲愤诗》，虽然没有被收入《乐府诗集》，其中的骚体诗《胡笳十八拍》又有真伪之辩，但有学者认为其诗亦可歌唱，也是乐府诗的一种。

西晋的乐府机构，基本是沿袭曹魏，有“太乐”“鼓吹”“清商”三属。泰始九年（273），光禄大夫荀勖以前代律吕校太乐、总章、鼓吹，整理旧乐。他不但进行了一系列对古乐器、乐律的考察，还进行了一系列的律学试验，作新律吕，以调声韵，他还让郭夏、宋识造《正德》《大豫》等乐舞，傅玄、张华等人创作新的雅乐歌词。曹魏时，演奏鼓吹乐的黄门鼓吹属由掌管俗乐的少府官署统辖，西晋时，黄门鼓吹属正式变为鼓吹属，设有鼓吹令，隶属太常，而“黄门”则属光禄勋。在荀勖的领导下，西晋的乐府有了很大发展。

永嘉乱后，南方的统治者偏安江南，纵情声色，但也从另一个角度促进了乐府的发展。史载，宋废帝时“太乐雅郑”就“千有余人”，还不包括所谓的“后堂杂伎”，齐武帝时“后宫万余人”，梁武帝则更亲自“正乐”，从天监元年（502）开始，先定下沈约作词的 30 首歌诗。普通中，经过一次修改，不但删去了牲牢之礼“涤雅”“牷雅”二曲，而且又“敕萧子云改诸歌辞为相和引，则依五音宫商角徵羽为第次，非随月次也”[①]。这是一次有重大意义的修改，一是以音乐本身为宗，改变了过去雅乐以月次演奏的旧规矩，而代之以五声音阶的自然排列为序。二是在雅乐登歌之中，大大加进了俗乐的成分，以致雅俗合流，甚至把歌舞、百戏、佛曲，统统塞进了庙堂之乐。当然，如果站在历史的高度来看，雅乐、俗乐并无绝对的界线，前朝俗乐，即可为今世雅乐；今朝俗乐，也可能被后世奉为雅乐。但这种雅俗之变，是要由历史和时间来完成的。而像萧衍这样，在当朝当代，即把全部雅乐按民间方式演唱，“改诸歌辞为相和引”，以致使踩高跷、车轮轧脖子这类“杂要”也混迹于诸雅之间，[②]也确实够大胆、彻底的了。萧衍是“诸子”出身，受过正统的贵族式教育，他有意混淆雅俗，绝不会出于无知，而只可能是有意而为。至天监四年（505），已经一改晋末乐亡、宋齐散乱的状况，“是时礼乐制度，粲然有序”[③]了。这“粲然”二字，恐怕不是泛泛的赞词，梁武的“雅乐”确有文采风韵，因为它实际上已不再是传统观念中的雅乐，而是有燕乐性质的清商乐。梁武帝的雅乐还是一种雅俗合奏、典宴兼之的音乐，郭茂倩在《乐府诗集》中说：“……江左所传中原旧曲……及江南吴歌、荆楚西声，总谓之清商乐。至于殿庭飨宴，则兼奏之。”并说明这种音乐直到“遭梁、陈亡乱”之后，才“存者盖寡”。

正是由于宫廷对民间音乐的大量需求，原本流行于民间的吴声、西曲才进入贵族阶层和宫廷，上节中关于吴声与西曲的叙述，已可见南朝乐府中民间音乐的大量存在和南朝乐府的鲜明特色。

---

① （唐）魏征等撰：《隋书·音乐志》，中华书局 1973 年版，第 302 页。

② （唐）魏征等撰：《隋书·音乐志》所引 49 首三朝之乐，其中自 21 首以下皆为歌舞杂伎，其中“车轮折脰伎”为车轮轧脖项，“长跷伎”为踩高跷等。

③ 同①，第 304 页。

### 2. 北方乐府的沿革

北魏是少数民族建立的政权，统治者属鲜卑拓跋部，虽很早便与中原文化有所接触，338 年什翼犍也曾参汉制“始置百官，分掌众职”，但一直到道武帝拓跋珪皇始元年（396）破后燕慕容宝与中山（今河北定县）时，仍然是“获晋乐器，不知采用，皆委弃之”[①]，只知攻战杀伐，不懂文化建设，更没有建立乐府之类机构的可能。一直到天兴元年（398）年拓跋珪迁都平城之后，才全面学习中原礼仪文化，营宫室、建宗庙，完善各种政府机构，其中便包括“立爵品，定律吕，协音乐”。魏初，音乐机构尚不完善，名称也不统一，有太乐、乐署、乐府、总章、鼓吹等多种称谓，而且在隶属关系上，先是归尚书省，然后归中书省，最后又复归尚书省。经过不断的发展变化，北魏乐府机构逐渐完善，《魏书·官氏志》所列乐官，已有“协律中郎”（官从四品下）、“协律郎”、“方舞郎庶长”（官从五品上）、“太乐祭酒”（官从五品中）、“方舞郎”（官从六品中）、“太乐博士”（官从六品下）、“太乐典录”（官从八品下）等。大约在魏孝文帝元宏讨伐淮汉，宣武帝定寿春之后，江左所传中原旧乐及江南“吴歌”、荆楚“西曲”，即总称为“清商乐”的歌曲乐舞，才比较完整地传入北魏宫廷，北魏乐府也在此期间焕然大备。大约在宣武帝景明初（500）后，北魏官方机构中正式有了“太乐令”之职，这些专门主管音乐的官职的设立，不但反映了其时乐府的可观规模，也对乐府的发展起到了不小的推动作用。北魏乐府所管理的音乐门类颇多，其中既有雅乐，也有俗乐和鼓吹乐，包括这三大部类的七个乐类：宗庙之乐、郊祀之乐、四时飨宴之乐、掖庭后宫之乐、殿庭大飨之乐、鼓吹之乐、夷舞方乐。[②]

---

① （唐）魏征等撰：《隋书·音乐志》，中华书局 1973 年版，第 313 页。

② 李方元、李渝梅：《北魏宫廷音乐机构考》，《音乐研究》1999 年第 2 期。

继魏而起的北齐统治者，是鲜卑化的汉人高洋，他登位后就开始定乐，但其宫廷雅乐中多杂有西凉乐及其他多种杂乐。不仅产生了《代面》之类的歌舞戏，还有《龟兹》《西凉》《清商》《鼙舞》等。由于北齐的历代统治者都好“胡戎乐”，所以宫廷的音乐机构也较特殊，既设有太乐署掌诸乐及行礼节奏等事，设鼓乐署掌百戏鼓乐等，又有中书省“管司王言及司进御之音乐”，下设“监、令各一人，侍郎四人，并司伶官西凉部直长、伶官西凉四部、伶官龟兹四部、伶官清商部直长、伶官清商四部”。由中书省直接统领部分乐人，在历史上是一种比较特殊的官制。至于帝王所宠爱的胡乐人曹妙达、安马驹等人“封王开府”但仍从事伶人的工作，也是那个时期特殊的社会现象。

由鲜卑宇文氏建立的北周，乐制与北齐大不相同。北周原处关陇，为争取汉族士民的支持，一方面要求参政的汉人鲜卑化，另一方面依《周礼》

甘肃酒泉丁家闸5号墓墓室壁画乐伎与百戏·北凉

建立复古的官制。初期声乐皆缺，虽设“大司乐”，却主要“掌成均之法”。554年，北周攻破江陵，俘杀了梁元帝，获乐人、乐器，以属有司。到北周武帝时，音乐机构才比较健全，由“大司乐中大夫”率“小司乐下大夫”“小司乐上士”，以及“乐师、乐胥、司歌、司钟磬、司鼓、司吹、司舞、籥章、掌散乐、典夷乐、典庸器中士”等人员，显然不同于汉魏以来的乐制。

北周乐府机构虽多依古制，但统治者毕竟怀恋本土，宫廷中仍多用“胡乐”。北周武帝虽罢掖庭四夷之乐，采用古制，但568年聘皇后于突厥，又带进了康国乐和龟兹乐，宫廷将这些音乐被于金石，令大司乐教习。到周宣帝时，广召杂伎，增修百戏，虽然宣帝荒淫昏乱，游幸无节，但也造成了其时胡乐、百戏、鼓吹等音乐品种与形式的一时之盛。

西晋以来，中国北方从十六国前赵开始，直到北魏、北齐、北周，各朝代均设有乐府机构，广收各类音乐。尽管战乱频仍、社会动荡、乐府机构屡建屡毁，但当时鲜卑、龟兹、疏勒、西凉、高昌、康国等各民族各地区的音乐不断涌入中原地区，不断与汉民族音乐交流、融合，相互间也不断交流、融合，为隋唐歌舞音乐的全面繁荣铺垫了坚实的基础。①

**3.“我是虏家儿，不解汉儿歌”——乐府中的北方民歌**

南朝各乐府中演唱的民歌，除了上面提到的“吴声歌”和“西曲歌”这些江南的民歌外，还有不少北方的民歌。（宋）郭茂倩在其《乐府诗集》中称：“后魏之世，有《簸逻回歌》，其曲多可汗之辞，皆燕魏之际鲜卑歌，歌辞虏音，不可晓解，盖大角曲也。又《古今乐录》有‘梁鼓角横吹曲’，多叙慕容垂及姚泓时战阵之事，其曲有《企喻》等歌三十六曲，乐府‘胡

---

① 杨生枝:《乐府诗史》第5章第1节，青海人民出版社1985年版，第382页。

吹旧曲’又有《隔谷》等歌三十曲，总六十六曲……”[①]这些歌曲，估计与汉族“相和歌”相同，起初只是民间讴谣，后来渐渐增配了角类的吹奏乐器，因此才流布久远并进入乐府，终于以“鼓角横吹曲”的形式被保存了下来。根据《古今乐录》的记载，“梁鼓角横吹曲”除了上面提到的《企喻》外，还有《琅琊王》《钜鹿公主》《紫骝马》《黄淡思》《地驱乐》《雀劳力》《慕容垂》《陇头流水》等，但至陈朝（557—589）僧人智匠编纂《古今乐录》时，这三十六曲中，只有二十五曲“有歌有声”，另外十一首已“有歌”而无声了。[②]

这些源自北方少数民族的民歌，大都出自鲜卑、吐谷浑、部落稽三族，带有浓烈的草原游牧民族彪悍不羁、狂放豪迈的性格特征。比如《企喻》歌，把北方健儿像经天“鹞子”一样特往独行的气概刻画得淋漓尽致：

男儿欲作健，
结伴不须多。
鹞子经天飞，
群雀两向波。

再如著名的《琅琊王》，立意清新，以少女喻心爱的宝刀，充分反映了北方少数民族汉子对随身武器的特殊爱好：

新买五尺刀，

---

① （宋）郭茂倩：《乐府诗集》卷21，中华书局1979年版，第309页。

② 关于此处“歌”与“声”的理解，可以有三种：一种是“歌”指“歌词”，“声”指音乐、指曲调，其意为“二十五首有歌词有曲调，十一首只有歌词但已没有曲调了”。另一种是“歌”指曲调，“声”指根据少数民族歌词记录的声音（如著名的《石榴》）。还有一种理解是“歌”指歌曲，“声”指伴奏，因这些歌曲都是所谓“鼓角横吹曲”，是有角类乐器伴奏的。

悬著中梁柱。
一日三摩挲，
剧于十五女。

此外，当时流行的北方民歌中，还有一些长篇叙事歌曲。著名的《木兰诗》便是其中的一首。这首歌的确切产生年代和作者从宋代起就有不同的记载和争议，并曾被误认为是唐人所作。但据《旧唐书·音乐志》载，可知梁代及北朝乐府中皆有“燕魏之际鲜卑歌”，其中多有“可汗之辞”。目前，国内外大部分学者认为此歌是一首鲜卑族民歌，曾流传江南并被译为汉语，曾入梁代乐府，后散落民间，至唐代重被发现。《木兰诗》记述了女英雄木兰代父从军，在战场上奋勇杀敌，建立功勋，得胜回朝后谢绝可汗的赏赐和册封，终于回家与家人团聚的故事。歌中用极富浪漫主义色彩的想象和古朴刚健的语言热情赞扬了这位奇女子忠孝两全、勤劳善良的品质，保家卫国的热情，英勇战斗的精神，以及她的端庄美丽和脱却战袍后光彩照人的风姿。它不仅反映了北方游牧民族尚武的精神和勇猛善战的风气，更表现了北方各民族憎恶长期战乱，渴望和平安定的普遍意愿。它对木兰的讴歌，一方面显露出北方游牧民族“男女平等”的意识，另一方面也冲击了汉民族“重男轻女”的偏见。因此，它长期以来一直流传在中国广大地区，从思想内容到艺术技巧，都对后世有着深远的影响。“唧唧复唧唧，木兰当户织”的诗句，千百年来始终盘旋在中国各族人民的记忆里。“花木兰”的艺术形象不仅始终活跃在中国的许多传统剧种中（如京剧、豫剧等），而且，还走出国门，于 1998 年被美国好莱坞拍成动画巨片，使“花木兰”这位中国南北朝时鲜卑族女英雄的形象震撼了全世界各个国家无数观众的心。

酒泉果园乡西沟村魏晋 7 号墓出土音乐画像砖女子弹唱图·魏晋

4. 鼓吹曲在宫廷的盛行与何承天“私造”的鼓吹曲

鼓吹曲，是产生在中国北方的一种音乐形式，汉代即已在北方流行。历史上，鼓吹乐有多种称谓，又被称为“短箫铙歌”“黄门鼓吹”“横吹”“骑吹”等。其主要的乐器，是吹奏乐器和打击乐器，最初采用鼓、钲、排箫、笳等，有一部分还有歌唱。鼓吹的兴起，与我国西北少数民族的生活有着密切的关系。刘瓛《定军礼》说：“鼓吹，未知其始也，汉班壹雄朔野而有之矣。鸣笳以和箫声，非八音也。”[①] 班壹，是当时活动于北方边疆的大富翁，号称“以财雄边”。而“非八音也”的话，则说明它不属于中华古乐，是少数民族的音乐。鼓吹在汉代便已分为两类：一类以排箫和笳为主要乐器，作为仪仗在行进中使用的，仍称为鼓吹；另一类以鼓和角为主要乐器，用作军乐、在马上演奏的，称为“横吹”。据说，横吹与汉代

① （宋）郭茂倩：《乐府诗集》卷 16，中华书局 1979 年版，第 223 页。

河南淅川出土吹角画像砖·南朝·南阳市文物研究所藏

张骞从西域带回的《摩诃兜勒》有关。[①] 后来，人们又根据鼓吹的用途将其分为四类：

（1）黄门鼓吹：即宫廷中的鼓吹，由天子或近侍掌握，主要列于殿庭，在宫廷的宴会上演奏，因而也被称为“食举乐”。同时，也用于天子专门的仪仗——卤簿。食举乐与卤簿乐一坐于堂，一行于途，后世“鼓乐”分为“坐乐”“行乐”，似乎与此有关。

（2）骑吹：即军队中的仪仗。从出土的汉画像砖中，我们可以看到汉魏时骑吹的全貌。乐手们均骑马列队，各执乐器，其中笳、鼓、鼗、箫等最为常见。

（3）短箫铙歌：主要用于社、庙、“凯乐”“元会”“郊祀”“校猎”等场面盛大的活动。其特点是不但有乐，还有歌。魏晋南北朝时朝廷所用鼓吹，大抵以此为主，就是因为有歌唱，才能以歌词歌颂“当今皇帝”。

---

① （唐）房玄龄等撰：《晋书·乐志》：“横吹有双角，即胡乐也。张博望入西域，传其法于西京，惟得《摩诃兜勒》一曲。李延年因胡曲更造新声二十八解，乘舆以为武乐。后汉以给边将。和帝时，万人将军得用之。”载《晋书》第3册，中华书局1974年版，第715页。

河南邓县出土横吹画像砖·南北朝

（4）横吹：指军中马上之乐，随军演奏。其特点是用双角。所谓“鼓角横吹曲”，也常有歌唱，大多是军旅生活的反映。

以上的区分，并不绝对，而且，随着时间的流逝，各类鼓吹乐的区别越来越小，以至在很多时候都以“鼓吹”作为一个涵盖了以上全部内容的乐种的统称。三国两晋之时，一些汉代流传下来的鼓吹曲被官方重新填写了歌词。魏大臣缪袭奉旨将汉“短箫铙歌”中的十二首改写了新词，“述以功德代汉”。比如将《朱鹭》改为《楚之平》,《思悲翁》改为《战荥阳》,《艾如张》改为《获吕布》,《上之回》改为《克官渡》,《雍离》改为《旧邦》,《战城南》改为《定武功》,《巫山高》改为《屠柳城》,《上陵》改为《平南荆》,《将进酒》改为《平关中》,《有所思》改为《应帝期》,《芳树》改为《邕熙》,《上邪》改为《太和》，用以歌颂曹操一生的“丰功伟绩”。这十二首鼓吹曲经过这样一番改写，除了最后一首《太和》是歌颂明帝“继体承统”，改元“太和”之外，几乎完全成了曹操的“功德碑”甚至“履历表”，大凡曹操经历的重大战役，如擒获吕布、官渡之战、破邺城、平乌桓、克荆州、定关中，统统写成唱词，入于鼓吹。我们只举一个例子，来看看汉代的“短箫铙歌”与“魏鼓吹曲”的变化。汉《朱鹭》的歌词是：

> 朱鹭，
> 鱼以乌。（路訾邪）
> 鹭何食？
> 食茄下。
> 不之食，
> 不以吐，
> 将以问诛（一作诔）者。[①]

被缪袭改为《楚之平》的魏鼓吹曲歌词如下：

> 楚之平，义兵征。神武奋，金鼓鸣。迈武德，扬洪名。汉室微，社稷倾。皇道失，桓与灵。阉官炽，群雄争。边韩起，乱金城。中国扰，无纪经。赫武皇，起旗旌。麾天下，天下平。济九州，九州宁。创武功，武功成。越五帝，邈三王。兴礼乐，定纪纲。普日月，齐辉光。[②]

几乎与魏国改写汉鼓吹同时，吴国也命韦昭新写了十二首鼓吹曲词。这十二首鼓吹曲的曲名是：《炎精缺》《汉之季》《摅武师》《伐乌林》《秋风》《克皖城》《关背德》《通荆门》《章洪德》《从历数》《承天命》《玄化》。与魏鼓吹曲的歌颂曹操相似，吴鼓吹曲的内容也都是歌颂孙权父子的，其内容如

---

① （宋）郭茂倩：《乐府诗集》卷 16，中华书局 1979 年版，第 226 页。
② 同①，第 265 页。

《伐乌林》讲曹操破荆州后，顺流东下，孙权命周瑜在乌林狙击曹军获胜的事迹；《克皖城》讲孙权亲征皖城，战败曹操手下的庐江太守朱光的事迹。

到了晋、宋之时，朝廷亦沿袭魏、吴改写鼓吹曲词的先例，将鼓吹曲作为歌功颂德的重要工具。晋武帝命傅玄制鼓吹曲二十二篇“以代魏曲”。这二十二篇“晋鼓吹曲”的篇名是:《灵之祥》《宣受命》《征辽东》《宣辅政》《时运多难》《景龙飞》《平玉衡》《文皇统百揆》《因时运》《惟庸蜀》《天序》《大晋承运期》《金灵运》《于穆我皇》《仲春振旅》《夏苗田》《仲秋狝田》《顺天道》《唐尧》《玄云》《伯益》《钓竿》。其词句亦如魏、吴鼓吹曲，皆为吹嘘皇帝的谀辞。但从词格看，大部分歌词的词格与汉代鼓吹曲的词格相近，如汉代是以几言为主的词格，此时虽有变化，但仍旧以几言为主，也有一些鼓吹曲词的词格变化较大。看来，古代鼓吹乐的曲调在魏晋时尚有大部分可以演奏。

到了南朝宋时，魏晋的鼓吹曲可能已大部分毁于战乱，因为当时仅存的三首鼓吹曲词虽然被沈约收集并记载于《宋书·乐志》中，但其时歌词的内容已不能确解。沈约无奈，只好在“莫名其妙”、谁都听不懂的歌词前记述说:“乐人以音声相传，训诂不可复解。”[①] 现选一首被沈约记录并被称为“今鼓吹铙歌词”的歌词为例:

### 上邪曲

大竭夜乌自云何来堂吾来声乌奚姑悟姑尊卢圣子黄尊来餭清婴乌白日为随来郭吾微令吾应龙夜乌由道何来直子为乌奚如悟姑尊卢鸡子听乌虎行为来明吾微令吾诗则夜乌道禄何来黑洛道乌奚悟如尊尔尊卢起黄华乌伯辽为国日忠雨令吾伯辽夜乌若国何来日忠雨乌奚如悟姑尊

---

① （南朝梁）沈约:《宋书·乐志》，中华书局 1974 年版，第 660 页。

卢面道康尊录龙永乌赫赫福胙夜音徽令吾

这样的“歌词”至今恐怕仍然无人能懂。以沈约的博学和治学态度，他当时不可能不询问于乐工。而且，其时距前朝甚近，又没有语言障碍，若有一线可能，他也不可能不进行一番“训诂”的工作。像这样将当时即“不可复解”的鼓吹曲词记录下来，传于后世，一方面反映了沈约实事求是的精神，另一方面也反映了南朝宋时鼓吹乐的困境。词残曲缺，恐怕是南朝宋的实际情况。有趣的是，《宋书·乐志》中还记载了另外十五首“鼓吹铙歌”的歌词，但注明为“何承天义熙中私造”，包括《朱路（鹭）》《思悲公》《雍离》《战城南》等。这些由何承天在“义熙”（405—418）中“私造”的鼓吹曲词，不仅文采斐然，而且思想性、艺术性皆超过所有御用文人的奉旨之作。但因为没有得到朝廷的允许，所以很可能并没有机会付诸音乐实践，只是这位杰出学者直抒胸臆的案头之作。[①]“义熙”是东晋安帝司马德宗的年号，宫廷的鼓吹，本是颂今谀上的工具，因此，仅从梁时的沈约在《宋书》中记下何承天在东晋时“私造”的歌词这一件事，便可略知何氏鼓吹的超群之处：何承天的鼓吹曲词，超越了一朝一代的局限，即使谈到“皇家”，也并没有单指当朝的皇帝，仅是一种泛称。在他的字里行间，没有一般御用文人“奉旨写作”的媚态，而是以古喻今，感奋伤怀，从一个知识分子的角度抒写了个人的历史情结和政治主张，洋溢着宫廷鼓吹曲中少有的真情。似乎可以这样说，何承天的鼓吹曲词，在思想性上，是魏晋南北朝时唯一直接继承了民间鼓吹优良传统的作品。他的鼓吹曲词，恢复了被魏晋间御用文人们阉割了的“汉鼓吹铙歌”的人民性。在艺术性上，

---

① （宋）郭茂倩在《乐府诗集》卷 19 的注释中即疑此十五篇歌词“未尝被于歌也”。中华书局 1979 年版，第 287 页。

更可以视为当时最优秀的诗作。尤其是他的五言歌诗，承魏晋风骨。开唐人先河，一扫宫廷文学的腐味朽气，有着较高的历史价值。比如，他《君马》篇中“疲民甘藜藿，厩马患盈肥”的歌词，就先行奏出了“朱门酒肉臭，路有冻死骨”的不平之音。他在《有所思》篇中，更是借发思古之幽情，道出了自己愤世之心声。他在缅怀了曾子、闵子、邹衍、孟子等贤人的事迹之后，长歌当哭，“哀我生，遘凶旻”，以自己“幼罹荼毒，备艰辛”的遭遇谴责了世道的不仁。当然，他的歌诗也还没有摆脱魏晋时诗人们因迭遭丧乱而产生的“及时行乐”的人生观。比如他的《上陵者》篇，先揭露了“被服纤丽”的“上陵者”们追求享受“相追攀”的社会现象，然后以“玄鬓斑”“坟土干”的人生结局振聋发聩，警醒世人，但词的最后，仍结束在“生必死，亦何怨。取乐今日，展情欢”的高歌上，在展现魏晋时士人们通脱一面的同时，也带出一点时尚的颓废气来。

5. 鲜卑族的《真人代歌》

汉魏以来，鼓吹与北狄乐和北方箫鼓有着密切的关联。所谓北狄乐，指魏晋时活跃在中国北方的鲜卑、吐谷浑、部落稽三国的音乐，因为这三国都是游牧民族，所以其音乐都是在马上演奏的。在南北朝期间，由于北方民族的主要活动区域移至中原，遂造成鼓吹乐在中原广大地区的盛行，甚至影响到江南的音乐。

《魏书·乐志》中说北朝乐府：“兼奏燕、赵、秦、吴之音，五方殊俗之曲。四时飨会亦用焉。凡乐者乐其所自生，礼不忘其本，掖庭中歌《真人代歌》，上叙祖宗开基所由，下及君臣废兴之迹，凡一百五十章，昏晨歌之，时与丝竹合奏。郊庙宴飨亦用之。”[①] 这说明在北朝的乐府中，不但有来自燕、赵、秦这些北方地区的民歌，还出现了一种被称为“真人代歌”

① （北齐）魏收撰：《魏书·乐志》，中华书局 1974 年版，第 2828 页。

山西司马金龙墓出土女乐俑·北魏

的北歌。

这个“真人代歌”，是北魏统治者鲜卑族自己的民歌。“掖庭”，是嫔妃们住的地方。看起来，当北魏拓跋氏为了国家政治、经济、文化的发展而竭力推行汉化政策的同时，也没有忘记对上层统治者进行“不忘其本”的教育。一方面，让朝廷上的百官用汉语、写汉字，另一方面，却让后宫内的嫔妃每天的早晨、晚上都要用自己的民族语言歌唱自己民族奋斗的历史，乃至“一百五十章”之多。这种“内外有别”、在全面学习先进的“外族”文化的同时强调“不忘其本”的政策，即使在今天看来，仍然具有深刻的现实意义。

有趣的是，当南朝“褒衣博带”式样的佛教造像艺术影响到北方的时候，北方的少数民族音乐也成为南朝上层人士追逐的时尚。6 世纪初，梁朝的乐府中，已有不少“北歌”。因这种“北歌”与汉魏时的“横吹曲”有关，所以被称为“鼓角横吹曲”。陈时，沉湎于享乐的陈后主还曾专门派宫女去北方“留学”，每当饮酒高兴了，便演奏这些被称为“代北”的北方箫鼓：“及后主嗣位，耽荒于酒。视朝之外，多在宴筵。尤重声乐，遣宫女习北方箫鼓，谓之代北，酒酣则奏之。”① 当然，北方音乐到了南方，不能不有所改变。据《乐府诗集》引《古今乐录》说，根据梁、陈时的“宫悬图”

① （唐）魏征等撰：《隋书·音乐志》，中华书局 1973 年版，第 309 页。

得知，在演奏现场的四个角落各有一个“鼓吹楼”而无建鼓。所谓“鼓吹楼”，来源于秦人为秦时箫史吹箫建“凤台”的传说，是地地道道汉族的故事。而本来马上吹奏的音乐，也因为环境和风俗的改变，在南方变成了“陆则楼车，水则楼船，其在庭则以簨虡为楼也”①，从骑马改为乘“楼车”“楼船”，从形式上看，似乎已失却了北方草原与大漠的壮阔雄风，多了些江南贵胄的奢华与绮靡。在宫廷演奏时，更与传统的雅乐混在一起，甚至将悬挂钟磬的簨虡作为鼓吹之处。梁时，这种从北方传来的原来的军乐，终于又“雄壮”了起来，发展成“鼓吹熊罴十二案”，以打击乐器为主，其乐器有“龙头大棡鼓、中鼓、独揭小鼓”②等，也像汉代一样根据品级赏赐给武官。有趣的是，从北方传到南方的鼓吹乐在北周武帝时又以新的面目“返销”回北方，周武帝每元正大会，则以这套“鼓吹熊罴十二案”列于厅堂，与北周的雅乐合奏。至隋唐以后，鼓吹渐渐成为为“百戏”伴奏的音乐。时至今日，与鼓吹有着渊源关系的“吹打”，仍然活跃在中国的许多地区，是中国老百姓所喜闻乐见的民间音乐的重要组成部分。

## 三、少数民族音乐的流行

### 1.“周齐皆胡虏之音”——风靡一时的少数民族音乐

中国的音乐文化，从来就不是一个单一的、封闭的文化系统。从魏晋开始，主要是来自西北地区的少数民族音乐便开始在中原一带流行。其中的西凉乐、龟兹乐及通过西域传入的天竺乐最为盛行。这些音乐在进入中原之前，大部分先在当时的西域（大部分为今新疆地区）及西凉地区（今

① （宋）郭茂倩:《乐府诗集》，中华书局 1979 年版，第 225 页。
② 同①。

甘肃省西部，以敦煌、酒泉、武威为中心）流行并有所融合。可以这样说，从魏晋直至隋唐，这一地区是中西文化交流的一个窗口和大熔炉。

天竺乐，三国时可能即已传入中原，但见于正式记载则在东晋张重华据凉州时（346—353）。据《隋书·音乐志》载："天竺者，起自张重华据有凉州。重四译来贡男伎，天竺即其乐焉。歌曲有《沙石疆》、舞曲有《天曲》。乐器有凤首箜篌、琵琶、五弦、笛、铜鼓、毛员鼓、都昙鼓、铜钹、贝等九种为一部，工十二人。"① 其中的"琵琶"当为曲项琵琶，是目前我国民族乐器中占有重要地位的现代琵琶的前身。其中提到的《天曲》，极有可能是当时的佛教音乐。

龟兹，在今新疆库车一带。龟兹乐的传入中原，始于吕光灭龟兹（382）。其后，吕光建立了后凉政权（386—403）。后凉被后秦所灭，"吕氏亡，其乐分散，后魏平中原，复获之"②。在所谓的胡乐中，龟兹乐的水平最高，也最受欢迎。唐代的玄奘在其名著《大唐西域记》中，曾评价龟兹"管弦伎乐，特善诸国"，将龟兹的音乐文化置于西域诸国之上。《旧唐书·音乐志》则说："自周、隋以来，……鼓舞曲多用龟兹乐，其曲度皆时俗所知也。"在龟兹乐中，最重要的乐器是鼓类，计有毛员鼓、都昙鼓、答腊鼓、腰鼓、羯鼓、鸡娄鼓。其中最为突出的是羯鼓。此外，还有一些管弦乐器，如竖箜篌、琵琶、五弦、笙、笛、箫、筚篥等，其中最有特色并影响深远的乐器是筚篥。到玄宗时，在宫廷"立部伎"的八部乐曲中，有五部都与龟兹乐有关："……皆擂大鼓，杂以龟兹之乐。声振百里，动荡山谷。"③

西凉，在今甘肃武威一带。西凉乐，是魏晋以来便流行于中国西北

① （唐）魏征等撰：《隋书·音乐志》，中华书局 1973 年版，第 379 页。

② 同①，第 378 页。

③ （后晋）刘昫等撰：《旧唐书·音乐志二》，中华书局 1975 年版，第 1060 页。

部的乐舞，曾受到汉族音乐和龟兹音乐的深刻影响，起初盛行于凉州地区，后流行在中国北方广大地区。《隋书·音乐志》称西凉乐“起于苻氏之末，吕光、沮渠蒙逊等据有凉州，变龟兹声为之，号秦汉伎……其歌曲有《永世乐》，解曲有《万世丰》，舞曲有《于阗佛曲》”。北魏太武帝平凉州（439），凉州的乐工和器服作为战利品进入北魏宫廷。《魏书》中说：“世祖破赫连昌，获古雅乐，及平凉州，得其伶人、器服，并择而存之。后通西域，又以悦般国歌舞设于乐署。”[①] 这个悦般国，在今哈萨克斯坦和中国新疆交界一带。从魏晋直至隋唐，西凉乐对中国音乐的影响相当突出，在唐大曲中出现的第一个大曲，便是《凉州》。[②] 西凉乐的特点是“变龟兹声为之”，是“杂以秦声”。一个“变”字，一个“杂”字，说明它是古老的汉族音乐与西域音乐混融后的新音乐。也正因为西凉乐的这个突出特点，它才在吕光的时代被称为“秦汉伎”，在北魏、北周时被称为“国伎”。

除此之外，当时传入中国的还有疏勒乐、安国乐、高昌乐和康国乐。疏勒，在今新疆疏勒、喀什一带；安国，在今乌兹别克斯坦的布哈拉一带。这两种音乐的传入，大约在北魏太武帝太延二年（436）左右。

高昌，在今新疆吐鲁番以东一带，在鲜卑宇文泰辅佐西魏时（534—556），高昌归附，高昌乐的传入，大约在这个时候。康国，在今乌兹别克斯坦的撒马尔罕一带。天和三年（568），北周武帝娶阿史那氏为后，随行的“陪嫁”中，就有大量西域的乐舞人才，“于是龟兹、疏勒、安国、康国之乐，大聚长安”[③]，这是康国之乐第一次见于中国史籍。

从云冈石窟中的北魏伎乐雕刻中，可以看到西凉乐在此时此地的传播

---

① （北齐）魏收撰：《魏书·音乐志》，中华书局 1974 年版，第 2828 页。

② （宋）程大昌《演繁露》卷 7：“乐府所传大曲，惟《凉州》最先出。”《景印文渊阁四库全书》第 852 册，台湾商务印书馆 1986 年版，第 126 页。

③ （后晋）刘昫等撰：《旧唐书·音乐志》，中华书局 1975 年版，第 1069 页。

情况。《隋书·音乐志》载西凉乐共十九种乐器，而云冈石窟中的雕刻便有13种。这13种乐器是：竖箜篌、琵琶、五弦、笙、箫、大筚篥、小筚篥、长笛、横笛、腰鼓、齐鼓、铜钹、贝。这其中既有箫、笙之类中原旧乐，又有来自西亚的竖箜篌，来自龟兹的五弦等外来乐器，正合《旧唐书·音乐志》中对西凉乐的概括："其乐具有钟、磬，盖凉人所传中国旧乐，而杂以羌胡之声也。"[①] 也许，正因为在西凉乐中混有大量中原汉族的旧曲，所以，西凉乐在魏周之时会被称为"国伎"。

从现存的佛教洞窟的雕刻、壁画中，可以找到一些魏晋南北朝时珍贵的音乐资料。仅在云冈、敦煌、龙门这三大洞窟中，便珍藏着不少与当时的音乐有关的艺术品。从这些雕塑和壁画中，可以对魏晋南北朝时音乐的发展得到一些直观的印象。

云冈16窟龛楣浮雕伎乐天人与供养天人

① （后晋）刘昫等撰：《旧唐书·音乐志》，中华书局1975年版，第1068页。

云冈石窟的开凿，与沙门统昙曜有关。北魏和平初年（460—465），昙曜在文成帝的支持下始在京城（今大同）西的武州塞开凿一座新的石窟寺。昙曜开凿的石窟共五所，即后人所谓的“昙曜五窟”。“昙曜五窟”的雕塑气势磅礴、粗犷洗练，各窟中均有大佛一尊，高者70尺，矮些的也有60尺。但与音乐有关的雕刻只有四例，其中两例还是后期补刻。其位置多在南壁或拱楣外。云冈早期雕塑中的伎乐形象主要是乐神乾达婆和紧那罗。乾达婆译名为香神，僧肇在其《注维摩诘经》中引其师鸠摩罗什的话说：“乾达婆，天乐神也。处地十宝山中。天欲作乐时，此神体上有相出，然后上天也。”并称紧那罗“亦天伎神也，小不及乾达婆”。此时的乾达婆手持乐器仅露出双膝以上的身体，动作谨微。紧那罗则全躯凌空，不持乐器，自由无羁。[①]

云冈石窟的中期雕塑中，有关音乐的内容渐趋丰富，十二个属于中期的洞窟中，有十一个雕刻了伎乐。所见乐器种类渐多，形式亦多变化，个体演奏与群体组合均有，除出现在龛楣内格间或龛楣拱外而外，还出现在佛传浮雕图案中或佛说法图中。尤其是在第一、二、六、七、八、九、十、十一、十二、十三窟共十个洞窟内的窟顶与壁面衔接地带，凿有气势宏伟、形式严谨的天宫伎乐列龛，其

云冈9窟飞天像（局部）

① 赵昆雨：《云冈北魏伎乐雕刻探微》，《中国音乐》1988年第3期。

中的乐器多为琵琶、筚篥及各种打击乐器。第十二窟前室高浮雕六躯伎乐天，均高达四米，如此大型的伎乐雕刻，世所罕见。

云冈晚期伎乐雕刻多为北魏迁都洛阳后留居平城的中下层官吏及普通百姓所营雕，气势虽不如前，但姿态生动、造型多变，充满生活气息。如第五十窟东壁下层化生树枝头上，雕饰呈坐姿之伎乐，想象奇特，造型大胆。同窟北壁龛下“幢倒伎”立杆旁的伴奏乐队，则更富情趣，完全是人间现实生活的生动写照。

2. 上层社会对“胡乐”的迷恋

被称为“胡乐”的少数民族音乐在此时的流行，是与当时上层社会的爱好与时尚分不开的。北魏的统治者是鲜卑族，进入中原的初期，“乐操土风，未移其俗”，待太武帝拓跋焘定河西，从北凉获得号称“秦汉伎”的西凉乐之后，曾把这混融着中原与西域风格的音乐作为“宾嘉大礼”。太和初年（477—499），主张汉化的孝文帝元宏曾召集百官群僚并寻访吏民搜寻古乐，经过大量的考证、议论，可惜“于时卒无洞晓声律者”，中原的雅乐一时找不到，“然方乐之制及四夷歌舞，稍增列于太乐”，宫廷中还是以少数民族的音乐为主，这所谓的“方乐之制及四夷歌舞”，就是指当时的地方音乐和少数民族歌舞音乐。一个著名的主张汉化的皇帝都如此，其他的一些帝王就可想而知了。

由鲜卑化了的汉人建立的北齐，胡乐非常流行，其原因便是统治者的崇尚和爱好。齐后主高纬，是一个有名的迷恋胡乐的帝王。据说，高纬自己便是一个不错的音乐家，不但会演奏多种乐器，而且还会作曲：“后主亦能自度曲，亲执乐器，悦玩无倦，倚弦而歌。”①他创作的一首《无愁曲》，“音韵窈窕，极于哀思”。他每每自己弹唱，并命阉官和宫中的胡人一起合

---

① （唐）魏征等撰：《隋书·音乐志》，中华书局 1973 年版，第 331 页。

太原娄睿墓陶俑之击鼓俑·北齐

唱，唱罢之后，所有人竟都感动得流泪："曲终乐阕，莫不陨涕。"这首乐曲，虽说是"别采新声"，但从宫中的胡人都能随之歌唱来看，估计也是胡曲或胡曲风格的乐曲。而阉官都能合唱，则说明胡乐在北齐社会上流行的程度。《隋书·音乐志》说北齐宫廷中的"杂乐有西凉鼙舞、清乐、龟兹等。然吹笛、弹琵琶、五弦，及歌舞之伎，自文襄[①]以来，皆所爱好。至河清（562—564）以后，传习尤盛。后主唯赏胡戎乐，耽爱无已。于是繁手淫声，争新哀怨"[②]。由于他的宠爱，一些伶人如曹妙达、安未弱、安马驹等人，甚至被封王开府，成为新的贵族。这些新贵"服簪缨而为伶人之事"，在中国的封建社会里，是极罕见的奇事，以至后来的史家认为北齐的灭亡与后主的"唯赏胡戎乐，耽爱无已"有着直接的关系。这些乐伎，常常是家传世袭，代代相沿，从而达到并保持了高超的艺术水平。比如出自曹国的曹婆罗门、曹僧奴、曹妙达三人，是祖孙三代，都得到帝王的宠爱。从史书上看，这些活跃在北朝宫廷中的著名乐伎，一直到隋时仍处于活动的高峰期。《隋书·音乐志》记载开皇年间龟兹乐在民间大盛的情况时，曾提到曹妙达、安进贵等人"妙绝弦管，新声奇变，朝改暮易。持其音技，估炫公王之间，举时争相慕尚"[③]，仍然是社会上最出风头的人物。

---

① 文襄为北齐世宗高澄的谥号。

② （唐）魏征等撰：《隋书·音乐志》，中华书局 1973 年版，第 331 页。

③ 同②，第 378 页。

北齐幼主高恒，是后主高纬的长子，他虽然“性懦不堪”，但在音乐才能方面，却继承了乃父之风，不但会弹胡琵琶，而且喜欢其父的作品《莫愁》。据说，他“盛为《无愁》之曲，帝自弹胡琵琶而唱之。侍和之者以百数。人间谓之‘无愁天子’”①。1971 年在河南安阳北齐骠骑大将军范粹墓出土的一个北齐黄釉瓷扁壶上，有一幅乐舞图。其中有舞者一人，吹笛者一人，弹五弦琵琶者一人，击铜钹者一人，拍掌者一人。图中乐人深目高鼻，颇有胡人之相，形象化地反映了北齐时胡乐在社会上流行的情况。

北周的情况与北齐相近，前文提到周武帝娶突厥女子阿史那氏为妻，对当时北周的文化生活产生了很大的影响，“于是龟兹、疏勒、安国、康国之乐，大聚长安”，使长安成了胡乐聚集、表演、传习的中心。更重要的是，正是从魏晋开始，到南北朝时风靡一时的胡乐在中原的流行，以及胡乐与中原音乐的融合，为隋唐时燕乐的空前繁荣创造了条件，奠定了基础。也就是在那些随阿史那氏入朝的胡人当中，有一个精通音乐理论的琵琶演奏家苏祇婆，曾经对中国的音乐发展产生了重大的影响。他于 568 年进入中原，待 582 年隋“开皇乐议”才崭露头角，以其深厚的音乐理论素养丰富了中国的乐律学理论。

周武帝宇文邕，自己也会弹胡琵琶。北齐广宁王孝珩战败被周军俘获后受到善待，有一次，周武帝在云阳宴请北齐旧臣，“自弹胡琵琶，命孝珩吹笛”。孝珩“辞曰：‘亡国之音，不足听也。’”武帝坚持让他吹，他刚刚把笛子举到嘴边，已是“泪下呜咽”，武帝只好作罢。②

假如说中国的北方当时已是胡乐的天下，那么，在中国的南方，胡乐也得到上层贵族的喜爱。比如《宋书·范晔传》称范晔“善弹琵琶，能为

① （唐）李百药:《北齐书》第 3 册，卷 8，上海古籍出版社 1986 年版，第 2521 页。
② （唐）李百药:《北齐书》第 3 册，卷 11，上海古籍出版社 1986 年版，第 2524 页。

新声”，其所弹琵琶，有可能就是当时流行的胡琵琶。南齐的郁林王也曾在后宫“列胡伎二部”，而东昏侯出行时，也在“鼓吹”之外，列有“羌胡乐”。此外，像南朝陈的大臣章昭达，“每饮会，必盛设女伎杂乐，备尽羌胡之声，音律姿容，并一时之妙”。从中皆可见南朝统治者对胡乐的喜爱。

**3. 从西域引进的乐器、乐曲**

魏晋之时，许多新的乐器与乐曲从西域传入中原，并在各种音乐家的共同努力下得到充分的发展，有许多乐器从此逐渐成为中华民族共同使用的“民族乐器”。这一时期传入中原或这一时期在中原逐渐流行的乐器主要有：筚篥、曲项琵琶、五弦琵琶、竖箜篌、卧箜篌、羯鼓、方响、铜钹等。

筚篥，即今日的管子，木制，一般有 8 至 9 孔，上端有芦苇制成的哨片。筚篥是古代龟兹语 Pi-Li 的译音，所以又有觱篥、悲篥、必栗等称。目前生活在新疆的维吾尔人仍然称筚篥为 Pi-Pi，有学者认为系古羌藏语的遗传[①]。筚篥是随龟兹乐进入中原的乐器，但其他一些西北的少数民族也都普遍使用它。在新疆石窟中，目前发现了许多魏晋南北朝时期有关筚篥的壁画，如新疆库木吐拉第 46 窟等。

曲项琵琶，即今之琵琶的前身。本来中原地区将所有抱在怀里拨弹的乐器都称为琵琶、批把，比如类似今天秦琴、阮类的乐器。“批把”二字本来有可能指的是拨弹的动作，刘熙就在《释名》中将其解释为：“推手前曰批，引手却曰把。”但先秦时已在西域出现，魏晋时已在中原流行的曲项琵琶，却不但不是中国本土的乐器，甚至也不是西域固有的乐器。目前，一些学者相信琵琶类的乐器原产于西亚和北非一带。早在公元前 4000 年，在美索不达米亚便已出现了琵琶。曹婆罗门祖孙及苏祇婆所弹的琵琶，应当就是曲项琵琶。

① 周菁葆:《丝绸之路的音乐文化》，新疆人民出版社 1987 年版，第 91 页。

①

②

③

④

① 陕西西安草场北朝墓出土歌唱陶俑·北朝·中国国家博物馆藏
② 陕西西安草场北朝墓出土弹奏陶俑·北朝·中国国家博物馆藏
③ 陕西西安草场北朝墓出土击鼓击锣陶俑·北朝·中国国家博物馆藏
④ 陕西西安草场北朝墓出土骑马击鼓陶俑·北朝·中国国家博物馆藏

五弦琵琶，又名胡琵琶，也是此时通过西域由印度传入中原的。五弦琵琶与曲项琵琶形状相近，都是梨形共鸣箱，但箱体宽窄与弦数不同。在敦煌等洞窟中，多处留有曲项琵琶和五弦琵琶的图像。

竖箜篌原本也产于北非一带，早在公元前3000年至公元前2110年古埃及即已出现。后经波斯传入西域，再传入中原。在波斯时，该器称为cǎnk，到中国后，音译而为“空侯”“坎侯”，最后写定为“箜篌”。

羯鼓是龟兹乐中最重要的乐器。在魏晋南北朝之前，中国的打击乐器以编钟、编磬为代表，都是旋律乐器。但羯鼓却是一种极易渲染气氛、音色激越、以节奏为主的打击乐器。它随龟兹乐进入中原后，风靡一时，出现了许多著名的鼓手。羯鼓用两杖相击，所以也叫两杖鼓。

方响，是北周时西凉乐中使用的一种由十六块定音铁片编排的击乐器，与中原古已有之的编钟、编磬类似但略显粗糙。铜钹，也是由古印度经西域传入中原的。

# 第三节　文人音乐的滥觞与音乐美学的发展

## 一、文人的音乐生活

### 1. 从沉浸到讴歌——文人与大自然

中国文人和艺术家对大自然的钟情，在很大程度上使各类艺术摆脱了“名教”和儒学的束缚，促成了艺术本体意识的觉醒。文艺不再是仕途的敲门砖，不再是宗庙高堂中的礼器与祭品。当中国的文人和艺术家走向自然的时候，艺术则走向了心灵，走向了自我。本来，大自然便是中国的知识分子在世道险恶时唯一的心灵归宿和避风港，但是，谁都没有想到，大自然不但安慰了乱世中的知识分子，也孕育了中国各门艺术的成熟与独立。

由于玄学与佛教的影响，中国的知识分子们在大自然的一草一木中都发现了安宁，证悟了真理。“一花一世界，一叶一菩提”，既然自然与“道”、与真理同体存在，那么，不仅自然成了一切中国艺术最基本、最常见的母题，而且，对自然界动植物的热爱、保护与“不杀生”的戒律，也便不仅仅是中国佛教徒的信条与品质，还在千百年的漫长历史中影响了一代又一代的中国人。在西方，自然作为艺术的母题，要等到启蒙主义思想家提倡“返回自然”和浪漫主义勃兴之后。而强调人与自然共生的密切关系，使社会上的大部分人认识到人不仅仅是“万物之灵”，更是大自然链条中与众生平等的一环，更要等到现代那些以保护野生动物、自然环境为己任的自然保护组织出现之后，才成为一种有影响的思潮。但是在中国，对自然的讴歌从六朝时开始，便几乎是一切艺术门类共同的追求。

从晋末到宋初，作为独立题材的中国的山水画已基本形成，以宗炳、戴逵为代表的山水画家，乐山乐水，在描摹自然的画卷中寄情达意，达到了极高的艺术境界，使山水画这一体裁在唐宋之后逐渐成为文人画的主流。山水画在此时的崛起不能说不与此时文人们的寄情山水有关。文人们在山水之中，不但发现了足以使他们流连忘返的清凉境界，更发现了一种可以代替孔老之教的精神和超人格的力量。宗炳认为“山水质有而趣灵”“山水以形媚道”[①]；顾恺之更从山水的“凄怆澄清”处，看出了“神明之居必有与立焉”[②]。他还直接从山水画中体证道家的精神，他称画中的虎丘山“含真藏古，体虚穷玄”，[③] 简直已把山水画当成了炼丹的宝鼎。

音乐上也不乏这样的例子，谢灵运不但是山水诗的代表和画家，同时也是琴乐的爱好者。白居易曾有《读谢灵运诗》，诗中对谢灵运的“壮士郁不用，须有所泄处。泄为山水诗，逸韵谐奇趣”不但表示了理解，也同时表达了中国古代几乎所有文人对自然、诗歌、政治的共同态度。谢家，是江南望族，冠盖当时。谢家人似乎有一个共同点，就是从政之余，都爱自然、爱音乐，因此出了一些著名的琴家，从谢安开始，几乎都是琴乐的爱好者。宋朱长文《琴史》卷四“谢安石”条曰：“谢安，字安石，江东名宰相也。……安性好音乐，常隐遁山林。游赏必以妓女。及晚，登台辅，虽期丧，犹用丝竹。家有名琴，后为齐竟陵王所宝。以此知太傅之工琴也。”

在当时，古琴曲中反映大自然、反映隐逸思想的乐曲之多，似可证明琴家与大自然的亲近程度。像《渔歌》《樵歌》《高山》《流水》《石上流泉》《梅花三弄》《溪山秋月》《秋江夜泊》这样的乐曲，对于任何一个与中国传统文化有着割不断的血缘关系的中国知识分子而言，都不必听这些琴曲，只需读一下这些乐曲的题目，便可以感受到许许多多大自然的气息：碧天、

---

① （南朝宋）宗炳：《画山水序》，载（唐）张彦远《历代名画记》卷 6，明津逮秘书本，第 45—46 页。

② （晋）顾恺之：《画云台山记》，载（唐）张彦远《历代名画记》卷 5，明津逮秘书本，第 42 页。

③ （晋）顾恺之：《虎丘山亭》，载（清）严可均《全上古三代秦汉三国六朝文 · 全晋文》，民国十九年影印清光绪二十年黄冈王氏刻本，第 3387 页。

秋月、夜雨、春花……我们不知道在世界音乐史上，可还有哪一件乐器的独奏曲中有如此众多的经典作品是表现自然、表现人与自然的关系、表现人对自然的欣赏与陶醉、表现大自然的无穷魅力和人的自然属性的。难道说中国的士人们对大自然有一种特殊的“情结”，有一种不可救药的、深藏在潜意识里的偏爱吗？难道说中国的古琴音乐除了大自然以外再也没有什么其他的内容可以表现了吗？的确，只有在这真实的山水之间，中国的士人们才得以与天地交融，与宇宙唱和，在碧石清涧、绿叶黄花中了悟“众缘性空”的妙理。“溪声便是广长舌，山色岂非清净身？”溪声如乐，山色如道，大自然默示着无尽的妙意，同时也牵引着无尽的乐思。假如说宗教的特质便是提升人的思想境界，使人摆脱尘世的喧嚣，得到心灵的蕴藉和安慰的话，那么实际上，从汉魏六朝开始，大自然——山水，便是许许多多中国知识分子的宗教了。

**2.“竹林七贤”与音乐**

魏晋时艺术的发展，与其时士人们生活的艺术化有着密切的关系。在此之前，在儒家的观念中，艺术的作用是“移风易俗”，是“观教化，知得失”，是“兴于诗，立于礼，成于乐”的人生修养的必要环节。因此，在魏晋之前，艺术在社会生活中所起的“教化”作用要远远超过娱乐的作用。但在魏晋之时，艺术突然冲出了礼教的樊篱，与大自然、药、酒一起，成了知识分子心灵的蕴藉和生活中不可须臾离开的东西。士人们生活的艺术化，艺术本身的生活化，不但充分发挥了艺术的娱乐作用和升华作用，使生于此世的知识分子得以在乱世之中有一点欢乐，也直接促成了魏晋艺术和艺术理论的发展。

“竹林七贤”是最好的例子。这个以其个性与才情的充分发展和人格魅力的绚烂夺目而留名百代的群体，其生活本身便充满了艺术色彩。“七贤”中最著名的是阮籍和嵇康，其余还有山涛、向秀、刘伶、阮咸和王戎。其

竹林七贤图·东晋

实，这七位名士从来也没有过统一的政治态度和统一的思想，也从没有结社或组织过什么集团。他们的思想意识、处世态度、人品道德有时还是有着很大的差异，他们的共同点，不过是都或多或少地受过玄学的影响，都对当时的政治黑暗感到不满，都热爱大自然和艺术。在“竹林七贤”的生活中，酒与音乐是必不可少的东西。在山阳（今河南修武县）婆娑摇曳的竹林中，他们饮酒、弹琴、歌啸，用艺术来安抚心灵、抒情达志、寄托精神、充实生活。

阮籍（210—263），字嗣宗，因曾任步兵校尉，后世遂称“阮步兵”，他出身于文艺世家，其父阮瑀为东汉文坛上著名的“建安七子”之一，曾在曹操的酒宴上“抚弦而歌”，是一个不错的琴家。阮籍也是琴家，并善歌啸，他著名的“咏怀诗”中，开篇便有“夜中不能寐，起坐弹鸣琴”之句。史载“籍本有济世志，属魏晋之际，天下多故，名士少有全者。籍由是不

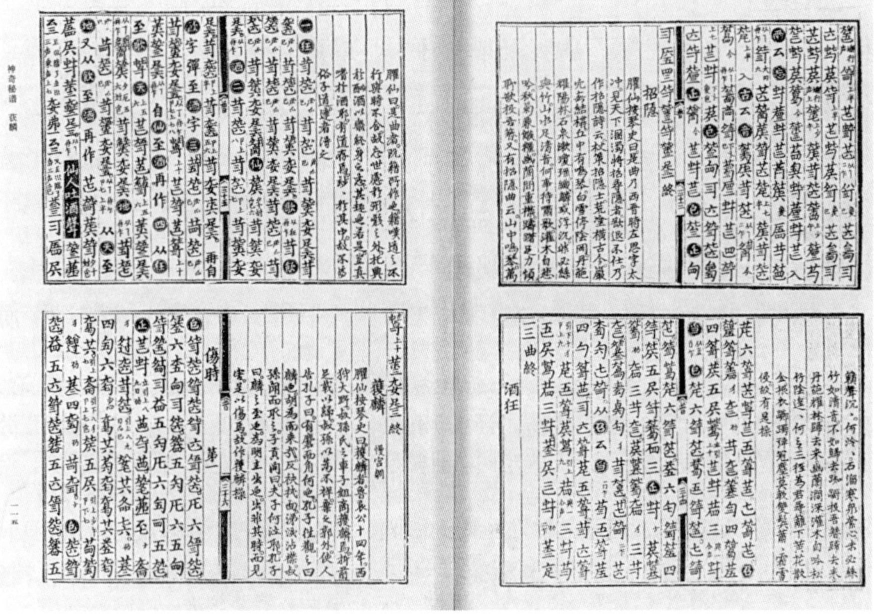

《神奇秘谱》中琴谱《酒狂》· 中国艺术研究院图书馆藏书

与世事，遂酣饮为常”[①]。他的大醉六十天、“青白眼”和“口不臧否人物”都很著名，而他的音乐创作，则更具精神价值和文化价值。阮籍作曲的琴曲《酒狂》，一直流传至今。[②] 明朱权在《神奇秘谱》的“解题”中说：“是曲也，阮籍所作也。籍叹道之不行，与时不合，故忘世虑于形骸之外，托兴于酗酒，以乐终身之志。其趣也若是，岂真嗜于酒耶？有道存焉。妙在于其中，故不为俗子道，达者得之。”后世琴家姚丙炎打谱的《酒狂》立意新颖，节奏罕见，用三拍子的旋律生动形象地表现了大醉不醒的名士蹒跚的步态和眼中摇荡的世界。

---

① （唐）房玄龄等撰：《晋书 · 阮籍传》，中华书局 1974 年版，第 1360 页。

② 《神奇秘谱》（1425）、《风宣神品》（1539）、《重修真传》（1585）等多部琴谱。

嵇康（223—262），字叔夜，因曾官拜“中散大夫”，故世称“嵇中散”。他在“竹林七贤”中无疑最有才华、最具人格魅力，同时又最有独立意志。这位正直、洒脱，极富理想主义、反叛精神和个性色彩的大艺术家，这位集诗人、音乐家、画家、思想家、美学家于一身，生活在那个流淌着血与火却至今仍令每一个有浪漫气质的人悠然神往的魏晋时代的天才，这位代表了中国历代知识分子独立人格与自由主义理想精神的“竹林七贤”中的佼佼者，在中国官方史书“二十四史”中的《晋书》本传中，便被称为“多异志”“有奇才”“学不师授，博览无不该通”。他不但在思想上是那个时代最深刻、最具批判精神的精英人物；在行动上，也称得上是当时士人中最富献身精神、最有气节和政治操守的一个。他口“非汤武而薄周孔”，身“越名教而任自然”，玉树临风、傲岸不群。艺术是他生活中最重要的一部分，他是一个杰出的画家，曾画有《狮子击象图》《巢由图》传世，他的音乐创作也堪称传世名作。他创作的琴曲《长清》《短清》《长侧》《短侧》，被后世的琴家称为“嵇氏四弄”，一直流传至今。他视富贵如粪土，将琴、酒看成生命中最宝贵的东西。他在《与山巨源绝交书》中自述：“今但愿守陋巷，教养子孙。时与亲旧叙阔，陈说平生，浊酒一杯，弹琴一曲，志愿毕矣。”因为他生前最爱弹琴曲《广陵散》，对这首“声调绝伦”的乐曲过于珍爱，视如生命，“誓不传人”，以致他虽能舍生取义，将人格与音乐置于生命之上，以一种只有参透了生死大事的殉道者才能有的平静、尊严、超脱的态度直面死亡，临刑前“顾视日影，索琴弹之”，在他的崇拜者——三千太学生面前开了一场真正的“告别音乐会”，却不得不在最后一刻，留下他此生唯一的遗憾：“《广陵散》于今绝矣！”

阮咸是阮籍的侄子，也是一个音乐家。据说当今仍流行于世的民族弹拨乐器“阮咸”（一般简称“阮”），便是唐武则天时人根据当时出土的“竹林七贤”画像上阮咸所持乐器命名的。在“竹林七贤”的画像上，他怀抱

"阮咸"，潇洒倜傥，一派名士风流的样子。假如说酒是可以使这些隐匿在竹林之下的贤者们暂时忘却生的烦恼和社会黑暗的灵丹的话，那么，音乐与艺术，便是使他们升华情志，得以感受生之欢乐并向他们展现光明与崇高的妙药。

3. "无弦琴"之唱——陶渊明与音乐

陶渊明（365—427），是晋、宋时著名的诗人，又名潜，字元亮，私谥靖节。浔阳柴桑（今江西九江西南）人。陶渊明的曾祖父是东晋的开国元勋，官至大司马，封长沙郡公，其祖父、父亲也都曾官为太守，但因其父早死，家道中衰，少而贫病。他自幼"好读书""不戚戚于贫贱，不汲汲于富贵"。年轻时，他也像一切青年知识分子一样，有一种"治国平天下"的志向。他曾自诩"忆我少壮时，……猛志逸四海"。但当他真的步入仕途之后，却深切地感受到自己"少无适俗韵，性本爱丘山"的个性与官场的冲突、矛盾。他 29 岁时初为江州祭酒，但"不堪吏职，少日自解归"。在身心的自然、自由与为衣食而忧的两难境地中，他一直痛苦地在入仕与归隐之间徘徊。晋安帝义熙元年（405），他 41 岁，任彭泽令。一日，因郡督邮来县视察时要他整装"束带"来见，他说："吾不能为五斗米折腰，拳拳事乡里小人邪！"[①] 于是自解印绶，去职归田。他初归田里时，虽与其妻参与耕作，但其时家有童仆，可知家境尚可。他脱却樊笼，复归自然，日日与诗、书、琴、酒为伴。后来，家遭大火，林室尽焚，连栖身之地都没有了。从此，他的生活日益贫困，终于于元嘉四年（427）冬天死于贫病之中。在他生前，虽然有摆脱贫困的机会，但他为维护人格的完整，高傲地拒绝了。

魏晋时文人"左琴右书"，音乐是文人必需的修养。陶渊明自称"少学

---

① （唐）房玄龄等撰：《晋书・陶潜传》，中华书局 1974 年版，第 2461 页。

琴书”[1]，自幼便对古琴音乐有着很好的修养。就像嵇康“浊酒一杯，弹琴一曲，志愿毕矣”一样，他也曾有“悦亲戚之情话，乐琴书以消忧”的诗句[2]，将“清琴横床，浊酒半壶”当成生活的理想模式。但是，与其他琴人不同的是，他常常并不亲自操琴，甚至并不备真正可弹奏的琴，而只是在饮酒至微醉时抚弄一张根本就没有张弦的琴，以致许多人以为他不会弹琴。《晋书·陶潜传》即说他：“性不解音，而蓄素琴一张，弦徽不具，每朋酒之会，则抚而和之，曰：‘但识琴中趣，何劳弦上声。’”[3]其实，自幼学琴，一生离不开诗、书、琴、酒的陶渊明，怎么可能不会弹琴呢？晋崔豹《古今注》说：“陶渊明读书不求甚解，又蓄素琴一张，弦索不具，曰‘但识琴中趣，何劳弦上声’，此二事正是此老得处。俗子不知，便谓渊明真不着意，此亦何足与语！”

古往今来，以音乐言情寄志的文人不在少数，但常常拂弄一张根本不会发声的乐器，并且从中得到乐趣的，却只有陶渊明一人。奇怪的是，对他的这种表面上怪诞的行为，中国的文人们却不但给予了充分的理解，甚至表现了极大的敬意。这是因为，在中国，道家的哲学与儒家的哲学一样强烈、深刻地影响着中国的文人。老子的“大音希声”，庄子的“无声之中，独闻和焉”，虽然是中国古典音乐美学中最精彩、最有魅力的部分，但在音乐实践中，却始终只是一个抽象的理念。对于绝大部分中国的文人来说，一直只能是一个遥远的、可以感觉到但却在现实生活中无法企及的境界。因此，陶渊明的“行为艺术”，在中国文人的眼里，不但不是对音乐的否定，反而在最深层、最本质的意义上阐发了音乐的精神，揭示了音乐的

---

① 陶潜:《与子俨等疏》，载萧统《陶渊明集》，转引自蔡仲德《中国音乐美学史》，人民音乐出版社1995年版，第550页。

② 陶潜:《归去来辞》，载萧统《陶渊明集》，转引自蔡仲德《中国音乐美学史》，人民音乐出版社1995年版，第554页。

③（唐）房玄龄等撰:《晋书·陶潜传》，中华书局1974年版，第2463页。

意义。从这样一个角度出发，从来不需要把琴弹出声来的陶渊明，其实是一个真正的音乐家，只不过，他的音乐，或者说是他头脑里的音乐，仅仅供他自己欣赏而已。

## 二、文人音乐的代表——琴乐

### 1. 琴乐在三国两晋南北朝时发展的原因

琴，后世也称七弦琴、古琴，是中国最具代表性的乐器，具有悠久的历史。在周时，琴已在庙堂和民间广泛使用。但迄今考古发现的上古琴，其形制都与现今流行的古琴不同，是一种带长尾的半箱体弹奏的弦鸣乐器，有 7 至 10 根弦。如 1978 年湖北随县曾侯乙墓出土的战国早期十弦琴，1980 年湖南长沙五里牌出土的战国晚期彩绘琴（可能为 9 弦或更多）。到汉代，琴的形制已与后世大体相同，如西汉马王堆墓出土的琴，已是七弦，但面板上还没有后世琴上的十三枚琴徽。魏晋之时，琴乐得到了空前的发展。首先是琴的形制逐渐定型为后世所熟知的全箱式琴体，其上标有

敦煌辛店台晋墓操琴图画像砖·晋

十三枚琴徽。西汉的枚乘（？—前140）在《七发》[①]中已提到一种用“珥”做的叫作“约”的东西，近人认为这个东西“在这里相当于徽”[②]。嵇康的《琴赋》中“徽以钟山之玉”的句子，则清楚地说明其时的琴已有琴徽。在南京西善桥等地出土的南朝画像砖上，有多幅“竹林七贤”与荣启期的弹琴图。其形制已与后世之琴没有多大的差别，不但是全箱式琴体，且有明显的额、颈、肩、腰，从琴侧已可清晰地看到星点般的十余个琴徽。但是，迄今为止还没有此时的实物琴出土。在传世的琴中，有两张现存台北故宫博物院的琴曾被称为“晋琴”，一张是有“孙登”款的“天籁”铁琴；一张是有“升平二年王徽之斲”题字的名琴，但已有专家指出这两张琴俱非晋琴，而是元、明两代的伪作。[③]

琴乐在魏晋南北朝时的空前繁荣与发展，除了形制的定型及技术的提高外，还有着充分的社会原因。纵观中国历史，在中原大地上，从来也没有过一个时代像此时这样同时并存过这么多的民族政权。这是一个真正的乱世，人的命运甚至生命，就像水上风中的浮萍一样漂流不定。在许多年里，整个黄河流域都是一个大战场。各民族的统治者对下层人民的残酷剥削和不同民族间的血腥仇杀，更使各族人民长期生活在水深火热之中。这种残酷的社会现实，促使艺术家对人生的思考趋于深刻，也促使文人们远离政治中心，躲到音乐中去。在政治的高压下，他们希望如仲长统在《昌言》中所说的那样，能够“逍遥一世之上，睥睨天地之间。不受当世之责，永保性命之期”。在当时的黑暗政治下，保存生命，成了首要的事情。而佛教的流行，最终促成了社会风气从崇尚清谈到寄情山水的转变。于是，山水诗、山水画与表现大自然的音乐便蔚然成风。这种世风的转变，是“魏

---

① 《六臣注文选》卷34，中华书局1987年版，第636页。

② 李纯一：《中国上古出土乐器综论》，文物出版社1996年版，第453页。

③ 郑珉中：《对两张“晋琴”的初步研究》，《故宫博物院院刊》1991年第4期。

晋天下多故，名士少有全者”的社会现实所引发的必然结果。当“踌躇畦苑，游戏平林，濯清水，追凉风，钓游鲤，弋高鸿，风乎舞雩之下，咏归高堂之上”① 的生活方式成为大部分士人的追求时，一种最适合知识分子自我陶醉或三五知己互相欣赏的琴乐，便自然而然地成了文人的选择。魏晋之后，音乐与山水，成了知识分子心灵的避风港和最后的归宿。而文人所钟情的琴，则在充分吸纳了中国知识分子的智慧、才华的同时，也同样充分地表达了他们的心胸、襟怀、理想、慕恋，以及他们的牢骚、不满、愤懑之情。如果说先秦时的琴乐还是“礼”的附庸，因而琴曲的内容以表现儒家的理想、情操为主，多见诸如《思贤操》《文王操》等一类乐曲的话，那么，魏晋之后，古琴音乐迎来了中国历史上第一个“为艺术而艺术”的时代。琴乐，从“礼”的附庸变为“人”与“人性”的讴歌，成了中国知识分子抒发性灵与情感的利器。

琴特殊的构造、形制、音色、音量，使它不可替代地成了中国文人生活中最重要的伴侣。对于讲究“左琴右书”的知识分子来说，首先，它的构造是他们骨子里所崇尚的儒家学说的种种象征。比如琴的七根弦，其中的宫、商、角、徵、羽五音，被认为是分别代表着君、臣、民、事、物；而另外据说是周文王与周武王增加的两弦，则代表着文、武。上面弧形的面板与下面平直的底板，代表着“天圆地方”。琴腹中的两个支撑用的柱，也称“天柱”“地柱”，而且，“天柱”圆，“地柱”方。底板上的两个出音孔，一个叫“龙池”，一个叫“凤沼”。琴身分头、颈、肩、腰，以象征“人”，与天、地一起，构成天、地、人“三才”，等等。而琴清、幽、淡、雅的音色与只适合自己和少数人欣赏的不大的音量，也正适应文人孤芳自赏的性格特征和不与社会同流合污的行为方式。在那样一个时代，正好碰

① （东汉）仲长统：《昌言》，载《后汉书 · 列传》，中华书局 1965 年版，第 1644 页。

上那样一群希望在音乐、诗与山水中保持自我的知识分子，于是，琴乐的发展便成了顺理成章的事。

2. 永垂青史的文人音乐家

魏晋南北朝时期，出现了许多著名的文人琴家，女琴家蔡琰（177—?）便是其中的一个。蔡琰，字文姬，是东汉大文人、琴家蔡邕的女儿。据说，她自幼“博学有才辩，又妙于音律”。她六岁那年，有一天蔡邕在深夜弹琴，琴弦忽然断了。在隔壁的文姬立刻知道断的是第几根弦。蔡邕故意又弄断别的弦考她，竟都难不倒她。文姬命运多蹇，在汉末的战乱中，她先被董卓的手下掠走，后辗转流落匈奴，为匈奴左贤王生了两个孩子。建安十二年（207），她才被其父的老友曹操赎回。“文姬归汉”的故事，在中国几乎是家喻户晓。回到故国后，她遵曹操之嘱凭记忆追录了其父散佚的作品四百多篇。托名是她的诗作的《胡笳十八拍》以及唐时流行的琴曲《大胡笳》《小胡笳》，南宋后出现的与其诗作同名的琴曲《胡笳十八拍》，就是以她悲惨的生活经历为主题的艺术作品。

魏晋时的阮氏家族，连续三代都出了著名的琴家。“建安七子”之一的阮瑀，据说就“善解音，能鼓琴”[①]，曹操“雅闻瑀名”，想召他做官，但“辟之不应”，为了躲避曹操的逼促，阮瑀逃入山中。曹操使人焚山，才得到阮瑀。一次，曹操大宴宾客，因为恼怒阮瑀不和他说话，便“使就伎人列”，让阮瑀和伶工伎女排在一起，以羞辱他。阮瑀“遂抚弦而歌”，即兴创作了一首词义可作双重理解的歌曲，表面上歌颂“奕奕天门开，大魏应期运”，但接着就唱“青盖巡九州，在东西人怨”，指出民存怨恨的社会现实。阮瑀还借机“教训”曹操“士为知己死，女为悦者玩”，只要你“恩

① （西晋）陈寿撰，（南朝宋）裴松之注:《三国志·魏志·王粲等传》，中华书局1959年版，第600页。

义苟敷畅，他人焉能乱”，告诫曹操只有以恩义治国，才能安定。因为他“为曲既捷”，又“音声殊妙”，所以，曹操当时竟没有听出他的话中话，以“太祖大悦”结束了这次宴会。

阮瑀的儿子阮籍、孙子阮咸，以及“竹林七贤”中的嵇康，也都是优秀的琴家。此外，魏晋时还有一些著名的文人武将如左思、刘琨，据说也都善琴。左思，字太冲，是西晋著名文学家，泰始八年（272）前后迁居洛阳，太安二年（303）后移居冀州，数年后病逝。他幼时学书与琴，“并不成”，都学不好。有一次，他父亲以伤心的口吻和朋友谈到他，说：“思所晓解，不及我少时”，感叹“一代不如一代”。左思听到后大受刺激，从此发愤，终成大器。[①] 他所写的《三都赋》，众人争相传抄，竟造成京都纸张缺乏，留下“洛阳纸贵”的美谈。明代成书的《神奇秘谱》中收有《招隐》一曲，在解题中全文引录了他的诗作《招隐》，同被收进《神奇秘谱》的还有《秋月照茅亭》《山中思友人》两首琴曲，也被认为是他的作品。刘琨（271—318），字越石，是西晋著名的将领。据说，他在被胡人包围时，曾仿效楚汉战争时“四面楚歌”的典故，吹奏胡笳，引起胡人的思乡之情，从而解围。他还创作了《胡笳五弄》，包括《登陇》《望秦》《竹吟风》《哀松露》《悲汉月》五曲。在现存最早的唐人手抄本古琴谱《幽兰》的后面，列有这五个曲目，可惜只有名目，没有留下乐谱。

从东晋到南朝，有一个世代出琴人的戴氏家族。戴逵，字安道，《晋书》中称他“少博学，好谈论，善属文，能鼓琴，工书画。其余巧艺靡不毕综”[②]。他对当时的社会深恶痛绝，“常以琴书自娱”，而隐逸不仕。太宰武陵王司马晞听说他善鼓琴，派人去请他，他把琴摔碎，说：“戴安道不为

---

① （唐）房玄龄等撰：《晋书·文苑》，中华书局 1974 年版，第 2376 页。

② （唐）房玄龄等撰：《晋书·隐逸》，中华书局 1974 年版，第 2457 页。

王门伶人！”表现了一个知识分子崇高的气节操守。但当司马晞转请戴逵的哥哥戴述时，“述闻命，欣然拥琴而往”，完全是一副受宠若惊的奴才相。戴逵虽然终生隐逸山野之中，却并没有忘记教育自己的儿女。他的儿子戴勃、戴颙，都成为著名的琴家。《宋书·隐逸传》说他们：“父善琴书，颙并传之。凡诸音律，皆能挥手。”但是，因为戴逵在戴颙16岁时故去，戴颙兄弟不忍心弹其父所传之曲，于是，“各造新弄。勃五部，颙十五部。颙又制长弄一部，并传于世”。戴颙兄弟不但学得父亲的琴艺，也学得了其父的隐逸之风。衡阳王义季曾随戴颙的联姻张邵去他隐居的地方看他，他“服其野服，不改常度”，用琴声招待客人，“并新声变曲，其三调《游弦》《广陵》《止息》之流，皆与世异”[①]。

宗炳，字少文。与戴颙一样，也是一个“妙善琴书，精于言理，每游山水，往辄忘归”的隐逸之士。他好山水，爱远游，曾西涉荆巫，南登衡岳。晚年“老疾俱至”，不能再登临览胜，便以琴、画寄情。他“凡所游履，皆图之于室”，不但把自己过去游历过的好山好水都凭记忆画下来挂在墙上，还一边欣赏自己的画作，一边弹琴。他豪迈地说：“抚琴动操，欲令众山皆响。”[②]将绘画、音乐与生命交融一体。有一首古曲叫《金石弄》，是东晋望族桓氏的传家之曲，但“桓氏亡，其声遂绝”，只有宗炳会弹此曲。后来，宋太祖刘义隆（文帝）派了一个叫杨观的宫廷乐师专门去找他学习此曲。

南朝时还有一个柳氏家族，也是一个古琴世家。柳世隆“少有风器”，虽位居尚书左仆射、尚书令等高位，但“在朝不干世务，垂帘鼓琴，风韵清远”。他“善弹琴，世称柳公双璅为士品第一”。在他身上，有着浓郁

① （南朝梁）沈约撰：《宋书》，中华书局1972年版，第1530页。
② 同①，第1532页。

的魏晋文人的气质，他对自己的评价是："马槊第一，清谈第二，弹琴第三。"[①] 他的儿子柳恽，也是著名的琴家。柳恽曾向当时著名的琴家嵇元荣和羊盖学琴，深得真传，其技艺达到甚或超过了其师的水平。而嵇元荣和羊盖都是戴逵的学生，可以认为从戴逵开始的这一琴学流派在南朝有着很长久的影响。此外，北魏的柳谐，也有很大的影响，当时许多的士人都争相向他学习。

**3.《广陵散》《梅花三弄》与《碣石调·幽兰》**

文人对琴乐的喜爱与参与，极大地促进了琴乐的发展。在中国历史上，从来没有一种乐器像琴一样得到过这么多知识分子的青睐，也从来没有过一种乐器像琴一样能超越乐工与伶人的局限，打破阶级的樊篱，在整个知识分子阶层普遍流传。琴，既不像钟磬那样在庙堂之中守着寂寞，也不像胡琴那样难登"大雅之堂"。可以这样说，中国文人在琴身上寄托了自己的理想、志趣、精神，同时，又赋予了琴以独特的、超凡脱俗的品格和魅力。

文人音乐家的精神、素养和创造力，首先极大地丰富了琴曲的创作。前文中提到的《酒狂》《广陵散》，就是此时出现或流传的名曲。《广陵散》的出名，在很大程度上是因为嵇康，因为嵇康临刑前"《广陵散》于今绝矣"的断语。但实际上，《广陵散》在嵇康之前即已出现，在嵇康死后，也一直没有失传。据学者考证，《广陵散》至迟在东汉已出现。三国时应璩（190—252）的《与刘孔才书》中，已有"听《广陵》之清散"的句子，说明其时已有该曲。在《古今乐录》中，记录了南北朝相和曲中"但曲"的曲名，其中也已有《广陵散》的名目。隋唐之时，经李良辅、吕渭等人的加工、丰富，从三十三拍、三十六拍，逐渐发展到现在的四十五拍，见

---

① （南朝梁）萧子显：《南齐书》卷 24，载《二十五史》第 3 册，上海古籍出版社 1997 年版，第 1959 页。马槊为当时的一种兵器。

于明代成书的《神奇秘谱》《西麓堂琴统》等琴曲集。自古以来，人们在理解《广陵散》的内容时，总要提到《聂政刺韩王曲》。

在据说是由蔡邕所作的《琴操》中，曾记载了《聂政刺韩王曲》的内容。《琴操》是我国现存最早的一部记述古代琴曲内容的专门著作，其中记录了汉以前的47首琴曲的内容提要。在讲到《聂政刺韩王曲》时，书中说这个曲子是聂政所作。聂政的父亲因为为韩王铸剑“过期不成”被杀，聂政在山中学琴10年，“漆身为厉，吞炭变其音”，并用石块击落自己的牙齿。他在相信“人莫知政”，再没人能认得出来的时候，“鼓琴阙下，观者成行，马牛止听，以闻韩王”。最后，当韩王召他入宫弹琴时，他抽出藏在琴中的利刃，刺死韩王，为父亲报了仇。为了不连累母亲，他自杀前“自犁剥面皮”，让人无法知道他的身份。他母亲听说此事后，却对众人们说，他就是聂政，他怕连累我，“乃自犁剥面”，我怎么能因为自己“而不扬吾子之名哉?”竟抱尸痛哭至死。《广陵散》曲中的小标题，有《井里（聂政故乡）》《取韩》《冲冠》《投剑》等，完全与此故事内容相同，而且，自古至今，琴家们都把《广陵散》与《聂政刺韩王曲》视为异名同曲。

这个悲壮的故事，这个以弱者的身份向统治者复仇的故事，这个充满着人性与舍身精神的故事，在两千多年的时间里，不但一直被儒者中具有叛逆思想的人视为激动人心的传奇和正义的张扬，不但一直被当成某种社会压抑和民愤的发泄孔道，而且，表现这个故事的琴曲，自其问世以来，也一直被大多数琴家所重，并成为区别真正的艺术家与封建主义卫道士的试金石。宋代的大儒朱熹曾说：“琴家最取《广陵散》操。以某观之，其声最不和平，有臣凌君之意。”[①] 明代的宋濂也认为《广陵散》“其声愤怒躁急，不可为训”。但是，这首中国传世古琴曲中唯一一首表现弱者反抗暴君，具

---

① （清）程川:《朱子五经语类》卷45，清文渊阁四库全书本，第354页。

有杀伐之气的作品，却因其具有人民性和独特的风格、技巧，一直在民间琴家间代代相传。值得庆幸的是，嵇康临刑前“《广陵散》于今绝矣”的话，并没有真的应验。

现存的《广陵散》的最早曲谱，见于明代朱权编《神奇秘谱》。这首气势宏大的乐曲，有着同样宏大的曲体。全曲共分45个乐段，分“开指”“小序”“大序”“正声”“乱声”“后序”六个部分。音乐中既有对乐曲中主人公同情、赞颂的感情抒发，又有对这场壮烈悲剧过程场面的刻画；既有舒缓、沉郁的抒情段落，又有激昂慷慨、纷披灿烂、戈矛纵横的高潮。

《梅花三弄》，相传原为东晋名将桓伊创作的笛曲，桓伊“善音乐，尽一时之妙，为江左第一”。在《世说新语·任诞》中有这样一则故事：

> 王子猷（徽之）出都，尚在渚下。旧闻桓子野（伊）善吹笛，而不相识。遇桓于岸上过，王在船中，客有识之者，云是桓子野。王便令人与相闻云：“闻君善吹笛，试为我一奏。”桓时已贵显，素闻王名，即便回，下车踞胡床，为作三调。弄毕，便上车去，客主不交一言。

两个大名士王徽之与桓伊彼此闻名，但不相识。待邂逅于途时，王不揣冒昧，单刀直入，请桓为其吹笛。桓既不推辞，也不客套，“即便回”，下车便吹，吹罢，上车便走，彼此竟不交一言！两位高士都是满腹经纶的才子，彼此景仰，又在那样一个以清谈之风著称于世的时代，没有玉柄麈尾，相识恨晚，而是“下车踞胡床”，说吹就吹，一个吹，一个听，乐罢分手。桓伊如果认为王徽之不懂音乐，根本不会下车专门为王演奏。二人的“不交一言”，实在只是二人真正懂音乐的表现。音乐就是音乐，音乐之外，别无音乐。一个吹完了，一个听完了，功德圆满，还说什么呢？再说一字，便是多余；再说半句，便是废话。而且，这两位真正的“爱乐者”，其时一位官至“骑兵参军”[1]，一位“已贵显”，官至“大将军”。他们在音乐的交往中，忘掉世俗的“身份”，抛开世俗的“礼仪”，至情至性，通脱潇洒，的确是魏晋风骨。

桓伊吹奏的这首乐曲，据说就是《梅花三弄》。大约在唐朝的时候，有人把它移植为琴曲。乐曲通过对在风雪中摇曳的梅花的描写，歌颂了梅花傲寒凌雪、清幽高洁的品格。因为乐曲中将一个旋律在不同的徽位、不同的高度重复了三遍，所以被称为“三弄”。

《碣石调·幽兰》，是目前我国已知发现最早的古代乐谱。该乐谱为手抄本卷子，卷首与卷尾都标明曲名《碣石调·幽兰》，谱前的小序说明，该谱是南朝人丘明（493—590）所传，并说：“丘公字明，会稽人也。梁末隐于九嶷山。妙绝楚调，于《幽兰》一曲，尤特精绝。”原件原藏日本京都西贺茂神光院，现在存于东京国立博物馆。

这件乐谱属于较早期的文字谱，是通过汉字描述弹琴手法及标明徽位来记录音乐的记谱法。如左手按某弦某徽位，右手用何种指法弹此弦，等等。因为徽位是固定的，所以任何曲调的音高及旋律走向都可以记录下来。而通过师承及经验的积累，乐曲的某些节奏，也有可能在不同程度上涵括其中。据蔡邕《琴操》的说法，《幽兰》的作者是孔子。他周游列国但得不到施展抱负的机会，路经幽谷，见兰花而有所感，于是创作此曲以寄托怀才不遇但孤芳自赏的心情。至于“碣石调”的问题，目前学术界尚有不同理解。但大部分学者相信“碣石”与相和歌中曹操的作品《步出夏门行·观沧海》中“东临碣石，以观沧海”的“碣石”有关。《南齐书·乐志》说：“魏武帝辞，晋以为《碣石舞歌》，诗四章，此是其中一章。”[2]这

① 朱长文:《琴史》卷 4“王子猷”条，载《乐圃琴史校》卷 4，中国音乐研究所 1959 年版，第 3 页。

② 《南齐书·乐志》，中华书局 1974 年版，第 193 页。

虽然说的是晋代的舞曲，但现存古琴曲《碣石调·幽兰》，也分为四个段落，在每一个段落后都注明“拍之大息”或“拍之”。由此观之，古琴曲《碣石调·幽兰》的确与魏晋南北朝时的相和歌有某种联系。

## 第四节　宫廷音乐与律学

### 一、乱世中的雅乐

#### 1.“礼崩乐坏”——连年战乱中的雅乐

中国的雅乐传统，来自西周。但春秋时，已礼崩乐坏。汉时，虽然还有世袭的乐官家族保存了雅乐的音乐，但已经不能从理论上阐明音乐的意旨了。班固在《汉书·礼乐志》中说：“汉兴，乐家有制氏，以雅乐声律世世在太乐官。但能纪其铿锵鼓舞而不能言其意。”[①]到东汉时，其传统已遭到更大的破坏。但是，“复兴雅乐”的理想与尝试，却始终贯穿中国封建社会的始终。虽然在大多数情况下，这种“复兴”只是儒家子弟们心中的梦想和口头的说辞，但当客观条件较好而恰逢上层统治者醉心于音乐时，则会有不同程度的成功。汉明帝在永平年间“复兴”雅乐的努力，便在后世许多儒者的心中是一种楷模和理想。在东汉之后，一般的论乐者只要提到雅乐，几乎都要谈到明帝时雅乐“回光返照”式的兴盛。

汉明帝刘庄，是东汉光武帝的第四子。据说自幼聪颖超人，“十岁能通

① 《汉书·礼乐志》，中华书局 1964 年版，第 1043 页。

《春秋》，光武奇之”[①]。在他即位后的第二年，他以祭祀光武帝的机会恢复了荒废已久的宫廷礼乐制度。据《后汉书·明帝纪》载：

> 二年春正月辛未，宗祀光武皇帝于明堂。帝及公卿列侯始服冠冕、衣裳、玉佩、絇履以行事。……礼备法物，乐和八音。咏祉福，舞功德，班时令，敕群后。事毕，升灵台，望元气，吹时律，观物变。……封泰山，建明堂，立辟雍，起灵台……冬十月壬子……升歌《鹿鸣》，下管《新宫》，八佾具修，万舞于庭。
>
> 三年……秋八月戊辰，改《大乐》为《大予乐》。……冬十月，蒸祭光武庙，初奏《文始》《五行》《武德》之舞。
>
> 十年……闰月甲午，南巡狩，幸南阳，祀章陵。日北至，又祠旧宅。礼毕，召校官弟子作雅乐，奏《鹿鸣》，帝自御埙、篪和之，以娱嘉宾。[②]

汉明帝能够暂时有限地恢复礼乐，既有外部环境的原因，也与他本人有一定的音乐素养，会演奏埙、篪等乐器有关。仅仅因为他在位时对雅乐的重视，便足以使那个时代在后代儒生的眼里变得颇有光彩。“炎汉中兴，明皇帝即位，表圭景而陈清庙，树槐阴而疏璧流。祀光武于明堂，以配上帝……自斯厥后，礼乐弥殷。”[③]这样的描述，是后世儒者与史家对这一时期的标准评价。这一时期的雅乐，包括了许多方面的内容，其中有祭祀“天神”的“五方之乐”；有祭祀先祖的“宗庙之乐”；有祭祀土地“田祖”的“社稷之乐”；还有在国家教育机构演奏的“辟雍之乐”，这是“雅乐”的“正

① （汉）班固：《后汉书·明帝纪》，中华书局 1965 年版，第 772 页。

② 同①，第 773 页。

③ （唐）房玄龄等撰：《晋书·乐志》，中华书局 1974 年版，第 676 页。

宗”。此外，还有被称为“黄门之乐”的宴乐和叫作“短箫之乐”的军乐。①

可惜的是，这些昙花一现的雅乐在东汉末年的战乱中遭到极大的冲击。“及黄巾、董卓乱后，天下丧乱，诸乐亡缺。”②当东汉的社稷与皇帝的生命都难以保障的时候，宫廷音乐的“亡”与“缺”，亦是在所难免。当时，大批的宫廷乐工在战争中死亡，偶有保全性命的，也逃亡四散，隐匿民间。如果没有一个在乱世中仍不忘文化的权势人物愿意挽救雅乐衰落的命运并能找到一个侥幸未死的音乐大家的话，那么，三国时连绵不断的、残酷的战争，将彻底断绝中国有着悠久历史的雅乐。

208 年 8 月，占据荆州的大军阀荆州牧刘表去世。9 月，曹操破荆州，刘表的儿子刘琮投降曹操。而此时，原东汉朝廷掌管雅乐的最高行政长官杜夔恰巧正在荆州避难。曹操得到杜夔，可能是他攻克荆州的最大收获。正是这个杜夔，不但使其后魏国的宫廷音乐得以建立，同时，也使中国古老的雅乐传统在中国北方得以延续。

### 2. 杜夔与雅乐

杜夔，③字公良，河南人。他因为“知音”而成为东汉政府掌管音乐的最高行政长官——雅乐郎。188 年，正是黄巾起义此起彼伏之时，他以病为由辞去官职。第二年，董卓入洛阳，废少立献，专制朝权。杜夔到荆州躲避战乱。当时的荆州牧刘表和其他的军阀一样，也都怀着趁乱自立的政治野心。刘表以“为汉主合雅乐”的理由命令他和孟曜整理雅乐。待整理

---

① 《晋书 · 乐志》:“永平三年（60），官之司乐改名‘大予’，式扬典礼，旁求图谶，道邻《雅》《颂》，事迩中和。其有五方之乐者，则所谓‘大乐九变，天神可得而礼’也。其有宗庙之乐者，则所谓‘肃雍和鸣，先祖是听’者也。其有社稷之乐者，则所谓‘琴瑟击鼓，以迓田祖’者也。其有辟雍之乐者，则所谓‘移风易俗，莫善于乐’者也。其有黄门之乐者，则所谓‘宴乐群臣，蹲蹲舞我’者也。其有短箫之乐者，则所谓‘王师大捷，令军中凯歌’者也。”

② 《魏书 · 乐志》，载《二十五史》第 4 册，中华书局 1973 年标点本，第 2826 页。

③ 以下有关杜夔的资料，俱见《三国志 · 魏志》，中华书局 1959 年版，第 806—807 页。

雅乐的工作完成后，刘表“欲庭观之”，打算按雅乐正式演出的规格、场面观看雅乐，过一过皇帝瘾。没有想到，这位东汉的前“雅乐郎”杜夔却给了刘表一个软钉子。杜夔抓住刘表曾自称“不为天子”的话说：“今将军号不为天子，合乐而庭作之，无乃不可乎？”刘表只得作罢。

208年，曹操破荆州，刘表的儿子刘琮率部投降曹操，这其中也包括杜夔。于是，这位“善钟律，聪思过人，丝竹八音，靡所不能”的人才因而得遇曹操。曹操在戎马倥偬中任命杜夔担任“军谋祭酒，参太乐事”，命令他创制雅乐。这时的曹操，可谓“挟天子而令诸侯，思一戎而匡九服”，大有削平天下、经天纬地的气派。他希望能将代表帝王、代表正统、代表权力的雅乐恢复起来，而在战乱之中，在“乐章亡缺，不可复知”的情况下得到前朝的“雅乐郎”杜夔，可以说是一个难得的机会。此时的杜夔，可能是当时唯一“能识旧法”的专家。在曹操的支持下，杜夔集中了一批散失的艺术家，并充分发挥了他们每个人的特长，以集体的力量尽力恢复了雅乐的传统。而他自己则“总统研精，远考诸经，近采故事，教习讲肄，备作乐器”，成为复兴雅乐的总策划和领导者。当时在杜夔领导下致力于雅乐复兴的艺术家们有对雅乐有一定研究的官吏，也有前朝的专业宫廷音乐家。其中著名的有“善训雅乐”的散骑侍郎邓静、尹商[①]，有“能歌宗庙郊祀之曲”的“歌师”尹胡，有“晓知先代诸舞”的“舞师”冯肃、服养等人。这些音乐家在杜夔“悉总领之”之下，“考会古乐，始设轩悬钟磬”，终于在连绵战争当中一段极短暂的和平时间里创造了在某种程度上“绍复先代古乐”的文化成就。值得指出的是，杜夔不但是雅乐的专家，而且还称得上是传统礼乐思想与礼乐制度的捍卫者和实践者。他的所有行为，都以传统的“礼”的要求为准。作为音乐家，当他在战乱中得到难得的机会

① 《三国志·魏书·方伎传》作“尹齐”，《宋书·乐志》《晋书·乐志》均作“尹商”。

可以继续他的专业工作时，他充分利用了这个机会并全心全意地去做，而且尽量做好。但作为礼乐制度，尤其是礼乐思想的传承者，他又处处遵守“礼”的制约，甚至不畏权势，不顾个人的安危，以保卫“礼乐”的正统性和权威性为宗旨。他在刘表和曹操的治下都有过恢复雅乐的试验，但在荆州时，他把雅乐排练好却反对刘表按帝王的身份“庭观之”；在曹操的支持下，他虽得以充分发挥了自己的特长，实现了自己的价值并在最大的限度上恢复了雅乐，但由于曹操不是帝王，于是他仅设“轩悬钟磬”。因为按“礼”的要求和传统，只有天子才可以享用“宫悬”——悬挂四面钟磬的标准，诸侯只可以“轩悬”——悬挂三面钟磬。[①] 杜夔坚持认为即使权势大如曹操者，也不可“僭越”。在这位无论是其美学倾向还是其政治原则都属于“保守”阵营的“老派”儒者看来，古老的传统、秩序以及按规矩演奏的音乐，是比权力更值得尊重的东西。

也许正是因为杜夔的固执、敬业和不妥协的性格，才使他最终难逃被罢黜的命运。为了复兴雅乐，杜夔曾命令柴玉铸造铜钟。柴玉曾是东汉著名的铸钟工，也是当时因“新声”被宠的新派人物之一。他工艺精巧，且富有创造性，善于制造新奇的器物，因而被当时的达官贵戚所看重。但是，柴玉过多地注重器物的式样而不重视音律，又喜爱新声并有意反对雅乐的复兴。因为他这次铸造的铜钟“其声韵清浊多不如法”，杜夔几次让他毁掉重铸，引起他强烈的不满和抗拒。由于他坚称杜夔“清浊任意”，而杜夔又坚持认为他所铸的钟不合音律，两人都到曹操处告状，曹操“取所铸钟杂错更试，然知夔为精而玉之妄也”。这次“廷试”的结果，是罚柴玉一家去养马。但是，杜夔的胜利只是暂时的。曹操死后，宠爱柴玉的文帝曹丕有

---

① 《周礼 · 春官 · 大司乐》：“正乐悬之位：王宫悬，诸侯轩悬，卿大夫判悬，士特悬。”载《十三经注疏》，中华书局 1928 年版，第 195 页。

一次故意让官为太乐令、协律都尉的杜夔与普通乐工们一起在宴会上“吹竽鼓琴”，杜夔面露为难之色，文帝大为不满。后来，文帝让专搞“新声”的音乐家左愿去跟杜夔学习，杜夔说：“我学的是雅乐，我们不是一回事”，竟然不教。此事更使文帝不快，最终将杜夔罢黜。这位在传统文化、传统道德遭到极大摧残，人命危浅、朝不保夕的时代仍然坚持信念并忠于职守的音乐家最后郁郁而终。他培养的学生们虽然都有所成，其弟子“河西邵登、张泰、桑馥，各至太乐丞”，都曾担任过太乐署的领导，但他们却都不能保障杜夔的心血的结晶不被篡改。

杜夔当时所制的雅乐，著名的有四首：《鹿鸣》《驺虞》《伐檀》《文王》，“皆古声辞”。但是，“黄初中（220—226），柴玉、左延年之徒复以新声被宠，改其声韵”。这些音乐在文帝曹丕及明帝曹睿两代便被柴玉及同样以“新声”被宠的左延年大部分改换为自己的创作。《晋书·乐志》中称“杜夔传旧雅乐四曲，[①] 一曰《鹿鸣》，二曰《驺虞》，三曰《伐檀》，四曰《文王》，皆古声辞。及太和中（227—233），左延年改夔《驺虞》《伐檀》《文王》三曲，更自作声节，其名虽存，而声实异。唯因夔《鹿鸣》，全不改易。每正旦大会，太尉奉璧，群后行礼，东厢雅乐常作者是也”。

到了晋代泰始九年（273），荀勖曾用杜夔所制的律吕检校宫廷的所有乐队，发现“八音与律吕乖错”。于是，“乃制古尺，作新律吕，以调声韵”。后来，一个农民在耕田时偶然发现周代的玉尺，荀勖用这枚玉尺来检校自己所制作的乐器，才发现自己所作的尺度也有错误了。当然，这并不能说明杜夔比荀勖更“正确”，因为在历史上并不存在一个永恒的度量衡标准。他们各自所依的，只是其中的一个标准而已。杜夔留给后世音乐家的财富，与其说是他在乱世中为音乐的继承与发展所做的贡献，不如说是一

① （唐）房玄龄等撰：《晋书·乐志》，中华书局 1974 年版，第 684 页。

种精神，一种操守，一种为理想与原则献身的榜样。

**3. 晋的雅乐及荀勖等人关于雅乐的讨论**

晋是篡魏而得的政权，所以晋武帝泰始二年（266）大规模祭祀时“礼乐权用魏仪”，只是让傅玄重新写了歌词。杜夔被左延年篡改了的“旧雅乐四曲”，也再次被重新填写了歌词：“后又改三篇之行礼诗，第一曰《于赫篇》，咏武帝，声节与古《鹿鸣》同。第二曰《巍巍篇》，咏文帝，用延年所改《驺虞》声。第三曰《洋洋篇》，咏明帝，用延年所作《文王》声。第四曰复用《鹿鸣》，《鹿鸣》之声重用而除古《伐檀》。”[①]

泰始五年（269），“使太仆傅玄、中书监荀勖、黄门侍郎张华，各造‘正旦行礼’及‘王公上寿酒’‘食举乐’歌诗”[②]。这些皇帝的近臣不但各尽其力，创作了一批歌颂皇帝与当今政权的歌词，而且还就古代歌词的格式问题及雅乐中音乐与歌词的关系问题展开了一番讨论。先是荀勖以为用旧曲《鹿鸣》“以宴嘉宾”没有根据，除掉了这首乐曲。然后又“更作行礼诗四篇。先陈三朝朝宗之义，又为正旦大会、王公上寿歌诗并食举乐歌诗，合十三篇”。他又认为前朝魏氏的歌词格律有问题，“或二言、或三言、或四言、或五言，与古诗不类”，他将此问题与当时的司律中郎将陈颀讨论。陈颀说：“被之金石，未必皆当。”意思是这样的歌词与音乐的配合不一定合适。所以荀勖所创作的歌词基本上都和《诗经》一样是四言，只有《王公上寿酒》一篇是三言、五言。黄门侍郎张华也认为汉、魏两朝雅乐的歌词“文句长短不齐，未皆合古”。他还说了一段极精辟的话，总结了中国大部分朝代在雅乐问题上的态度和实际做法：“盖以依咏弦节，本有因循，而识乐知音，足以制声度曲，法用率非凡近之所能改。二代三京，袭而不变，

---

① （唐）房玄龄等撰：《晋书·乐志》，中华书局 1974 年版，第 684 页。

② 同①，第 685 页。

虽诗章辞异，兴废随时，至其韵逗留曲折，皆系于旧，有由然也。是以一皆因就，不敢有所改易。”[①] 意思是说，雅乐本来是有传统的，一些懂音乐的人虽然可以作曲，但雅乐的“法用”却不是一般凡人所能擅自改变的，所以历代的朝廷都只根据时代的变迁改变歌词，所有的旋律却仍然按照旧的演奏，不敢改变一点。[②] 这一段话，可以说是深刻地反映了雅乐的现实。

泰始九年（273），已荣升光禄大夫的荀勖集中郭夏、宋识等人大张旗鼓地开展了“典乐”的工作。他不但让郭夏、宋识创作了《正德》《大豫》两部乐舞，还用杜夔所制的律吕考校“太乐、总章、鼓吹”，得出“八音与律吕乖错”的结论，因而自己重新制造了律尺和十二根名为“笛”的律管。我们知道，笛律是管律的一种，在不设钟磬的场合，奏乐时根据这种特制的“笛”来为弦乐器和歌唱定调。所谓“至于宴飨殿堂之上，五厢悬钟磬，以笛有一定调，故诸弦歌皆从笛为正”[③]。这是汉魏以来乐工们一贯的做法。为了制造律尺，荀勖考校了七种古文物，为以后律学家们在律学研究中重视实物依据提供了一种途径。

泰始十年（274），荀勖与中书令张华找出乐府保存的前朝律器——“铜竹律”二十五具。与太乐郎刘秀等人一起校试，其中三具与杜夔及左延年的律法相同，另二十二具从律管上的铭题和尺寸看，也是笛律。当时，荀勖向担任协律中郎将的资深乐工、以吹笛见长的列和问了一系列有关律学的问题。列和说，过去基本上凭经验，“但识其尺寸之名，则丝竹歌咏，皆得均和”。而且，一切从实践出发，歌唱时临时决定调高，“歌声浊者用长笛长律，歌声清者用短笛短律。凡弦歌调张清浊之制，不依笛尺寸名之，

---

① （唐）房玄龄等撰：《晋书 · 乐志》，中华书局 1974 年版，第 685 页。

② （唐）房玄龄等撰：《晋书 · 乐志》，中华书局 1974 年版，第 685 页。但此段话（自“盖……”开始）因断句、标点不同，有可能不是张华所说，而是《晋书 · 乐志》的作者所言。此处暂从中华书局标点本。

③ （唐）房玄龄等撰：《晋书 · 律历志》，载《二十五史》第 2 册，中华书局 1974 年版，第 482 页。

则不可知也”[①]。于是，荀勖启奏说，根据列和的说法，这些律管的长短都是“率意而作，不由曲度”，而且以往“作笛无法”，全凭经验。这“非所以稽古先哲、垂宪于后者也”。因此，他请求皇帝同意将以前的律管统统毁掉。在得到皇帝肯定的答复后，荀勖便开始了他著名的试验，设计了被后世律学家们特别关切的“晋泰始笛律”。

## 二、律学的新发展

### 1. 荀勖笛律

荀勖所制造的十二根“笛”，形状很像现在人们常看到的箫，每根六孔，长短不一。这套笛律由荀勖设计，由太乐郎刘秀与邓昊、王艳、魏邵及笛工共同制作完成。这十二根“笛”应合十二律，分别命名为“黄钟之笛”“大吕之笛”等。每根笛都可以吹奏出荀勖所称的“三宫二十一变”。荀勖所说的“三宫”，即所谓“笛上三调”，指的是“正声调”（古音阶宫调式）、“下徵调”（古音阶徵调式）、“清角调”（古音阶角调式）这三种调式。“二十一变”的意思是指每根笛都可以吹出上述三种七声调式的全部音。

荀勖笛律的最大贡献，是以试验的方法，初步解决了律学理论计算与乐器制造之间的矛盾，也就是找到了管口校正[②]的方法。管乐器的发声，靠的是管内气柱的振动，而管内气柱振动时，气柱的一部分要突出到管口外边，所以，气柱的长度并不等于管的长度，而比管的长度略长，因此而产生的音高上的差异。虽然在音乐演奏中可以忽略不计，但作为音高标准的正律器，则不容许有丝毫的出入。换句话说，由于音乐实践与律学对音

---

① （唐）房玄龄等撰：《晋书·律历志》，载《二十五史》第2册，中华书局1974年版，第480页。

② 管口校正指在管内气柱长度之外，补充以各种溢出管口外的气柱长度的方法。

高的要求和标准不同，这种“笛”作为乐器或作为律器的要求与标准也是不同的。从汉代起，京房便提出了“竹声不可以度调”的见解。但是，荀勖经过精密的计算和试验，终于得出了管口校正的数据并据此成功地制作了十二根律管。他的方法，就是以黄钟律长度与姑洗律长度的差数作为黄钟笛的管口校正数据。其他各笛均以该笛所应之律的长度与该笛角音所应之律的长度之差作为管口校正的数据。根据试验，[①] 荀勖所应用的管口校正形式，是所谓“侧孔校正”而不是“端口校正”。他先以宫角两律的和作为宫音孔到笛首的距离，然后以此数为基数，“上度”“下度”，求得其余各音孔的位置。使这六个音孔与笛首的距离中，均包含了一个“管口校正值”。在世界声学史上，这是管口校正规律的最早发现及其计算方法的实现，应该视为中国人首创的巨大声学成就。荀勖的晋泰始笛律把管口校正的计算包容在律尺度量的“进、退、上、下”之中，这种直观形式包含了中国古代科技寓繁于简的特点。他的试验方法与数据，直到今天依然有着重大的现实意义。

应该承认，在中国古代被称为“绝学”的律学，有着丰富的遗产。而围绕律学所产生的种种争论和各种各样的或成功或失败的试验，也都极大地促进了律学的发展。在贯穿整个律学史的种种争论的背后，似乎反映了两种人不同的倾向与探求。这两种人一方是文人，一方是伶工，文人欲求理之精致，伶工欲求用之简便。要求理之精致，便会刻意求全，以至产生“三百六十律”；要求用之简便，便会出现如列和那样“以耳齐声”的大批乐工，主要靠经验来运用于实践。这两方面的倾向，一方强调其科学性，一方强调其艺术性与实用性。而荀勖所造笛律，则理论与实践相结合，“一孔一校，声皆相应”，即不但每笛可吹一律，而且要一孔应一律。当列和回答

① 王子初:《荀勖笛律研究》，人民音乐出版社 1995 年版，第 39 页。

说太乐东厢长笛正声已达四尺二寸，现在再取它的下徵之声，笛的长度将达五尺有余，根本无法吹奏时，荀勖当即指出列和理论上的错误，说太乐东厢长笛正声应蕤宾，用十二律旋相为宫的方法推算，下徵当应大吕，根本不可能长达五尺余，只该合二尺六寸余。为了证明他的理论，荀勖“令太乐郎刘秀、邓昊等依律作大吕笛以示和，又吹七律，一孔一校，声皆相应”[①]。然后，由郝生鼓筝，宋同吹笛，合奏了“杂引、相和”的数首乐曲。经过这样的合乐试验之后的荀勖笛律，得到资深乐工列和及其他宫廷音乐家的首肯和服膺。列和说：“自和父祖汉世以来，笛家相传，不知此法，而今调均与律相应，实非所及也。”而其他资深乐工如“郝生、鲁基、种整、朱夏，皆与和同”，都对荀勖的试验心服口服，这应该是很不简单的事。

当然，也有音乐家对荀勖的律学试验抱一种菲薄的态度，如著名的“竹林七贤”中以“妙达八音”闻世的阮咸，便“常心讥勖新律声高，以为高近哀思，不合中和”，甚至“每公会乐作”，便“谓之不调”，公开否定荀勖的新律，荀勖因此认为阮咸是异己。当时，荀勖官至光禄大夫，是皇帝的近臣，“乃出咸为始平相”，将阮咸放出京城。“后有田父耕于野，得周时玉尺，勖以校己所制钟鼓、金石、丝竹，皆短校一米，于此伏咸之妙，复征咸归。”[②]看来，荀勖真的是一个尊重事实、不记私怨、有勇气承认错误的人。当他知道阮咸在这个问题上是正确的时候，便重新将他召回京城，并愿意“修正钟声”，显示了这位“三朝元老”的度量和品质。其实，无论是杜夔，还是荀勖、阮咸，他们的原始目的都是恢复古代的雅乐传统，他们也同样都是知音识乐的音乐家。他们的矛盾和斗争，与声音的相对高度无关，只与声音的绝对高度有关。而对“黄钟”高度或“宫”音高度的认

① （唐）房玄龄等撰：《晋书·律历志》，中华书局 1974 年版，第 418 页。
② （唐）房玄龄等撰：《晋书·乐志》，中华书局 1974 年版，第 693 页。

识不同，皆起因于对古代度量衡认识的不同。由于律管音高决定于律管的长度，而自周至秦、汉、魏、晋，度量均有不同，他们各据一时一地的标准，所以演出了中国律学史上许多认真得近乎荒谬的故事。

2. 梁武帝的律学试验

天监元年（502），梁武帝萧衍有“正乐”之意。当时对此问题发表正式议论的大臣有七十八位。但是，其中真正懂音乐的人却并不多。于是，梁武帝“遂自制定礼乐”，亲自动手了。他“正乐”的第一步，便是正律。为此，他先发明了他著名的正律器——“通”。

所谓“通”，是一种类似琴瑟的器物。在中国古代的律学实践中，始终存在着两种定律器，一种是如荀勖所制的律管，一种便是琴瑟类的律器。由于用管发音，是“空气柱”振动，即管中的空气形成一个柱型，经冲击而振动发声。但管内空气柱振动，不如弦振动来得简单。因为空气柱要稍凸出管外而振动，因此管的长度不一定便是空气柱的长度，在计算上要多费许多周折。汉代的京房，便曾提出过“竹声不可以度调，故作准以定数”的理论。梁武帝的“通”，就是一种类似琴瑟的律器。他的“通”共四具，每具“通”上张三根粗细、长短均不同的丝弦。这样，四具“通”便有了十二律的不同音高。这四具“通”各名为“玄英通”“青阳通”“朱明通”和“白藏通”。同时，他又制了十二根律笛，“用笛以写通声”“莫不如韵”。

萧衍制四“通”，似乎是以京房的“准”为参照的。京房之“准”：“状如瑟，而长丈，十三弦，隐间九尺，以应黄钟之律九寸。中央一弦，下有画分寸，以为六十律清浊之节。”京房的“准”有一个显而易见的缺点，是列十三弦于一瑟，仅中央一弦下有刻度，且“弦之缓急清浊，非管无以正之”。萧衍吸取了京房的教训和经验，将十三弦长短参差过大的一瑟改为四瑟，增加了弦律器的实践可能性。

萧衍还曾作《钟律纬》，论前代得失，批评了班固、郑玄、京房的理论。他认为班固的理论有错误，“求声索实，班义为乖”；而郑玄的理论片面，只有“升阳”，没有“降阳”，“郑之不思，亦以明矣”[①]。他还批评京房六十律的错误“为阳上生阳”，与他自己的“阳下生阴”之说不合。但梁武帝的律学实验，也存在着许多问题。[②]

萧衍除了“四通十二笛”的实验外，还在试验的基础上提出了八十四调的理论。《旧五代史・乐志》引兵部尚书张昭等的奏议说：“梁武帝素精音律，自造四通十二笛，以鼓八音。又引古五正二变之音，旋相为宫，得八十四调。”一般音乐史家认为八十四调的理论是苏祇婆在隋“开皇乐议”时提出的，但实际上，梁武帝提出同样的理论，要比他早许多年[③]。

3. 何承天的“新律”

何承天，是我国著名的乐律学家，南朝宋时东海郯（今山东省郯城县）人。宋武帝、宋文帝时都曾位居高官。他善弹筝，文帝曾赏赐他一架用白银装饰的筝。在乐律史上，他第一个提出“十二等差律”，《宋书・乐志》称之为“新律”。

何承天的“新律”，基于对京房六十律的否定。他认为五度相生律中产生的音差，不应该用增加律的方法解决，而应该在十二律中解决。他说：“上下相生，三分损益其一，盖是古人简易之法，……而京房不悟，谬为六十。”他的“新律”，方法如下：

假如黄钟振动体的长度为 9，用“三分损益法”计算，仲吕还生“变黄钟”为 8.8788，与正黄钟比较，差 0.1212。将这个长度差数平均分配到十二律中，每一律增加 0.0101，这样，到第十三次时，加 0.1212，刚好为 9 而还生黄钟：

---

① （唐）魏征等撰：《隋书・律历志》，中华书局 1973 年版，第 389 页。

② 吴南薰：《律学会通》，科学出版社 1964 年版，第 119 页。

③ 梁武帝正乐，时在天监元年（502），比“开皇乐议”要早近一个世纪。

黄钟 =9

林钟 =6+0.0101=6.0101

太簇 =8+0.0101×2=8.0202

南吕 =5.3333+0.0101×3=5.3636

姑洗 =7.1111+0.0101×4=7.1515

应钟 =4.7407+0.0101×5=4.7912

蕤宾 =6.3209+0.0101×6=6.3815

大吕 =8.4279+0.0101×7=8.4986

夷则 =5.6186+0.0101×8=5.6994

夹钟 =7.4915+0.0101×9=7.5824

无射 =4.9943+0.0101×10=5.0953

仲吕 =6.6591+0.0101×11=6.7702

黄钟 =8.8788+0.0101×12=9

何承天的"十二等差律"是根据振动体长度的差数，而不是振动体长度的比数来平均分配。实际上，振动体的程度差数越到高音差数越小。真正的平均律依据的是振动体程度的比数（频率比）。而频率比不论音的高低如何，总是一样。十二平均律各相邻二律（半音）间的频率比（89/84）都相同。因此，何承天的"新律"与十二平均律存在着微小的差别。

在理论上，何承天的"新律"虽然还不是真正的十二平均律，但就人类的听觉和音乐实践来说，已相当接近于十二平均律。"新律"与十二平均律的差别，对于人们的听觉来说，几乎没有实际的意义。何承天的"新律"，虽然没有能在中国的音乐生活中产生真正的影响，但却是世界上对十二平均律最早的数学探索，在律学史上有着重大的科学意义。

# 第二章　宗教音乐

## 第一节　概论

假如从音乐社会学而不是从音乐形态学的角度去观察中国传统音乐，假如把音乐视为一种思维方式，一种文化现象，而不仅仅看成是一门技术或某种形式，那么，把中国传统音乐分成四大类：民间音乐、宫廷音乐、宗教音乐、文人音乐，便是一种合适的分类方法。因此，忽略了对中国宗教音乐的考察与研究，便无法得出对中国传统音乐的总体认识。

宗教是意识形态之一，是人类整体文化中重要的组成部分。一部文明史，在一定程度上，在一段时间内，实际上是一部宗教文化史。众所周知，假如不谈基督教（天主教）美术和音乐的话，19 世纪之前的欧洲美术史和音乐史，将是一片空白。但是，对中国传统文化，人们却不做如是观。许多人（包括中外许多研究中国传统文化的专家）有意或无意地忽视宗教对中国传统文化的影响，忽视中国宗教音乐的存在和历史意义。

正如魏晋南北朝时期激烈而巨大的文化碰撞与文化交融为世俗音乐带来了强劲的发展动力一样，这种不同民族文化的碰撞和交融还为中国音乐带来了一个更大的变化，即这一时期宗教音乐的兴起和普及。

佛教的传入是这一时期重大的文化事件和社会事件。在中国音乐史上，佛教乐曲的引进也令人瞩目。佛教音乐的大量传入中国宫廷，是在吕光灭龟兹之后。在《隋书·音乐志》中，记载了随吕光进入中原的最早的佛教音乐《于阗佛曲》的名字。一些西域高僧如鸠摩罗什等来到中原之后，在开展译经工作的同时，还传播了西域的佛曲。

南北朝时，佛教音乐已开始华化，在其日益繁兴的同时，开始与中国固有音乐，主要是民间音乐融合，并逐渐产生一种能够表达中国佛教徒的思想、理念、感情的具有中国风格的佛曲。继三国曹植首创中国“梵呗”之后，南齐萧子良大集“善声沙门”于京邸，广造经呗新声。梁武帝萧衍，则更是身体力行，不但把佛教音乐正式引入宫廷音乐，且亲创佛曲。他亲自创作《善哉》《大乐》等十篇佛曲，并利用制礼作乐的机会，把佛教音乐引进雅乐，“名为正乐，皆述佛法”。

道安与慧远，则为中国佛教音乐在寺院内部的使用制定了规范，“后代传授，遂成永则”，对其后整个中国佛教制度及佛教文化的发展奠定了基础。

与佛教的发展同时，真正中国本土产生的道教也在这一时期发展迅猛。道教音乐一方面深受佛教音乐的启发，另一方面充分发挥本土文化的优势，在中国丰富多彩的民间音乐的滋养下逐渐形成自己的特色，成为一种既有宗教感和神秘性，又有深厚群众基础和文化基础的宗教音乐。

与其他艺术领域中的情况一样，宗教对中国传统音乐有着十分深远的影响。这种影响主要表现在以下几个方面：

1. 在美学层次，佛教思想、道教思想与儒家思想一道塑造了中国音乐的一切美学特征。

2. 为中国固有音乐提供了新的物质材料与新的形式。

3. 作为音乐家的教徒们为中国音乐的繁荣所进行的创造性劳动。

4. 以庙会的形式为中国广大民众提供了一个大众性的娱乐场合。

5. 利用宗教的所谓“保守性”为古代音乐提供了一个“保鲜”的“冰箱”。

这一时期宗教音乐在音乐生活中的地位和影响力，在整个中国音乐史上，都是极其罕见的。换句话说，在魏晋南北朝时期，中国的宗教音乐正处在自己历史的黄金时代。

## 第二节　佛教音乐

### 一、佛教与佛教音乐的传入、传播

#### 1. “译文者众，而传声盖寡”

三国两晋南北朝时期，佛教在中国迅速传播并与中国固有文化既激烈碰撞又广泛融合。三国之前，中原有佛教而无戒律。因此，从严格的意义上讲，从魏废帝嘉平二年（250）天竺沙门昙柯伽罗至洛阳，译出《僧祇戒心》一卷，并举行受戒羯磨仪传戒开始，中原始有戒律及戒仪。从三国、两晋，到南北朝，译经大师辈出。三国时最著名的译经师是自西域入吴的支谦和康僧会。其中支谦所译内容广涉大小乘经律，包括《般若》《宝积》《大集》等，共 88 部 118 卷。两晋时，译经大师尤多，其中以西晋的竺法护、帛远，东晋的鸠摩罗什、道安、佛陀跋陀罗、帛尸梨蜜多罗、僧伽提婆最为著名。南朝的真谛、僧伽婆罗、僧伽跋摩，北朝的昙摩流支、菩提流支等，也都是名擅一时的译经名僧。其中竺法护所译大小乘三藏经典 154 部。而鸠摩罗什从弘始三年（401）始，至弘始十一年卒于长安止，共

敦煌 251 窟南壁天宫伎乐·北魏

译出《大品般若经》《法华经》《维摩诘经》《阿弥陀经》等 74 部 384 卷，对大乘佛教在中国的流传及后来形成成实宗、三论宗、天台宗、净土宗等宗派法门产生了重大影响。而帛尸梨蜜多罗译出《大灌顶经》等密宗经咒，可视为密教传入中国之始。这一时期的佛教译经事业如日中天，对形成中国佛教的理论体系奠定了坚实的基础。

但是，正如慧皎在《高僧传·经师篇·论》中所说“自大教东流，乃译文者众，而传声盖寡”。在佛教的初弘期，虽然大量佛经陆续被译成汉文，但绝大部分译经师所追求的是“辞旨分明”，是“言符法本，理惬三印”，主要考虑的是对佛教义理的阐扬，着眼点在其“内容”，而一时还顾不上对“形式”的传译。就连所译诸经被称为“义皆圆通”，而“众心惬服，莫不欣赞”的译经大家鸠摩罗什，也常自嗟叹“但改梵为秦，失其藻蔚，虽得大意，殊隔文体。有似嚼饭与人，非徒失味，乃令呕哕也”①。认为在翻译的过程中，虽然能将原文的大概意思表达出来，但常常会丢失原文的文采和韵致，就像嚼过了的饭给人吃一样，不但味道没有了，更使人感到恶心。不用说，在当时翻译佛经中一些歌唱的内容时，是只译歌词，而顾不上原词所依附的曲调的。如北凉

① （南朝梁）慧皎:《高僧传·经师篇》，载《高僧传初集》卷 15，第 4 册，南京金陵刻经处光绪十年版。

昙无谶所译《佛所行赞》，在印度时完全是唱的，[①] 但翻译为中文时，只剩下歌词，没有了曲调。

在印度广为流传的梵呗，似乎并没有随佛教一起传入中国，一方面是因为佛教初入中土，无论是传法的主体——外来高僧，还是受法的客体——广大信众，最关心的，还都是佛法的内容，而顾不上保存原来的艺术形式。另一方面，是因为当时僧伽初立，还没有正规、严格的集体修行的规范，在共同的修行与法事中使用佛教赞呗的事还未成急需。更重要的是，当时来自西域的各国高僧，初入中土，虽习通汉文，但还不可能接触到汉文化的深层——传统音乐，所以虽有传授，也大抵是"胡呗"几契，"洋腔洋调"，使中国佛徒很难适应。只有当中国佛教徒创造出第一批中国式的"梵呗"，而道安、慧远等人陆续制定了僧尼规范，在中国建立起中国式的丛林制度之后，中国化的佛教音乐才成为中国佛教文化中不可或缺的重要内容。

**2. 中国佛教典籍中的天竺佛乐与佛教音乐的传入**

因为佛教是从印度传入中国的，所以，谈到佛教音乐，一般人都会想到一个问题，即中国的佛教音乐是不是从印度传来的？在古印度（天竺），佛教音乐相当发达。在梁慧皎《高僧传·译经中·鸠摩罗什传》中，记载着鸠摩罗什和他的得意门生慧睿的一段话："天竺国俗，甚重文制，其宫商体韵，以入弦为善。凡觐国王，必有赞德，见佛之仪，以歌赞为贵。经中偈颂，皆其式也。"[②] 意思是说：古印度的风俗，是特别重视文学艺术的，他们的音乐形式，以器乐演奏为最好。凡觐见国王，必然要歌颂国王的功德。拜见佛陀的仪式，最看重讴歌礼赞。佛经中所谓的"偈"和"颂"，都

---

① （唐）义净:《南海寄归内法传》卷 4，大正新修大藏经本，第 41 页。

② （南朝梁）慧皎:《高僧传 · 译经》(中)，载《高僧传初集》卷 2, 第 1 册，南京金陵刻经处光绪十年版，第 10 页。

敦煌 248 窟说法图 · 北魏

是印度佛教音乐的形式。唐代义净《南海寄归内法传 · 赞咏之礼》，也详细记述了天竺礼佛赞咏情况。他说："西国礼教，盛传赞叹。"并记录了几位天竺佛教音乐创始作家的传说。比如尊者摩咥哩制吒，"乃西方宏才硕德，秀冠群英之人"，他只要见到佛陀的遗像，便要创造赞颂佛陀的歌曲："但逢遗像，遂抽盛藻，仰符授记，赞佛功德。初造四百赞，次造一百五十赞。"他所创作的佛教歌曲，不但讲述了佛法的基本思想，讲明了佛陀的所有殊胜功德，而且"斯可谓文情婉丽，共天花而齐芳；理致清高，与地岳而争峻"——其艺术造诣，简直可以与天地"齐芳""争峻"。义净还特别强调了摩咥哩制吒在佛教音乐中的宗师地位，称印度所有创作佛教音乐的人，都要把他当成祖师来学习："西方造赞者，莫不咸同祖习。无著、世亲菩萨皆悉仰止。故五天之地初出家者，亦既诵得五戒、十戒，即须先教颂斯二赞，无问大、小乘，咸同尊此。"

摩咥哩制吒之后，还有陈那菩萨，"每于颂初，各加其一，名为杂赞，颂有三百"。鹿苑名僧释迦提婆，"复于陈那颂前，各加一颂，名《糅杂赞》，总有四百五十颂。但有制作之流，皆以为龟镜矣”。此外，据义净的记载，著名的戒日王也曾经以传说中乘云菩萨以身代龙的故事，“辑为歌咏，奏谐弦管，令人作乐，舞之蹈之，流布于代”。东印度的月宫大士也曾创作过一首《毗输安坦罗太子歌》。此歌“词人皆舞，咏遍五天”，似乎在印度广为流传。“又尊者马鸣，亦造歌词及《庄严论》，并作《佛本行诗》……五天南海，无不讽诵。”

从义净的记载可以得知，天竺佛赞的内容，主要是“赞佛功德”“明佛世尊所有胜德”，以诗赞的形式，歌颂佛菩萨。其中有长篇叙事歌曲，如马鸣之作。此种歌曲，称为“佛本行诗”。从形式上看，这些佛曲大都可以“奏谐弦管”，可以“舞之蹈之”，有歌、有舞、有伴奏，“文情婉丽”“理致清高”，风格韵味讲究“哀雅”，音色音量要求“明彻雄朗”。

这些，只是中国佛教典籍中所记载的天竺佛教音乐的情况。至于这些音乐是否随着佛教的东来而传入了中国，则已不可考。理论上说，佛教传入中国后，佛教音乐应当随之传入。如史载“其先康居人，世居天竺”的康僧会[①]，从吴黄武元年（222）至建兴（252—253）中，曾制《菩萨连句梵呗》三契，又传《泥洹呗声》，清靡哀亮，被称为“一代模式”。而来自西域的帛尸梨蜜多罗[②]，在晋永嘉（307—313）中曾“作胡呗三契，梵响陵云”“又授弟子觅历‘高声梵呗’，传响于今”[③]。这些在佛教初入中国时由来自天竺、西域的僧人所创造、传授的“胡呗”，很可能是来自天竺、西域的曲调。佛教音乐与佛教本身一样，在传入中国后经历了一个逐渐华化的

① 康僧会（？—280），三国吴僧人，祖籍康居，世居天竺，吴赤乌十年（247）到建业（今江苏南京），孙权为他修建塔寺，名建初寺，是江南第一所佛寺。

② 帛尸梨蜜多罗，晋时西域僧人，东晋永昌元年（322）到建康（今江苏南京），是密教传入中国的第一人。

③（南朝梁）慧皎:《高僧传·译经》，载《高僧传初集》卷 1，第 1 册，南京金陵刻经处光绪十年版，第 13、19 页。

过程。在佛教的初弘期，这些来自印度和西域的僧人不但曾可能把印度、西域的佛教音乐带到了中国，同时还向中原信众展示了印度、西域的演唱技术，给听者留下了非常深刻的印象。如来自康居的释法平兄弟，一个是“响韵清雅”，一个在“披卷三契”之后，令听者“扼腕神服”。而“本月氏人”的昙迁，则“巧于转读，有无穷声韵。梵制新奇，特拔终古”[①]。问题是，对于广大中原人士来说，这些“梵制新奇”的声调未免有些陌生，有些不好接受，更不容易学唱和流传。对于大部分中原人士来说，恐怕只有一种与中国固有文化和传统音乐有着深刻联系的甚至直接脱胎于中国民间音乐、符合中国各个阶级和阶层的审美习惯的佛教音乐，才能在中原迅速流传和普及，更好地起到宣传佛教的作用。

一提到中国佛教音乐中究竟有没有天竺佛曲的问题，人们便会立刻想到慧皎那段屡被引用的论述：“自大教东流，乃译文者众，而传声盖寡。良由梵音重复，汉语单奇。若用梵音以咏汉语，则声繁而偈迫；若用汉曲以咏梵文，则韵短而辞长。是故金言有译，梵响无授。始有魏陈思王曹植，深爱音律，属意经音，既通般遮之瑞响，又感渔山之神制，于是删治《瑞应本起》，以为学者之宗。传声则三千有余，在契则四十有二。”[②]从这段话看来，自从佛教传入中国以后，便存在着翻译佛经的文字多而传授佛教音乐少的现象。这其中的原因很简单，就是因为梵文与汉语不同，梵文是拼音文字，汉语是一字一音。与所有翻译歌曲的配词工作都要遇到的困难一样，如果用印度传来的音调来配合译成汉语的文字，那么就会出现曲调里的音符太多而唱词太少的现象。假如反过来，用中国的传统曲调来配合梵

---

① （南朝梁）慧皎:《高僧传 · 经师篇》，载《高僧传初集》卷 15, 第 4 册，金陵刻经处光绪十年版，第 3 页。

② （南朝梁）慧皎:《高僧传 · 经师篇 · 论》，载《高僧传初集》卷 15, 第 4 册，南京金陵刻经处光绪十年版，第 7 页。“瑞应本起”，即《太子瑞应本起经》，吴支谦译，共 2 卷。叙述佛前生种种因缘及今世诞生、学道、出家、成佛的故事。

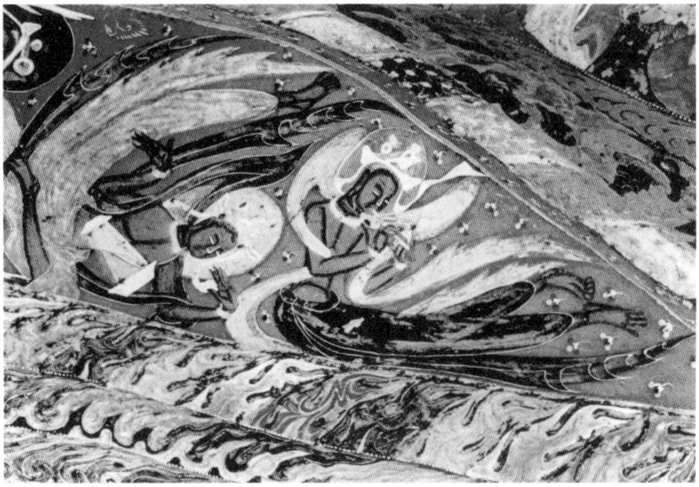

敦煌 249 窟龛内飞天二身·西魏

文，则会出现音符太少而歌词太多的矛盾。而当时的情况是：随着佛教在中国的传播，中国的佛教徒已经有了相当迫切的一种需要，这就是在宗教生活中能有适合中国佛教徒演唱的佛曲。为了解决这个问题，一批中国的佛教音乐家们开始了中国风格佛曲的创作。

## 二、曹植与中国梵呗

### 1.“七步成诗”的才子

在所有汉传佛教流传的地区，一直到今天，仍然把三国时的魏陈思王曹植当成汉语梵呗的创始人。曹植“鱼山制梵”的传说在很大程度上反映了三国时期印度化、西域化的梵呗向中国化的梵呗过渡的现实，反映了中国佛教徒在佛教音乐华化过程中的创造性贡献，也反映了佛教中国化的大趋势在音乐领域里的表现。

曹植，字子建，沛国谯（今安徽亳县）人，是曹操第三子，曹丕之弟。生于汉献帝初平三年（192），卒于魏明帝太和六年（232）。他才思敏捷，聪颖超群，“十余岁，诵读诗论及辞赋数十万言，善属文”[①]，深得曹操的喜爱。曹操为考验他如此小的年纪便“言出为论，下笔成章”的才能，有意在铜雀台落成时命他与其他文人作文以贺。曹植“援笔立成，可观，太祖甚异之”，视其为“儿中最可定大事者”。他的才华虽然得到父亲的青睐和其后文人们的推崇，被谢灵运称为“天下才共有一石，曹子建独得八斗”[②]，但也遭嫉惹祸，尤其是遭到其兄曹丕的妒忌。曹丕命他“七步成诗”的故事和“煮豆燃豆萁，豆在釜中泣。本是同根生，相煎何太急”的诗在中国可以说是家喻户晓，并成为兄弟相残的象征。在残酷的宫廷斗争中，曹植是一个失败者。建安二十五年（220）正月，曹操病故，曹丕继位，曹植开始了他被放逐和类似囚禁般的悲惨生活。在曹丕、曹叡父子的迫害下，曹植度过了他生命中最后的十一年。在这短短的十一年里，曹植被六次变更爵位，三次迁徙封地，颠沛流离，朝不保夕，不但物质生活极端困苦，甚至连起码的人身自由也没有。在自己小小的封地中，他受着严密的监视，现代人实在无法想象这些被“封王”“封侯”的“皇室贵戚”的实际生活。《三国志・魏书・武文世王公传》中的一段话清清楚楚地写明了这些“侯王”们的生活：“于是封建侯王，皆使寄地空名，而无其实。王国使有老兵百余人，以卫其国。虽有王侯之号，而乃侪为匹夫。……诸侯游猎不得过三十里，又为设防辅监国之官以伺察之。王侯皆思为布衣而不能得。”在这样的处境里，曹植的心境可想而知。《法苑珠林》中称他：“每读佛经，辄流连嗟玩，以为至道之宗极也。”天赐的禀赋、坎坷的身世、特殊的环境，使曹植得以亲近佛教，也使曹植被后世佛教徒视为创造中国化梵

---

① （西晋）陈寿:《三国志・任城陈萧王传》，中华书局 1959 年版，第 557 页。

② （唐）李延寿:《南史・谢灵运传》，中华书局 1975 年版，第 538 页。

呗的第一人。

在这种“既徒有国士之名，而无社稷之实，又禁防壅隔，同于囹圄”[①]的日子里，曹植“常汲汲无欢，遂发疾薨，时年四十一”[②]。因为他生前“常登鱼山，临东阿，喟然有终焉之心，遂营为墓”。他死后，其子曹志便将其遗骸迁葬鱼山。

2. “鱼山制梵”——神话还是现实

鱼山，在今山东省东阿县境内。曹植“鱼山制梵”的传说，被汉传佛教地区的佛教徒视为信史。《法苑珠林·呗赞第卅四》载：

> 陈思王曹植，字子建，魏武帝第四子也。幼含圭璋，十岁属文，下笔便成，初不改定。世间术艺，无不毕善。邯郸淳见而骇服，称为天人。植每读佛经，辄流连嗟玩，以为至道之宗极也。遂制转赞七声升降曲折之响，世之讽诵，咸宪章焉。尝游鱼山，忽闻空中梵天之响，清雅哀婉，其声动心，独听良久，而侍御皆闻。植深感神理，弥悟法应，乃摹其声节，写为梵呗。撰文制音，传为后式。梵声显世，始于此焉。其所传呗，凡有六契。[③]

这一传说是否是信史在学术界尚有不同看法[④]，我们在前面已经说过，在曹植之前，中国已有赞呗的存在。宋赞宁在《续高僧传·读诵篇·论》中说：“原夫经传震旦，夹意汉庭，北则竺兰，始直声而宣剖；南惟僧会，

① （西晋）陈寿:《三国志·武文世王公传》，中华书局 1959 年版，第 591 页。
② （西晋）陈寿:《三国志·任城陈萧王传》，中华书局 1959 年版，第 576 页。
③ （唐）道世:《法苑珠林》卷 36，中国书店 1991 年版，第 568 页。
④ 陈寅恪:《四声三问》，载《金明馆丛稿初编》，上海古籍出版社 1980 年版，第 328—341 页。

扬曲韵以讽通。”[①]把竺法兰（一说为竺叔兰）[②]、康僧会各奉为北、南两派赞呗的鼻祖。案竺法兰原籍中天竺，于东汉明帝永平十年（67）与迦叶摩腾白马来华，其时为佛教来华之初。但竺法兰的赞呗歌诵，是“直声而宣剖”，似乎音乐性不强。而且，佛事方兴，译业草创，他所咏赞的，想必是原来的天竺音乐。从东汉至三国，除曹植外，其他几位早期的佛曲作家，基本上都是外族人。如支谦是月氏人，康僧会是康居人，帛尸梨蜜多罗是西域人，支昙龠亦是月氏人。他们所造梵呗，不可能没有天竺、西域文化的痕迹。即使是曹植所创佛曲，也是在天竺佛曲的基础上创造的。在《续高僧传·读诵篇·论》中，赞宁在回答那种认为赞呗只应该是西域僧人传授，齐太宰萧子良与陈思王曹植为什么会整理经典将梵呗传授给僧人的问题时曾说：“此二王先已熟天竺曲韵，故闻山响及经偈，乃有传授之说也。”[③]认为萧子良与曹植都是在对天竺佛曲有深入的了解之后才创制中国梵呗的。慧皎虽然断言“金言有译，梵响无授”，但在他的话中也能找到曹植的创作与天竺佛曲有联系的证明。他说曹植“既通般遮之瑞响”，“般遮”二字，指天竺佛教中的乐神“般遮于旬”，其神“乃以其琴歌颂佛德”。也是说曹植创佛曲，是在熟悉梵音的基础上进行的。

“鱼山制梵”的故事，流传甚广，除佛教典籍外，其他著述中亦有记载。刘敬叔《异苑》云：“陈思王游山，忽闻空里诵经声，清远遒亮，解音者写之，为神仙声，道士效之，作步虚声。”[④]不但与《高僧传》《法苑珠林》

① （宋）赞宁：《续高僧传·读诵篇·论》，载《高僧传三集》卷25，第7册，江北刻经处光绪十三年版，第19页。

② 竺法兰，传说为古印度僧人，《高僧传》中称其与迦叶摩腾于汉明帝永平十年（67）白马来华，在洛阳白马寺驻锡，译出《四十二章经》等。竺叔兰，西晋僧人，原籍天竺，父世居河南。《高僧传·朱世行传》称其“博究众音，善梵汉之语”。曾助朱世行等共译《大品般若经》及《首楞严经》。

③ （宋）赞宁：《续高僧传·读诵篇·论》：“只合是西域僧传授，何以陈思王与齐太宰检经示沙门耶？”《高僧传三集》卷25，第7册，江北刻经处光绪十三年版，第20页。

④ （南朝宋）刘敬叔撰：《异苑》卷5，载《古小说丛刊》，中华书局1996年版，第48页。

等记述相同，而且特别指出这种梵呗对道教音乐的影响。中国古籍中谈及作曲，常有“闻天乐”“得神授”的说法，这或许出于古人对音乐创作的一种崇拜心理或古人为了追求一种神秘化效果而有意制造的一种氛围，也可能正确反映了古代音乐家在大自然启发下进行音乐创作的过程或一种“天人合一”的音乐创作理念。中国佛教徒所创造的不但在中国佛教初肇的年代，传播了来自天竺的佛教音乐，还曾经在3世纪初，创造了第一批汉语演唱的“梵呗”，“撰文制音，传为后式”，而“梵声显世，始于此焉”，极大地影响了包括日本、韩国在内的整个汉传佛教地区。对“传声则三千有余，在契则四十有二”这句话，学者们有不同的理解。[①] 但所有汉传佛教的典籍，都将曹植视为汉传佛教“梵呗”的创始人，将中国山东的鱼山视为汉传佛教“梵呗”的诞生地。多年来，一直有日本的僧人来华赴山东鱼山朝圣。

曹植所创的梵呗，据说有《太子颂》和《及睒颂》。[②] 中国佛曲的一个主要内容和形式，便是用说唱来表现佛教故事，所谓《太子颂》，估计与吴支谦所译的《太子瑞应本起经》有关，宣讲的是古印度释迦族太子悉达多·乔答摩修道成为觉者的故事。《及睒颂》中的“及睒”，估计是“悉昙”二字的另一种译法。后世有《悉昙颂》，是对记录佛教经典的梵文字母的歌颂。到了梁代的时候，还有曹植作品的遗绪。慧皎曾认定梁代仍然流传的

---

① 向达：《唐代俗讲考》推论“契”是Gatha的对音，是“歌”的意思，引申其意为“偈颂”。周一良《读〈唐代俗讲考〉》：“六朝时讲经之前，都讲先转读，……读时分若干‘契’。”“似乎契又不仅是经里的节段，还有音乐上的意义，各契互不相同。”关德栋《读〈唐代俗讲考〉的商榷》：“所谓一‘契’，实在是指一个‘歌赞’而已。”田青《佛教音乐的华化》曹植的“契”很可能就是《汉书·艺文志》所说的“声曲折”。现存宗教音乐典籍中有实例可证的如日本《大正新修大藏经》二七一二《鱼山声明集》，二七一三《鱼山私钞》，藏传佛教中的“央移谱”和道教中的“步虚谱”。向达、周一良、关德栋文均见周绍良、白化文编《敦煌变文论文录》，上海古籍出版社1982年版。

② （南朝梁）慧皎：《高僧传·经师导师》，载《高僧传初集》卷15，第4册，金陵刻经处光绪十年版，第8页：“原夫梵呗之起，亦肇自陈思。始著《太子颂》《及睒颂》等，……今之‘皇皇顾惟’，盖其风烈也。”

甘肃北石窟寺 165 窟太子娱乐图五弦伎 · 北魏永平 2 年（509）

“皇皇顾惟”一曲，“盖其风烈也”。

当然，中国式梵呗的创作与流传，不仅仅是曹植一人的功劳。三国两晋之时，有许多高僧在这方面做出了杰出的贡献。如晋代僧人帛法桥、支昙籥、释法平等人，都对中国佛教初弘期中国梵呗体系的建立，做出了贡献。帛法桥，中山人，自幼即喜欢唱诵佛曲但却没有一个好嗓音。为此，他绝食七天七夜，“稽首观音以求现报”，终于在第七天觉得喉咙豁然而开，“于是，作三契经，声彻里许”。据说，从此之后，他“昼夜讽咏，哀婉通神”。一直到九十岁，声音依然不坏。支昙籥，本是月氏人，寓居建业。他与帛法桥不同，“特禀妙声，善于转读”。据说，他曾在梦中得神授，醒后，“裁制新声，梵响清靡。四飞却转，反折还弄”。他所创作的“六言梵呗”，到梁慧皎时依然在传唱。他的弟子释法平、法等“共传师业”。法平“响韵清雅，运转无方”。而其师弟法等，虽然貌丑，声音却比其师兄还好，每每使听者慨叹以貌取人的错误。[1]可以这样说，正是由于有这样一批佛教徒的努力，中国化的梵呗才在齐梁时得到了空前的发展。

## 三、鸠摩罗什与佛曲

### 1. 佛曲中“器乐曲”的东传

与现代的音乐形式一样，中国古代的佛教音乐也可以分为“声乐”和“器乐”两大类。慧皎在《高僧传》中说：“故奏歌于金石，则谓之以为乐，赞法于管弦，则称之以为呗。”已经把佛教音乐分为两种：把曲调拿来用乐器（金石）演奏的，叫“乐”；歌颂佛法而用乐器伴奏的，叫“呗”。前者又叫佛乐、佛曲；后者又叫梵呗、赞呗。“然天竺方俗，凡歌咏法言，皆称为呗。至于此土，咏经则称为转读，歌赞则号为梵音。”[2]不同的是，在印度，所有佛教音乐中的声乐，都称为“呗”；而在中国，佛教声乐又分为两种：念诵经文的称为“转读”，赞颂佛菩萨的称为“梵音”。

有一首著名的乐曲《摩诃兜勒》，曾在中国的音乐史中产生过很大的影响，一些学者怀疑这是一首佛曲。假如这种判断成立的话，那么，早在佛教传入中原之前，佛教音乐就已经进入汉廷，并被中国宫廷音乐家改造成中国最早的军乐了。《晋书・乐志》载：“张博望入西域，传其法于西京，惟得《摩诃兜勒》一曲。李延年因胡曲更造新声二十八解，乘舆以为武乐。”张骞凿空，出使西域，共有两次，第一次在前 138—前 126 年，第二次在前 119 年，此时佛教均尚未传入中原。而张骞带回的这首《摩诃兜

---

① 以上均见（南朝梁）慧皎：《高僧传・经师导师》，载《高僧传初集》卷 15，第 4 册，金陵刻经处光绪十年版，第 1—3 页。

② （南朝梁）慧皎：《高僧传・经师导师》，载《高僧传初集》卷 15，第 4 册，金陵刻经处光绪十年版，第 6、8 页。

勒》，当是舞曲无疑。兜勒是人名，《佛说义足经》中有《兜勒梵志经》一品，讲的便是兜勒如何从迷信外教而经释迦牟尼点化皈依佛教的故事。“摩诃”在梵文中是“大”（waha）的意思，兜勒改变信仰，终于变成“摩诃兜勒”（伟大的兜勒），值得歌颂。但此曲传入汉廷后，被协律都尉李延年改编成马上横吹的军乐，助杀伐之兴，扬兵旅之威，完全违背了佛教的宗旨，却是令人啼笑皆非的事。但李延年毕竟是当时中国最好的音乐家，一曲《摩诃兜勒》竟让他灵感大发，改编或在乐曲的启发下重新创作为二十八首军乐，可见其艺术上的独特魅力。但此说目前在学术界尚无定论，因为张骞第一次出使西域，历尽千辛万苦，费时十余年方归中原，去时百余人，归时只二人，又是仓促逃归，不可能携什么乐曲回国。第二次出使西域，张骞本人只至乌孙，归时“乌孙发译道送骞，与乌孙使数十人，马数十匹，报谢”。当时尚无乐谱，将这样一首可以改编成二十八首军乐的大曲带回国，只能靠记忆，也许从乌孙随他回汉的数十人中即有乐工。

“佛曲”一词在正史中出现，始见于《隋书·音乐志》，而这首佛曲的传入中国，居然还和一场战争有关：

> 西凉者，起苻氏之末，吕光、沮渠蒙逊等据有凉州，变龟兹声为之，号为秦汉伎……其歌曲有《永世乐》，解曲有《万世丰》，舞曲有《于阗佛曲》。
>
> 龟兹者，起自吕光灭龟兹，因得其声。①

吕光灭龟兹的事情，发生在382年，隋书中所谓的“苻氏之末”，应该在4世纪末。（384年姚苌起兵渭北，称为秦王。385年于五将山俘苻

① （唐）魏征等撰：《隋书·音乐志》，中华书局1973年版，第378页。

坚。386年姚苌入长安称帝。394年苻登被后秦所灭）其时距慧皎著《高僧传》的519年，相距一个多世纪。也就是说，在慧皎断言“金言有译，梵响无授”之前约一个世纪时，《于阗佛曲》就已在中土出现了。

《于阗佛曲》的前身既是龟兹乐，那么，龟兹乐与佛曲又是什么关系呢？一个很有趣的事实是：苻坚不惜兴兵派大将吕光西伐龟兹的目的，是为了争夺一个和尚。《晋书·鸠摩罗什传》载：

>……苻坚闻之，密有迎罗什之意。会太史奏云：“有星见外国分野，当有大智入辅中国。”坚曰：“朕闻西域有鸠摩罗什，将非此邪？”乃遣骁骑将军吕光等率兵七万，西伐龟兹。谓光曰：“若获罗什，即驰驿送之。”①

慧皎《高僧传·译经中·鸠摩罗什传》中，也有大致相同的记载②，讲的都是同一段历史，即前秦的统治者苻坚听说当时有两个和尚，一个西域鸠摩罗什，一个襄阳道安，是当时的“大智”之人。为了让这两个“国之大宝”能够辅佐前秦，苻坚竟然派数万大军南征西伐，发动了两场不以“攻城略地”、争夺财富为目的的战争，这在中国的战争史上，是极其罕见的事件。苻坚，这个北方少数民族氐族出身的帝王，在那个战乱频仍的年代，在那些走马灯似的上台与下台的统治者中，的确与众不同。他不但勇猛善战，而且好读书，重视人才。《晋书》中称他“博学多才艺，有经济大

---

① （唐）房玄龄等撰：《晋书·艺术传》，中华书局1973年版，第2500页。

② “（建元）十八年九月，坚遣骁骑将军吕光、陵江将军姜飞等，将前部王及东师王等，率兵七万，西伐龟兹及乌耆诸国。临发，坚饯光于建章宫，谓光曰：夫帝王应天而治，以子爱苍生为本，岂贪其地以伐之？正以怀道之人故也。朕闻西国有鸠摩罗什，深解法相，善娴阴阳，为后学之宗，朕甚思之。贤哲者，国之大宝。若克龟兹，即驰驿送什。”（南朝梁）慧皎：《高僧传·译经》，载《高僧传初集》卷1，第1册，金陵刻经处光绪十年版，第6页。

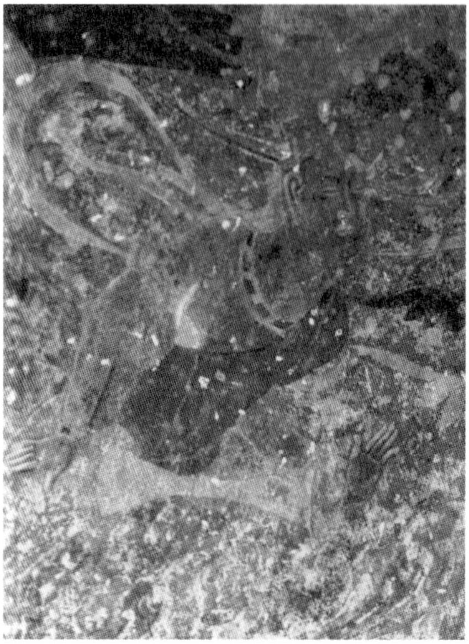

麦积山 4 窟细腰鼓伎・北周

志，要结英豪，以图纬世之宜”[1]。那么，这位令苻坚不惜大动刀兵的和尚，究竟是位什么样的人物呢？

**2. 一代奇僧鸠摩罗什**

鸠摩罗什，为中国佛教四大译经家之一，祖籍天竺，生于龟兹，自幼聪颖超人，十二三岁即登座说法，在西域名闻诸国，得到了极高的礼敬，以至他每次登座说法时，王子们都要跪在法座旁，让鸠摩罗什踩着他们的膝盖登座：“每至讲说，诸王皆长跪座侧，令什践而登焉。”他又是一个有争议的人物，“为性率达，不厉小检”，甚至娶妻蓄妾，不住僧房。他极富个性，有着极强的艺术家气质，对天竺与龟兹的文学、音乐甚为通晓。他曾经向他的弟子慧睿传授东西方不同的文化，与他一起进行东西方佛教音乐的比较：“论西方辞体，商略同异”。在他翻译、传授天竺、西域佛教经典的时候，他肯定进行过将佛教经典的传输载体之一——佛教唱诵音乐与佛经内容一起传输过来的尝试。但是，他似乎并没有完全成功。他曾经十分形象地把翻译过程比喻为“嚼饭予人”，不但丢掉了味道，而且令人作呕。他特别明智地指出，在把一种语言翻译成另一种语言的过程中，必然要丢失一些佛经原来所具有的文学性和音乐性。也许是为了弥补这一损失，他曾经在华创作

① （唐）房玄龄等撰：《晋书・苻坚载记》，中华书局 1974 年版，第 2884 页。

了十首“偈”，而所有的偈，都应该是可以唱诵的。[①]

罗什对“改梵为秦”困难苦多的感叹，是一个伟大译经家工作过程中的甘苦之言。他考虑到译经过程中存在的兼顾“信”“达”“雅”的困难，不遗余力、孜孜以求，终于达到了译经史上一个崭新的高度，使“众心惬服，莫不欣赏”。他所创作的十首偈，应该是他对中国佛教音乐所做的一个贡献。我们现在虽然已无法得知罗什所作的十首偈颂的全部内容，也无法得知其音乐究竟是什么样子，但其音调，很可能是汉地还不太熟悉的西域乐调，这不但与他的文化背景有关，而且从他自诩自己的作品“哀鸾孤桐上，清音彻九天”或可感觉到一点信息。罗什与龟兹乐有没有更直接的关系史无所载，然罗什号称“弟子三千”，其影响之大，冠盖当世，而龟兹乐与罗什一起入华，终于“大盛于闾闬”，这样的背景，则不容忽视。

### 3. 龟兹乐与佛曲

前边所引的《隋书·音乐志》，曾明确提到《于阗佛曲》是“变龟兹声为之”。于阗，在今新疆和田地区；龟兹，在当今新疆库车一带。这两个地区的音乐，至今仍有着极大的相似性。由于龟兹乐是当时的“流行音乐”——“胡乐”中最重要的部分，所以，当时对龟兹乐已有一定认识的中原人士，会把与龟兹乐相似的于阗佛曲理解为“变龟兹声为之”。龟兹乐于魏晋时开始在中原流行，至隋唐时已风靡朝野。它的传入中原，始于吕光灭龟兹（382）。其后，吕光建立了后凉政权（386—403）。后凉被后秦所灭，“吕氏亡，其乐分散，后魏平中原，复获之”[②]。

在所谓的胡乐中，龟兹乐的水平最高，也最受欢迎。唐代的玄奘在

---

① （南朝梁）慧皎:《高僧传·译经中·鸠摩罗什》，载《高僧传初集》卷 2，第 1 册，金陵刻经处光绪十年版，第 1—10 页:“什尝作颂赠沙门法和云：心山育明德，流熏万由延，哀鸾孤桐上，清音彻九天。凡为十偈，辞喻皆尔。”

② （唐）魏征等撰:《隋书·音乐志》，中华书局 1973 年版，第 378 页。

新疆焉耆锡克沁《弥勒会见记》焉耆文唱本·5—6世纪·新疆维吾尔自治区博物馆藏

其名著《大唐西域记》中，曾评价龟兹“管弦伎乐，特善诸国”，将龟兹的音乐文化置于西域诸国之上。《旧唐书·音乐志》则说：“自周、隋以来，……鼓舞曲多用龟兹乐，其曲度皆时俗所知也。”在龟兹乐中，最重要的乐器是鼓类乐器，计有毛员鼓、都昙鼓、答腊鼓、腰鼓、羯鼓、鸡娄鼓。其中最为突出的是羯鼓。此外，还有一些管弦乐器，如竖箜篌、琵琶、五弦、笙、笛、箫、筚篥等，其中最有特色并影响深远的乐器是筚篥。到玄宗时，宫廷八部“立部伎”中，有五部都与龟兹乐有关：“皆擂大鼓，杂以龟兹之乐。声

麦积山26窟击鼓伎石刻·北周

振百里，动荡山谷。”[①]

实际上，在古人的眼里，往往把佛曲与龟兹乐视为同一种音乐。赞宁在《高僧传三集·读诵篇》中讲了唐代僧人惟恭和灵归两人的故事，说灵归有一次“偶去寺一里，所逢六七人，少年鲜都，衣服鲜洁，各执乐器，如龟兹部。……所见者，乃天乐耳”。这里所说的“天乐”，是“佛曲”的另一种称呼。赞宁在其篇末的“论”中，更明确地说天乐佛曲“或乐象龟兹，或开口菡萏”。可见在古人眼里，佛曲的特点便是“如龟兹部”，这恐怕不仅仅指其所用乐器“如龟兹部”，也包括音调。说龟兹乐的乐器与佛教音乐所用的乐器相同，有敦煌壁画为证。在敦煌莫高窟220窟的“东方药师净土变”中，有一个在舞伎两侧为舞伎伴奏的佛教乐队，所用乐器有：羯鼓、毛员鼓、答腊鼓、腰鼓、琵琶、五弦、竖箜篌、笙、笛、箫、筚篥、拍板、方响、排箫、筝等。莫高窟72窟的“观无量寿经变”中的佛教乐队，也用答腊鼓、腰鼓、鸡娄鼓、都昙鼓、琵琶、笛、箫、笙、筚篥、竖箜篌等，与史书中所载龟兹乐所用的乐器基本相同。

麦积山78窟琵琶伎·北魏

龟兹乐的曲调与佛曲也很相似，在敦煌卷子中，有许多有关的例证：

敦煌曲《太子入山修道赞》[②]中，有这样的词句：

① （后晋）刘昫等撰：《旧唐书·音乐志二》，中华书局1975年版，第1060页。

② 见敦煌卷子“伯三〇六五”，现藏法国巴黎图书馆。

共奏天仙乐，龟兹韵宫商，美人无奈手颐忙，声绕梁。

将“天仙乐”——佛乐，直接与龟兹乐的“韵”——曲调等同。在敦煌变文《维摩诘所说经变文》[①]中，也有“胡乱莫能相比并，龟兹不易对量他”之句，同样是将佛曲与胡曲、龟兹乐等同。中国的一些学者因此断言：“佛曲者源出于龟兹部，尤其是龟兹乐人苏祇婆所传来的琵琶七调为佛曲的近祖。”[②]

综上所述，可以知道龟兹乐的入华，已可视为佛曲流入中土的开始。也就是说，在吕光灭龟兹（382）之后，作为器乐曲的佛曲，已经流入中国宫廷。而且，佛教文化的东渐，大都经过龟兹，因此，在后人的眼里，

麦积山154窟飞天伎乐·北魏

① 许国霖：《敦煌丛刊初集·敦煌杂录》，新文丰出版公司1985年版，第65页。

② 向达：《论唐代佛曲》，载周绍良、白化文《敦煌变文论文录》，上海古籍出版社1982年版，第14页。

佛曲与龟兹乐几乎成了一个概念。

因此，把“金言有译，梵响无授”的话理解成天竺佛教音乐从未传入中国，中国佛教音乐自始便是土生土长的观点，是不符合历史真实的。中国佛教音乐之初，应该是天竺化、西域化的。佛教音乐的华化，正像天竺佛教的中国化一样，既是一种必然，又要有个过程。佛曲华化的完成，恐怕是在唐代。当其时也，文化发达，国家鼎盛，泱泱大国，百川汇集。从宫廷到闾巷，一方面音乐兴旺：“《六幺》《水调》家家唱，《白雪》《梅花》处处吹”；另一方面佛教盛行：“街东街西讲佛经，撞钟吹螺闹宫廷。”一方面唐人对音乐的酷爱，为佛教音乐的繁荣造成了机会；另一方面佛子兴佛化俗、光扬佛法的使命，又促使其投人所好，充分利用音乐的魅力。于是，俗讲大盛，赞呗风闻，“听者填咽寺舍”，唱者“擅名当世”，蔚为一代之风。而在此之前，以南齐竟陵王萧子良及梁武帝等人在清商旧乐基础上的创作为代表的中国风格佛曲的出现，则为佛曲的全面华化铺平了道路，奠定了基础。

## 四、梁武帝与中国佛教法事音乐的建立

### 1. 梁武帝其人

南北朝是我国音乐史上的一个重要时期。长期战乱给人民造成的苦痛，促使各种与中国传统思想观念（这里主要指儒教）相违背的思想蔓延滋长。外来的佛教迅速传播，大有以客为主之势；南朝士族的浮绮奢华之风日甚，不仅表现在物质领域，也渗透到精神领域。一种对“来世”的强烈向往与一种对今生的病态的眷恋奇妙地扭结在一起。北方各民族的混乱，造成北方居民的大规模南迁，这种近似于民族迁移的人口流动，不仅造成当时的“南朝盛世”，使中国文化的中心第一次在南方出现，而且在中华文化（以

汉民族为主体的多族文化的统一体）的交流、融合、发展中，起到了难以估量的作用。北方，新鲜动听的“胡乐”像“流行曲”一样风靡一时；南方，在“吴声”“西曲”的基础上，续承北方“相和歌”的传统，出现了丰富多彩的“清商乐”。而这一切，都与梁武帝有着或多或少的关系。

梁武帝萧衍（464—549），字叔达，南兰陵中都里（今江苏常州西北）人，是梁朝的创立者，502—549年在位。萧本齐室皇族，父萧顺之，封临湘县侯，历位侍中、卫尉、太子詹事、领军将军、丹阳尹，赠镇北将军，谥曰懿。萧衍少时即以文名世，《南史》称其“少而笃学，能事毕究”。齐竟陵王萧子良开西邸、招文学，萧衍与南朝著名士人沈约、谢朓、王融、萧琛、范云、任昉、陆倕等并游，号曰“八友”。这个文学—政治集团，不但开创了后世文学史上以注重声律著称的“永明体”诗风，为五言律诗的规范化奠定了基础，而且其中的沈约等人还辅佐萧衍灭齐兴梁，长期控制着中国南方的政治命脉。萧衍本人，是战乱频仍的南北朝期间在位最久的皇帝，“自武帝膺运，时年三十有七，在位四十九载”。①他对当时中国政治、宗教、文化、经济的影响，是相当深远的。

萧衍任雍州刺史时，萧齐政治已腐败到了极点，皇室宗亲不断倾轧，苛捐杂税层出不穷。齐明帝崩后，“六贵”“八要”等权臣代行国柄、政出多门，东昏侯萧宝卷的的确确是昏到了头。萧衍于是乘乱兴兵，于和帝中兴元年（501）攻入建康，夺得半壁江山，次年受禅为帝，改国号为梁。

萧衍即帝位后，门阀士族封建统治的基础没有丝毫改变。他设“谱局”，改定“百家谱”，竭力安插士族，并全面推行计丁而税的苛政，暴敛乎万民。在他的纵容下，官僚士族腐化成风，各级官吏竞事聚敛，出现了

① （唐）道宣:《续高僧传》卷1，大正新修大藏经本，第2页。

一批如竟陵太守鱼弘这样著名的贪官。[①] 但是，萧衍壮年称帝，又是打来的天下，因此，也曾励精图治。《南史·梁本纪》说他"勤于政务，孜孜无怠。每冬月四更竟，即敕把烛看事，执笔触寒，手为皴裂"。《高僧传二集·卷一》也说他"虽亿兆务殷，而卷不辍手，批阅内外经论典坟，恒以达曙为则"。萧衍的勤于政务、好学、勤勉，在南朝绮靡的帝王群中，确实是非常罕见的。

萧衍对中国文化之所以有较大的影响，除却他特殊的政治地位及才学而外，还应归结于他特殊的性格特征。他个性中最为鲜明的两点，一是认真，一是对宗教的虔诚。萧衍初信道教，即位后第三年（504），他于释迦牟尼佛诞之日（四月初四）率僧众二万人云集重云殿重阁，亲制文发愿，舍道归佛。此后，他亲著《大涅槃》《大品》《净名》《大集》诸经的"疏记"及"问答"，凡数百卷。他还亲往同泰等寺讲说《涅槃》《般若》等经，可谓深研佛理。对佛教"今世之因，种来世之果"的"因果报应"说，他深信不疑，并身体力行，苦修今世。为弘扬佛法，他不吝巨资，所建爱敬、光宅、开善、同泰诸寺，宏伟奇丽，耗金不可胜计。[②] 所造佛像，也穷工极妙。但他自己，却在信佛之后，"日只一食，膳无鲜腴，惟豆羹粝饭而已"[③]。他"身衣布衣，木棉皂帐，一冠三载，一被二年"。信佛之前，他荒淫无道，曾"纳齐东昏余妃，颇妨政事"，[④] 把前朝同宗皇帝的妃子都接收下来，但晚年却"自五十外便断房室"，清心寡欲，甚至极力倡导《涅槃》

① 鱼弘，曾任南谯、竟陵太守，据《南史·鱼弘传》载，鱼弘"尝谓人曰：'我为郡有四尽：水中鱼鳖尽，山中獐鹿尽，田中米谷尽，村里人庶尽。……人生但欢乐，富贵在何时？'于是恣意酣赏，侍妾百余人，不胜金翠，服玩车马，皆穷一时之惊绝"。（唐）李延寿：《南史·鱼弘传》，中华书局1975年版，第1362页。

② 如同泰寺，《续高僧传》中称"楼阁台殿，拟则宸宫，九级浮屠，回张云表，山树园池，沃荡烦积……"成一时之奇观。（唐）道宣：《续高僧传》卷1，大正新修大藏经本，第2页。

③（唐）李延寿：《南史·梁本纪》，中华书局1975年版，第223页。

④（唐）李延寿：《南史·范云传》，中华书局1975年版，第1419页。

等大乘经的禁断肉食，亲制《断酒肉文》，改变了汉以来僧徒食“三净肉”的习惯，对后世佛教的戒律和素食的习惯影响甚大。

他不仅创素食之风，还效法释迦牟尼舍王位出家的故事，四次舍身同泰寺为“寺奴”[①]，其中两次均由群臣以一亿万钱赎回，大大充实了寺院经济。至此，佛教在中国的传播达到了极盛期。“南朝四百八十寺，多少楼台烟雨中”，梵呗颂赞之声，礼佛导引之曲，也极盛一时，高唱入云了。

**2.“名为正乐，皆述佛法”——梁武帝的“正乐”**

萧衍是有很深的音乐修养的。《隋书·音乐志》称他“素善钟律”，《旧五代史·乐志》亦称他“素精乐律”。从魏晋到南北朝，文人多以善乐为能事。号称“八友”的士人中，沈约、任昉等人都是音韵乐律专家。萧衍与他们同游西邸之时，少不了论乐谈琴。这样一个风雅的出身与环境，使他即帝位后便可能格外注重乐事。正如《隋书·音乐志》所言：“梁武帝本自儒生，博通前载，未及下车，意先风雅”，因此，才能在“爰诏凡百，各陈所闻”之后，亲自“纠擿前违，裁成一代”，纠正、剔除前朝的疏漏背古之处，开一代乐风。

当然，他首先要正雅乐。雅乐是中国封建王朝最为重视的政治文化行为，在中国的传统中，雅乐不但是改朝换代后新朝首先要做的头等大事，而且在某一时期，雅乐作为一种官方文化的代表，它的兴衰也反映着整个时代的文化风貌，反映着其时文艺在上层建筑中的地位。沈约曾经说过：“乐书事大而用缓，自非逢钦明之主、制作之君，不见详议。汉世以来，主非钦明，乐既非人臣急事，故言者盖寡。”认为作礼制乐的事情，虽然是大事，但并不是立刻要办的急事。因此，必须碰到特别明智、特别懂文化的

① 郭沫若《中国史稿》及《辞海》等书均言梁武三次舍身，误。今按《南史》正之：第一次大通元年（527），第二次中大通元年（529），第三次中大同元年（546），第四次太清元年（547）。

帝王，才可能做这件事。此说颇有道理，自汉之后，战乱不已。三国鼎立，五朝乱华，十六国逐，南北朝分，哪个还顾得上振兴乐事？庙堂所奏，大抵是因陋就简。齐帝曾驳斥任昉、王肃正乐之议，大谈“事人礼缛、事神礼简”之理，“于是不备宫悬，不遍舞六代，逐所应须。即设悬，则非宫非轩，非判非特”。表面看，似乎通脱大胆，一反中国自周代即已开始的“礼乐制度”，但萧齐短命，昏侯无才，恐怕菲薄周典是假，无力兴乐是真吧？

梁是南朝鼎盛之时，“梁氏之初，乐缘齐旧”，梁武帝肯定不满，于是“思弘古乐，天监元年，遂下诏百僚”，希望百官中知乐者能够拿出复兴礼乐的方针、办法来，改变自晋以来便“天人缺九变之节，朝醼失四悬之仪”的状况。但是，百官中尽多“乐盲”，心有余而力不足，缺乏正乐之能，只好高谈阔论，“是时对乐者七十八家，咸多引流略，浩荡其辞，皆言乐之宜改，不言改乐之法”。把正乐的大任还给了武帝。于是“帝既素善钟律，详悉旧事，遂自制定礼乐”，亲自出马了。①

梁武帝从天监元年（502）始正乐，在他主持制定的四十九首三朝之乐中，杂有一些明显带有佛教意味的曲目，有可能是从天竺传来的佛曲，如第二十七“须弥山伎”即是。② 此外，第三十五“金轮幢伎”，可能在演出时以金色的法轮作为道具，用法轮来象征佛教。这与第四十二“青紫鹿伎”、第四十三“白鹿”等伎，都包含着佛教的内容。因为在佛教中，一贯用法轮、鹿、象等作为佛教象征，有“佛徽”的意味。这几首乐曲估计为佛曲，应该没有问题。第四十四的“设寺子导安息孔雀”等曲，恐怕也是由印度传来的。

---

① （唐）魏征等撰:《隋书·音乐志》，中华书局 1973 年版，第 287—289 页。

② “须弥山”是佛经中常提到的神话景观，山高八万四千由旬，山尊为“帝释天”，四面山腰为四天王，周围有“七香海”“七金山”，环周绕以“咸海”，是佛教艺术中多见的题材，估计“须弥山伎”即为表现这一神话景观的歌舞。

梁代的雅乐，与当时流行江南民间音乐也有着千丝万缕的联系。梁代的四十九首雅乐，第一首便是“相和五引”。相和歌是魏晋以来的民间音乐，到南北朝时发展为清商乐。清商乐也称清乐，清乐的概念可大可小，往小里说，它的基本内容是“九代之遗声，其始即相和三调是也，并汉魏以来旧曲”，再加上“江南吴歌”与“荆楚西声”。往大里说，则是针对胡曲而言，即所谓的“华夏正声”。在后人眼里，梁武帝这套包含外来佛曲在内的“什锦拼盘”式的音乐，不啻是“华夏正声”的代表。隋代建立之初，曾有一次著名的有关宫廷音乐的讨论，史称“开皇乐议”。当时，隋代刚刚建立，国土未定，百废待兴。对如何创建隋乐的问题，黄门侍郎颜之推建议隋高祖“请凭梁国旧事”，即把现成的梁乐拿来作为隋乐的基础。不过，当时隋高祖把政治考虑摆在第一位，认为“梁乐亡国之音”，不肯采用。但到开皇九年平陈之后，一则由于政治形势的变化，全国基本平定，二则由于乐议长年不决，这才承认梁陈旧乐为“华夏正声”，要求“以此为本，微更损益”，来制定隋乐。[①]而这种把梁乐正始宣布为“华夏正声”的做法，则长久地影响着中国古代音乐发展的进程。

梁武帝本人，便是一个清商乐的作曲家。《乐府诗集》中引《古今乐录》曰：“梁天监十一年冬，武帝改西曲，制《江南》《上云乐》十四曲，《江南》七曲：一曰《江南弄》，二曰《龙笛曲》，三曰《采莲曲》，四曰《凤笛曲》，五曰《采菱曲》，六曰《游女曲》，七曰《朝云曲》。”《乐府诗集》还载有萧衍这七首曲的歌词。

萧衍还作过一首清乐歌曲《阳叛儿》[②]。《乐府诗集》中亦有此辞。一直到开皇九年平陈之后，高祖所获梁、陈清商旧曲中，“其歌曲有《阳伴》，

① （唐）魏征等撰：《隋书·音乐志》，中华书局 1973 年版，第 378 页。

② 《旧唐书·音乐志》考《阳叛儿》乃《阳伴儿》之误。

舞曲有《明君》并契”，显然是梁武遗声。

萧衍在音乐上的贡献，恐怕这便是其中很重要的一点：当“周齐皆胡虏之音”时，他坚持了“梁陈尽吴楚之声”，当中国北方的帝王们“获晋乐器，不知采用，皆委弃之”“乐章既阙，杂以《簸逻回歌》”“太常雅乐，并用胡声”的时候，当外来的佛教在他本人的倡导下风靡南朝的时候，他以自己的创作实践促成了佛教音乐的中国化，使汉族音乐在从此时到盛唐的各族文化的大融合中，始终保持着主体、母体的地位。

**3. 从无遮大会到水陆法会——梁武帝与佛教法事音乐**

萧衍在音乐上的第二个贡献，是他身体力行，促成了佛教音乐的繁荣，并为后世佛教仪式中的主要音乐形式创造了一个模式。《隋书·音乐志》载：“帝既笃敬佛法，又制《善哉》《大乐》《大欢》《天道》《仙道》《神王》《龙王》《灭过恶》《除爱水》《断苦轮》等十篇，名为正乐，皆述佛法。”[①] 这十首佛曲，现仅存曲目，内容及音乐已均不可考，但这十首由帝王亲制的佛曲在当时所起的作用，却是可以想见的。

重要的是，“名为正乐”四字中，似乎暗藏着一种信息，即这十首佛曲的音乐，不是来自天竺、西域，也非“胡乐”风格，它是“正”乐，是清乐风格的创作。前文已述及梁武帝本是清商乐作曲家，因此这种推论并非妄断。佛曲的音乐不一定非是天竺、西域之乐，信仰与文化背景也并非永远一致，这正如灭佛的周武帝的宫廷音乐中，却仍有大量的胡曲一样。

梁武帝还在中国首创“无遮大会”及“盂兰盆会”“忏法”（梁皇宝忏）等佛教仪规，为佛教音乐的演出与传播，提供了极好的机会，奠定了历代遵循的规范。

“无遮会”，是梵文 Pancaparisad 的意译，意思是无贤圣道俗之分、上

---

① （唐）魏征等撰：《隋书·音乐志》，中华书局 1973 年版，第 305 页。

下贵贱尊卑之遮，众生平等、广行财施。据《大唐西域记》载，天竺戒日王每“五岁一设无遮大会，倾竭府库，惠施群有”，是一种在佛教“平等”的旗帜下，实行暂时性、一次性财产再分配的群众集会，体现了佛教“众生平等”的思想和以“施”为“度”、慈悲为怀的教理。梁武帝所创的中国无遮大会，据《佛祖统纪》载：“中大通元年，帝于重云殿为百姓设救苦斋、以身为祷。复幸同泰寺，设四部无遮大会……皇帝设道俗大斋五万人。”《南史・梁本纪》则更详尽地记载了萧衍从中大通元年（529）开始，一直到太清元年（547）止，数次举办无遮法会的情景。其时，“上释御服，披法衣，行清净大舍”。数万人云集，皇帝开国库设饭斋人。在这样的大斋会上，最重要的节目便是僧人宣讲法事，演唱佛曲。萧衍还曾创造了一种童声唱赞的形式，用儿童来演唱梵呗。《隋书・音乐志》载：“又有法乐童子伎、童子倚歌梵呗，设无遮大会则为之。”[①] 梁武帝为宣传佛教，殚精竭虑，利用他特殊的身份地位，为佛教音乐的传播做了旁人无法办到的事。而在此之后，佛教的几乎所有法事活动中，都要奏法乐、唱赞呗，形成定规，影响达千年以上。

水陆法会，又称水陆道场，是中国佛教经忏法事中最为隆重的一种，是在梁武帝“梁皇忏”的基础上，结合了唐代密教的“冥道无遮大斋”发展起来的。据宋代宗鉴《释门正统》卷四说：“……梁武帝梦一神僧告曰：‘六道四生，受苦无量，何不作水陆大斋普济群灵？’”梁武帝梦后，在宝志的帮助下，“搜寻贝叶，早夜披览”，在广泛搜集经典的基础上，制定了一套水陆法会的仪规。天监年间（502—519），梁武帝亲自在润州（今镇江）金山寺设水陆法会，追荐群灵，普济众生。以后，经过历代高僧大德的增修、补充，终于成为一套规模浩大，包括各种经文、仪礼，融念诵、

① （唐）魏征等撰：《隋书・音乐志》，中华书局 1973 年版，第 305 页。

麦积山4窟飞天伎乐·北周

礼拜、音乐、美术、舞蹈等众多艺术形式于一炉的盛大法事。现在的水陆法会最少要7天，最多达49天，一般僧人数十甚至逾百人。设“内坛”与“外坛”。内坛中悬挂“水陆画”，外坛包括“大坛”“法华坛”“净土坛”“华严坛”等。在水陆法会中，音乐的分量是很重的，尤其是内坛中“主法”“正表”“副表”三人的唱诵，内容丰富、曲调华美，将梵呗与民间音乐、文人音乐融为一体，具有很高的艺术价值。

萧衍在位49年，“清商乐”的形成即在此时；佛教庙堂音乐的诸形式，也在此时初定。“南朝文物，号为最盛，民谣国俗，亦世有新声”的盛况，不能说不与这位风雅而又虔诚的梁武帝有关。萧衍对我国南北朝时音乐的发展，尤其是对中国佛教音乐的发展，有着杰出的贡献。但是，他晚年沉溺佛教，不问政事，当然也就更顾不上乐事了。他“不饮酒，不听音声，非宗庙祭祀、大会飨宴及诸法事，未尝作乐”①，最后，国破人亡，乐工星散，良可感叹！《南史》的作者李延寿在其传后的评论中，唏嘘感叹，说出了许多人，尤其是正统儒者的看法。他说：

梁武帝……制造礼乐，敦崇儒雅，自江左以来，年逾二百，文物之盛，独美于兹。……而帝留心俎豆，忘情干戚，溺于释教，弛于刑

① （唐）李延寿:《南史·梁本纪》，中华书局1975年版，第223页。

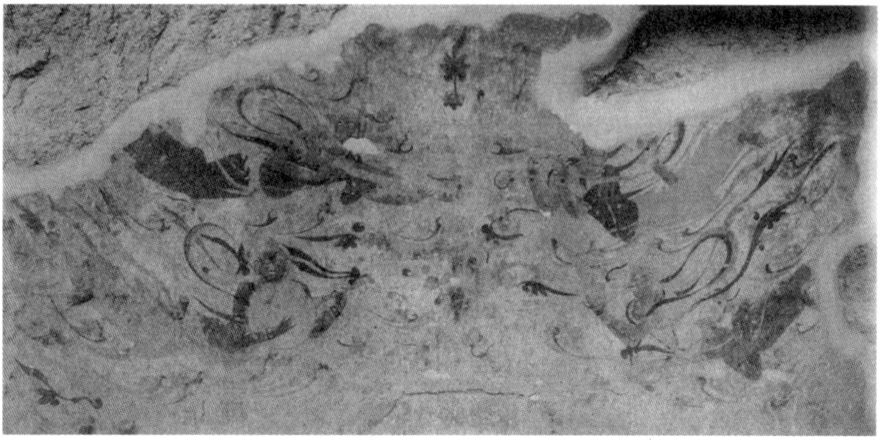

敦煌 288 窟伎乐飞天 · 西魏

典。……自古拨乱之君，固已多矣，其或树置失所，而以后嗣失之，未有自己而得，自己而丧。追踪徐偃之仁，以致穷门之酷，可为深痛！可为至戒者乎?! [1]

## 五、佛教仪轨音乐的完善

### 1. 萧子良的“集京师善声沙门”

南朝佛教和佛教音乐的兴盛，不完全是梁武帝一人提倡的结果，与他同时的其他一些信仰佛教的贵族文人也曾起过相当大的作用，并对梁武帝的佛教信仰及佛教事业产生过巨大的影响。比如齐竟陵文宣王萧子良和沈约等人。萧子良，是齐武帝次子，历任会稽太守、丹阳尹、南徐州刺史、南兖州刺史、扬州刺史、司徒等。他招揽才士，致使一时才俊尽集其门下。他在鸡笼山开西邸，号称“八友”的萧衍等人并游其门。他不但信仰佛教，

① （唐）李延寿:《南史 · 梁本纪》，中华书局 1975 年版，第 225 页。

而且礼接僧徒，精研佛理，多有著述。他还自开讲席，宣扬佛法。《广弘明集》卷十九有庾臯之《为竟陵文宣王致书刘隐士》文，说到萧子良讲席的情况：

君王卜居郊郭，萦带川阜，显不徇功，晦不标迹。从容人野之间，以穷二者之致。且弘护为心，广敷真俗，思闻系表，共剖众妙。

更重要的是，他还召集有音乐修养的僧人集中在他的府邸探讨佛教音乐的问题，"造经呗新声"。慧皎《高僧传》卷十三"经师篇""齐安乐寺僧辩"条载：

永明七年二月十九日，司徒竟陵文宣王梦于佛前咏"维摩"一契，因声发而觉。即起，至佛堂中，还如梦中法，更咏"古维摩"一契，便觉韵声流好，著工恒日。明旦，即集京师善声沙门龙光、普知、新安、道兴、多宝、慧忍、天保、超胜及僧辩等，次第作声，辩传"古维摩"一契、"瑞应七言偈"一契，最是命家之作。①

道世《法苑珠林》"呗赞第三十四·音乐部·感应缘"，也有类似的记载：

永明七年二月十九日，司徒竟陵文宣王梦于佛前咏"维摩"一契，因声发而寤。即起，至佛堂前，还如梦中法，更咏"古维摩"一契，便觉音韵流好，著工恒日。明旦，即集京师善声沙门僧辩等次第作声，

① （南朝梁）慧皎：《高僧传》，载《高僧传初集》卷 15，第 4 册，金陵刻经处光绪十年版，第 4 页。

辩传“古维摩”一契、“瑞应七言偈”一契，最是命家之作。[1]

《南齐书》卷四十亦载萧子良“招致名僧，讲悟佛法，造经呗新声。道俗之盛，江左未有也”[2]。

综合这些记载，可知在 489 年 2 月 19 日，萧子良在其府邸召开了一个中国历史上第一次有关中国佛教音乐的研讨会，参加者有僧辩、龙光、普知、新安、道兴、多宝、慧忍、天保、超胜等名僧。他们不但“次第作声”，每人都表演了自己拿手的经呗，互相观摩，而且还评出了最好的作品——僧辩的“古维摩”和“瑞应七言偈”。在这个会上（或其后），这个名僧集体，还在萧子良的领导下“造经呗新声”，创造了一批新的佛教音乐。在这个基础上，他们还对这些已有的和新创的作品进行了比较研究与编辑工作：“并殷勤嗟咏，曲意音律、撰集异同，斟酌科例。”[3] 这些经过讨论、编辑后流传的佛教音乐作品和萧子良、僧辩等人的共同努力以及这次会议所创造的气氛，都对萧衍兴起更大规模的佛教音乐活动奠定了基础。

**2. 道安与慧远**

4 世纪到 5 世纪，是中国佛教音乐全面华化的时期，也是中国佛教仪轨的成型期。假如说竟陵文宣王萧子良、梁武帝萧衍等人是因为他们在社会地位而决定了他们巨大的影响的话，那么，另外一些佛门内部的高僧，则以他们身体力行的榜样和为僧团制定的周密的规章制度，更有力地促成了佛教仪轨音乐的完善。在竟陵文宣王萧子良“集京师善声沙门”“造经呗新声”之前，堪称一代佛教领袖的道安、慧远等人，已经在为中国佛教仪轨音乐的建立和完善创造条件。

---

① （唐）道世：《法苑珠林》（上册），中国书店 1991 年版，第 571 页。

② （南朝梁）萧子显撰：《南齐书》，载《二十五史》第 3 册，上海古籍出版社 1997 年版，第 1984 页。

③ （南朝梁）慧皎：《高僧传》，载《高僧传初集》卷 15，第 4 册，金陵刻经处光绪十年版，第 7 页。

道安（314—385），是东晋时最有影响的高僧。他俗姓卫，常山扶柳县（今河北省冀县境），少年出家。他曾师事佛图澄，并代佛图澄讲席说法，因其面黑，遂有“漆道人，惊四邻”之誉。在连年战乱中，他率徒四处弘法，其中在襄阳弘法达15年。当时，北方的鸠摩罗什和南方的道安，是名震中国的两位高僧。前秦的统治者苻坚为了抢夺他，曾经在西伐龟兹抢夺鸠摩罗什之前，先派兵南下，于东晋太元四年（379），坚克襄阳，将他迎至长安五重寺。苻坚曾说：“朕以十万之师取襄阳，唯得一人半。”道安即其中的“一人”，另外“半人”，是历史学家习凿齿。道安在长安，受徒众数千，大力开展译经事业，成就显赫。他长于般若学，著述甚丰。他还倡导出家僧人以“释”为姓，对中国佛教影响深远。在社会上，他的影响也很大，除了苻坚常以政事咨询外，因其广博的学问和出众的睿智，成为长安衣冠弟子们请教解疑的精神领袖式的人物。他在襄阳讲经时，“四方之士，竞往师之”①。因讲席太盛，不得不制定一定的规矩，这就是道安制定的中国最早的“僧尼规范”。

慧皎《高僧传》卷五本传载：

> 安既德为物宗，学兼三藏，所制僧尼规范，佛法宪章，条为三例：一曰行香定座上经上讲之法；二曰常日六时行道饮食唱时法；三曰布萨差使悔过法。②

这就是后世佛教所谓的“三科法事”。其中“行香定座上经上讲之法”即“讲经仪”；“常日六时行道饮食唱时法”即“课诵斋粥仪”；“布萨差使

---

① （南朝梁）慧皎：《高僧传·义解二》，载《高僧传初集》卷5，第2册，金陵刻经处光绪十年版，第3页。

② 同①，第7页。

悔过法”即“道场忏法仪”。“三科法事”中，对后世影响最大的当属“常日六时行道饮食唱时法”，一般学者认为此即后世“朝暮课诵”的前身。

道安徒众甚多，其中最著名、最有成就的应该是庐山慧远。慧远（334—416），俗姓贾，晋雁门楼烦（今山西省静乐县西南）人。他幼习儒典及庄老之学，21 岁见道安，为之折服，即出家。他出家后，秉承道安弘法家风，弘法译经不辍。378 年，他为避战乱到浔阳（今江西九江）庐山，领徒众修道。慧远在庐山三十余年，影不出山，迹不入市，平时送客以虎溪为界，故得“庐山慧远”之称，以别周武帝时的另一位慧远。他的隐修之道和“沙门不敬王者论”影响深广，而他倡导的念佛法门，在其后演衍成净土宗，他亦被奉为净土宗初祖。

元兴元年（402），慧远在庐山东林寺与刘遗民等在阿弥陀佛像前立誓，共期往生西方净土，创以念佛为法门，以往生西方净土为目标的“莲社”（亦称“白莲社”）。慧皎《高僧传·唱导篇》载：

> 昔佛法初传，于时斋集，止宣唱佛名，依文致礼。至中宵疲极，事资启悟，乃别请宿德，升座说法。或杂序因缘，或傍引譬喻。其后庐山释慧远，道业贞华，风才秀发。每至斋集，辄自升高座，躬为导首。广明三世因果，却辩一斋大意。后代传授，遂成永则。[①]

这“后代传授，遂成永则”八个字，不是泛泛的褒词，而是概括了其后中国佛教史的全部事实。净土宗的历代祖师、名僧，如善导（613—681）、承远（712—802）、少康（？—805）、法照（？—821）等人，都

① （南朝梁）慧皎:《高僧传 · 经师导师》，载《高僧传初集》卷 15, 第 4 册，金陵刻经处光绪十年版，第 16 页。

秉承慧远衣钵，倡导唱念，身体力行，使净土宗逐渐成为中国佛教音乐、佛教艺术的中坚。

3.“以宣唱为业”的高僧们

在魏晋南北朝时期，由于佛教和佛教音乐的发展，陆续出现了一批以唱诵著名的高僧们。他们以其虔诚的信念、出众的才华，将音乐服务于宗教，同时，又反过来极大地促进了音乐艺术的发展。他们的歌唱，不但弘扬了佛法，同时也娱乐了众生。他们的艺术水平，是那个时期中国艺术的最高水平。慧皎不但独具匠心地因他们在咏经唱梵方面的造诣而将他们列入《高僧传》中，而且以极大的热情讴歌了他们的才华。他形容他们的歌唱是：“玄师梵唱，赤鹰爱而不移；比丘流响，青鸟悦而忘翥。昙凭动韵，犹令象马蜷局；僧辩折调，尚使鸿鹤停飞。”[①] 称赞他们的功绩在于“宣唱法理，开导众心”。他并且在这些高僧们大量实践的基础上，总结出了佛教音乐的一系列美学原则。他强调作为佛教的音乐家，首先要“精达经旨”，其次要“洞晓音律”，既通佛法，又善音乐。这样，才能“炳发八音，光扬七善”，才能符合佛教音乐的美学要求：“壮而不猛，凝而不滞，弱而不野，刚而不锐，清而不扰，浊而不蔽。”[②] 慧皎还提出对佛教音乐家的四项要求：“声、辩、才、博”，既要有一个响亮、美好的声音，还要了解人们

敦煌 435 窟人字坡飞天 · 北魏

① （南朝梁）慧皎：《高僧传 · 经师导师》，载《高僧传初集》卷 15，第 4 册，金陵刻经处光绪十年版，第 66 页。

② 同①，第 8 页。

的心理和时事并能针对这些发挥雄辩；同时，还要具备文学才能和广博的知识。只有同时兼备了这四项品德的僧人，才能够起到佛教音乐家弘法度人的作用。

据慧皎的记载，自两晋至南朝，出现了一大批杰出的“经师”和“唱导师”，都以唱诵为其所长，但“经师”所唱虽也有“入俗情”的功用，但主要的任务还是“发道心”，主要在寺庙内部僧人们修行的各种场合唱，重在以音声为修行；而“唱导师”的工作，则主要是“兴佛化俗”，面向大众，重在宣传。除了前文中曾提到的帛法桥、支昙籥、法平、法等、僧辩等人外，还有这样一些著名的“经师”：

宋京师白马寺的僧饶，建康人，“以音声著称，擅名于宋武之世。响调优游，和雅哀亮”。而与他同住一寺的道综善唱《三本起》和《须大拿》，“每清梵一举，辄道俗倾心”。白马寺有一座般若台，道综常常在台外一边唱梵，一边绕台，路人听到，“莫不息驾踟蹰，弹指称佛”。同寺的超明、明慧，“亦有名当世”。

宋安乐寺的道慧“特禀自然之声”，所以格外喜好“转读”。他还擅长即兴创作，唱时“发响合奇，制无定准”，但“条章析句”，仍然“绮丽分明”。

宋止谢寺的智宗，建康人，“博学多闻，尤长转读。声至清而爽快”。每逢寺里打“八关斋”，夜深之后，四众昏沉欲睡的时候，他便“升座一转，梵响干云”，以至大家“莫不开神畅体，豁然醒悟”。在他之后，该寺还有慧宝、道诠二僧，也“丰声而高调”，得到宋明帝的赏识。

齐乌衣寺的昙迁，本是月氏人，寓居建康。他不但精通儒、释、道三教的理论，还是当时著名的书法家和著名的经师。而且，他不仅长于唱诵，更是佛教音乐的创作家。他“巧于转读，有无穷声韵。梵制新奇，特拔终古”。当时的名士王义康、范晔等人，都与他来往密切。与他同时的，还有道场寺的法畅和瓦官寺的道琰，也“富声哀婉”，虽然不如昙迁，但也仅次于他。

齐东安寺的昙智，建康人，“性风流，善举止。能谈庄老。经论书史，多所综涉”。他不但“有高亮之声，雅好转读”，能遵照师承讲唱，而且还常常“独拔新异，高调清澈，写送有余”，有所创新，被当时的王公大臣所器重。

齐安乐寺的僧辩，建康人，曾与萧子良在永明七年一起“造经呗新声”。他曾向昙迁、法畅学习唱诵，得其风范。晚年“更措意斟酌”，对唱诵之事颇费神思。他的唱诵，被称为“哀婉折中，独步齐初”。据说他曾在夜里唱诵经文，引得“群鹤下集阶前”，一直到他诵毕才飞走，从此名声大噪。

齐白马寺的昙凭，南安人，年轻时到京师学习转读。起初没有得到时人的推许，“于是专精规矩，更加研习”，终于在晚年得到大家的承认。他尤其擅长诵《三本起》经。后还蜀，“巴汉学者，皆崇其声范”，成为西南地区汉传佛教唱诵的祖师。据说，他还铸造了四川佛寺中的第一口铜钟。

齐北多宝寺的慧忍，建康人，他曾跟僧辩学习，“备得其法”，但他的声音“哀婉细妙”，比他的老师还要好。他也曾参加永明七年的佛乐研讨会，与他的老师一起参与了梵呗新声的制作。此时著名的经师们，还有法邻、昙辩、慧念、昙干、昙进、慧超、道首、昙调等人。①

与这些经师们相似的唱导师们，也有不少人在佛教的声乐方面出类拔萃，例如：

宋京师祇洹寺的道照，西平人，年少时即已“兼博经史”，出家后，“披览经典，以宣唱为业”，成为职业的佛教音乐家。他“音吐嘹亮，洗悟

---

① （南朝梁）慧皎：《高僧传》，载《高僧传初集》卷15，第4册，金陵刻经处光绪十年版，第2—8页。

尘心”。而且，能够根据当时发生的事临时编造唱词，完全符合慧皎提出的“声、辩、才、博”的要求。他曾在宋武帝的内殿设斋讲唱，颇得皇帝的嘉许，一次法会竟得到三万钱的布施。他的弟子慧明，“祖习师风，亦有名当世”。

宋长干寺的昙颖，会稽人，他“属意宣唱，天然独绝”。不管什么人请他，都一视同仁，不分贵贱贫富。

宋瓦官寺的慧璩，丹阳人，他也是“该览经论，涉猎书史”，有着多方面的才能。但在“众技多娴”中，“尤善唱导”。他“出语成章”，在唱导的过程中随时有即兴的创作，“罄无不妙”，后被皇帝敕命为“京邑都维那”。

宋灵味寺的昙宗，秣陵人，“少而好学，博通众典。唱说之功，独步当世”。他的才能，也表现为“辩口适时，应变无尽”，能随时随地根据需要创制新说新韵。孝武帝爱妃殷氏薨，他曾亲在宫内为其设法会荐度，令孝武帝“泫怆良久，赏异弥深”。与他同时，灵味寺还有一位僧意，“亦善唱说”，曾“制谈经新声，哀亮有序”。

宋灵味寺还有一位昙光，会稽人，爱好很多，“五经诗赋、算术卜筮，无不贯解”。30 岁之后，突然感悟自己以前所学“皆是俗事”，遂在他人劝说下“回心习唱，制造忏文”，终于得到道俗两界一致的倾仰。

齐兴福寺的慧芬，豫州人，12 岁即出家。他在京都白马寺的时候，御史中丞袁愍孙认为出家人偏执，难以深入探讨理论。他遇到慧芬后，听其唱导，“芬既素善经书，又音吐流变，自旦至夕，袁不能穷”。于是大为折服，率弟子皈依，敬以为师。

齐齐福寺的道儒，渤海人，寓居广陵。他也是擅长即兴创作，“言无预撰，发响成制”，临时创编的词曲，都成为完善的作品。

齐瓦官寺的慧重，以唱导闻名，被宋孝武帝赏识，“于是专当唱说”，成为专业的唱导师。他“禀性清敏，识悟深沉，言不经营，应时若泻”。也是不必预先构思，只要一登座唱导，就像流水一样滔滔不绝。

齐正胜寺的法愿，颍川人，“家本事神，身习鼓舞。世间杂技及蓍爻占相，皆备尽其妙”。他与其他唱导师不同，虽善唱导，但“率自心抱，无事宫商”，强调发自内心的悟性和灵感，不重视音乐及形式。文惠太子曾问他：“葆吹清铙以为供养，其福如何?”他说：“昔菩萨八万伎乐供养佛，尚不如至心，今吹竹管子、打死牛皮，此何足道?!”齐隆寺的法镜曾拜他为师，“研习唱导，有迈终古”。该寺的道亲、宝兴、道登等僧，“皆祖述宣唱，高韵华言”，成为永垂史册的唱导师。①

值得注意的是，晋宋之时的经师与唱导师，除来自西域的之外，大部分来自建康或建康附近。仅以慧皎《高僧传》中“经师篇”“唱导篇”为例，共设传 21 篇（不包括附传），这 21 名僧人中，来自西域的 3 人（皆寓居建康），建康人 5 名，来自建康附近的 6 名。因此，我们有理由认为中国佛教的唱诵音乐，从一开始便受到江苏地区音乐的深刻影响。而千百年过去了，一直到今天，江苏及其附近地区，依然以出经忏法师闻名于世。

**4. 从《洛阳伽蓝记》看北魏寺庙的音乐生活**

北魏崛起于北方的游牧民族鲜卑，到太祖道武帝拓跋珪时，始定国号为魏，398 年迁都平城，开始修建佛寺。其中经过太武帝拓跋焘的灭佛及高宗文成帝的修复佛教，至孝文帝元宏时，佛教在中国的北方已经历了“生死轮回”的考验。孝文帝和他的“汉化”政策，在当时中原文化的重建中，起到了极大的推动作用。他采取的一系列有利于中国北方政治、经济、文化发展的重大举措，使他当之无愧地成为一代英主。他在经济上推行均田制度，减轻农民负担，促进北魏的经济发展和社会安定；在政治文化上

---

① （南朝梁）慧皎:《高僧传 · 经师导师》，载《高僧传初集》卷 15，第 4 册，金陵刻经处光绪十年版，第 9—16 页。

推行鲜卑族的“全盘汉化”，使鲜卑族的文化前进了一大步，也使以汉族文化为主体的中华民族文化吸收了更多其他民族的文化。他坚持将都城由平城迁往洛阳，把政治中心从靠近鲜卑族故地的平城（今山西大同附近）迁往汉文化积淀深厚的古都洛阳。在他的统治下，洛阳逐渐成为一座文化发达、宗教繁荣的大都市。尤其是佛寺的修建，可谓空前绝后，最盛时竟达“一千三百六十七所”。[1]杨衒之的《洛阳伽蓝记》，专记自孝文帝太和十九年（495）“六宫及文武尽迁洛阳”至孝静帝天平元年（534）迁都邺城这四十年里洛阳佛教寺塔的兴废，其中有不少有关佛教音乐的珍贵史料。

据杨衒之的记载，洛阳作为北魏的都城，不但寺庙众多，香火极盛，而且在寺庙中常有各种各样的音乐表演，使当时的寺庙成了音乐艺术的中心。平日里，这些寺庙是伶工伎女排演练习的大本营，一到节日或法会，则鼓乐喧天，观者如云，热闹非凡，成了一个个规模宏大的剧院。其规模之大和艺术水平之高，甚至可以与宫廷媲美。

比如书中“景乐寺”条载：“至于大斋，常设女乐。歌声绕梁，舞袖徐转，丝管寥亮，谐妙入神。”每有佛教斋事，便设女乐。因为这个寺庙是比丘尼寺，男人不能随便进入，更增加了它的神秘色彩，以至有幸“得往观者，以为至天堂”。一直到文献王死，“寺禁稍宽，百姓出入，无复限碍”，才容许普通百姓入寺观看这如“天堂”般的音乐表演。后来，汝南王悦将寺庙的规模扩大，“召诸音乐，逞伎寺内。奇禽怪兽，舞抃殿庭，飞空幻惑，世所未睹。异端奇术，总萃其中。剥驴投井，植枣种瓜，须臾之间皆得食。士女观者，目乱睛迷”。不但在寺内设有各种音乐，甚至把杂技、魔术引进寺里。我们现在已难以确知那些在寺庙里狂舞乱飞的“奇禽怪兽”，到底是伶工表演的鸟兽舞，还是真禽真兽表演的马戏，我们也很难确知当

---

① （北魏）杨衒之:《洛阳伽蓝记》卷 1，上海古籍出版社 1958 年版。

时在佛教寺庙里表演的这些“异端奇术”——比如“剥驴投井”到底是什么内容、什么形式，但我们起码可以想象那些“目乱睛迷”的观众们在这样的斋会中肯定获得了极大的精神享受和刺激。一直到建义（528）以后，由于战火烧到了洛阳，景乐寺的音乐活动才告结束。①

而位于“石桥南道”的景兴尼寺，是当时的宦官们集资修建的一座寺庙。由于宦官们积累了巨大的财富，所以他们所建的寺庙也富丽堂皇。寺内有一驾“金像辇”，离地三尺高，上施宝盖，四面垂金铃七宝珠，上面装饰着“飞天伎乐”，望上去就像在云上翻飞。其精美的程度，难以形容。因为金像太重了，每当抬像出游之日，皇帝便要诏派羽林军一百人专门负责抬这尊金像。同时，“丝竹杂伎，皆由旨给”，皇帝还选派宫廷乐工随游行队伍奏乐、表演。②

这种举着佛像游行崇福的活动以释迦牟尼的诞辰四月初八时为最盛。而洛阳的景明寺，因为其建筑在所有寺庙里最受称道，所以各寺的佛像届时都要游行到这里展览。活动从释迦牟尼诞辰的头一天便开始了：“四月七日，京师诸像皆来此寺”集中。据尚书祠部曹的统计，每年来此在册的佛像就有一千多躯。八日一早，四众抬着大小不一、形形色色的佛像从景明寺出发，进宣阳门，一直游行到阊阖宫前，接受皇帝的祝福和检阅。此时，这个每年一度的群众活动达到了高潮，皇帝在高高的宫门上向百姓抛撒鲜花，名为“散华”：“于时金花映日，宝盖浮云，幡幢若林，香烟似雾。梵乐法音，聒动天地。百戏腾骧，所在骈比。明僧德众，负锡为群；信徒法侣，持花成薮。车骑填咽，繁衍相倾。时有西域胡沙门见此，唱言佛国。”③

① （北魏）杨衒之：《洛阳伽蓝记》卷 1，上海古籍出版社 1958 年版，第 52 页。

② （北魏）杨衒之：《洛阳伽蓝记》卷 2，上海古籍出版社 1958 年版，第 88 页。

③ （北魏）杨衒之：《洛阳伽蓝记》卷 3，上海古籍出版社 1958 年版，第 131—132 页。

这种令来自西域的胡僧以为到了佛国净土的强烈感受，不仅是靠宏大的场面和华丽的饰物达到的。在令人眼花缭乱的表面之下，一定有着真正动人、真正有价值的文化。而一大批杰出的音乐家，则是伟大的文化创造者。

这些在寺庙中展露艺术才华的音乐家们，有的来自民间，有的来自宫廷，还有一些，则是城市中的职业音乐家。比如高阳王雍，曾官为丞相，当时，他不但享有皇帝赐给的仪仗队和乐队——“羽葆鼓吹”及“虎贲班剑百人”。而且，贵极人臣，富兼山海，他居住的宅第，竟可以与皇帝的宫殿相比。其中养有童仆六千，伎女五百，可谓“隋珠照日，罗衣从风”，自汉、晋以来，其豪侈的程度，超出了皇族。他“出则鸣驺御道，文物成行，铙吹响发，笳声哀转；入则歌姬舞女，击筑吹笙，丝管迭奏，连宵尽日”。但他死后，府邸辟为寺庙，这座昔日“白殿丹槛，窈窕连亘，飞檐反宇，轇轕周通”的高阳王府，变成了高阳王寺。而那些曾在王府中轻抒舞袖，曼展歌喉的女伎们，则大部分被迫出家，成了比丘尼，也有一些嫁了人，“雍崩后，诸伎悉令入道，或有嫁者”。这些出家的伎女，恐怕是寺庙音乐最大的音乐家群体。她们在寺庙里演奏的乐曲，多是当时的流行音乐。比如雍王府著名的美人徐月华，善弹箜篌，尤其擅长演奏《明妃出塞》之歌，“闻者莫不动容”。她后来成为卫将军原士康的侧室。据说，她因自怜身世，常常在府邸里一边弹箜篌一边唱歌，“哀声入云。行路听者，俄而成市”。竟使墙外听的人像市场上的人一样多。因为徐月华曾对原士康说过高阳王雍曾有两个最宠爱的“美姬”，一个叫修容，一个叫艳姿，都蛾眉皓齿，洁貌倾城。修容擅歌唱，《渌水歌》唱得最好；艳姿善舞蹈，《火凤舞》最拿手。原士康知道后，便常常让徐月华唱这两首曲子。[1] 她所擅长弹奏

① （北魏）杨衒之:《洛阳伽蓝记》卷 3，上海古籍出版社 1958 年版，第 177—178 页。

的这些曲子，都是当时流行不久的名曲。如《明妃出塞》，据说是晋太康（280—289）中石季伦所作，描写的是著名的昭君出塞的事。[①] 而《渌水歌》，据说是蔡邕的作品。[②]

在当时的洛阳，还有一些职业音乐家，这些人的人数估计很多，因为他们聚居的地方，竟成了两个街区。《洛阳伽蓝记》卷 4 法云寺条说："出西阳门外四里，御道南有洛阳大市……市南有'调音''乐律'二里。里内之人，丝竹讴歌，天下妙伎出焉。"在这两个名为"调音里""乐律里"住

敦煌 248 窟天宫伎乐・北魏

① （唐）段成式:《酉阳杂俎》:"魏高阳王雍美人徐月华能弹卧箜篌，为《明妃》《出塞》之曲。"《乐府诗集》卷 29:"王明君，一曰王昭君。……《古今乐录》曰:《明君》歌舞者，晋太康中，（石）季伦所作也。王明君本名昭君，以触文帝讳，故晋人谓之明君。匈奴盛，请婚于汉，元帝以后宫良家子明君配焉。初，武帝以江都王建女细君为公主，嫁乌孙王昆莫，令琵琶马上作乐，以慰其道路之思，送明君亦然也。其新造之曲，多哀怨之声。晋宋以来，《明君》止以弦隶，少许为上舞而已。梁天监中，斯宣达为乐府，令诸乐工以清商两相间弦为《明君》上舞，传之至今。"

② （宋）郭茂倩:《乐府诗集》卷 59:"'蔡氏五弄'，《琴历》曰：琴曲有'蔡氏五弄'。《琴集》曰：'五弄'：《游春》《渌水》《幽居》《坐愁》《秋思》，并宫调，蔡邕所作也。"

的居民，应该都是音乐家，而且，似乎个个身怀绝技。比如其中有一位田僧超，“善吹笳，能为《壮士歌》《项羽吟》”。当时的征西将军崔延伯非常喜欢他，并常常带他上阵打仗。据说有一次打仗，“延伯危冠长剑，耀武于前，僧超吹《壮士歌》于后，闻之者懦夫成勇，剑客思奋”。从此，崔延伯每次上阵，都要令田僧超吹这首《壮士歌》助阵。而且，每一次，都能鼓舞士气，令“甲胄之士踊跃”。在他的笳声伴奏下，“延伯单马入阵，旁若无人，勇冠三军，威镇戎竖，二年之间，献捷相继”。因为他在田僧超的帮助下屡打胜仗，后来，敌人专门招募了特等弓箭手将田僧超射死，这位本来应该生活在音乐中的杰出音乐家竟然战死在沙场上。①

佛教音乐在北魏都城洛阳是如此的繁荣，而在当时的江南，佛教音乐则因有梁武帝的直接参与发展得更为迅速。

## 第三节　道教音乐

### 一、道教的创立与道教音乐的思想

#### 1. 道教的创立

道教是产生在中国的宗教，其始可以溯源于远古的巫祝。在中国的古

① （北魏）杨衒之:《洛阳伽蓝记》卷 4，上海古籍出版 1958 年版社，第 203 页。《壮士歌》即《陇上歌》。《乐府诗集》卷 85《陇上歌》题解云:“《晋书 · 载记》曰: 刘曜围陈安于陇城，安败，南走陕中。曜使将军平先、丘中伯率劲骑追安，安与壮士十余骑于陕中格战。安左手奋七尺大刀，右手执丈八蛇矛，近交则刀矛俱发，辄害五六；远则双带鞬服，左右驰射而走。平先亦壮健绝人，与安搏战，三交，夺其蛇矛而退，遂追斩于涧曲。安善于抚接，吉凶夷险，与众同之。及其死，陇上为之歌。曜闻而嘉伤，命乐府歌之。”

代社会中，人们将大自然视为神明，对日月星辰天地山川进行崇拜，并逐渐形成了一个由天神、地祇、人鬼组成的神灵系统。道教承袭并发展了这个系统，将这个系统中的许多神灵奉为道教的神灵。我们知道，古代的殷人重卜筮，以占卜决疑惑、定吉凶，认为巫觋能通神祈福。这种巫术，也被道教所继承。此外，神仙思想和神仙方术也是道教的一个重要来源。战国时代产生于燕齐一带的神仙家们鼓吹长生之术，并以齐人邹衍的五行阴阳学说来解释其方术。以后，神仙家的神仙信仰及方术均成为道教的组成部分。道教奉为经典的老庄学说产生于楚文化，楚文化的核心是“信鬼而好祠”。而在所有的祭祀活动中，音乐与舞蹈都是必不可少的。因此，“作歌乐鼓舞以乐诸神”才一开始便成了道教的传统。

东汉顺帝（125—144 年在位）时，张陵在西蜀鹤鸣山创“五斗米道”。“五斗米道”又称“天师道”，奉老子为教主，将《老子》五千言尊为《道德经》。张陵死后，其子张衡继续在川西北和陕南一带传教。灵帝（167—189 年在位）时，张角创“太平道”，以《太平青领书》(即《太平经》) 为主要经典，奉“中黄太一”为至尊之神。其教徒遍及青、徐、幽、冀、荆、扬、兖、豫八州，达数十万人。其后，这两个派别在农民起义的大潮中合流，逐渐发展为道教。东晋建武元年（317）葛洪撰《抱朴子》，整理、阐述战国以来的神仙方术理论，丰富了道教的思想内容。南北朝时，道教在佛教的刺激下迅速发展，北魏太平真君年间（440—450），嵩山道士寇谦之在崇信道教的魏太武帝的支持下，自称奉太上老君意旨，“清整道教，除去三张[①]伪法”，制定乐章诵诫之法，建立北天师道。几乎与此同时，庐山道士陆修静则在南朝整理经书，编著斋戒仪范，“祖述三张，弘衍二葛”，进一步完善了道教的理论体系和组织形式，建立了南天师道。在此基础上，

① 三张指张陵、张衡、张鲁。

陶弘景吸收佛、儒两家的思想以充实道教内容，构造道教神仙谱系，提倡“三教合流”，影响深远。经过南北朝时期的充实、改造，道教终于完善起来，从部分下层人士的信仰形式成为我国土生土长的唯一全国性宗教。

**2. 道家与道教的音乐思想**

道教的音乐思想与早期道家的音乐思想有很大的不同，主要表现在道家对世俗音乐持一种超然的态度，而道教则比佛教更注重对民间音乐的吸收。道家的音乐观主要体现在《老子》与《庄子》中，在这两部被后世的道教徒奉为《道德经》与《南华经》的著作中，阐述了道家的基本音乐观，即反对儒家所提倡“礼乐”，认为“夫礼者忠信之薄，而乱之首”①。儒家所说的礼乐，不过是“乐之末”②，实际上是“屈折礼乐”③，假如真的按儒家的方式去改造世界，那么，“礼乐遍行，则天下乱矣”④。对儒家所提倡的礼乐而言，道家虽然和墨家认为音乐活动将“厚措敛乎万民”，“亏夺民衣食之财”而“非乐”持似乎同样的态度，但道家却没有完全否定音乐，而是从崇尚自然的哲学观、美学观出发，反对人为的、物质性的音乐，提倡一种形而上的、超越物质手段的、纯主观的艺术。老子认为“五色令人目盲，五音令人耳聋”，人们在长期的艺术实践中抽象出来的、与自在的自然物不同的原色、音阶等概念，都只能使人失去辨别自然美的能力。正如道家在政治上和处世态度上提倡“无为”一样，老子认为“大方无隅，大器晚成，大音希声，大象无形”⑤。照他看来，空间是无限的，艺术上，最好、

---

① （晋）王弼注：《老子道德经》第38章，中华书局1985年版，第35页。

② （晋）郭象注，（唐）成玄英疏：《南华真经注疏》卷15，载《续修四库全书》，上海古籍出版社2002年版，第264页。

③ 同②，第181页。

④ 同②，第311页。

⑤ 同①，第40页。

最高级的音乐是人们听不到的音乐，“听之不闻名曰希”①；庄子认为：“擢乱六律，铄绝竽瑟，塞瞽旷之耳，而天下始人含其聪矣。”②只有塞住音乐家们的耳朵，天下人才能真的听懂音乐。他进一步把音乐分为“人籁”“地籁”“天籁”三种，只有完全不借助外力的“天籁”，才是完全自然、完全自发、完全自由的至乐，是“听之不闻其声，视之不见其形”，却“充满天地，苞裹六极”的。这“无”，不是什么都没有的“无”，而是无所不在，无所不包的“无”。这音乐，你虽然听不到，但却可以靠微妙的精神共鸣与它融为一体，达到“无言而心悦”的境地。

但是，从道家到道教，其音乐观也与佛教一样，经历了一个大体相同的过程，即从对音乐超然的“出世”态度，到极端的“入世”，有目的地去模仿佛教音乐、吸收民间音乐。东汉时的《太平经》，载有道教的音乐理论。从此经的观点，可以看出道教的音乐观，已与道家的音乐观不同。经中说：“得乐人法者，人为其悦喜；得乐治法者，治为其平安；得乐天地法者，天地为其和。”认为音乐有悦人、治世、和天地的作用，这已与儒家的“声音之道，与政通矣”“大乐与天地同和”③的观点一模一样了。

## 二、道教音乐的内容与形式

### 1. 模仿与创造——在佛教仪轨影响下的道教仪轨

由于早期道教主要是在下层群众中流传，又因为早期道教（天师道、五斗米道）从产生初期就与农民起义联系在一起，战乱的历史环境与较低

---

①（晋）王弼注：《老子道德经》第 38 章，中华书局 1985 年版，第 10 页。

②（晋）郭象注，（唐）成玄英疏：《南华真经注疏》卷 15，载《续修四库全书》，上海古籍出版社 2002 年版，第 200 页。

③（汉）司马迁撰：《史记》卷 24《乐书》，中华书局 1959 年版，第 139 页。

层次的文化背景都使它不可能更多地顾及宗教仪典的规范性和音乐性。因此，直到三国之后，道教徒才在佛教梵呗的启发下创作、制定自己的音乐。《山堂肆考》引《异苑记》云："陈思王游鱼山……为神仙之声，道士效之，作步虚声。"这段记载，基本上是可信的，不但道教的音乐是"效"仿佛教而创作的，其他所有道教的仪礼，也大都以佛教仪礼为楷模。在佛教的影响下，道教逐步建立了自己的一套仪礼规范，建立了自己的一套祈祷、礼拜、诵经等完整的科仪戒律。如模仿佛教早晚课而制定的"朝暮课诵"；模仿佛教《瑜伽焰口施食仪》而制定的《萨祖铁罐施食祭炼科仪》等。当然，佛教对道教的影响，只是其形式；在内容上，道教始终坚持着自己的信仰与传统。

在道教音乐的创立过程中，北魏寇谦之与刘宋陆修静可称为奠基之人。神瑞二年（415），寇谦之托言太上老君授予"天师"之位，并赐以《云中音诵新科之戒》二十卷，改革天师道，制定乐章诵诫新法。在南方，大约五十年之后，陆修静参照儒家礼法，整理甄别道教经典仪范，除集"三洞经"一千余卷，奠定了"道藏"的基础外，还编撰斋戒仪范一百余卷，初步制定了道教仪式与道教音乐的使用规范。

道教音乐虽然是在佛教音乐的启发下创立的，但在音乐上，确是地地道道中国民族音乐的嫡脉。由于道教与生俱来、根深蒂固的民间背景及其始终一贯与民间广泛、深入的联系，道教音乐始终与民间音乐息息相通，在中国广大地区长期活跃在普通民众的社会生活中，成为汉民族与其他一些少数民族民俗活动中重要的内容。

**2. 寇谦之与陆修静**

在道教音乐的创立阶段，寇谦之和陆修静是最重要的人物。他们一北一南，几乎同时开始了借鉴佛教音乐的一些形式，在中国古代巫觋音乐的基础上创立道教音乐的规范与形式的工作。寇谦之与陆修静，可以并称为中国道教音乐之父。

寇谦之（365—448），字辅真，上谷昌平（今北京属县）人，后迁徙冯翊，其兄为南雍州刺史寇赞。寇谦之幼学于张鲁之道，经年无效。十八岁时，随成公兴入嵩山修道，凡七年。神瑞二年（415）宣称受太上老君所授“天师”之位，并声称太上老君赐其《云中音诵新科之戒》二十卷，令其“清整道教”。还宣称从太上老君处得导引、服气的口诀即真传。泰常八年（423），寇谦之又称得老子玄孙李谱文所授箓图真经和劾召鬼神等法，并受其嘱辅佐北方“太平真君”。在北魏太武帝（423—451年在位）时，寇利用太武帝笃信道教的机会，煽动其仇佛心理。太平真君七年（446），太武帝讨伐杏城盖吴叛乱，出兵长安，见长安某寺内有“弓矢矛盾”，遂下诏诛长安沙门，并命留守平城的太子下令在全国灭佛：“有司宣告征镇将军、刺史，诸有佛图形象及胡经，尽皆击破焚烧，沙门无少长，悉坑之。”这便是佛教史上著名的北魏太武帝灭佛。

寇谦之的时代，道教已存在颇多弊病，其中“三张租米钱税伪法”和道中流传的“男女合气之术”，在社会上引起许多争论和诟病。[①]据近世史家分析：“两晋天师道信徒属于士大夫阶级者固不少，但其大多数仍是庶族平民，士族儒家之礼法自不可于当时天师道中求之，其淫秽浊乱最为反对道教者所借口，观佛教徒撰集之《广弘明集》中诸文可知也。寇谦之值江左孙恩、卢循政治运动失败以后，天师道之非礼无法尤为当时士大夫所诟病，清整之功更不容已。”[②]因此，寇谦之托言太上老君赐其《云中音诵新科之戒》二十卷，并奉太上老君之命“宣吾新科，清整道教，除去三张伪法，租米钱税及男女合气之术”，大力清整道教。经他改革后的道教，将

① （唐）道宣:《广弘明集》卷9，载（后周）甄鸾《笑道论》，四部丛刊景明本，第101页。

② 陈寅恪:《崔浩与寇谦之》，载《金明馆丛稿初编》，生活·读书·新知三联书店2001年版，第135页。

“专以礼度为首，而加以服食闭练”。史家并断言寇谦之的清整道教，是采用佛教徒传入的天算医药及新律学，而所谓的《云中音诵新科之戒》，则是来自佛教的“十诵律”。[①]寇谦之对道教的改革，清除了一些为中国士大夫阶层传统道德所不容的内容，加强了天师道“大道清虚”的内修功能，初步建立了模仿佛教的道教科仪规范，推动了道教科仪音乐的形成。

寇谦之的“云中音诵”即《华夏颂》和《步虚声》。[②]《华夏颂》又名《华夏赞》，唐杜光庭《太上黄箓斋仪》卷一云：“《华夏赞》，出《玉匮明真经》，今但用十八虚声耳。”《玉音法事》中称“《华夏赞》又曰《四声华夏》”。《步虚声》则是道教徒在佛教梵呗的启发下创作而来的。前引刘敬叔《异苑》云：“陈思王游山，忽闻空里诵经声，清远遒亮，解音者写之，为神仙声，道士效之，作步虚声。”《太极真人敷灵宝斋戒威仪诸经要诀》[③]言灵宝斋法中“……斋人以次绕行，旋绕香炉三匝，毕，是时亦当口咏《步虚蹑无披空洞章》”。

陆修静（406—477），字元德，吴兴东迁（今浙江吴兴东）人，是三国时吴丞相陆凯后裔。早年即弃家修道，好作方外游，曾“南至衡、熊、湘，暨九嶷、罗浮，西至巫峡、峨眉”。元嘉末（453）在建康卖药，宋文帝派人请其入宫讲道，他固辞不去。后赴庐山隐修。一直到宋明帝泰始三年（467），才出山至建康，广收道经，加以整理、甄别，集经戒、方药、符图等一千二百二十八卷，分为“三洞”，奠定了“道藏”的基础。他编撰的《三洞经书目录》是最早的道藏书目。他还曾编撰斋戒、仪范等书一百余卷，制定了道教仪轨的绝大部分内容和道教音乐的使用规范。他的这些

① 陈寅恪：《崔浩与寇谦之》，载《金明馆丛稿初编》，生活·读书·新知三联书店2001年版，第137页。

② （宋）吕太古编：《道门通教必用集》卷1，明正统道藏本，第4页。

③ 陈国符：《道藏源流考》谓“此书出世，当在东晋末叶”。

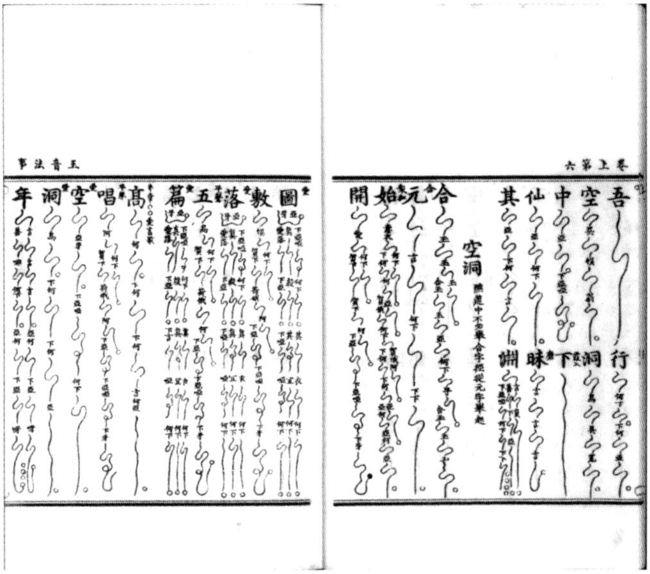

道教《玉音法事》中的曲线谱

科仪规范，是在总结早期道教科仪音乐，并吸收了儒教礼法和儒家思想后制定的，包括所谓“九斋十二法”，即上清斋二法，灵宝斋九法（金箓斋、黄箓斋、明真斋、三元斋、八节斋、自然斋、三皇斋、太一斋、旨教斋）和涂炭斋。这些斋戒仪轨今尚存《太上洞玄灵宝授度仪》及《洞玄灵宝斋说光烛戒罚灯祝愿仪》。其中《太上洞玄灵宝授度仪》中有“咏《步虚辞》”及“师弟子绕坛梵咏”句。他还曾制《升元步虚辞》《灵宝步虚辞》《步虚洞章》三卷，对后世斋醮音乐影响很大。

陆修静对道教科仪音乐的总结和发展，不但将教义、制度、修行法门和音乐通过仪轨的形式结合成一个系统的宗教艺术体系，而且通过科仪使道教的思想形象化、生动化，在增加宗教神秘性的同时，却拉近了与信徒和普通百姓的距离，使宗教仪式具有一定的观赏性。而这种在后世得到很大发展的、艺术性很强的科仪法事，也在体现其通神、娱神的主要功能的同时，在某种程度上发挥了娱人的功能，使道教音乐在后世逐渐与民间音乐息息相通、密不可分。

从梵呗到“步虚”，反映了中国的道教徒一种开放性的思维和善于学习、善于借鉴的品质。“道士效之”中的这个“效”字，恐怕并不是简单的模仿和照搬，也不仅仅是某种形式上的借鉴。它更多地反映了道教从一开始便特别突出的包容性。当中国早期的道教徒正在思考某种可以增加教团的凝聚力和宗教活动的仪式感和神秘性的方法时，已经在宗教活动的仪式化和教团的组织化方面先走了一步的佛教，便自然成了道家效法的对象。换句话说，道教的“拿过来”，一方面是借鉴，另一方面也是包容。

**3. 道教音乐的内容与形式**

葛洪《抱朴子·道意篇》说：“撞金伐革，讴歌踊跃，拜伏稽首，守清虚坐，乞求福愿。”这二十个字，可以看成对道士生活的简单概括。据此可以知道“撞金伐革，讴歌踊跃”在当时的道教生活中占有多么重要的位置。

道教音乐从使用的场合和用途上分，可以分成三类：斋醮音乐、课诵音乐和民间道曲。

斋醮又称打醮，俗称做道场，是道教的主要宗教活动。在道教初期，斋醮虽很简陋，但久已盛行。张陵、张鲁都曾设醮，在梁刘勰《灭惑论》中就有“陵鲁醮事、章符、设教五斗”的句子。“道教的斋醮科仪早在祖天师创教时就有了，《天官手书》是最早的斋醮仪范。”[①] 斋醮的主要内容是设坛祭祷、供斋醮神，以祈福禳灾。斋醮时先要清心洁身，然后设坛、上供、焚香、升坛、画符、念咒、鸣鼓、发炉、降神、迎驾、表章、诵经、赞颂、宣词、步虚，并配以烛灯、禹步、唱礼、音乐，这个斋醮活动中包含了音乐、舞蹈、书法等多方面的艺术行为。据《云笈七签》卷一百三《翊圣保

① 闵智亭:《道教仪范》，宗教文化出版社 2004 年版，第 119 页。

德真君传》载，结坛分上、中、下各三坛，上三坛为国家而设，中三坛为臣僚而设，下三坛为士庶而设。

斋醮音乐分为两类：一般节庆祭典，如为皇帝圣诞或道教节日所举行的法事，或当遇自然灾害、灾荒所举行的禳祭活动，统称为打醮。而专门为死人超度亡灵的法事，则称为斋事，二者合称斋醮。这两类法事活动中的音乐有所不同。因为根据道家的阴阳学说，万事万物皆有阴阳，因此道教音乐也分为“阳调”和“阴调”两类，其器乐曲牌也分为“正曲”和“耍曲”两种。一般来说，“阳调”与“正曲”多用于道教内部仪典，主要是唱、奏给神听的；“阴调”则多用于超度亡灵的道场，主要是唱、奏给亡灵听的。而所谓“耍曲”，则多见于民间道场，作者“娱神”的同时，更兼“娱人”的作用。对神不能用“阴调”和“耍曲”，同样，对活人也不能用“阴调”。

道教的科仪音乐形式丰富、内容庞杂，其经文由韵文和散文交替组成，有“章”“颂”“咒”“文”“祝”“词”“篇”等不同体裁，音乐则随文字内容的不同而多有变化。

道教的课诵音乐也是在佛教课诵音乐的影响下形成的。出家的道士聚居一处时，每天早晚也要做功课，与佛教的转读相仿，道士们要唱念所谓的韵腔。前文提到的《步虚》，就是一首道士们在每晚的“晚坛”上必唱的道曲。唱时道士要边绕香炉，边舞边唱，表现飞天升空的动作，以象征神仙步行虚空的凌然仙境。道教音乐与佛教音乐相比，与民间音乐的联系更为密切，因此，在道教音乐的发展中，一种用各地的民间曲调演唱道教故事和神仙思想的民间道曲在中国各地都有大量存在。

# 第十一章　艺术理论的新发展

## 第一节　概论

魏晋南北朝时期，不但是中国历史上文艺发展最快的时期，也是文艺批评开始觉醒和建立的时期。在此之前，中国的文艺批评多与哲学探讨、道德评判等学说混杂在一起，而从此时开始，一种单纯的、以文艺本体为目标的文艺批评出现了。

文艺批评的觉醒，是和当时社会生活的巨大变化和艺术本身的迅速发展分不开的。魏晋时，由于思想的解放和艺术的发展，出现了一大批有关文艺批评的著作。《文心雕龙・序志篇》说："详观近代之论文者多矣。至于魏文述《典》，陈思序《书》，应玚《文论》，陆机《文赋》，仲洽《流别》，弘范《翰林》，各照隅隙，鲜观衢路。"[①] 这些各具特色的文艺理论的出现，改变了以往"文以载道"的旧说，把艺术标准作为品藻文艺的第一标准，为各门类艺术理论的出现扫平了道路。

假如说没有东汉政权的衰落与儒学的衰落，便没有魏晋时玄学的勃兴

① （南朝梁）刘勰著，王运熙、周锋译注:《文心雕龙译注》，上海古籍出版社 1998 年版，第 463 页。

的话，那么，没有曹操唯才是举、不计品行的用人纲领，也不会有当时社会思潮的通脱、大胆和解放。这种弥漫整个社会的清新之气无疑对以儒家伦理为标榜的“察举”“征辟”制度以及旧的社会风气造成了极大的冲击。曹操建安十五年的求贤令中，他慷慨激昂地指出：“若必廉士而后可用，则齐桓其何以霸世！”他希望网罗天下所有“被褐怀玉而钓于渭滨者”，甚至“盗嫂受金而未遇无知者”以辅佐他成就功业。他还以陈平、苏秦、韩信、吴起这些或“负污辱之名”，或有“见笑之行”，甚至“不仁不孝”，但确有“治国用兵之术”的人为例，说明“有行之士，未必能进取；进取之士，未必能有行”的道理，在观察、品评、使用人的时候，把有独创性和实际能力放到单纯的有德行之前。曹操的用人政策，不但为一些既有弱点又有才能的青年人创造了一个实现梦想的机会，铺平了一条通过奋斗建功立业的道路，而且造成了一种宽松的社会环境，扫荡了儒家的伦理道德和重门第、重清誉的用人观念。在这样一种社会氛围下，士人们为何还要用儒家的观念来束缚自己？既然连有着“三大罪状”——“杀妻自信、散金求官、母死不归”的吴起都成了社会的榜样，那么，任何有才能的人，不是都可以创造属于自己的成功吗？而在一个可以充分张扬个性的时代，文艺的发展与文艺批评的建立，则不但有了可能，也成了一种必然。

魏晋之时，文艺批评的开山之作，当推曹丕的《典论·论文》。曹丕继承父业而为孝文帝。他对艺术批评的贡献，一是以帝王之尊，充分肯定文艺的价值和地位，从而推动了文艺的发展；二是明确提出了一个“文以气为主”的命题，为中国传统文艺批评重创了新的价值判断标准。他极力推崇文艺的价值，认为人的生命和荣华富贵都是短暂的，只有优秀的文艺作品才可以传之久远，甚或达于永恒。他在其《典论·论文》中说：“盖文章经国之大业，不朽之盛事。年寿有时而尽，荣乐止乎其身，二者必至之常期，未若文章之无穷。是以古之作者，寄身于翰墨，见意于篇籍；不假良史之辞，不托飞驰之势，而声名自传于后。故西伯幽而演《易》，周旦显而制《礼》。不以隐约而弗务，不以康乐而加思。”[①]他指出，优秀的文艺家既不靠历史家的誉辞，也不靠政治势力，只凭自己的才华，便能够名传后世。这等于在说文艺的价值超越了政治与权势，甚至超越了生命本身。而在他之前，在大部分人的眼里，文艺只不过是政治的附庸而已。因此，后世的学者才认为他开启了“为艺术而艺术”的时代。

但是，对中国传统文艺批评产生实质性影响的，还是他的“文气论”。他说：“文以气为主，气之清浊有体，不可力强而致。譬诸音乐，曲度虽均，节奏同检，至于引气不齐，巧拙有素，虽在父兄，不能以移弟子。”[②]在曹丕之前，“气”仅仅是一个中国哲学的概念，如孟子的“我善养吾浩然之气”[③]，如王充的“人禀元气于天”[④]，但是，在曹丕的论述中，“气”与“音乐”类比，已带有鲜明的美学意味。在中国古典哲学范畴里的“气”，是一种存在于个体心中但绝对超越了个体一切情感的、普遍性的伦理道德情感。而曹丕的“气”，虽然并不排斥伦理道德情感，但其强调的主要方面，却是作为创造主体的艺术家个人天赋的气质、个性及其与这种气质、个性相联系的独特才情。曹丕强调音乐的才能因人而异，其或“巧”或“拙”，“虽在父兄不能以移弟子”，与遗传、教育都没有关系，完全是一种天赋的才能。这便与孟子的“养气”说有所不同。在孟子看来，这种“气”实际上类似一种“天性”，是普遍存在于每个个体心中的永恒存在，你只要发现它，并努力加强自己的修养，便能使其发展并最终成熟。也就是说，“气”既是普遍的存在，又是修养的结果。但曹丕却认为“气之清浊有体，

---

① 《魏文帝集》，中州古籍出版社 1997 年影印本。

② （魏）曹丕：《典论 · 论文》，载《魏文帝集》，中州古籍出版社 1997 年影印本。

③ 《孟子 · 公孙丑上》，杨伯峻译注：《孟子译注》，中华书局 1960 年版，第 62 页。

④ 黄晖撰：《论衡校释》，中华书局 1990 年版，第 59 页。

不可力强而致”，是因人而异的天赋，不是仅通过努力就能得到的。他的这种思想，充分强调了艺术创造的独特性与创造性才能的先天性。

曹丕以“气”论文，这个“气”对作家艺术家而言，指的是天生的禀赋、气质，对作家艺术家所创造的作品而言，则指的是风格。他在《典论·论文》中称徐干“时有齐气”，称“孔融体气高妙”，在《与吴质书》中又称“公干有逸气”，都是对他们作品的评价和作品风格的概括。曹丕所提倡的“气”，在风格上偏向雄壮，如他称：“应场和而不壮，刘桢壮而不密。”用“壮”“健”“密”等概念表达了他的审美取向。

汉末魏初，社会上流行多年的空洞虚伪的道德说教开始遭到无情的鄙弃，社会风气比以往任何时候都更重视人的实际能力与内在的气质，关于“才性”问题的讨论便反映了这种变化。人们讨论“才”与“性”的分别，其实是讨论“德行”与“才能”的同、异、合、离的问题。曹丕在评论“建安七子”的时候，曾说过：“古今文人，类不护细行，鲜能以名节自立。”[①] 他虽然不能公开反对提倡道德，但已将“类不护细行”视为“古今文人”的常态，实际上还是强调了“才”的重要。曹丕的“文气论”，实际上是曹操“唯才是举”的政治路线在文艺上的反映。曹操在政治上把“才”从“德”的笼罩下独立了出来，曹丕则将艺术作品的艺术性从内容的笼罩下独立了出来，为魏晋时各门类艺术的成熟与发展奠定了理论基础。

除了艺术理论的促进作用外，当时的社会风气，也对此时艺术的成熟与发展创造了一个合适的氛围和环境。魏晋之时，社会上流行清谈之风，士人们玉柄麈尾，谈玄说易，互相标榜，臧否人物。有人将清谈称为“误国”之源，有人视清谈为乱世中知识分子保全性命的手段和士人们影响政治的工具，而对艺术的发展来讲，清谈之风则为知识分子们进行抽象思维

---

① 《与吴质书》，《魏文帝集》，中州古籍出版社 1997 年影印本。

和纯理论探讨提供了一个必要的社会氛围。而正是在这样一种氛围中，纯文学、纯艺术以及纯美学的理论著作才有可能产生。

但是，在黑暗的时代，即使是不着边际的夸夸其谈和臧否人物，有时也能带来杀身之祸，这让清谈家们不得不有所收敛。魏晋时，清谈的内容逐渐转向，从是非臧否，到“发言玄远，口不臧否人物”①。这种转变，是社会的压力造成的，但知识分子讨论的内容从批评政治退到臧否人物，再退到文艺本体；从关心政治到谈玄论道，关心哲学和艺术，却成了魏晋时文艺批评兴起的促因。《晋书·王衍传》中称正始名士“何晏、王弼等祖述老庄，立论以为天地万物皆以无为为本”。所谓以“无为为本”，所谓“无为”对儒家和知识分子而言，其实主要指的是不介入政治。而哲学意义上的重无崇淡，则影响到士人们的生活方式和艺术观念。尤其是阮籍、嵇康等人的“非汤武而薄周孔”，使传统儒家的理论和行为方式遭到了彻底的批评和嘲弄。以“竹林七贤”为代表的隐逸之风和非儒化的生活方式，又以极大的人格魅力倾动朝野，形成了一种时尚，最终造成了千载难逢的个性张扬和艺术独立的社会氛围。

人格的独立，最终促成了艺术的独立。阮籍的“师心”与“使气”，可以视为其时强调人格独立的艺术家对艺术独立的呼唤，甚至也可以视为其时艺术独立的标志。在魏晋之前，“乐”（代表一切艺术）是“礼”的附庸，为艺者不但不能任性“使气”，也不必“师”己之“心”，只要强调儒家的说教，提倡普遍性的伦理道德，做到“文以载道”，便是好的文艺。在魏晋人格独立的狂潮之中，阮籍首先祭起了“师心”“使气”的大旗，揭开了艺术独立的序幕。所谓内师己心，外师造化，彻底改变了艺术与政治的关系，一方面强调了艺术家个人的意志，另一方面强调了艺术发展的本质规律，

① （唐）房玄龄等撰:《晋书·阮籍传》，中华书局 1974 年版，第 1361 页。

强调了艺术与自然的关系。

鲁迅在其名篇《魏晋风度及文章与药及酒之关系》中说："曹丕的一个时代可以说是'文学的自觉时代'，或如近代所说是为艺术而艺术（Art for Art's Sake）的一派。"[①]指出由汉末魏初曹氏父子的"清峻、通脱、华丽、壮大"，到晋代阮、嵇的"狂放、高逸、旷达"，再到晋末"田园诗人"的"平和、自然"，都是与其社会状况、生活风尚息息相关的。不要说魏晋文人饮酒服药的生活方式直接促成了"褒衣博带"的服装时尚甚至促成了工艺美术中茶具的出现；也不要说魏晋文人对自然的热爱及对人与自然关系的体悟引发了山水画与古琴艺术的滥觞；假如仅仅从思想史与美学的角度来观察这段历史的话，人们也不能不得出这样的结论：儒学衰落所造成的思想真空，玄学兴盛所形成的浪漫气氛，乱世中对道德的普遍忽视和对才能及人格魅力的推崇，极大地推动了文学艺术的发展，为艺术的独立创造了难得的环境和条件。

## 第二节 文心雕龙

### 一、"精骛八极，心游万仞"——陆机的《文赋》

陆机（261—303），字士衡，吴郡人，出身豪门世家。其祖父陆逊为吴丞相，其父陆抗为吴大司马。出生在这样的家庭，陆机很小就表现出出众的才能。《晋书·陆机传》说他"少有异才，文章冠世"，他的《文赋》

---

① 《鲁迅全集》第 3 卷，人民文学出版社 1982 年版，第 504 页。

据说就是他年轻时的作品。[①]

陆机以骈文名世，他的《文赋》也是用骈体写成。而因为是骈体，便很难在论述的严谨和理论的缜密上和散文相比，所以，历来对于《文赋》便颇有微词。刘勰在《文心雕龙》中曾说："昔陆氏《文赋》，号为曲尽，然泛论纤悉而实体未该"，或言"《文赋》巧而碎乱"，批评《文赋》不具备理论文章应有的严密逻辑和切实、准确的分析。但是，无论如何，《文赋》的出现是有着重大意义的，因为在此之前，中国的美学理论只是从哲学、伦理学的角度出发，从宏观的角度来探讨艺术的本质、社会功用等较抽象的问题，对艺术创作的具体问题鲜有论及。《文赋》从艺术创作的本体出发，对文学创作的具体问题进行了概括和总结，第一个从纯美学的角度来观察文艺和创作。

首先，《文赋》以优美的骈文概括了艺术创作的必需条件和自然、社会、人生对创作的启发作用："伫中区以玄览，颐情志于典坟。遵四时以叹逝，瞻万物而思纷。悲落叶于劲秋，喜柔条于芳春。"说明艺术创作的先提条件就是艺术家不但要有对宇宙、人生的深刻思考，还要有对以往人类文明尤其是重要典籍的系统掌握，并且有作为艺术家必不可少的"情"与"志"。在具备了这些天赋和条件之后，艺术家的感情则在大自然和宇宙万物的刺激下而生发并产生创作灵感和创作冲动。在进入创作阶段后，艺术家的想象就成了创作的中心环节。应该说，对艺术想象的概括与生动描述，是《文赋》中最闪光的段落。其中如创作开始时的"收视反听，耽思傍讯，精骛八极，心游万仞"等，已成为中国美学的经典名句。艺术的想象力在陆机看来是没有任何时间和空间的限制的，"精骛八极，心游万仞"这八个字，极精

① 杜甫《醉歌行》有"陆机二十作《文赋》"句，但早有人提出怀疑并有各种设想，详见李泽厚、刘纲纪：《中国美学史》（上册），安徽文艺出版社 1999 年版，第 235—239 页。

彩地描写了艺术想象力不受任何有限事物限制的广阔天地。此外，像“情曈昽而弥鲜，物昭晰而互进，倾群言之沥液，漱六艺之芳润”“沉辞怫悦，若游鱼衔钩，而出重渊之深；浮藻联翩，若翰鸟缨缴，而坠曾云之峻”等描述，都生动、准确地概括了创作者在构思过程中的心理状态和特殊的思维活动。尤其是用“游鱼衔钩”来比喻创作者寻找恰当语言时的困难，就像用钓钩在九重深渊中垂钓游鱼；而当创作者经过苦思之后找到灵感，文思敏捷，辞藻联翩时，又如“翰鸟缨缴”，美丽的辞藻就像被弋射的绳子缠绕一样纷纷从云中坠落。陆机认为，当艺术家的构思顺利时，可以将“百世之阙文”“千载之遗韵”集中一处，达到“观古今于须臾，抚四海于一瞬”的高超境界。在陆机的美学思想里，充满了道家天人合一的哲学和瑰丽奇伟的想象，在陆机看来，艺术想象的过程与人和宇宙、天地、万物合一的过程是一致的，而艺术想象所达到的境界，也就是道家天人合一的境界。

陆机《文赋》对文体的概括比曹丕的《典论·论文》前进了一大步，不但比曹丕所论更为详尽，而且从美学的角度充分阐述了不同文体的美的特征。他说：“诗缘情而绮靡，赋体物而浏亮，碑披文以相质，诔缠绵而凄怆，铭博约而温润，箴顿挫而清壮，颂优游以彬蔚，论精微而朗畅，奏平彻以闲雅，说炜晔而谲诳。”他将当时流行的文体概括为诗、赋、碑、诔、铭、箴、颂、论、奏、说十类，每类只用四个字来概括其特点，可谓准确、简约，其中尤以“诗缘情而绮靡”的看法影响最大。应该说，诗是陆机所提到的十种文体中最重要的体裁，而陆机所提到的诗，又不仅仅指诗，似乎还是所有文艺的泛称。在陆机之前，对诗的经典论述是儒家的“诗言志”，当然，在这里的“志”也不是不包括“情”，但陆机用“诗缘情”这三个字，充分强调了“情”在艺术创作中的核心作用。“缘”的意思是“由来”，在陆机看来，所有的艺术创作都来源于感情的激荡，没有情，便没有艺术。而“绮靡”二字，是指文采华茂美丽，以情为由、为本，以美丽的形式为表、为体，这就强调了艺术的本质和本体，突出了艺术的特性。

陆机还特别强调了“感兴”的问题，他在《文赋》中指出：“若夫应感之会，通塞之纪，来不可遏，去不可止。藏若景灭，行犹响起。”在这里，他强调了文艺创作中灵感的重要性和自发性、不可操纵性，灵感来时不可遏止，去时无法挽留。他还用“通”与“塞”来形容文思的状态，“通”的时候，也就是灵感来临的时候：“方天机之骏利，夫何纷而不理。思风发于胸臆，言泉流于唇齿。”所谓“天机”“骏利”，指的是“应感”通畅之时，此时任何纷乱的社会现象和事物都清晰地显出它的条理，创作激情像八面来风，在胸中鼓荡，文思如泉，华美闪光的语言如清水般喷涌而出。而“塞”的时候，则完全是另一番景象。此时，“六情底滞，志往神留，兀若枯木，豁若涸流”。对创作者来说，这种创作的苦闷是极其痛苦的：你的喜、怒、哀、乐、爱、恶似乎完全停滞了，以往飞扬奔流的神志文思不见了，整个人的思想像干涸的河床，滴水不见，像死去的枯木，终日干坐。这种对创作过程甘苦的体味和描写，没有深刻体验的人是不可能写得如此生动的。

在《文赋》的最后，陆机用一串清新绮丽的文辞阐述了艺术创造的永恒性和历史价值。在他看来，艺术创造是“恢万里而无阂，通亿载而为津”，不仅仅是没有时间、空间的限制，可以传之久远，播于四海，更重要的是，艺术在穿越时空限制的同时，还打通了一切限制和隔阂，为人类架起了一座永恒的精神桥梁。

## 二、“感物吟志，莫非自然”——刘勰的《文心雕龙》

在中国美学史上，刘勰的《文心雕龙》是一部划时代的著作，它的出现有着特殊的历史意义，是我国影响最大的纯艺术理论著作之一。东汉时，作者们死守章句，提笔便要征引古典，“斟酌经辞”，因此很难有什么有价值的文艺作品出现。但经过东汉末的连年战乱和巨大的社会动荡，文人被迫深入生活，并逐渐觉醒，走上背弃腐儒与世俗的另一条道路，终于出现了被视为“文学的自觉时代”的建安文学。正如刘勰在《时序》篇中所说：“良由世积乱离，风衰俗怨，并志深而笔长，故梗概而多气也。”从建安到南朝齐梁之际，文人与文艺作品大量涌现，这就为总结创作规律与经验的理论著作的出现打下了基础。

刘勰，字彦和，祖籍东莞莒（今山东莒县），约生于465年。刘勰的祖父刘灵真，事迹无考；其父刘尚，只做过小官，很早就去世了，所以《梁书·刘勰传》说：“勰早孤，笃志好学，家贫不婚娶。”刘勰早年依名僧僧佑居定林寺，协助僧佑整理佛教典籍达十余年之久。他在三十三四岁时开始著述，经五六年的时间，于齐和帝之世（501）写成《文心雕龙》。书成之后，因得到沈约的赞赏而逐渐名世。他后来虽曾踏入仕途，但晚年出家定林寺为僧，卒于520年左右。

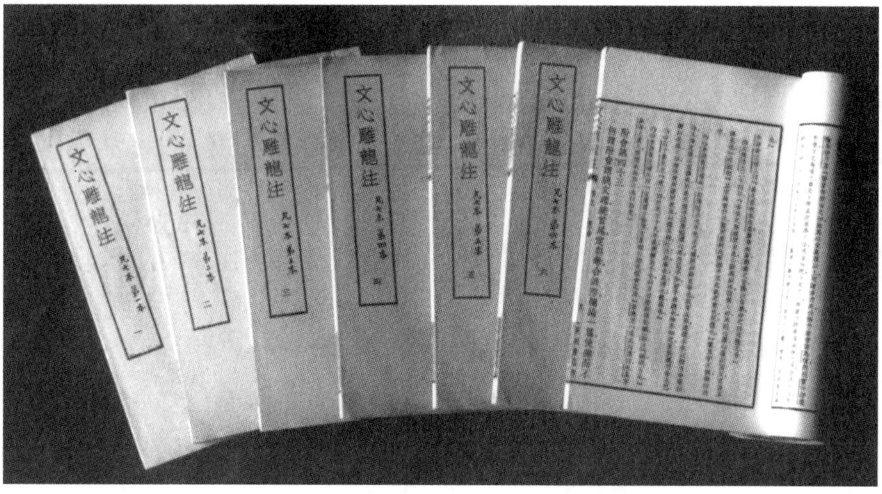


《文心雕龙》书影

刘勰的《文心雕龙》共五十篇，约可分为三大部分，第一部分为“文之枢纽”，包括《原道》至《辩骚》五篇；第二部分是“论文叙笔”，包括从《明诗》到《书记》二十篇；第三部分为“割情析采”，包括从《神思》至《程器》二十四篇。

《原道》篇开篇便是一句浩叹：“文之为德也大矣，与天地并生者，何哉?”刘勰对文艺的推崇，超过了曹丕在《典论·论文》中对文艺的肯定。曹丕认为文艺是“经国之大业，不朽之盛事”，但刘勰却将文艺看成与天地并生的至大之“德”，这个“德”，是与天地宇宙共生同在的，是宇宙的本质。如果仅看这个“德”字，会让人联想到早期儒家的许多论述，联想到《乐记》中“乐者，德之华也”的名句，但是，刘勰的可贵，在于他接下来的解释。他说：“心生而言立，言立而文明，自然之道也。”不但文艺如此，世界上的万物，都是同样的道理：无论动物植物，都有天然的文饰，“龙凤以藻绘呈瑞，虎豹以炳蔚凝姿；云霞雕色，有逾画工之妙；草木贲华，无待锦匠之奇。夫岂外饰？盖自然耳”。艺术与万物华美的形式相同，都是自然的、合理的。他认为，既然大自然中林涛水流的声音都是音乐，没有意识的自然之物都“郁然有形”，那么，“有心之器，其无文欤?”刘勰的“道”，应该说是更接近道家所谓的“道”，是老子所说的“先天地生”“可以为天下母”的自然之道，而不是儒家们所提倡的道德。

《文心雕龙》中精彩的篇章很多，关于艺术家形象思维的描写便是其中之一。刘勰在《神思》篇中首先为“神思”下了一个定义，即“形在江海之上，心存魏阙之下”。因为艺术家的想象是既“神”又“远”的，所以，艺术家创作的过程便很神秘。在进入构思状态之初，艺术家先要“寂然凝虑，思接千载；悄焉动容，视通万里”，然后才能“吟咏之间，吐纳珠玉之声；眉睫之前，卷舒风云之色”。[①]他强调，在艺术构思的过程中，保持“虚静”的心态相当重要，因为只有心静，才能“疏瀹五藏，澡雪精神”，才能调动以往的所思所学所闻所见，形成艺术构想，最后才付诸具体的创作阶段，“然后使玄解之宰，寻声律而定墨；独照之匠，窥意象而运斤”。艺术家的想象是无边无际、丰富多彩的，而且，充满了浓郁的个人色彩和饱涨的感情。“登山则情满于山，观海则意溢于海”是艺术家创造性思维的突出特点。这种艺术思维，不但纵横恣肆，无拘无束，而且可大可小，可上天，可入地，可宏观，可微观：“密则无际，疏则千里；或理在方寸而求之域表，或义在咫尺而思隔山河。”刘勰对艺术家艺术构思过程和形象思维的描写，不但准确、生动，而且本身便是艺术化的语言。他提倡的艺术构思时的“虚静”法，与道家和佛家的理论及实践相合，很可能即来自他本人的宗教生活体验。

在《体性》篇中，刘勰总结了文艺创作中的八种不同风格，名之为“八体”：“一曰典雅，二曰远奥，三曰精约，四曰显附，五曰繁缛，六曰壮丽，七曰新奇，八曰轻靡。”他对这八种不同的艺术风格和艺术取向进行了解释之后，还举出十二位作家不同的性格与作品风格为例，说明艺术家个人性格对作品风格决定性的影响。比如“贾生俊发，故文洁而体清；长卿傲诞，故理侈而辞溢……”刘勰还发现，决定作品风格的是艺术家的性格、才情，而决定艺术家性格、才情的，却是两方面的因素，一是先天的遗传，一是后来的学习。他认为天资和最初打基础阶段的学习非常重要：“夫才有天资，学慎始习，斫梓染丝，功在初化，器成彩定，难可翻移。”[②]他认为人最初的教育非常重要，就像用斧锯造型，将白丝染色，一旦“器

① （南朝梁）刘勰著，王运熙、周锋译注：《文心雕龙译注》，上海古籍出版社 1998 年版，第 245 页。
② 同①，第 256 页。

成彩定”，便很难再改变了。

在曹丕提出的“文以气为主”的思想基础上，刘勰特别提出了“风骨”说。在《风骨》篇中，刘勰指出“风骨”是艺术创作中最重要的东西：“怊怅述情，必始乎风；沉吟铺辞，莫先于骨。”①艺术作品就像人的身体一样，没有“骨”和“气”是不行的。没有“骨”，作品立不住；没有“气”，作品活不了。如果没有“风骨”，即使有再丰赡华丽的辞藻，也没有鲜活的生命力和艺术魅力：“若丰藻克赡，风骨不飞，则振采失鲜，负声无力。”②除了对“风骨”的提倡重视之外，刘勰还特别强调文艺作品的“情采”，他认为“情采”是艺术的价值所在，“虎豹无文，则鞟同犬羊”，没有了高贵的条纹与斑点，虎豹不就与犬羊一样了吗？而感情与艺术手段的关系，有如经线与纬线，“故情者文之经，辞者理之纬；经正而后纬成，理定而后辞畅”。真情实感是首要的，它就像织机上的经线，只有“经正”，然后才能“纬成”。他还特别区分了“为情而造文”与“为文而造情”这样两种相反的写作。他称《诗经》中“风”与“雅”的作者因为“志思蓄愤”，又要“吟咏性情，以讽其上”，所以是“为情造文”；而另外一些人，本来没有多少真情实感，只是为了名利而写作，“心非郁陶，苟驰夸饰，鬻声钓世”，因此只能称其为“为文而造情”，不可能创造出有价值的艺术作品。

对于“比兴”的运用，刘勰亦辟专章论述。他用极简约的语言概括道：“比者，附也；兴者，起也。”将“比兴”称为文艺创作的两个主要手段。他还总结了“夸饰”“隐秀”“丽辞”“明诗”“附会”等创作方法与手段，并分章论述，极大地提高了我国文艺创作的理论水平。在《夸饰》篇中，刘勰首先提出只要有文艺，就会有夸张的手段存在：“文辞所被，夸

① （南朝梁）刘勰著，王运熙、周锋译注：《文心雕龙译注》，上海古籍出版社 1998 年版，第 260 页。
② 同①。

饰恒存。”[①] 因为要夸张，所以“言峻则嵩高极天，论狭则河不容舠，说多则子孙千亿，称少则民靡孑遗”[②]。但是，虽然夸张是艺术创作的必需手段，但一定要有度：“饰穷其要，则心声锋起，夸过其理，则名实两乖。”只有“夸而有节，饰而不诬”，才是好的艺术。在《隐秀》篇中，刘勰指出文艺作品中，有“隐”有“秀”，所谓“隐”，其实就是言有尽而意无穷，在语言之外，还别有深刻的意旨存在：“隐也者，文外之重旨者也。”而所谓“秀”，就是文章中独有的与众不同之处：“秀也者，篇中之独拔者也。”一篇好文章，一部好艺术作品，一定要既有篇中的独特超群之处，又有言外之意、弦外之音，既鲜明有致，又含蓄深刻。

魏晋之时，文人多寄情山水，这虽然与社会的黑暗有关，但在客观上使艺术家在发现山水之美的同时，发现了人与自然的和谐是至关重要的事情。刘勰在《物色》篇中说：“春秋代序，阴阳惨舒，物色之动，心亦摇焉。”强调外物对内心的影响和触动，所谓“情以物迁，辞以情发”。他看到当时的文艺作品描写物色的长足进步，甚至可以用两个字、一句话描摹自然之物，概括物色之美，他针对当时文人重形似的缺点，指出描摹物象的目的，还是要在“体物”的过程中“密附”人的精神与思想。而且，“物有恒姿，而思无定检”，大自然有它恒定不变的规律，创作者的思想却千变万化，因此，只有在作品中做到“物色尽而情有余者”，才是“晓会通”之才。

对于文艺作品的赏鉴，刘勰在《知音》《辨骚》等篇中多有论述，并以其精微的鉴赏力和丰富的鉴赏实践将艺术赏鉴理论化，总结出许多对后世深有影响的理论。他在《知音》篇中首先肯定由于艺术作品的风格多样，

① （南朝梁）刘勰著，王运熙、周锋译注：《文心雕龙译注》，上海古籍出版社 1998 年版，第 330 页。
② 同①，第 331 页。

种类庞杂，艺术倾向各异，同时欣赏者的水平、爱好、口味也多有不同，所以对同一部艺术品，欣赏者得出的感受和结论也各不相同。所谓“慷慨者逆声而击节，酝藉者见密而高蹈，浮慧者观绮而跃心，爱奇者闻诡而惊听”[①]。虽然不同的欣赏者，可以喜欢不一样风格的艺术作品，但艺术欣赏力却不是人人都有的，在很多情况下，它要靠后天的培养来建立。刘勰说：“凡操千曲而后晓声，观千剑而后识器。故圆照之象，务先博观。”所谓“圆照”，是刘勰在佛教思想与语言的影响下创造的美学词汇，它表示一种准确、彻底、公正、全面、深刻，没有偏见、差错、遗漏的美学判断。而这种审美能力的获得，不但要靠智慧和悟性，还要有长期、大量、丰富的鉴赏经验和修养作基础，这就是刘勰所说的“博观”。在《辩骚》篇中，刘勰以《楚辞》为例，较详尽地分析了其艺术特色和艺术价值，为这部伟大的艺术作品作了权威性的评论：

> 固知《楚辞》者，体慢（一作宪）于三代，而风雅于战国，乃《雅》《颂》之博徒，而词赋之英杰也。观其骨鲠所树，肌肤所附，虽取熔经旨，亦自铸伟辞。故《骚经》《九章》，朗丽以哀志；《九歌》《九辩》，绮靡以伤情；《远游》《天问》，瑰诡而惠巧；《招魂》《招隐》，耀艳而深华；《卜居》标放言之致；《渔父》寄独往之才，故能气往轹古，辞来切今，惊采绝艳，难与并能矣。[②]

一部《文心雕龙》，共三万七千多字，系统、全面地总结了自先秦至南朝一千多年来中国文艺的创作经验，评论了二百多位作家及作品，建构了

① （南朝梁）刘勰著，王运熙、周锋译注：《文心雕龙译注》，上海古籍出版社 1998 年版，第 442 页。
② 同①，第 35 页。

一个庞大的理论体系，其中有关于艺术创作和艺术批评的基本原理，有关于艺术作品的艺术构思、风格、内容、形式、方法等诸多方面的内容，可以说是博大精深，深刻而全面地影响了我国的艺术发展，更为我国的艺术批评树立了一个难以企及的典范。

### 三、赏诗如品味——钟嵘的《诗品》

钟嵘的《诗品》，是继《文心雕龙》之后又一部具有深远影响的美学著作，它在某些方面对《文心雕龙》的思想有新的突破和发展，使中国古代的艺术理论更加丰富和深刻。

钟嵘，字仲伟，颍川长社（今河南省长葛县人），出身世家，自幼“好学，有思理”，并曾对《周易》进行过研究。魏晋以来，文人的精神生活和艺术创作进入了一个多姿多彩的时期，从“左琴右书”的生活方式到诗歌、琴乐、书画、棋艺的全面发展，使文艺的创作和欣赏成了一种流行的风气，因而，对文艺的品评也便成了社会的迫切需要。在这种情况下，出身世家，有着很强的门阀世族意识，对“等级”“品第”有着浓烈兴趣，同时又对文艺鉴赏有着丰厚知识与特殊才能的钟嵘便脱颖而出，仿效“九品论人”的形式，创造了中国第一部专门以“品第”的方式品评文艺的著作。在《诗品》之前，虽然已有许多文选和评论，但都只谈文体而没有将作品的优劣品评出层次和品第来。正如钟嵘所说：

陆机《文赋》，通而无贬；李充《翰林》，疏而不切；王微《鸿宝》，密而无裁；颜延《论文》，精而难晓；挚虞《文志》，详而博赡；颇曰知言。观斯数家，皆就谈文体，而不显优劣。至于谢客集诗，逢诗辄取；张骘《文士》，逢文即书。诸英志录，并义在文，曾无品第。[①]

正是在这样一种情况下，钟嵘推出了他的《诗品》，即仿效“九品论人，七略裁士”的方式，将作品分为上、中、下三等，在每一等里再细分为上、中、下三等。这种不是笼统地评价作品的优劣而是评出“品第”的做法，极大地推动了文艺评论的发展，因为这种品评方式要求对每一个作家的作品都要进行具体细微的分析，总结出特点和优缺点，又要在与其他作家、作品的比较中得出公正的评价。在《诗品》中，钟嵘注意的不是作品的内容，而是作家的创造性和其独特的才情、风格、技巧、品味等，这就使这种评论摆脱了政治的、伦理的、说教式的评论，而成为真正的美学意义上的评论。

虽然钟嵘有着强烈的世族意识，他的《诗品》又是仿效了“九品论人”的方式，但是却丝毫没有受世俗门第观念的影响，没有因作者的出身和现实的政治地位影响对作品的艺术判断，而是坚持以作品为品评对象，以作品的水平高下为品评标准，而且对出身低微的作家表示了一定的同情，这就保证了《诗品》的公正性和客观性。

在音乐的起源与发生问题上，《诗品》在中国古代音乐美学“感于物而动”的基础上特别强调“气”的概念，钟嵘说：

> 气之动物，物之感人，故摇荡性情，形诸舞咏。照烛三才，晖丽万有，灵祇待之以致飨，幽微藉之以昭告；动天地，感鬼神，莫近于诗。[②]

---

① （南朝梁）钟嵘著，周振甫译注：《诗品译注》，中华书局 1998 年版，第 26 页。

② 同①，第 15 页。

在钟嵘看来，艺术产生的过程是：“气”使“物”动，“物”使“心”动，而人心被激动摇荡之后再用“舞咏”和“诗”的形式表现出来，便成为人类最伟大的精神产品。这种只有人类才能产生的伟大精神产品，反过来再以其精神的光芒朗照万物，感天动地。

《诗品》中对“兴、比、赋”的概括，也加深了人们对创作规律的认识。钟嵘说：“文已尽而意有余，兴也；因物喻志，比也；直书其事，寓言写物，赋也。”他特别指出，在艺术创作中根据创作的实际需要有选择、有斟酌地将这三种创作手段“酌而用之”，再加上创作者的精神力量和艺术的润色，就能让艺术的欣赏者得到审美的愉悦和感动。钟嵘在品鉴艺术时，特别强调一个“味”字。将艺术给人的感觉用人们在享受美食时的生理快感来形容，本是中国古典美学的传统方法，但钟嵘进一步将“味”与艺术的美密切联系起来，在谈到五言诗时，他强调五言诗“是众作之有滋味者也”，反对“淡乎寡味”的东西，在谈到艺术创作时也强调“使味之者无极，闻之者动心”的作品，才是艺术的至境。在钟嵘的《诗品》里，“味”充分发挥了美学的意义，这与钟嵘重视直觉与表现是分不开的。

《葛稚川移居图》·元代·王蒙·故宫博物院藏

通过长期的艺术鉴赏实践，钟嵘总结出一个重要的艺术规律，就是“古今胜语，多非补假，皆由直寻”。所谓“直寻”，是与“补假”相对的，前者指的是作者与自然、与社会、与人生接触后所得到的直接感触和第一手信息；后者则重视典故的假借与运用。以他信手拈来一些清新瑰丽的名句为例：“‘思君如流水’既是即目；‘高台多悲风’亦惟所见；‘清晨登陇首’羌无故实；‘明月照积雪’讵出经史？”应该指出，钟嵘指出古今好诗都是“直寻”而不是“补假”的产物，并不是笼统地反对在诗中用典，而是特别强调了艺术创作的特殊性。在艺术创作中，直觉与灵感，天分与才情，的确要比“学问”重要得多。《诗品》中对“直寻”的重视与推崇，是这部著作对中国古典美学的重要贡献之一。

针对当时盛行的注重声律的“永明体”诗风，钟嵘提出了批评：“古之诗颂，皆被之金竹。故非调五音，无以谐会”，而“今既不被管弦，亦何取于声律耶？”他认为，古代的诗颂因为要歌唱，所以必须协律，必须考虑文字的声律与音乐音律协调的问题，但现在的诗，已经不再歌唱，不再用乐队伴奏，因此，便可以不必拘泥于声律，只要做到“清浊通流，口吻调利”，便足矣了，以免因声害义，造成“文多拘忌，伤其真美”。他对“真美”的推崇，使《诗品》对后世的文艺创作产生了重要的影响。

## 四、道家文艺思想的新发展——葛洪与《抱朴子》的文艺观

葛洪（284—364），字稚川，号抱朴子，丹阳郡句容县（今江苏省句容县）人。晋代著名的思想家，道教理论的奠基者之一。他的名作《抱朴子》不但对道教思想和道教文化的发展做出了贡献，其书中有关艺术及美学的篇章，对后世艺术与美学的进步亦有很大影响。

《抱朴子》分内篇和外篇两部分，这两部分的内容，用作者在《自序》中的话说，就是“其内篇言神仙方药，鬼怪变化，养生延年，禳邪却祸之

事，属道家；其外篇言人间得失，世事臧否，属儒家”。在葛洪的时代，清谈盛行，但葛洪应该是清谈的最激烈和坚定的反对者。他写《正郭》批判郭泰，写《弹祢》批判祢衡，写《诘鲍》批判鲍敬言，还写了《疾谬》《讥惑》《刺骄》等篇，皆以尖锐犀利的语言指责时弊。当时，对文艺的认识也存在着尖锐对立的意见，一些腐儒坚持认为文艺是“末”，只有“德行”才是根本。如果不批判这种观点，艺术则不可能快速发展。在此书的《尚博》篇中，葛洪针对德行是“本”而文章为“末”的观点进行了有力的批判。他说：

> 筌可以弃，而鱼未获，则不得无筌；文可以废，而道未行，则不得无文。若夫翰迹韵略之宏促，属辞比事之疏密，源流至到之修短，蕴藉汲引之深浅，其悬绝也，虽天外、毫内，不足以喻其辽邈；其相倾也，虽三光、熠耀，不足以方其巨细。龙渊、铅铤，未足譬其锐钝；鸿羽、积金，未足比其轻重。清浊参差，所禀有主；朗昧不同科，强弱各殊气。……且夫文章之与德行，犹十尺之与一丈，谓之余事，未之前闻。夫上天之所以垂象，唐、虞之所以为称，大人虎炳，君子豹蔚，昌旦定圣谥于一字，仲尼从周之郁，莫非文也。①

葛洪在这里，虽然没有完全脱离儒家“文以载道”的思想，但特别强调了“文”对“道”的作用和重要性。他将“道”比喻为“鱼”，而将“文”比喻为捕鱼的工具“筌”，他认为，在“鱼”没有捕到之前，“筌”是不能丢的。他还特别强调了文艺的丰富和奥妙无穷，用了许多精彩的设喻，

① （晋）葛洪著，杨明照校笺:《抱朴子外篇校笺（下）· 尚博》，中华书局 1997 年版，第 109—113 页。

比如文章音韵的“宏促”，结构布局的“疏密”“修短”，意蕴的“深浅”，以及优秀作品“辽邈”“巨细”“锐钝”“轻重”“清浊”“参差”“强弱”的种种细腻的甚或判若霄壤的区别，来说明文艺的创作绝不是“能染毫画纸者”便可胜任的，也不是“俗士”所能理解的。在葛洪看来，文艺如果不是最重要的，起码也与儒家推崇的“德”同样重要。正像他在《循本》篇中明确地表述过的那样：“德行文学者，君子之本也。”

正因为文艺有着上面所说到的种种细腻，有时还是判若霄壤的区别，因此，对文艺的鉴赏，便成了一门学问。对如何鉴赏文艺，葛洪有许多独到、精彩的见解。他认为，虽然艺术作品的“妍蚩有定”，存在着高下优劣的分别，但欣赏者的“憎爱异情”，每个人的心态、修养、好恶、欣赏角度都不一样，所以，“以丑为美者有矣，以浊为清者有矣，以失为得者有矣”。他还举出黄帝迷恋“笃丑”的嫫母、陈侯怜爱“可憎”的敦洽、“海上之女”追逐“酷臭之夫”等例子来说明文艺鉴赏的标准是因人而异的道理。除了“人各有意”，主观好恶之外，欣赏者的水准也很重要，只有当欣赏者的欣赏力与作品达到的高度相适应时，才能对作品做出正确的判断。所谓“华章藻蔚，非矇瞍所玩；英逸之才，非浅短所识”。见识短浅的人，很难理解深刻的作品。他用颇似庄子风格的语言举例说：“夫应龙徐举，顾眄凌云，汗血缓步，呼吸千里，而蝼蚁怪其无阶而高致，驽蹇患其过己之不渐也。”对艺术作品也是如此，不能以“常情”来观察“巨异”的作品，也不能以狭隘的眼光、窄小的气度、单调的趣味来窥测“无涯”的作品。葛洪在探讨文艺欣赏的难度的同时，还指出了优秀作品所应具备的特点，就是要“深”（内辟不测之深源）、“远”（外播不匮之远流）、“高”（其所祖宗也高）、“妙”（其所紬绎也妙），而能欣赏这样的作品，就要“知其味”，“得其神”，这也就指明了艺术欣赏不同于理智思维，欣赏者要对艺术特有的韵味和细微的妙处有所感悟。

在葛洪的思想里，还有着鲜明的进化的观念，反对厚古薄今的论调。他在《钧世》篇中针对那种认为古人“才大思深”而今人“意浅力近”的观点说：

> 古书之多隐，未必昔人故欲难晓，或世异语变，或方言不同；经荒历乱，埋藏积久，简编朽绝，亡失者多，或杂续残缺，或脱去章句，是以难知，似若至深耳。且夫《尚书》者，政事之集也，然未若近代之优文诏策军书奏议之清富赡丽也；《毛诗》者，华彩之辞也，然不及《上林》《羽猎》《二京》《三都》之汪濊博富也。①

葛洪认为，古书之所以深奥难懂，不是古人故意让人看不明白，而是可能有多种原因：古今语言的变化，各地方言的不同，再加上连年灾荒战乱所造成的典籍的丢失窜乱，都让今人读之困难，因此似乎很高深。他认为，古代最好的论政文集《尚书》，还不如当时的论政文章写得“清富赡丽”；古代最华丽的《毛诗》，还不如当时著名的《上林》《羽猎》《二京》《三都》等文章写得“汪濊博富”。他清楚地指出文艺是随着时代变迁的，从古代的质朴到当时的华丽，是时代使然，是社会审美标准的变化所致，没有高低贵贱的区别。他甚至还以“诸硕儒高才之赏文者”的话来赞美当时的夏侯湛、潘安仁的诗是“古诗三百，未有足以偶二贤之作也”。他语气激越地质问那些食古不化的人，为什么时人以舟车代步、以笔墨文字代远古的结绳记事都被视为进步，都被社会所接受，而唯独文风、文体的改变不被接受，“何以独文章不及古耶”？葛洪对当时文化上“今不如昔”的批判，实际上反映了自魏初以来文风的变化和“文”的自觉。古代艺术的

---

① （晋）葛洪著，杨明照校笺：《抱朴子外篇校笺（下）· 钧世》，中华书局 1997 年版，第 67—70 页。

“质朴”是美的，在某种程度上也可能是后人难以企及的。但时代在发展，艺术也要进步，不可能永远停留在一个阶段，永远停留在“质朴”这一种美学风格上。在这方面，葛洪的论述，适应了时代发展的需要，也对当时艺术的发展进步提供了理论的贡献。

## 第三节 音乐理论的新发展

### 一、嵇康与《声无哀乐论》

由于音乐实践的快速发展和魏晋时思想解放的风气，此时出现了空前的美学名著《声无哀乐论》。嵇康在这篇“越名教而任自然”的音乐美学论著中，以“秦客”与“东野主人”的问答驳辩，提出了一系列与音乐本体有关的重大问题，涉及音乐的本质、功能、审美感受等。其中最重要的，是高举“声无哀乐”的大旗，提出“心之与声，明为二物”的论点，明确提出“心”与“声”是两个不同的东西，“心”是主观存在，“声”是客观存在，对正统儒家音乐美学提出了挑战。

在《声无哀乐论》的开始，这个假设的“秦客”便向“东野主人”问道：“我听说以前的理论都说‘治世之音安以乐，亡国之音哀以思’，是因为音乐是政治的反映，所以哀思的情绪表现在金石上，安乐的情绪反映在管弦上。……这本来是没有任何疑问的公理，但为什么只有你一个人认为‘声无哀乐’呢？”为了回答“秦客”的问题，作者借“东野主人”之口，分几个层次论述了自己的观点。首先，“东野主人”把无法看到的声音比作同样无法看到的气味，认为“音声之作，其犹嗅味在于天地之间”，它的好闻不好闻，与外界无关，“其体自若而无变也”，不会因为你喜欢不喜欢而改变自己的味道。“东野主人”模仿孔子“乐云乐云，钟鼓云乎哉”的语气，幽默地问道：“哀云哀云，哭泣云乎哉？”他说，既然玉帛不一定代表礼，那么，唱歌与哭泣也不一定代表哀乐。因为“殊方异俗，歌哭不同”，有的人会看到一个人哭而高兴，另一个人却可能听到一首歌便哭。所以，是“哀心藏于内，遇和声而后发”。是你自己先有了哀乐的感情，然后借声音表达出来，不是声音自己有哀乐。

竹林七贤之嵇康

针对“秦客”所举季札观礼、仲尼闻韶等有关音乐的经典故事，“东野主人”语锋犀利地将这些故事斥为“俗儒妄记”，指出这些都是儒家为了让人们迷惑于声音之道而编造的神话。他认为，无论“推类”还是“辨物”，都要“先求之自然之理”，不能不通事理，不辨是非，不动脑子，“而多恃前言以为谈证”，拜倒在先贤已有结论的脚下。这种公开将“自然之理”置于圣贤“前言”之上的态度，这种提倡自由思想、崇“道”而不尚“人”的态度，的确只能在魏晋时出现，也充分说明了嵇康这部美学著作惊人的理论勇气和廓清宇宙、纵扫先贤的宏大气魄。作者借“东野主人”之口明确指出“五色有好丑，五声有善恶”是物的自然属性，而“爱与不爱，喜与不喜”是人的主观情感，不能将两者混为一体。为了说明问题，“东野主人”将音乐的感人与酒的醉人相比，他说：“酒以甘苦为主，而醉者以喜怒为用”，“甘苦”是酒的品质，“喜怒”是醉酒者的表现。酒本身只有“甘”与“苦”、好喝与不好喝的区别，与醉者的喜怒哀乐无关，你不能因为人们借声音表达了哀乐就说声音本身有哀乐，就像你不能因为人们饮酒时有哀乐就说酒本身有哀乐一样。他还说：“器不假妙瞽而良，籥不因慧心而调。”就像乐器本身的好坏与乐手的好坏是两回事一样，音乐的好坏与听者心情的好坏也是两回事。

“东野主人”用“声音自当以善恶为主，则无关于哀乐；哀乐自当以感情而后发，则无系于声音”的话概括了他的观点：音乐是自在的、独立的客体，它的善恶好坏与人的主观感受没有绝对的、同一不变的必然联系；哀乐是人主观的感受，他因自身感情的波动而有不同的、随机的、偶然的显现，与声音的善恶好坏没有本质的联系。他针对儒家将音乐与政治等同起来的理论，有意分裂“心”“声”，认为“声之于心，殊途异轨，不相经纬”，强调音乐与感情是各自独立、互不依赖的两种东西。嵇康借“东野主人”之口提出的理论具有深刻的美学意义，它与以往的儒家音乐观背道而驰，充分强调了音乐的本体性。他第一个指出音乐的本质不在与人的关系之中，而仅存在于它的自身。音乐是一种自然的、独立的存在，与人的感受无关。音乐的本质，是“自然之和”，表现出来，便是“音声和比”“宫商集比”“八音克谐”。而“音声有自然之和，而无系于人情”。这种理论在音乐史上的意义，在于它对儒家礼乐观强烈的批判性，它为以后音乐摆脱礼教与政治的束缚而走上独立发展的道路，提供了犀利的思想武器。

“东野主人”还驳斥了“秦客”的“程度”说：“秦客”认为，声音是有一定哀乐的，只不过“声化迟缓，不可仓卒”；“东野主人”则认为，“程度”改变不了声音和哀乐的本质。他说：即使重新奏响欢乐的《鹿鸣》，虽然“声化迟缓”，但让“戚者”来听，仍然不能让他感到欢乐。这就像很小的一点火，虽然不能让一间屋子变温暖，但也不可能使它增加寒冷一样。

嵇康实际上强调的是人欣赏音乐时感受的主观性，人先有了一定的、不同的感情，然后才会在音乐的“启发”下表现出来。他在另一篇著名的《琴赋》中曾表达过同样的观点：“是故怀戚者闻之，则莫不憯懔惨凄，愀怆伤心，含哀懊咿，不能自禁。其康乐者闻之，则欨愉欢释，抃舞踊溢，留连澜漫，嗢噱终日。若和平者听之，则怡养悦愉，淑穆玄真，恬虚乐古，弃事遗身。”一句话，同样的音乐，怀着不同感情、具有不同气质的人听了，会有不同的反应，这就叫“声无哀乐”。

他一方面推崇音乐的形式，另一方面否定音乐的教化作用。当“秦客”最后抬出孔子“移风易俗，莫善于乐”的理论时，“东野主人”则用老庄简易之教、无为而治的理论为自己“声无哀乐”的命题做了总结性的阐述。他说：“无声之乐，民之父母也”，指出古人正因为“知情不可放，故抑其所遁，知欲不可绝，故自以为致”。而“郑声”是“音声之至妙”，一般人抵御不了它的力量，这美妙的音乐就像美酒和美色，“易以丧业”。在这里，作者虽然也强调了“先王”“使乐而不淫”的理想，似乎与儒家的思想有调和之处，但他公开宣称被儒家视为洪水猛兽的“郑声”是“音声之至妙”，极其豁达地指出“自非至人，孰能御之？”在肯定了人性的弱点之后，遂将老庄“齐万物，等生死”的观念用之于音乐美学领域，以“淫之与正同乎心，雅郑之体，亦足以观矣”的感慨结束了全文。

嵇康的理论，是对长期居于官方意识形态地位的儒家音乐思想的强烈冲击。他当时的犀利目光与惊世骇俗的理论，具有极大的前瞻性，我们虽然无法判断它在当时的音乐生活中究竟起到了多么大的作用，但他的理论在其后中国音乐美学发展的整个历史进程中，却始终闪耀着耀眼的光芒。

## 二、阮籍及其《乐论》

竹林七贤之阮籍

阮籍的《乐论》，是阮籍音乐思想中最重要的论著。阮籍以儒为本，杂以道家、墨家的观点，形成了他自己涵阔、包容、丰富的音乐观。在这篇文章中，阮籍一方面坚持、引申了儒家基本的音乐观点，另一方面用道家、墨家的观点对其进行了丰富、补充，使本来对立的观点调和一处，最终形成了自己融合性的音乐美学。

文章一开始，阮籍便以回答“刘子”问的形式为自己树立了一个孔子理论“阐述者”的形象。与其说阮籍希望全面承袭儒家的理论，不如说阮籍希望祭起儒家的大旗以便于使自己的理论获得主流社会的承认。人们在谈到“竹林七贤”时，常常强调他们性情的一面，强调他们的共性，但实际上，“竹林七贤”不但在生活中有着大相径庭的态度和遭遇，在美学观念以及表述观念的方式上也不尽相同。值得人们深思的是，尽管如此，他们每个人自己的理论与生活实践却常常具有一定的统一性。假如说嵇康的杀身取义与他惊世骇俗的“声无哀乐论”是一致的话，那么，阮籍将道家、墨家思想糅进儒家观点，偷偷地“改良”“修正”儒家思想的做法与他以佯醉的办法婉拒权贵联姻要求的做法也是一致的。

阮籍的整篇文章，是建立在对孔子“安上治民，莫善于礼；移风易俗，莫善于乐”的著名命题的阐扬与发挥上。他首先强调音乐是“天地之体，万物之性也”，认为音乐符合自然的体性，则“律吕协”“阴阳和”，以至“男女不易其所，君臣不犯其位，四海同其欢，九州一其节”。而这种本于自然的音乐，还能使百姓“迁善成化而不自知”，潜移默化地起到移风易俗的作用，“刑赏不用，而民自安矣”。

随后，他立刻把道家关于“无”的哲学思考与“道德”的阐发引进了他的论述，认为天地的精神和抽象的“道德”决定音乐的特征：“乾坤易简，故雅乐不烦；道德平淡，故五声无味。不烦则阴阳自通，无味则百物自乐。”因为音乐要遵从乾坤天地、宇宙道德的原则，而天地与道德的本质就是简易平淡，所以音乐的最高境界，也应该是简易与平淡。他还特别强调音乐的“自然之道”，说“八音有本体，五声有自然”，在对音乐的本体性表示肯定的同时格外推崇“自然”至高无上的地位。

有趣的是，阮籍在对楚越之风、郑卫之风进行儒家式的批评时，还使用了与墨家“非乐”论调极其相似的语言。他说那些“怀永日之娱，抱长夜之叹”的人凑在一起，学习音乐，整天整夜沉溺于音乐之中，“靡靡无已”，最终“弃父子之亲，弛君臣之制，匮室家之材，废农耕之业”。这不由得不让人联想到墨子认为“礼乐”害人，“亏夺民衣食之财”“废丈夫耕稼树艺之时”“废妇人纺绩织纴之事”的话。当然，与墨家针对儒家“礼乐”所做攻击的目的、对象不同，阮籍所抨击的，还是那些因“八方殊风，九州异俗”而违背礼教的“庶人”。

阮籍还强调音乐的“雅郑”之别，反对“淫声”乱雅。他指出“淫声”的特征与危害有许多，比如“其物不真”“其器不固”“其制不信”“取于近物，同于人间”“各求所好，恣意所存”等，从音乐的本质上对所谓的“淫声”进行了剖析。他还举历史为例，如汉哀帝不好音乐，罢省乐府而“淫声遂起”，“景王喜大钟之律，平公好师延之曲”而“郑声大兴”，以及“夏后之末”“殷之季君”酒池肉林，甚至女乐超过万人，奢侈之极并最终亡国的故事，充分说明“淫声”的危害。这种通过对音乐负面作用的夸大而反衬“礼乐”重要性的做法，这种把国家的兴亡归结于音乐的思想，与正统儒家如出一辙。至于他提出用“正声”来抵制“淫声”，即所谓“夫正乐者，所以屏淫声也”的口号，则更与孔孟之徒完全一样。

可贵的是，在对“郑声”进行了强烈而系统的抨击之后，阮籍针对音乐与时代的关系问题提出了自己鲜明的、具有进步意义的观点，即不同的时代有不同的音乐，时代变了，礼教的内容与音乐的形式都应该随之改变。他说：“然礼与变俱，乐与时化。故五帝不同制，三王各异造，非其相反，应时变也。”这种清醒的、顺应人类发展潮流的思想，使阮籍不同于一般的腐儒而具有一定的进步性。

综观全文，阮籍的立场与观点，虽然基本上还是儒家的思想，但他从儒家的论敌那里吸取了有用的思想，调和并丰富了儒家关于“礼乐”的论述，使这篇《乐论》成为魏晋时一部重要的音乐理论著作。

## 三、沈约及其《宋书·乐志》

沈约所撰《宋书·乐志》，是研究魏晋至南朝齐、梁时中国音乐发展的重要著作，始修于齐永明五年至六年（487—488），其中八至三十卷完成颇晚，据其《律历志》避梁武帝父讳，《乐志》避梁武帝讳，可知其全部完成当在梁代。

沈约（441—513），字休文，吴兴武康（今浙江吴兴）人。他幼时家贫，但刻苦攻读，博览群籍。在《宋书》卷一百的“自序传”中，他自言“年十三而孤，少颇好学，虽弃日无功，而伏膺不改”。沈约历仕宋、齐、梁三朝，是真正的“三朝元老”。南朝宋时，任尚书度支郎，齐时，在竟陵王萧子良门下，是当时著名的文人群体“竟陵八友”之一。齐明帝时，任

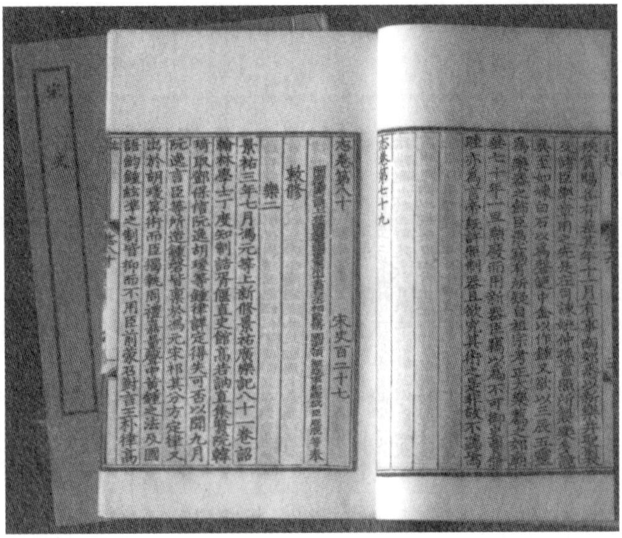

《宋书·乐志》书影

五兵尚书，迁国子祭酒。齐末，他辅佐萧衍代齐自立，成为梁朝的开国之臣，任尚书仆射，封建昌县侯，后迁尚书令，领太子少府。沈约不但深研佛典，而且还在佛教声明学的启发下首创中国音韵学，提出诗歌的“四声八病说”，并身体力行，开创了注重声律的“永明体”诗风。沈约是南朝文坛耆宿，齐梁时大部分重要诏诰和官方文件均为其所撰。他感于当时史学著作的缺乏，20岁时即立下著述史书的志向，因此，他除留下大量诗文外，还著有大量史学著作，其中《宋书》流传至今，是“二十四史”之一，影响深远。

在《宋书·自序传》中，沈约强调了他的著作是在南朝宋著作郎何承天所撰旧稿本《宋书》的基础上完成的。因此，有人认为《宋书·乐志》亦是何承天的旧作。但《宋书·自序传》中曾明确记载何承天纂修《宋书》时，仅“草立纪传，止于武帝”“其所撰志，唯《天文》《律历》”。而沈约本人对音乐的研究，尤其是对以往音乐著作的研究，却是非常仔细并曾下过一番功夫的。梁天监元年（502），梁武帝因为“梁氏之初，乐缘齐旧”，所以“思弘古乐”，于是下诏：“夫声音之道，与政通矣，……魏晋以来，陵替滋甚。遂使雅郑混淆，钟石斯谬，天人缺九变之节，朝燕失四悬之仪。”因此要求百僚就音乐之事各陈己见。当时，对这个问题提出意见的有七十八家之多，但真正有见地的，只有沈约一家。在《隋书·音乐志》中，保存了一篇沈约当时“对乐”的奏折，沈约在奏折中说：

> 窃以秦代灭学，《乐经》残亡。至于汉武帝时，河间献王与毛生等，共采《周官》及诸子言乐事者，以作《乐记》。其内史丞王定，传授常山王禹。刘向校书，得《乐记》二十三篇，与禹不同。向《别录》，有《乐歌诗》四篇、《赵氏雅琴》七篇、《师氏雅琴》八篇、《龙氏雅琴》百六篇，唯此而已。晋中经簿，无复乐书，《别录》所载，已复亡逸。案汉初典章灭绝，诸儒捃拾沟渠墙壁之间，得片简遗文，与礼事相关者，即编次以为礼，皆非圣人之言。《月令》取《吕氏春秋》，《中庸》《表记》《防记》《缁衣》，皆取《子思子》，《乐记》取《公孙尼子》，《檀弓》残杂，又非方幅典诰之书也。礼既是行己经邦之切，故前儒不得不补缀以备事用。乐书事大而用缓，自非逢钦明之主，制作之君，不见详议。汉氏以来，主非钦明，乐既非人臣急事，故言者寡。陛下以至圣之德，应乐推之符，实宜作乐崇德，殷荐上帝。而乐书沦亡，寻案无所。宜选诸生，分令寻讨经史百家，凡乐事无小大，皆别纂录。乃委一旧学，撰为乐书，以起千载绝文，以定大梁之乐。使《五英》怀惭，《六茎》兴愧。[1]

① （唐）魏征等撰：《隋书·音乐志》，中华书局 1973 年版，第 288 页。

《洛神赋图》局部・东晋・顾恺之・故宫博物馆藏

在这段议论中，沈约清晰地勾勒了自秦之后音乐著作流失、编撰、改纂、传承的脉络。他指出，《乐经》失于秦火之后，曾有两种《乐记》，一本是汉武帝时河间献王与毛生根据《周官》及先秦诸子的著作编纂的《乐记》；还有一本是刘向校书所得的《乐记》二十三篇，与前者不同，并明确指出“《乐记》取《公孙尼子》”。他的这种论断，是在大量调查研究的基础上得出的。在当时，能够对有关音乐的古代典籍如此熟悉并有真知灼见的，只有沈约一人。他还建议梁武帝挑选一批儒生，命令他们分别在“经史百家”中搜寻，凡有关音乐的材料，不分大小，一律分类纂录，然后再“委一旧学，撰为乐书”。从当时的情况看，梁武帝不可能不采纳他的建议，而有资格担此重任的“旧学”，亦非沈约莫属。据《隋书・音乐志》的这段材料看，《宋书・乐志》应该即此次乐议之后的产物。根据当时的社会背景，沈约的能力、地位，以及以上材料的综合分析，沈约当时在一批儒生的协助下似乎最终编撰了一部“乐书”，而这部“乐书”，只能是《宋书・乐志》。

沈约在《宋书》中，以较大的篇幅记述了前代及当时音乐的发展，共撰《乐志》四卷。在《宋书》之前，司马迁《史记・乐书》及班固《前汉书・礼乐志》各只设一卷的篇幅谈音乐。范晔《后汉书》则只设《律历志》

《礼仪志》，不设《乐志》，仅在《五行志》中以极少的篇幅记载了当时的一些民谣。陈寿《三国志》以“国”设“书”，以“人”设“传”，亦无乐志。晋虽在宋前，但目前“二十四史”中的《晋书》成书却在《宋书》之后，为唐代房玄龄撰，修于唐贞观十八年至二十年（644—646），其中《乐志》二卷中，有大量内容与《宋书·乐志》雷同，当是房玄龄等人因袭沈约之论。除此之外，《魏书》《隋书》《唐书》中有关音乐的部分，都在不同程度上深受沈约的影响，因此，可以说《宋书·乐志》是中国历代官方史书中在音乐领域影响十分深远的著作。

沈约的《宋书·乐志》共四卷，其一为总论，最为重要。一般儒家谈乐，总要从开天辟地谈起，大谈先秦的所谓“六代乐舞”。但《宋书·乐

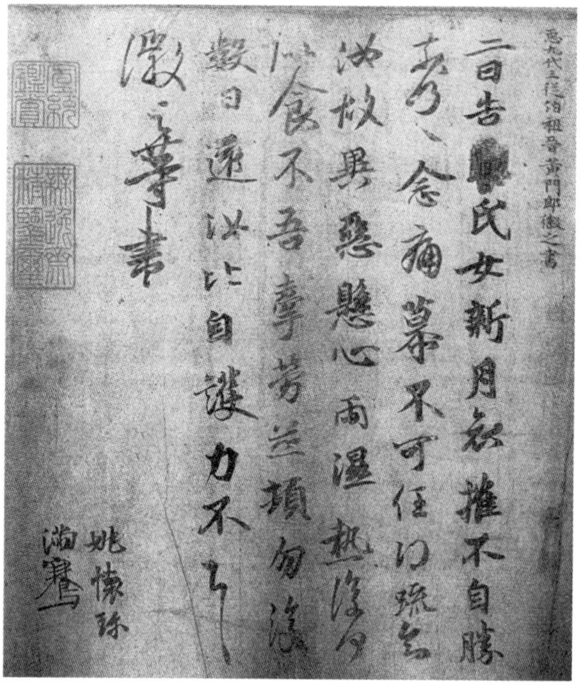

《新月帖》·东晋·王徽之·辽宁省博物馆藏

志》却只用短短的五句话概括了秦汉之前的音乐状况，而从秦汉开始说起。一句“及秦焚典籍,《乐经》用亡。汉兴，乐家有制氏，但能记其铿锵鼓舞，而不能言其义”，将秦汉之后宫廷音乐的尴尬处境描述殆尽。沈约在叙述秦汉宫廷雅乐的传承轨迹时，明确指出了一些过去被人忽略了的历史真实。如周时的“房中之乐”，在秦时虽被改称《寿人》，但其实是“楚声也”。所以刘邦“好之”。从东汉开始，沈约记述甚详，尤其对宫廷音乐的沦丧和数次复兴的尝试，都做了忠实的记载。书中还保存了历代政府官员、乐官、乐工关于音乐的奏折、争论，对了解中国音乐在魏晋南北朝时的发展脉络，提供了重要的文献资料。

尤为重要的是，沈约《乐志》还将流传于市井的民谣、民歌记录下来，为后世留下了难得的珍贵资料。他将“凡乐章古词，今之存者，并汉世街陌谣讴,《江南可采莲》《乌生》《十五》《白头吟》之属是也。吴歌杂曲”等内容，尽力考其来源，一一记录在案。其中如《子夜歌》《凤将雏歌》《前溪歌》《阿子歌》《欢闻歌》《团扇歌》《督护歌》《懊侬歌》等，“凡此诸曲，始皆徒歌，既而被之弦管。又有因弦管金石，造歌以被之”。都是起始流传于民间的、没有乐器伴奏的“徒歌”，后来才进入上流社会，加上了乐队伴奏，成为一种艺术歌曲。其他如《鞞舞》《公莫舞》《白苎舞》等舞曲，也被记载考证。对魏世留下的四曲“但歌”，以及汉魏留下的“相和歌”,《宋书·乐志》不但有所考证，而且还完整地记录了其中《驾六龙》(《气出倡》)、《厥初生》(《精列》)、《江南可采莲》(《江南》)、《天地间》(《度关山》)、《东光乎》(《东光乎》)、《登山有远望》(《十五》)、《惟汉二十二世》(《薤露》)、《关东有义士》(《蒿里行》)、《对酒歌太平时》(《对酒》)、《鸡鸣高树颠》(《鸡鸣》)、《乌生八九子》(《乌生》)、《平陵东》(《平陵》)、《弃故乡》及《今有人》、《驾虹霓》(《陌上桑》)、《周西》(《短歌行》)、《秋风》(《燕歌行》)、《晨上》(《秋胡行》)、《北上》(《苦寒行》) 等大量相和歌的歌词。在这些歌词里，有一部分是魏武帝曹操、魏文帝曹丕等人的作品，也有一部分是古词或民间作品。可贵的是，一些颇具人民性的作品由此而保存至今。其中如古词《罗敷》，是一首精彩的叙事诗。“日出东南隅，照我秦氏楼”的词句，光照千古，堪称我国叙事歌曲的杰作。而古词《东门行》，则表现了一个普通百姓在民不聊生的时代欲铤而走险的故事。此外，《宋书·乐志》所记录的汉魏《鼙舞歌》词、《铎舞》歌词等作品以及汉“鼓吹铙歌”十八曲的歌词，都是非常珍贵的中国音乐史、文学史的资料。

对于当时的著名音乐家，《宋书·乐志》也有记载，如记录了“魏晋之世，有孙氏善弘旧曲，宋识善击节倡和，陈左善清歌，列和善吹笛，郝索善弹筝，朱生善琵琶，尤发新声”[①]。这六位音乐家，被时人看成是空前绝后的高手。《宋书·乐志》还记载了傅玄对这六人的评价，称：“设此六人生于上世，越古今而无俪，何但夔、牙同契哉！”将他们与古籍上著名的音乐家夔和伯牙相比。《宋书·乐志》还以“八音”为序，将当时及前代的乐器作了较详尽的介绍。其中“金”类的钟、铙、铎等；“石”类的磬；“土”类的埙；“革”类的鼓、鼗、节等；“丝”类的琴、瑟、筑、筝、琵琶、箜篌等；“木”类的柷、敔等；“匏”类的笙、竽等。这些考证与介绍，虽然过于简短又不能尽信，但仍然给后世留下了相当有趣的音乐史的资料。

① （南朝梁）沈约：《宋书·乐志》，中华书局 1974 年版，第 559 页。

# 后 记

《中华艺术通史》的工作开始于20世纪末，在总主编李希凡的带领下，一批理论才俊济济一堂，希图将漫漫数千年的中国艺术发展的理出一个脉络来。当其时也，可谓志向高远、雄心勃勃。一个靠集体的力量编撰一部空前规模的艺术史书的理想激励着所有参加此项文化工程的人。

但是，随着时代的发展，这种“集体攻坚”方式的另一面也逐渐显现了出来：其中最突出的，一是参加者的理念不同，在许多具体的问题上意见各异、很难统一。二是在随后经济高速发展带来的社会变革的大潮中，每个参加者都还要面对许多其他的问题，很难再像以前那样保证在较长的时间里只做这一件事。对不同的学术见解，鉴于这是一部集体撰写的史书，不是个人的学术著作，因此只能是一个妥协的产物。而撰写人的队伍，也几经调整。当这部真正“跨世纪”的著作终于交稿的时候，似乎只有一种石头落地的轻松，而当初的“理想”，却已然恍惚了。

本卷最后的撰稿人员如下：导言、第一章、第二章及第十一章由田青撰写，第三章由彭松撰写，第四章、第五章由陈绶祥撰写，第六章、第七章由张总撰写，第八章由李永林撰写，第九章由翟墨撰写，第十章由杨鸿勋撰写。其中第十一章的部分内容，参考了本卷其他撰写者的文字。

付京华、李晓冬、翟风俭为本卷做了大量资料与事务工作，王露为本卷提供了部分图片。特在此致谢。

当然，本卷中可能存在的所有疏漏和错误，都应该由本卷主编负责。

本卷主编　田青

2005 年 7 月于北京